W0040521

Heringer/Heitzer/Vollrath

Prüfungswissen kompakt

AUSBILDUNGSREIHE FÜR
NOTARFACHANGESTELLTE

HERAUSGEGEBEN VON DER
NOTARKASSE MÜNCHEN A.D.Ö.R.

Prüfungswissen kompakt

Fälle und Lösungen

von

Notarin a.D.
Dr. Anja Heringer
Notarkasse München

Notariatsoberrat i.N.
Franz Heitzer
Notarkasse München

Notar
Dr. Hans-Joachim Vollrath
München

DeutscherNotarVerlag

Weitere Titel der Ausbildungsreihe für Notarfachangestellte

Andreas Bosch/Benedikt Strauß
Berufs- und Beurkundungsrecht
(ISBN 978-3-95646-156-9)

Christian Esbjörnsson
Gesellschaftsrecht
(ISBN 978-3-95646-153-8)

Melanie Falkner
Kaufvertrag, 2. Auflage
(ISBN 978-3-95646-219-1)

Michael Gutfried
Grundschulden
(ISBN 978-3-95646-120-0)

Jens Haßelbeck
**Wohnungs- und Teileigentum
2. Auflage**
(ISBN 978-3-95646-201-6)

Judith Junk
Erbrecht
(ISBN 978-3-95646-158-3)

Sonja Karl Pelikan
Basiswissen im Notariat 2. Auflage
(ISBN 978-3-95646-221-4)

Bernadette Kell
Grundbuch – Rechte in Abt. II
(ISBN 978-3-95646-157-6)

Andreas Kersten
Büroorganisation, 2. Auflage
(ISBN 978-3-95646-203-0)

Jens Neie
Überlassungsvertrag
(ISBN 978-3-95646-117-0)

Sonja Pelikan
Grundbuch lesen und verstehen
(ISBN 978-3-95646-124-8)

Holger Sagmeister
**Anmeldungen zum Handels- und
Vereinsregister 2. Auflage**
(ISBN 978-3-95646-205-4)

Markus Sikora
**Vollmachten, Genehmigungen,
Zustimmungen, Beglaubigungen, 2. Auflage**
(ISBN 978-3-95646-206-1)

Valentin Spernath
Grundstücksrecht Spezial 2. Auflage
(ISBN 978-3-95646-222-1)

Werner Tiedtke
Notarkosten, 2. Auflage
(ISBN 978-3-95646-202-3)

Michael Volmer
Vollzug und Betreuung, 2. Auflage
(ISBN 978-3-95646-204-7)

Nora Ziegert/Hans-Joachim Vollrath
Familienrecht
(ISBN 978-3-95646-154-5)

Benutzer-Hinweis für Muster
Für den Download der Powerpoint-Dateien gehen Sie auf
https://www.notarverlag.de/pruefungswissen-kompakt
Dort erhalten Sie Zugriff auf das zip-Archiv: nv.6207_download.zip

Hinweis
Die Formulierungsbeispiele in diesem Buch wurden mit Sorgfalt und nach bestem Wissen erstellt.
Sie stellen jedoch lediglich Arbeitshilfen und Anregungen für die Lösung typischer Fallgestaltungen
dar. Die Eigenverantwortung für die Formulierung von Verträgen, Verfügungen und Schriftsätzen
trägt der Benutzer. Autor und Verlag übernehmen keinerlei Haftung für die Richtigkeit und Voll-
ständigkeit der in dem Buch enthaltenen Ausführungen und Formulierungsbeispiele.

Copyright 2021 by Deutscher Notarverlag, Bonn
Umschlaggestaltung: gentura, Holger Neumann, Bochum
Satz: PMGi – Agentur für intelligente Medien GmbH, Hamm
Druck: Hans Soldan GmbH, Essen
ISBN 978-3-95646-207-8

Das Werk einschließlich aller seiner Teile ist urheberrechtlich geschützt. Jede Verwertung außerhalb
der engen Grenzen des Urheberrechtsgesetzes ist ohne Zustimmung des Verlages unzulässig und strafbar. Das gilt insbesondere für Vervielfältigungen, Übersetzungen, Mikroverfilmungen und die Einspei-
cherung und Verarbeitung in elektronische Systeme.

Bibliografische Information der Deutschen Bibliothek
Die Deutsche Bibliothek verzeichnet diese Publikation in der Deutschen Nationalbibliografie;
detaillierte bibliografische Daten sind im Internet über http://dnb.ddb.de abrufbar.

Geleitwort

Hinter jedem guten Notar stehen seine Mitarbeiter, die den reibungslosen Ablauf im Notariat sicherstellen.

Der Beruf der Notarfachangestellten ist ein spannender und vielfältiger Beruf, der in Anforderung und Verantwortung weit über einen „gewöhnlichen" Bürojob hinausgeht. Immobilienkäufe, Testamente, Unternehmensgründungen, Eheverträge, Scheidungsvereinbarungen und einiges mehr – über die ganze Bandbreite notarieller Tätigkeiten müssen auch Sie als Mitarbeiter im Notariat tiefgehende Kenntnisse haben. Nur mit Ihrer Unterstützung kann der Notar sein Büro erfolgreich führen.

Wie kann man Sie möglichst gezielt und effizient unterstützen, um eine bestmögliche Ausbildung zum Notarfachangestellten zu absolvieren? Diese Frage haben wir uns als Notarkasse gemeinsam mit Autoren aus der Praxis, nämlich Notarinnen und Notare, Notarassessoren und Büroleitern gestellt. Zusammen mit dem Deutschen Notarverlag wurde die *„Ausbildungsreihe für Notarfachangestellte"* ins Leben gerufen. Wir haben uns zum Ziel gesetzt, Auszubildende während ihrer anspruchsvollen Ausbildungszeit und Berufsanfänger bei ihrem Einstieg in den komplexen Büroalltag zu unterstützen. Auch für Quereinsteiger zur Vermittlung von Grundlagen und für den erfahrenen Notarfachangestellten als Nachschlagewerk ist die Reihe gut geeignet.

Pro Band vermitteln die Autoren dieser Reihe anschaulich die komplette Bandbreite eines notariellen Fachgebiets von den Grundlagen bis hin zu komplexeren Fallgestaltungen.

Mit Notarin a.D. Dr. Anja Heringer, Notariatsoberrat i.N. Franz Heitzer (beide Notarkasse München) und Notar Dr. Hans-Joachim Vollrath (München) ist es uns gelungen drei Autoren für diesen Band zu gewinnen, welche sich – teilweise schon seit Jahrzehnten – als Referenten dem Bereich der Aus- und Fortbildung verschrieben haben. Insbesondere die Ausbildung des beruflichen Nachwuchses liegt ihnen sehr am Herzen.

Dr. Helene Ludewig

Präsidentin der Notarkasse A.d.ö.R., München

Vorwort

Der Band „*Prüfungswissen kompakt – Fälle und Lösungen*" richtet sich gleichermaßen an Lernende und Lehrende im Notariat – an den Prüfling ebenso wie an den Unterrichtenden in der Berufsschule oder in Fort- und Weiterbildungskursen.

Alle drei Autoren dieses Bandes sind in der Wissensvermittlung aktiv – Fälle wie Folien sind zu einem großen Teil aus Vorträgen entstanden und werden hier in verdichteter Form präsentiert. Die Autoren kennen die Situation der Prüflinge (und auch diejenige der Vortragenden und der Prüfenden, die häufig nicht weniger nervös sind als die von ihnen Unterrichteten und Geprüften) und haben versucht, Fälle, Sachverhalte und Folien auf deren Bedürfnisse abzustimmen.

Ein Wort zur Vorsicht: dieses Buch ist kein Ersatz für die Lektüre der anderen Werke dieser Reihe – wer die anderen Werke dieser Reihe verinnerlicht hat, wird in diesem Band aber einen außerordentlich zuverlässigen Begleiter im schnellen Wiederholen und Wieder-Erschließen von Themengebieten finden.

Wir wünschen den Fällen und Folien einen intensiven Gebrauch; jeder Anwender möge sich die Freiheit nehmen, sich Fälle und Folien zu eigen zu machen und nach seinen Bedürfnissen für die Prüfungsvorbereitung, für die Formulierung von Prüfungsaufgaben in der schriftlichen wie in der mündlichen Prüfung und in der Unterrichtsgestaltung zu verwenden.

Abschließend wünschen wir uns auch einen intensiven Dialog mit den Anwendern – und zwar wiederum sowohl mit Prüflingen wie mit Prüfern. Kritik, Wünsche, Anregungen sind willkommen unter flohr@notarverlag.de und werden zuverlässig in den Folgeauflagen berücksichtigt!

Dr. Anja Heringer

Franz Heitzer

Dr. Hans-Joachim Vollrath

München, im Mai 2021

Inhaltsverzeichnis

Abkürzungsverzeichnis

A.d.ö.R.	Anstalt des öffentlichen Rechts
a.F.	alte Fassung
Abs.	Absatz
Abt.	Abteilung
abzgl.	abzüglich
AG	Amtsgericht/Aktiengesellschaft
AGB	Allgemeine Geschäftsbedingungen
AGGVG	Gerichtsverfassungsausführungsgesetz
AktG	Aktiengesetz
Az.	Aktenzeichen
BauGB	Baugesetzbuch
BayAGBGB	Bayerischen Ausführungsgesetzes zum BGB
BeurkG	Beurkundungsgesetz
BewG	Bewertungsgesetz
BGB	Bürgerliches Gesetzbuch
BGH	Bundesgerichtshof
BNL	Besitz/Nutzen/Lasten
BNotO	Bundesnotarordnung
bpD	beschränkt persönliche Dienstbarkeit
bspw.	beispielsweise
BZRG	Bundeszentralregistergesetz
bzw.	beziehungsweise
d.h.	das heißt
dgl.	dergleichen
DM	Deutsche Mark
DNotI	Deutsche Notarinstitut
DNotZ	Deutsche Notar-Zeitschrift
DONot	Dienstordnung für Notarinnen und Notare
e.K.	eingetragener Kaufmann
e.V.	eingetragener Verein
eG	eingetragene Genossenschaft
EGBGB	Einführungsgesetz zum Bürgerlichen Gesetzbuch
EGZVG	Einführungsgesetz zu dem Gesetz über die Zwangsversteigerung und die Zwangsverwaltung
ErbbauRG	Erbbaurechtsgesetz
ErbStG	Erbschaftsteuer- und Schenkungsgesetz
EStDV	Einkommensteuer-Durchführungsverordnung
EStG	Einkommensteuergesetz
etc.	et cetera
EUErbVO	Europäische Erbrechtsverordnung
EUGüVO	Europäische Güterrechtsverordnung
EUR	Euro
EUUnterhaltsVO	Europäische Unterhaltsverordnung
EV	Eidesstattliche Versicherung

f.	folgende
FamFG	Gesetz über das Verfahren in Familiensachen und in den Angelegenheiten der freiwilligen Gerichtsbarkeit
ff.	fortfolgende
Fl.Nr.	Flurstücknummer
GBA	Grundbuchamt
GBO	Grundbuchordnung
GbR	Gesellschaft bürgerlichen Rechts
GenG	Genossenschaftsgesetz
GesLV	Verordnung zur Ausgestaltung der Gesellschafterlisten
GF	Geschäftsführer
ggf.	gegebenenfalls
GmbH	Gesellschaft mit beschränkter Haftung
GmbHG	Gesetz betreffend die Gesellschaft mit beschränkter Haftung
GNotKG	Gerichts- und Notarkostengesetz
grds.	grundsätzlich
GrdstVG	Grundstückverkehrsgesetz
GrEStG	Grunderwerbsteuergesetz
GwG	Geldwäschegesetz
GwGMeldV-Immobilien	Verordnung zu den nach dem Geldwäschegesetz meldepflichtigen Sachverhalten im Immobilienbereich
h.M.	herrschende Meinung
ha	Hektar
Halbs.	Halbsatz
HausbauVO	Hausbauverordnung
HeimG	Heimgesetz
HGB	Handelsgesetzbuch
HRV	Handelsregisterverfügung
HTestFormÜ	Übereinkommen über das auf die Form letztwilliger Verfügungen anzuwendende Recht
i.Gr.	in Gründung
i.H.v.	in Höhe von
i.L.	in Liquidation
i.S.v.	im Sinne von
i.Ü.	im Übrigen
i.V.m.	in Verbindung mit
IHK	Industrie- & Handelskammer
IPR	Internationales Privatrecht
JVKostG	Gesetz über Kosten in Angelegenheiten der Justizverwaltung
KAG	Kommunalabgabengesetz
KG	Kommanditgesellschaft
KostO	Kostenordnung
KV	Kostenverzeichnis
lfd.	laufende
LPartG	Lebenspartnerschaftsgesetz
lt.	laut
MaBV	Makler- und Bauträgerverordnung
max.	maximal

12

mbB	mit beschränkter Berufshaftung
Mio.	Million
mtl.	monatlich
MV	Mietverhältnis
NotAktVV	Verordnung über die Führung notarieller Akten und Verzeichnisse
Nr.	Nummer
OHG	offene Handelsgesellschaft
PartGG	Partnerschaftsgesellschaftsgesetz
PrKG	Preisklauselgesetz
PT	Pflichtteil
qm	Quadratmeter
Rdn	Randnummer (intern)
Reg.Nr.	Registernummer
Rn	Randnummer (extern)
S.	Satz/Seite
SNR	Sondernutzungsrechte
sog.	so genannt(e)
StGB	Strafgesetzbuch
TV	Testamentsvollstrecker
u.U.	unter Umständen
UB	Unbedenklichkeitsbescheinigung
UG (haftungs-beschränkt)	Unternehmergesellschaft (haftungsbeschränkt)
URNr.	Urkundennummer
Vorbem.	Vorbemerkung
VvTw	Verfügung von Todes wegen
WEG	Wohnungseigentumsgesetz
XML	Extensible Markup Language
z.B.	zum Beispiel
ZPO	Zivilprozessordnung
ZTR	Zentrales Testamentsregister
ZV	Zwangsvollstreckung
ZVG	Gesetz über die Zwangsversteigerung und die Zwangsverwaltung
zzgl.	zuzüglich

Literaturverzeichnis

Bosch/Strauß, Berufs- und Beurkundungsrecht, 2020

Esbjörnsson, Gesellschaftsrecht, 2019

Döbereiner, Das internationale Erbrecht nach der EU- Erbrechtsverordnung (Teil I), Mitt-BayNot 2013, 358 ff.

ders., Das internationale Erbrecht nach der EU- Erbrechtsverordnung (Teil II), MittBayNot 2013, 437 ff.

Falkner, Kaufvertrag, 2. Aufl. 2021

Gutfried, Grundschulden, 2018

Haßelbeck, Wohnungs- und Teileigentum, 2. Aufl. 2021

Junk, Erbrecht, 2019

Kell, Grundbuch – Rechte in Abt. II, 2019

Kersten, Büroorganisation, 2. Aufl. 2020

Neie, Überlassungsvertrag, 2018

Pelikan, Grundbuch lesen und verstehen, 2019

Sagmeister, Anmeldungen zum Handels- und Vereinsregister, 2. Aufl. 2021

Sikora, Vollmachten, Genehmigungen, Zustimmungen, Beglaubigungen, 2. Aufl. 2021

Spernath, Grundstücksrecht Spezial, 2. Aufl. 2021

Tiedtke, Notarkosten, 2. Aufl. 2020

Volmer, Vollzug von Kaufverträgen, 2. Aufl. 2020

Ziegert/Vollrath, Familienrecht, 2019

§ 1 Einleitung

A. Warum dieses Buch?

Der vorliegende Band „**Prüfungswissen kompakt – Fälle und Lösungen**" schließt die *„Ausbildungsreihe für Notarfachangestellte"* ab. Jeder einzelne der zwischenzeitlich 17 Bände der Reihe hat einen eigenen Fragenteil. Mit dem Fortschreiben der Reihe wurde aber zunehmend das Bedürfnis spürbar, Querbezüge zwischen den einzelnen Bänden zu ermöglichen und die Bände unter dem Gesichtspunkt der Überprüfung des Gelernten noch besser zu erschließen.

Dies ist das Anliegen des vorliegenden Bandes: Er nimmt sich die in den Einzelbänden dargestellten Rechtsgebiete noch einmal insgesamt vor und „beackert" diese auf zwei unterschiedlichen Wegen:

- Zu einen werden zu jedem Rechtsgebiet Fälle präsentiert, wie sie auch in einer Fachangestelltenprüfung oder einer Weiterbildungsprüfung gestellt werden könnten. Die Lösungshinweise zu den Fällen sind mit Verweisen auf die Einzelbände versehen, so dass der Einzelband noch einmal zum Rekapitulieren und Vertiefen des Wissens herangezogen werden kann. Die Behandlung von Themen in mehreren Bänden wird auf diese Weise ebenfalls sichtbar und damit die Einbettung von Fragestellungen in verschiedene Kontexte. Die Fälle beanspruchen dabei nicht, das Rechtsgebiet vollständig und umfassend zu erschließen – sie sind exemplarisch zu verstehen und sollen dem Schwierigkeitsgrad der Fachangestelltenprüfung und darüber entsprechen.
- Zum anderen werden zu jedem Rechtsgebiet PowerPoint-Folien präsentiert. Diese Folien kann der Prüfling im Sinne einer Stichwortliste und Überblicks-Darstellung als Grundlage eines schnellen Wiederholens heranziehen. Die Folien dienen aber nicht zuletzt dazu, als Vortragsgrundlage im Berufsschul- oder Weiterbildungsunterricht herangezogen zu werden (zu einem großen Teil sind die Folien für Vorträge entwickelt worden und in Vorträgen der Autoren erprobt worden). Die Inhalte der Folien gehen über die (exemplarisch konzipierten) Fälle hinaus – teilweise gehen sie auch über das in den Einzelbänden dargestellte hinaus und dienen dem vertieften Verständnis der Materie.

B. Aufbau des Buchs

Die Unterteilung der Fälle und Folien in einzelne Abschnitte folgt im Wesentlichen der Gliederung unserer Reihe in Einzelbände.

Mit insgesamt 164 Fragestellungen und über 300 PowerPoint-Folien stellt der vorliegende Band eine reichhaltige Materialsammlung zur Verfügung, aus der sich Schüler wie Lehrer „bedienen" können. Sämtliche Folien stehen (häufig in einer erweiterten Fassung) unter

https://www.notarverlag.de/pruefungswissen-kompakt

zum Download und zur Anpassung an die eigenen Lern- oder Lehrbedürfnisse zur Verfügung.

Wissen und Lösungskompetenzen der Notare und ihrer Mitarbeiter offenbaren sich „am Fall". Dort macht der Rechtsanwender im Notariat idealerweise erlernte Schemata fruchtbar, um die Beteiligten sich ihrer Interessenlagen bewusst werden zu lassen, um gemeinsam das Regelungsziel zu formulieren und um schließlich den in der Praxis bewährten Weg zu diesem Ziel aufzuzeigen.

Die Fälle unterscheiden sich nach ihrer Länge, ihrem Schwierigkeitsniveau und teils auch in der Art und Weise, wie die Aufgabenstellungen formuliert sind. Dies erlegt es dem Nutzer auf, sich auch in unterschiedliche Aufgabenstellungen hineinzufinden.

Bei der Arbeit an jedem Fall sollte der entsprechende Band der Reihe danebenliegen, sämtliche Lösungshinweise sollte jeder Nutzer anhand der ausführlichen Darstellungen in den einzelnen Bänden vertiefen.

Die zu jedem Themengebiet entwickelten Folien sollen jeweils ein Themengebiet komprimiert erschließen. Der Lernende kann sie als Stichwortliste zum Einüben, Erschließen oder Wiederholen eines Wissensgebietes nutzen. Der Unterrichtende kann sie zur Vorbereitung und Gestaltung seines Unterrichts nutzen.

§ 2 Berufs- und Beurkundungsrecht

A. Berufs- und Beurkundungsrecht

Frage 1:

Herr Fischer möchte sein Grundstück Fl.Nr. 128 an Frau Berger verkaufen und beauftragt Notarin Huber den Kaufvertragsentwurf vorzubereiten. Bei Beurkundung des Kaufvertrages stellt Notarin Huber fest, dass Herr Fischer nicht hinreichend hören kann. Außerdem hat Herr Fischer seinen Ausweis vergessen. Frau Berger meint, dies mache nichts, sie könne Herrn Fischer der Notarin vorstellen.

1. Was ist bei der Beurkundung mit einem Hörbehinderten zu beachten?
2. Wie kann sich die Notarin von der Identität des Herrn Fischer überzeugen? Bitte nehmen Sie auf die Vorgaben nach dem BeurkG und dem GwG Bezug.

Antwort:

Zu 1. Gem. § 22 BeurkG soll ein Zeuge oder zweiter Notar zu der Beurkundung hinzugezogen werden, es sei denn, dass alle Beteiligten darauf verzichten. Auf Verlangen des hörbehinderten Beteiligten soll ein Gebärdensprachdolmetscher hinzugezogen werden. Diese Tatsachen sollen in der Niederschrift vermerkt werden. Der Zeuge oder zweite Notar soll die Niederschrift auch unterschreiben.

Zudem muss dem hörbehinderten Beteiligten nach § 23 BeurkG die Niederschrift zur Durchsicht vorgelegt und dies auch entsprechend vermerkt werden. Hat der Beteiligte die Niederschrift eigenhändig unterschrieben, so wird vermutet, dass sie ihm zur Durchsicht vorgelegt und von ihm genehmigt worden ist.

Zu 2.

a) § 10 BeurkG verlangt, dass der Notar die Identität der Beteiligten zuverlässig feststellt, so dass Zweifel und Verwechslungen ausgeschlossen sind. In der Urkunde ist anzugeben, wie er sich Gewissheit verschafft hat.

Die Feststellung der Identität kann durch **Lichtbildausweis** erfolgen; geeignet sind Personalausweis, Reisepass, Führerschein und von sonstigen öffentliche Stellen mit Lichtbild versehene Legitimationspapiere. Fand mit einem Beteiligten bereits früher eine Beurkundung statt und kann sich der Notar an diese Person erinnern, ist der Beteiligte persönlich bekannt. Hat der Beteiligte, wie im vorliegenden Fall, keinen Ausweis dabei und ist er auch nicht persönlich bekannt, kann er durch Personen, die der Notar selbst als zuverlässig kennt und die nicht an der Angelegenheit der Beurkundung beteiligt sind und zu dem Beteiligten nicht in einem näheren verwandtschaftlichen Verhältnis stehen, vorgestellt werden. Geeignete Erkennungszeugen sind die Mitarbeiter des Notars. Beteiligte dürfen nicht Erkennungszeugen sein.

Hier kann Herr Fischer demnach nicht von Frau Berger vorgestellt werden.

Wenn sich der Beteiligte nicht ausweisen kann und auch nicht von einer anderen Person vorgestellt werden kann, soll in der Urkunde vermerkt werden, dass er sich nicht ausweisen konnte und der Beteiligte soll verpflichtet werden, unverzüglich seinen Ausweis nachzureichen. Weist sich der Beteiligte später aus, ist dies in einem selbständigen Vermerk, der mit der Urschrift verbunden wird, vom Notar zu bezeugen.

b) Grundstückskaufverträge fallen in den Anwendungsbereich des GwG. Den Notar treffen hier besondere Identifizierungspflichten. Die Identitätsüberprüfung hat anhand eines **gültigen** amtlichen Ausweises, der ein Lichtbild des Inhabers enthält und mit dem die Pass- und Ausweispflicht im Inland erfüllt wird, insbesondere anhand eines inländischen oder nach ausländerrechtlichen Bestimmungen anerkannten oder zugelassenen Passes, Personalausweises oder Pass- oder Ausweisersatzes zu erfolgen (§ 12 Abs. 1 Nr. 1 GwG). Bei geringerem Geldwäscherisiko kann im Einzelfall gemäß § 14 Abs. 2 Nr. 2 GwG die Identifizierung auch auf Grundlage von sonstigen Dokumenten, Daten oder Informationen einer glaubwürdigen und unabhängigen Quelle durchgeführt werden, d.h. insbesondere aufgrund von **abgelaufenen** Ausweisdokumenten, die jedoch eine Identifizierung noch ermöglichen. Möglich ist auch die Vorstellung durch einen geeigneten Erkennungszeugen. Wenn ein Beteiligter bereits bei früherer Gelegenheit nach dem GwG identifiziert wurde und Ausweiskopien noch vorliegen, ist eine neue Identifizierung nur erforderlich, wenn der Notar die Richtigkeit der zuvor erhobenen Angaben anzweifelt.

(Zum Nachlesen: *Bosch/Strauß*, Berufs- und Beurkundungsrecht, § 2 Rn 168 ff., 226 ff., 299 ff.)

2 **Frage 2:**

Der Notar kann aufgrund einer Stimmbandentzündung nur noch sehr leise sprechen. I.Ü. soll er seine Stimme soweit als möglich schonen. Ein seit längerem anberaumter Beurkundungstermin lässt sich jedoch nicht verschieben.

Muss der Notar die Urkunde selbst vorlesen oder kann er die Urkunde auch durch eine Mitarbeiterin vorlesen lassen? Kann auf das Vorlesen der Urkunde verzichtet werden?

Antwort:

§ 13 BeurkG erfordert lediglich, dass das Vorlesen der Urkunde „in Gegenwart des Notars" erfolgt. Das Verlesen durch den Notar selbst ist damit nicht zwingend erforderlich; der Notar kann sich hierbei einer Hilfsperson, bspw. einem Mitarbeiter, bedienen, solange er selbst bei der Beurkundung ständig anwesend ist.

Auf das Vorlesen kann nicht verzichtet werden. Die Niederschrift muss vollständig vom Anfang bis zum Ende vorgelesen werden.

3 **Frage 3:**

Es soll ein Grundstückskaufvertrag beurkundet werden. Der Verkäufer des Grundbesitzes ist türkischer Staatsangehöriger. Er spricht nur türkisch, der deutschen Sprache ist er nicht kundig. Der Verkäufer bringt zur Beurkundung seinen Sohn mit, da dieser als vereidigter Dolmetscher und Übersetzer tätig ist.
1. Kann der Sohn des Verkäufers bei der Beurkundung als Dolmetscher zugezogen werden?
2. Kurzfristig kann ein anderer Übersetzer gefunden werden. Was ist bei der Beurkundung zu beachten?

Antwort:

Zu 1. Nach § 16 Abs. 3 Satz 1 BeurkG muss für die Übersetzung, wenn der Notar selbst nicht übersetzen kann, ein Dolmetscher zugezogen werden. Für diesen gelten gemäß § 16 Abs. 3 Satz 2 BeurkG die §§ 6 und 7 BeurkG entsprechend. Sohn und Vater sind in gerader Linie verwandt. Gem. § 6 Abs. 1 Nr. 3 BeurkG kann der Sohn daher nicht als Dolmetscher zugezogen werden, da sonst die Beurkundung unwirksam ist.

Zu 2. Ist einer der Beteiligten der deutschen Sprache nicht hinreichend kundig, so soll dies gemäß § 16 Abs. 1 BeurkG in der Niederschrift festgestellt werden. Eine solche Niederschrift muss den Beteiligten sodann anstelle des Vorlesens übersetzt werden (§ 16 Abs. 2 BeurkG). Eine schriftliche Übersetzung der Urkunde soll angefertigt werden und kann beigefügt werden, wenn ein Beteiligter dies verlangt. Ist der Dolmetscher nicht allgemein vereidigt, so soll ihn der Notar vereidigen, außer alle Beteiligten verzichten darauf. Die vorgenannten Tatsachen sind in der Niederschrift festzustellen. Die Niederschrift ist auch vom Dolmetscher zu unterzeichnen, § 16 Abs. 3 Satz 5 BeurkG (und der Dolmetscher sollte im Urkundeneingang erwähnt werden).

(Zum Nachlesen: *Bosch/Strauß*, Berufs- und Beurkundungsrecht, § 2 Rn 384 ff.)

Frage 4: 4

Darf der Notar

1. eine Abschrift seines Abiturzeugnisses beglaubigen?
2. das Testament seiner Ehefrau beurkunden?
3. das Testament der Ehefrau seines Sozius beurkunden?
4. einen Kaufvertrag beurkunden, in dem seine Enkelin ein Grundstück kauft?
5. die Hauptversammlung einer AG protokollieren, wenn sein Sozius mehr als 20 % von deren Aktien hält, an der Hauptversammlung aber nicht teilnimmt?
6. ein Testament beurkunden, in dem zu Gunsten seiner Ehefrau ein Vermächtnis angeordnet wird?

Antwort:

Zu 1. Nein, es besteht ein Mitwirkungsverbot nach § 3 Abs. 1 S. 1 Nr. 1 BeurkG.
Zu 2. Nein, die Beurkundung ist unwirksam nach § 6 Abs. 1 Nr. 2 BeurkG; ferner besteht ein Mitwirkungsverbot nach § 3 Abs. 1 S. 1 Nr. 2 BeurkG.
Zu 3. Ja, es besteht kein Mitwirkungsverbot nach § 3 Abs. 1 S. 1 Nr. 2 oder 4 BeurkG.
Zu 4. Nein, die Beurkundung ist unwirksam nach § 6 Abs. 1 Nr. 3 BeurkG; ferner besteht ein Mitwirkungsverbot nach § 3 Abs. 1 S. 1 Nr. 3 BeurkG.
Zu 5. Ja, es besteht kein Mitwirkungsverbot nach § 3 Abs. 1 S. 1 Nr. 4 oder 9 BeurkG.
Zu 6. Nein, die Beurkundung ist nach § 7 Nr. 2 BeurkG unwirksam; ferner besteht ein Mitwirkungsverbot nach § 3 Abs. 1 S. 1 Nr. 2 BeurkG.

(Zum Nachlesen: *Bosch/Strauß*, Berufs- und Beurkundungsrecht, § 2 Rn 101 ff., 116 ff.)

Frage 5: 5

Frau Schwarz will von der X-GmbH, die gewerbsmäßig Wohnungen an- und verkauft, eine Eigentumswohnung erwerben. Die Kaufvertragsentwürfe wurden vor kurzem vom Notar an die Beteiligten verschickt. Frau Schwarz ruft beim Notarfachangestellten Moser an und will gleich für den nächsten Tag einen Beurkundungstermin vereinbaren, da sie die Wohnung so schnell wie möglich beziehen will. Was wird Herr Moser antworten?

Antwort:

Bei Verbraucherverträgen soll der Notar darauf hinwirken, dass der Verbraucher ausreichend Gelegenheit erhält, sich vorab mit dem Gegenstand der Beurkundung auseinanderzusetzen (§ 17 Abs. 2a S. 2 Nr. 2 BeurkG). Dies geschieht im Regelfall durch Entwurfsübersendung durch den Notar zwei Wochen vor der Beurkundung. Die Zwei-Wochen-Frist ist Kernelement des notariellen Verbraucherschutzes. Eine Unterschreitung der Frist ist nur in ganz besonders gelagerten Ausnahmefall zulässig. Der Wunsch, schnell einzuziehen, rechtfertigt dies nicht. Herr Moser wird daher nur einen Termin nach Fristablauf vereinbaren.

(Zum Nachlesen: *Bosch/Strauß*, Berufs- und Beurkundungsrecht, § 2 Rn 350 ff.)

Frage 6: 6

A und B sind zu je 50% Gesellschafter der AB-GmbH mit 25.000,00 EUR Stammkapital. A will „seinen Geschäftsanteil Nr. 1 zu 12.500,00 EUR" an den dies annehmenden D abtreten und bittet um einen Urkundenentwurf. A, B, und D sind natürliche Personen. Die GmbH hat nach Angabe keinen Immobilienbesitz.

1. Welchen geldwäscherechtlichen Ermittlungs- und Dokumentationspflichten unterliegt der Notar in der Vorbereitung?
2. Wäre das Ergebnis anders, wenn D keine natürliche Person wäre, sondern ihrerseits eine GmbH („D-GmbH")?
3. Angenommen, der Notar hat bereits einen Transparenzregisterabruf getätigt, bevor die D-GmbH ihm den ausgefüllten Fragebogen zur Eigentümer- und Kontrollstruktur übermittelt hat, und das Ergebnis des Abrufs ergibt, dass die D-GmbH keinerlei Mitteilung an das Transparenzregister gemacht hat – besteht Anlass zur Sorge?
4. Sie überlegen, wer „wirtschaftlich Berechtigter" der D-GmbH ist, wenn sich (a) aus der Gesellschafterliste ergibt, dass 10 verschiedene natürliche Personen Gesellschafter mit je

10% der Beteiligung sind und (b) eine dieser 10 Personen einziger Geschäftsführer der Gesellschaft ist.

5. Aus dem Fragebogen zur Eigentümer- und Kontrollstruktur der D-GmbH ergibt sich, dass zwei der Gesellschafter ihre Anteile für den Geschäftsführer treuhänderisch halten. Ist das Transparenzregister also „falsch" – hätte die D-GmbH Meldung zum Transparenzregister machen müssen?

6. Wie 5. – nur ergibt sich aus dem Fragebogen, dass zwei der Gesellschafter ihre Anteile nicht für den Geschäftsführer halten, sondern für einen weiteren Gesellschafter, der seinerseits mit 10% in der Gesellschafterliste eingetragen ist. Treffen den Notar Mitteilungspflichten wegen der Abweichung zwischen der Darstellung im Fragebogen und dem Ergebnis des Transparenzregisterabrufs?

7. Ist es nicht besser, wenn die Mitarbeiter im Notariat den Beteiligten beim Ausfüllen der Fragebögen helfen?

Antwort:

Zu 1. Der Notar ist Verpflichteter nach § 2 Abs. 1 Nr. 10 GwG. Von den dort genannten Betreuungssituationen ist vorliegend Buchstabe a) ee) einschlägig. Der Übergang von Geschäftsanteilen auf Gesellschafterebene ist eine Tätigkeit, die die Anwendungsempfehlungen des BNotK als Mitwirkung im Rahmen von Gründung, Betrieb oder Verwaltung der GmbH verstehen. Der Notar muss also – über die beurkundungsrechtlichen Identifizierungserfordernisse hinaus – die geldwäscherechtlichen Identifikationspflichten der §§ 11, 12 GWG erfüllen und die Identität der Beteiligten anhand eines gültigen amtlichen Lichtbildausweises identifizieren, mit dem die Pass- und Ausweispflicht im Inland erfüllt wird. Die GmbH selbst ist allerdings nicht beteiligt an der Transaktion. Dies gilt selbst dann, wenn die Satzung der GmbH vorsehen würde, dass die Zustimmung der Gesellschaft zu Anteilsübertragungen erforderlich ist. Zu identifizieren sind also nur die handelnden Personen.

Zu 2. Nicht grundlegend – den Notar treffen nun Identifizierungspflichten nicht nur bezogen auf natürliche Personen, sondern auch auf die D-GmbH. Der Erwerb des Geschäftsanteils an der AB-GmbH ist auch eine Handlung „im Betrieb" der D-GmbH. Den Notar trifft also zusätzlich zur Identifizierungspflicht der Handelnden auch die Pflicht festzustellen, wer der wirtschaftlich Berechtigte der D-GmbH ist. Der Notar wird die D-GmbH dazu auffordern, ihre Eigentümer- und Kontrollstruktur im geldwäscherechtlichen Fragebogen der BNotK (vgl. den Link in der Rubrik „Arbeitshilfen" „Berufs- und Beurkundungsrecht" des DNotI) darzulegen und anschließend das Ergebnis mit dem vergleichen, was ein Abruf aus dem Transparenzregister ergibt. Im Anwendungsbereich von § 1 GrEStG (wenn also Erwerbsverträge über Grundstücke geschlossen werden, dazu gehört auch der Fall, dass Anteile an einer grundbesitzhaltenden GmbH veräußert werden) ist er gesetzlich ausdrücklich dazu verpflichtet, sich eine Eigentümer- und Kontrollstruktur vorlegen zu lassen, § 11 Abs. 5a GwG (Fassung bis 31.07.2021) bzw. § 12 Abs. 3 GwG (Fassung seit 01.08.2021). Zu Unstimmigkeitsmeldungen vgl. unten bei 6.

Zu 3. Nach der bis zum 31.07.2021 geltenden Rechtslage und für eine Übergangszeit bis zum 31.3.2023 nicht – deutsche GmbH mussten dem Transparenzregister bisher nur dann Meldung machen, wenn sich die wirtschaftlich Berechtigten nicht aus dem Handelsregister oder den dort abrufbaren Unterlagen ergaben (vgl. § 20 Abs. 2 GwG in der bis zum 31.07.2021 geltenden Fassung). Wenn sich also die Eigentümerstruktur aus der beim Handelsregister zuletzt abrufbaren Gesellschafterliste zutreffend ergab, musste die D-GmbH dem Transparenzregister nach der Gesetzeslage bis zum 31.07.2021 nichts melden. Seit dem 01.08.2021 ist § 20 Abs. 2 GwG entfallen – GmbH müssen also nunmehr die wirtschaftlich Berechtigten i.S.d. § 3 GwG an das Transparenzregister melden. Nur dann, wenn es keine wirtschaftlich Berechtigten i.S.d. § 3 Abs. 2 Satz 1 GwG gibt, besteht keine Mitteilungspflicht. GmbHs haben nach § 59 Abs. 8 GwG allerdings bis zum 30.06.2022 Zeit, diese Meldung zu machen.

Zu 4. Gem. § 3 Abs. 2 GwG ist wirtschaftlich Berechtigter der GmbH jeder Gesellschafter, der mehr als 25% der Kapitalanteile hält, der Stimmen kontrolliert oder auf vergleichbare

Weise Kontrolle ausübt. Sind diese Voraussetzungen nicht erfüllt, so fingiert der letzte Satz von § 3 Abs. 2 GwG die gesetzlichen Vertreter als wirtschaftlich Berechtigte. Eine Mitteilungspflicht der D-GmbH nach § 20 Abs. 1 GwG besteht nicht.

Zu 5. Nein – auch wenn der fingierte wirtschaftlich Berechtigte (vorliegend also der GF) aufgrund eines Treuhandvertrages nicht nur fingierter, sondern „richtiger" wirtschaftlich Berechtigter ist, liefert das Transparenzregister i.V.m. der Fiktion des § 3 Abs. 2 letzter S. GwG ein zutreffendes Bild.

Zu 6. Es liegt eine Diskrepanz zwischen der dargelegten Eigentümer- und Kontrollstruktur einerseits und dem Ergebnis des Transparenzregisterabrufs andererseits vor: Das Transparenzregister suggeriert, der eingetragene GF sei (fingierter) wirtschaftlich Berechtigter – in Wahrheit aber ist ein anderer wirtschaftlich Berechtigter, weil er auf 30% Kapitalbeteiligung kommt. § 23a GwG erlegt es den Verpflichteten auf, Unstimmigkeitsmeldung zu machen – so würde also eine Bank, bei der eine solche Diskrepanz „auffliegt", reagieren müssen. Für den Notar ist der Hinweis in § 23a Abs. 1 S. 2 GwG auf § 43 Abs. 2 GwG zu beachten – er hat die Information im Rahmen einer „Rechtsberatung" erhalten, so dass er nur melden muss (und darf, die notarielle Verschwiegenheit geht also vor), wenn er positiv weiß, dass es um einen Sachverhalt der Geldwäsche, Terrorismusfinanzierung oder anderen Straftat geht – oder wenn ein Fall der GwGMeldV-Immobilien vorliegt.

Zu 7. Nein, auf keinen Fall – § 47 GwG formuliert ein striktes Informationsverbot des Verpflichteten vor einer Meldung – Aufgabe des Notars ist es, die Angaben der Beteiligten zu kontrollieren und zu verplausibilisieren. Einen Soll-Ist-Vergleich kann er nur vornehmen, wenn der Fragebogen zur Eigentümer- und Kontrollstruktur „unbefangen" ausgefüllt wird. Erforderlichenfalls müssen sich die Auskunftsverpflichteten externer Unterstützung bedienen – geldwäschebezogene Auskünfte müssen sie ja regelmäßig auch gegenüber Banken etc. erfüllen.

(Zum Nachlesen: *Bosch/Strauß*, Berufs- und Beurkundungsrecht, § 2 Rn 168 ff. Bitte vertiefen Sie die geldwäscherechtlichen Fragestellungen auch durch die Lektüre der „Anwendungsempfehlungen" der BNotK zum Geldwäschegesetz– möglicherweise gibt es ja in Ihrer Kanzlei auch eine Kurzfassung für Mitarbeiter.)

Frage 7: 7

Wie Frage 1 unter Rdn 6 – es kommt zur Beurkundung mit D persönlich (also nicht mit der D-GmbH als Käufer). Kurz vor der Unterschrift erwähnt D um 16:55 Uhr noch, dass man ja noch die Satzung ändern wolle. Versehentlich habe man dem Notariat den 20-seitigen Text der neugefassten Satzung nicht vorab übermittelt, das könne man doch noch schnell in den Text einpflegen. Eine Vollmacht des B habe man mitgebracht. B sei krankheitsbedingt gerade verhindert, nach Deutschland einzureisen und als einziger Geschäftsführer der AB-GmbH die Anmeldung zu unterschreiben, die Anmeldung möge der Notar bitte doch auch selbst erledigen.

Der Notar muss das Haus um 17:05 Uhr verlassen, da er zu einer Testamentsbeurkundung ans Sterbebett ins Krankenhaus gerufen ist.
1. Gibt es eine Möglichkeit, den Wünschen der Beteiligten Rechnung zu tragen?
2. Zwei Wochen später: Der Notar hat nach § 36 BeurkG protokolliert und nach § 378 Abs. 2 FamFG angemeldet. Das Gericht trägt die angemeldete Satzungsänderung nicht ein, weil die neu gefasste Satzung nicht mehr die Gründungskostenregelung der Ursprungssatzung enthalte – diese war durch den entwerfenden Anwalt als überflüssig gestrichen worden. Die Beteiligten bitten den Notar erneut, „im Bürowege" abzuhelfen – sie möchten keinesfalls noch einmal in die Kanzlei kommen.
3. Bei der Gelegenheit fällt dem Notar siedend heiß ein – hätte er aufgrund des in letzter Minute noch gewünschten Beschlusses während der Beurkundung nicht doch noch geldwäscherechtliche Pflichten erfüllen müssen?

Antwort:

Zu 1. Die Satzung einer GmbH kann nur im Wege des Gesellschafterbeschlusses geändert werden (§ 53 Abs. 1 GmbHG). Der Beschluss ist notariell zu beurkunden (§ 53 Abs. 2 GmbHG).

Die Beurkundung kann grundsätzlich auf zwei Wegen erfolgen: **Entweder** nach den Vorschriften über die Beurkundung von Willenserklärungen (§§ 8 ff. BeurkG). Beurkundet werden dann letztlich die Stimmabgaben der einzelnen Gesellschafter, gegebenenfalls auch noch einzelne Formalien der Versammlung wie die Wahl eines Versammlungsleiters sowie dessen Feststellungen. Der Satzungstext ist in diesen Fällen zu verlesen (§ 9 Abs. 1 S. 2 BeurkG). **Oder** der Notar errichtet eine Niederschrift über seine Wahrnehmungen (§ 36 BeurkG), also dahin, dass sich an einem bestimmten Tag zu einer bestimmten Uhrzeit Personen bei ihm eingefunden haben (die Identifizierungspflicht des § 10 BeurkG greift hier nicht für alle Gesellschafter, der Notar kann sich darauf beschränken festzustellen, dass eine von ihm identifizierte Person zum Versammlungsleiter bestellt wurde und dass nach deren Feststellungen sämtliche Gesellschafter der AB-GmbH anwesend oder ordnungsgemäß vertreten waren), der Versammlungsleiter Beschlussvorschläge unterbreitete, zur Abstimmung aufrief, das Abstimmungsergebnis feststellte und verkündete. Klargestellt werden sollte, dass dem Versammlungsleiter diese Aufgaben durch die Anwesenden übertragen wurden. Die Niederschrift hierüber wird nur vom Notar unterzeichnet, die beschlossene Neufassung der Satzung wird ebenso wenig wie die Niederschrift selber verlesen. Vorsichtshalber sollte der Notar den Text der neu gefassten Satzung durch den Versammlungsleiter abzeichnen lassen – dies dient aber nur der Plausibilität, es ist aus Rechtsgründen nicht erforderlich. Das Protokoll nach § 36 BeurkG kann der Notar auch am nächsten Tag erstellen (solange er sich nur klar erinnern kann, was seine Wahrnehmungen waren).

(Zum Nachlesen *Esbjörnsson*, Gesellschaftsrecht, § 2 Rn 118)

§ 17 BeurkG greift bei der Beurkundung von Willenserklärungen, nicht aber bei der Niederschrift über Wahrnehmungen, § 36 BeurkG. Wählt der Notar die „kurze" Form der Beschlussbeurkundung, treffen ihn – soweit er die Satzung nicht selber entworfen hat – keine Prüfungs- und Belehrungspflichten.

Nach § 378 Abs. 2 FamFG kann der Notar zum Handelsregister selbst anmelden, wenn eine von ihm beurkundete oder beglaubigte Erklärung zur Eintragung erforderlich ist. Dies dürfte unabhängig von der gewählten Beurkundungsform der Satzungsänderung möglich sein – der Notar könnte also vorliegend die Neufassung der Satzung zum Handelsregister anmelden, indem er den selben Anmeldungstext, den der Geschäftsführer normalerweise unterschreiben würde, als Notar unter Hinweis auf § 378 Abs. 2 FamFG unterzeichnet und siegelt. Verpflichtet hierzu ist er selbstverständlich nicht – im Regelfall wird er sich hierzu ausdrücklich anweisen und ermächtigen lassen. Ausgeschlossen von dieser Form der Anmeldung sind Anmeldungen, die nach § 78 GmbHG durch den oder die Geschäftsführer persönlich vorzunehmen sind

(Zum Nachlesen *Sagmeister*, Anmeldungen zum Handels- und Vereinsregister, § 2 Rn 230).

Wenn der Notar ganz schnell aus dem Haus muss, kann er sich also mit den Beteiligten darauf verständigen, dass ein Beschluss zur Neufassung der Satzung mit dem vorgelegten Inhalt „hiermit" gefasst wird und die Papierarbeit (Protokollerstellung, Fertigung der Registeranmeldung) auf den nächsten Arbeitstag verschieben.

Zu 2. Zu prüfen ist, ob eine Schreibfehlerberichtigung nach § 44a BeurkG in Betracht kommt. „Schreibfehler" sind dabei nicht nur Rechtschreibfehler, sondern auch ohne weiteres erkennbare Fehlformulierungen, Auslassungen, unterlassene Streichungen aufgrund von Änderungen des Urkundentextes an anderer Stelle. Notarinnen und Notare sind unterschiedlich „mutig" bei derartigen Schreibfehlerkorrekturen. Vorliegend erscheint es vertretbar, die Streichung des Gründungskostenpassus aus dem Ursprungstext der Satzung als offenkundig fehlerhaft zu verstehen – juristisch ist eindeutig, dass diese Regelung (die als eine Art Sacheinlagenregelung, vgl. § 5 Abs. 4 GmbHG, verstanden wird, welche in entsprechender Anwendung von § 26 Abs. 4, 5 AktG erst fünf Jahre nach der Gründung beseitigt werden darf) erst nach Ablauf von fünf Jahren seit der Eintragung aus der Satzung herausgenommen werden darf.

Eine solche Schreibfehlerberichtigung ist aber vorliegend nur dann möglich, wenn eine Beurkundung nach §§ 8 ff. BeurkG vorliegt – denn bei der Beurkundung nach § 36 BeurkG sind ja nicht (fehlerhafte) Erklärungen der Beteiligten dokumentiert, sondern Wahrnehmungen des Notars. Und der Notar hat eben nur wahrgenommen, dass der Satzung in der fehlerhaften Fassung verabschiedet wurde. Diese Wahrnehmung kann er nicht nachträglich nach § 44a BeurkG korrigieren – auf diese Weise könnte es allenfalls Korrekturen an einem bereits erstellten Protokoll anbringen, wenn er seine Wahrnehmungen falsch wiedergegeben hat.

Die Beteiligten müssen also erneut erscheinen und einen Nachtragsbeschluss fassen, wenn die erste Beurkundung nach § 36 BeurkG erfolgt ist.

Zu 3. Nein, keine Sorge – die Beurkundung einer bloßen Satzungsänderung unterfällt keinem der in § 2 Abs. 1 Nr. 10 GwG aufgeführten Tatbestände.

(Zum Nachlesen: *Bosch/Strauß*, Berufs- und Beurkundungsrecht, § 2 Rn 171)

Frage 8: 8

A hat an B ein Grundstück verkauft, beide Beteiligte sind natürliche Personen. Im Kaufvertrag hat A, wie üblich, eine Finanzierungsvollmacht an B erteilt. B möchte über eine Bank mit Sitz in Liechtenstein finanzieren, dementsprechend ermächtigt die Finanzierungsvollmacht auch zur Bestellung von Grundpfandrechten zugunsten liechtensteinischer Banken (die Bank hat erklärt, sie werde die in Deutschland übliche Einschränkung der Sicherungsabrede beachten). A hat auf eine Formulierung im Vertrag hingewirkt, wonach (a) ein Teil des Kaufpreises von 20.000,00 EUR an den Makler direkt zu bezahlen sein und (b) ein Betrag von 50.000,00 EUR an einen befreundeten italienischen Gastronom, dem er noch Geld schulde.

1. Sind Identifizierungspflichten/Mitteilungspflichten nach dem GwG/der GwGMeldV-Immobilien zu beachten? Sind Beurkundungsverbote denkbar, wenn die Vertragsteile die erbetenen Informationen nicht liefern?
2. Die Fälligkeitsmitteilung zum Kaufvertrag ist verschickt. Zwei Tage nach Versand erscheint B im Büro und bestellt endlich seine Finanzierungsgrundschuld. Löst die Bestellung der Grundschuld erneut geldwäscherechtliche Prüfungen aus? B bittet, ihm unmittelbar nach der Beurkundung (a) die Ausfertigungen der Grundschuld für die Bank mitzugeben und (b) eine Rangbescheinigung auszustellen, dass die Grundschuld an für die Bank passender Rangstelle eingetragen werde – er wolle auf keinen Fall in Verzug geraten. Können Sie seiner Bitte entsprechen?

Antwort:

Zu 1. Zunächst gelten die Allgemeinen Sorgfaltspflichten sowie die Identifizierungspflichten nach §§ 10, 11 GwG. Wirkt ein Beteiligter (also etwa A auf die Nachfrage, ob er denn wirklich nur im eigenen Namen handele) nur zögerlich oder unergiebig mit, so darf der Notar die Amtstätigkeit allerdings nur in besonderen Ausnahmefällen verweigern (§ 10 Abs. 9 S. 3 GwG). Bei natürlichen Personen ist dies letztlich nur dann der Fall, wenn der Notar weiß, dass es um Terrorismusfinanzierung oder Geldwäsche geht.

Im Regelfall muss der Notar also der Urkundengewährungspflicht des § 15 BNotO nachkommen. Dieses „im Zweifel für die Urkundengewährung" des GwG wird seit Oktober 2020 kompensiert durch die Anordnung von Mitteilungspflichten des Notars in besonderen Konstellationen, die in der GwGMeldV-Immobilien dargestellt sind.

Vorliegend könnte auf Seiten von B ein Fall des § 6 Abs. 1 Buchst. c) GwGMeldV-Immobilien vorliegen – „Bankkonto in einem Drittstaat". Der Begriff des Drittstaates ist definiert (§ 2 GwGMeldV-Immobilien) wie in § 1 Abs. 17 GwG – danach ist Liechtenstein kein Drittstaat (anders wäre das bei der Schweiz). Vor diesem Hintergrund greift also keine Meldepflicht.

Auf Seiten von A sind sowohl die Zahlung an den Makler als auch diejenige an den befreundeten Gastronom zumindest einer näheren Betrachtung wert: Die Zahlung an den Makler ist eine Zahlung nach § 6 Abs. 1 Nr. 4 GwGMeldV-Immobilien (der Makler ist auch nicht etwa ein „am Erwerbsvorgang Beteiligter", vgl. § 2 Nr. 2 GwGMeldV-Immobilien). Die Zahlung an den Gastronom fällt in dieselbe Kategorie – daneben könnte es sich (abhängig von der Höhe der Zahlung und abhängig von der Höhe des Kaufpreises) um einen Anhaltspunkt für einen Fall des § 4 Abs. 3 Nr. 2 GwGMeldV-Immobilien handeln (Auflösung eines Treuhandverhältnisses).

Diese „Auffälligkeiten" bedeuten im Regelfall eine Meldepflicht – allerdings ist der Notar nach § 7 GwGMeldV-Immobilien gehalten zu prüfen, ob Tatsachen die „Anzeichen … entkräften", dass ein Vermögensgegenstand (bezogen auf dem Gastronom also: das geliehene Geld) aus einer strafbaren Handlung stammt, die eine Vortat der Geldwäsche darstellen könnte oder Zusammenhang mit der Terrorismusfinanzierung besteht. Liegen solche entkräftende Tatsachen vor, so unterbleibt die Meldung, der Abwägungsprozess ist aber zu dokumentieren und für die aufsichtliche Prüfung aufzubewahren. Nach diesen Tatsachen muss der Notar allerdings nicht forschen – die Praxis wird in derartigen Situationen Meldung erstatten.

In der Kommunikation mit den Beteiligten ist § 47 GwG zu beachten – der Notar darf eine von ihm erwogene Mitteilung also nicht mit den Beteiligten diskutieren.

Nimmt der Notar eine Meldung vor, so greift die „Anhaltepflicht" des § 46 GwG: erlangt der Notar vor Beurkundung Kenntnis, so müssen mindestens drei Werktage seit der Meldung verstrichen sein, bevor der Notar beurkunden darf.

Zu 2. Die Grundschuldbestellung löst nicht erneut geldwäscherechtliche Pflichten aus (vgl. § 2 Abs. 1 Nr. 10 GWG und § 1 GwGMeldV-Immobilien).

Dem Wunsch des B kann nicht ohne weiteres entsprochen werden: Zwar ist formal nur der Besteller Urkundenbeteiligter – soweit die Bank den Notar aber beauftragt hat, die Grundschuld für sie entgegenzunehmen (was aus Kostengründen meist unterbleibt), verliert B im Moment der Bestellung die alleinige Hoheit über das weitere Schicksal der nur von ihm errichteten Urkunde. Ohne einen solchen Auftrag ist es grundsätzlich denkbar, den Besteller als Boten einzusetzen – hinsichtlich der vollstreckbaren Ausfertigung wird man das aber aus Vorsichtsgründen nicht tun.

Was sich Besteller und Bank unter einer Rangbescheinigung vorstellen, ist im Einzelnen zu klären. Wenn die Bank sichergehen möchte, dass (a) der Antrag beim Grundbuchamt eingegangen ist, (b) keine weiteren vorrangigen Anträge im Widerspruch zu dem von der Bank gewünschten Rang gestellt oder gar schon vollzogen sind und (c) der beurkundete Grundschuldtext gemessen am Grundschuldbestellungsauftrag vollzugsfähig ist, muss man abwarten, bis der Antrag tatsächlich bei der Grundakte angelangt ist und der Notar oder ein beauftragter Mitarbeiter sich durch Einsicht in die Grundakte davon überzeugen konnten, dass kein vorrangiger Antrag gestellt/vollzogen ist. Dazu müssen in der Praxis normalerweise 48 Stunden seit Beurkundung vergangen sein. Die Einsicht in die Markentabelle des elektronischen Grundbuchs genießt keinen guten Glauben – wenn die Bank sich mit einer solchen Einsicht an Stelle der Einsicht in die Grundakte zufrieden gibt, muss das vorher geklärt sein und in der Rangbescheinigung zum Ausdruck kommen.

(Zum Nachlesen: *Gutfried*, Grundschulden, § 2 Rn 26 Rn 65 und *Bosch/Strauß*, Berufs- und Beurkundungsrecht, § 2 Rn 514).

9 **Frage 9:**

A möchte sein Grundstück an B verkaufen. Er ist nur bereit den Beurkundungstermin wahrzunehmen, wenn der Kaufpreis vorher auf Anderkonto hinterlegt ist.

Geht das? Welche Hinterlegungsanweisungen sind zu formulieren?

Antwort:

Ja, das geht, das erforderliche Sicherungsinteresse liegt vor (§ 57 Abs. 2 Nr. 1 BeurkG), weil mit der üblichen Vertragsgestaltung das Risiko verbunden ist, dass der Verkäufer nach einem Vertragsrücktritt wegen Nichtzahlung auf den Beurkundungskosten sitzen bleibt. Wird diese Form der Abwicklungssicherheit vor Vertragsschluss gewünscht, so ist zu überlegen, den vorab zu hinterlegenden Betrag (a) auf die Grunderwerbsteuer und (b) auf die sonstigen Transaktionsgebühren bei Gericht, Notar, Makler zu erstrecken.

Es sind zwei Hinterlegungsanweisungen/Verwahrungsanweisungen zu formulieren:

Die erste betrifft die Zeit vor der Beurkundung – das ist noch eine „einseitige" Hinterlegung, an der der Verkäufer als Auszahlungsempfänger noch nicht unmittelbar beteiligt ist. Der Käufer muss den Notar also anweisen, das Geld nur dann an ihn zurückzuzahlen, wenn bis zu einem bestimmten Zeitpunkt (also z.B. nach Ablauf von zwei Wochen seit Einzahlung) noch kein Kaufvertrag zwischen ihm und dem Verkäufer zustande gekommen ist und in diesem Kaufvertrag die jetzige einseitige Hinterlegungsanweisung nicht nur eine zweiseitige (vertragliche) Hinterlegungsanweisung ersetzt wurde. Vor diesem Zeitpunkt darf eine Auszahlung nur mit Zustimmung des Verkäufers erfolgen – zur Erteilung einer solchen Zustimmung müsste sich der Verkäufer in einer zwischen den Vertragsteilen dann vorab getroffenen und nicht notariell beurkundeten Reservierungsvereinbarung verpflichten (eine solche Reservierungsvereinbarung läuft darauf hinaus, dass der Verkäufer sich verpflichtet, für einen bestimmten Zeitraum an keinen anderen zu verkaufen – eine solche Vereinbarung wird erst dann beurkundungspflichtig, wenn der Käufer an den Verkäufer eine Reservierungsgebühr größer 5% des Kaufpreises leistet, die verfallen soll, wenn der Abschluss nicht zustande kommt).

Die zweite Hinterlegungsvereinbarung betrifft die Abwicklung des beurkundeten Kaufvertrages – sie ersetzt die vorherige einseitige Hinterlegungsanweisung vollständig. Ihr Regelungsgefüge ist komplexer:

a) In ihr ist **einerseits** zu regeln, wann der Kaufpreis an den Verkäufer ausgezahlt werden kann. Einfach ist die Regelung hinsichtlich der üblichen vom Notar zu prüfenden Fälligkeitsvoraussetzungen. Schwieriger wird es z.B. dann, wenn der Kaufpreis erst nach Auszug/ Räumung des Objekts durch den Verkäufer fließen soll. Der Notar möchte bei der Abwicklung über Notaranderkonto genauso wenig wie bei der normalen Abwicklung prüfen und bestätigen, dass der Verkäufer vertragsgemäß geräumt hat und das Objekt frei von Mietverträgen ist. In diesen Fällen macht man die Auszahlung meist nicht davon abhängig, dass beide Beteiligte eine gleichlautende Weisung erteilt haben. Häufig arbeitet man mit einer Art „Vorbescheidslösung", die dem Zahlungspflichtigen auferlegt, gerichtlich gegen eine Zahlung an den Verkäufer vorzugehen: Der Verkäufer teilt dem Notar mit, er habe vertragsgemäß geräumt, der Notar teilt dies dem Käufer mit – und wenn dann der Käufer nicht innerhalb von drei Wochen nachweist, dass er Klage auf Feststellung des Nichtbestehens der Auszahlungsvoraussetzungen gestellt hat, wird ausbezahlt. Man versucht auf diese Weise, die Abwicklung der Zahlung zu vereinfachen – natürlich um den Preis, dass eine Seite dann gerichtlich aktiv werden müsste, wenn die andere Seite mit falschen Karten spielt.

b) Andererseits ist zu regeln, wann der Kaufpreis an den Käufer zurückbezahlt werden muss. Das wäre dann der Fall, wenn der Verkäufer seine Verpflichtungen zum Herbeiführen der Fälligkeitsvoraussetzungen nicht erfüllt und der Käufer deswegen zurücktritt. Auch hier wird der Notar nicht prüfen und entscheiden wollen, ob ein Rücktritt berechtigt und wirksam erklärt wurde – man greift daher zu der unter a) beschriebenen „Vorbescheidslösung" in die andere Richtung: der Käufer teilt dem Notar mit, er sei aus einem gesetzlichen Grund zurückgetreten, der Notar teilt dies dem Verkäufer mit und der Verkäufer weist nicht innerhalb von drei Wochen nach, dass er Klage auf Feststellung des Vertrags-Fortbestandes erhoben hat.

c) Die Möglichkeit dieser Vorbescheidslösung ist in § 60 Abs. 4 BeurkG angelegt. Zusätzlich ist immer noch die Möglichkeit des § 61 BeurkG zu beachten.

d) Umfasst der Hinterlegungsbetrag nicht nur den Kaufpreis, sondern auch Transaktions-gebühren/Steuern, so sind auch insoweit Anweisungen zu formulieren, gegen welche Dokumente der Notar auszahlen darf.

(Zum Nachlesen: *Bosch/Strauß*, Berufs- und Beurkundungsrecht, § 2 Rn 527 ff.; *Volmer*, Vollzug von Kaufverträgen, § 2 Rn 212 ff.).

B. Kosten: Beispiele zu berufs- bzw. beurkundungsrechtlichen Themen

I. Grundbucheinsicht – isoliert

10 **Frage 10:**

Maximilian Maier ist Eigentümer mehrerer Grundstücke, vorgetragen in verschiedenen Grundbuchblättern. Er beauftragt Notar Dr. Weise damit, hinsichtlich einzelner Grundstücke die Belastungsverhältnisse zu klären.

Der Notar nimmt hierzu Einsicht in zwei Grundbuchblätter und teilt Herrn Maier den festgestellten Inhalt mit.

Lösung:

Wird der Notar beauftragt, das Grundbuch einzusehen und das Ergebnis der Einsichtnahme mitzuteilen, erhält er hierfür eine Gebühr nach KV-Nr. 25209 GNotKG i.H.v. 15,00 EUR (Festgebühr). Hat der Notar im Rahmen des erteilten Auftrags mehrere Grundbuchblätter einzusehen, entsteht die Gebühr mehrfach (gesondert für jedes eingesehene Grundbuchblatt). Der Gebührenansatz schließt die Mitteilung des festgestellten Inhalts an den Auftraggeber mit ein.

Die Gebühr nach KV-Nr. 25209 GNotKG entsteht jedoch nur, wenn die Grundbucheinsicht isoliert erfolgt, also nicht mit einem gebührenpflichtigen Vorgang oder Geschäft (bspw. der Vorbereitung einer Grundstücksveräußerung) zusammenhängt.

Neben der Gebühr nach KV-Nr. 25209 GNotKG werden die für den Datenabruf aus dem elektronischen Grundbuch entstehenden Gebühren nach dem JVKostG (jeweils 8,00 EUR pro Grundbuchblatt) dem Auftraggeber als Auslagen gem. KV-Nr. 32011 GNotKG in Rechnung gestellt.

Isolierte Grundbucheinsicht und Mitteilung des Inhalts (2 Grundbuchblätter, somit 2 x 15,00 EUR), Gebühr nach KV-Nr. 25209 GNotKG	30,00 EUR
Abrufgebühren (2 x 8,00 EUR), Auslagen gem. KV-Nr. 32011 GNotKG	16,00 EUR

11 **Frage 11:**

Anders als bei dem Sachverhalt zu Frage 10 wird Notar Dr. Weise lediglich damit beauftragt, Herrn Maier einen (unbeglaubigten) Abdruck der beiden Grundbuchblätter zu übersenden.

Lösung:

Beschränkt sich die Tätigkeit des Notars auf die Erteilung eines (unbeglaubigten) Abdrucks eines Grundbuchblatts, erhält er hierfür eine Gebühr nach KV-Nr. 25210 GNotKG i.H.v. 10,00 EUR (Festgebühr). Erteilt der Notar auftragsgemäß Abdrucke mehrerer Grundbuchblätter, entsteht die Gebühr mehrfach (gesondert für jeden Abdruck).

Die Erhebung einer Dokumentenpauschale ist ausgeschlossen (Anmerkung zu KV-Nrn. 25210, 25211 GNotKG).

Neben der Gebühr nach KV-Nr. 25210 GNotKG werden die für den Datenabruf aus dem elektronischen Grundbuch entstehenden Gebühren nach dem JVKostG (jeweils 8,00 EUR pro Grundbuchblatt) dem Auftraggeber als Auslagen gem. KV-Nr. 32011 GNotKG in Rechnung gestellt.

Erteilung eines unbeglaubigten Grundbuchabdrucks (2 Grundbuchblätter, somit 2 x 10,00 EUR), Gebühr nach KV-Nr. 25210 GNotKG	20,00 EUR
Abrufgebühren (2 x 8,00 EUR), Auslagen gem. KV-Nr. 32011 GNotKG	16,00 EUR

II. Tätigkeiten in fremder Sprache

Frage 12: **12**

Beurkundet wird ein Kaufvertrag (Verkauf einer Eigentumswohnung; Kaufpreis 320.000,00 EUR) zwischen dem Verkäufer Christian Meixner und dem Käufer Ernest McDowell. Der Käufer spricht nur Englisch.

Da der Notar die englische Sprache beherrscht, übersetzt er die in deutscher Sprache abgegebenen Erklärungen des Verkäufers für den Käufer ins Englische, umgekehrt die in englischer Sprache abgegebenen Erklärungen des Käufers für den Verkäufer ins Deutsche.

Lösung:

Für die Inanspruchnahme fremdsprachlicher Tätigkeiten des Notars fällt eine Zusatzgebühr nach KV-Nr. 26001 GNotKG an. Hierbei handelt es sich um eine sog. Annexgebühr; sie beträgt 30% der für das Beurkundungsverfahren zu erhebenden Gebühr (anfallende Vollzugs- oder Betreuungsgebühren bleiben somit unberücksichtigt).

Beurkundungsverfahren – 2,0-Gebühr nach KV-Nr. 21100 GNotKG aus dem nach § 47 GNotKG maßgebenden Geschäftswert (320.000,00 EUR)	1.270,00 EUR
Fremdsprachliche Tätigkeit des Notars – Zusatzgebühr nach KV-Nr. 26001 GNotKG (30% der Gebühr für das Beurkundungsverfahren)	381,00 EUR

Frage 13: **13**

Lisa Müller benötigt für ein Auslandssemester in Frankreich eine beglaubigte Abschrift ihres Abschlusszeugnisses. Sie wendet sich daher an einen Notar, der des Französischen mächtig ist. Diesem legt sie das Original des Zeugnisses vor (Umfang 2 Seiten) und bittet um Erteilung einer beglaubigten Abschrift unter Verwendung der bereits mitgebrachten Kopie, wobei der Beglaubigungsvermerk in französischer Sprache abgefasst werden soll.

Lösung:

Für die Fertigung des Beglaubigungsvermerks in fremder Sprache ist eine Zusatzgebühr nach KV-Nr. 26001 GNotKG zu erheben. Diese beträgt 30% der für die Beglaubigung zu erhebenden Gebühr. Da es sich bei der Zusatzgebühr nach KV-Nr. 26001 GNotKG nicht um eine wertabhängige Gebühr handelt, findet § 34 Abs. 5 GNotKG (Festlegung des Mindestbetrags i.H.v. 15,00 EUR für sog. Wertgebühren) keine Anwendung.

Beglaubigung einer Abschrift – Gebühr nach KV-Nr. 25102 GNotKG (Mindestgebühr)	10,00 EUR
Fremdsprachliche Tätigkeit des Notars – Zusatzgebühr nach KV-Nr. 26001 GNotKG (30% der Gebühr für die Beglaubigung)	3,00 EUR

III. Hinterlegung/Verwahrung

Frage 14: **14**

Max Meier verkauft an Sebastian Eilig ein Grundstück, bebaut mit einem derzeit leerstehenden Wohngebäude.

Der vereinbarte Kaufpreis beträgt 200.000,00 EUR.

Der Besitzübergang auf den Käufer soll schnellstmöglich erfolgen; um dies zu erreichen erfolgt die Kaufpreisabwicklung über ein Notaranderkonto. Auf dieses ist der Kaufpreis innerhalb von 2 Wochen nach Beurkundung einzuzahlen. Die Auszahlung darf erst nach Vorliegen der vom Notar zu überwachenden Voraussetzungen (ranggemäße Eintragung einer Auflassungsvormerkung für den Käufer, Vorliegen der erforderlichen Lastenfreistellungserklärungen mit erfüllbaren Auflagen) erfolgen. Ebenso soll der Notar den Vollzug der Auflassung überwachen; dieser darf erst erfolgen, wenn der Kaufpreis durch die zur Lastenfreistellung erforderlichen Zahlungen an Gläubiger und die Auszahlung des Kaufpreisrestbetrages an den Verkäufer beglichen sind.

Der Notar wird beauftragt, die Erklärung der Gemeinde zum Vorkaufsrecht nach BauGB einzuholen, ferner die Löschungsbewilligungen (mit Entwurf) bzgl. der am Vertragsobjekt eingetragenen Grundschulden zu 100.000,00 EUR (für die Sparkasse) und zu 60.000,00 EUR (für die VR-Bank).

Die Löschungsbewilligungen werden von den Gläubigern unter der Treuhandauflage erteilt, dass hiervon erst Gebrauch gemacht werden darf, wenn auf dem jeweiligen Darlehenskonto ein Kaufpreisteilbetrag i.H.v. 50.000,00 EUR (Sparkasse) bzw. 20.000,00 EUR (VR-Bank) eingegangen ist.

Lösung Beurkundungsverfahren:
Der für den Kaufvertrag maßgebende Geschäftswert bestimmt sich nach dem vereinbarten Kaufpreis (§§ 97 Abs. 1, 47 GNotKG).

Geschäftswert, §§ 97 Abs. 1, 47 GNotKG (Kaufpreis)	200.000,00 EUR
2,0-Gebühr gem. KV-Nr. 21100 GNotKG	870,00 EUR

Lösung Vollzugstätigkeit:
Bei dem Einholen der Erklärung zum gesetzlichen Vorkaufsrecht nach BauGB sowie dem Anfordern der Löschungsbewilligungen der Grundpfandrechtsgläubiger handelt es sich um Vollzugstätigkeiten nach Vorbem. 2.2.1.1 Abs. 1 S. 2 Nr. 1 u. Nr. 9 KV GNotKG. Führt der Notar diese Tätigkeiten auftragsgemäß aus, fällt hierfür eine 0,5-Gebühr nach KV-Nr. 22110 GNotKG aus dem Wert des Beurkundungsverfahrens (§ 112 GNotKG) an.

Die Vollzugsgebühr entsteht auch bei Ausführung mehrerer Vollzugstätigkeiten nur einmal (§ 93 Abs. 1 GNotKG).

Geschäftswert, § 112 GNotKG	200.000,00 EUR
0,5-Gebühr nach KV-Nr. 22110 GNotKG	217,50 EUR

Lösung Betreuungstätigkeit:
Die Betreuungsgebühr für die vom Notar auftragsgemäß durchgeführten Überwachungstätigkeiten nach KV-Nr. 22200 Nr. 2 u. 3 GNotKG fällt auch bei einer Abwicklung der Kaufpreiszahlung über Notaranderkonto an (s. Vorbem. 2.5.3 Abs. 1 KV GNotKG).

Bewertung:

Geschäftswert, § 113 Abs. 1 GNotKG	200.000,00 EUR
0,5-Gebühr nach KV-Nr. 22200 GNotKG	217,50 EUR

Lösung Treuhandtätigkeiten:
Für die Überwachung von Treuhandauflagen mehrerer Gläubiger fällt die Treuhandgebühr mehrmals, also für jeden Treuhandauftrag gesondert, an.

Geschäftswert, § 113 Abs. 2 GNotKG (Treuhandauflage Sparkasse)	50.000,00 EUR
0,5-Gebühr nach KV-Nr. 22201 GNotKG	82,50 EUR
Geschäftswert, § 113 Abs. 2 GNotKG (Treuhandauflage VR-Bank)	20.000,00 EUR
0,5-Gebühr nach KV-Nr. 22201 GNotKG	53,50 EUR

Lösung Verwahrungstätigkeit:

Für Verwahrungstätigkeiten des Notars ist eine 1,0-Gebühr nach KV-Nr. 25300 GNotKG zu erheben. Der hierfür maßgebende Geschäftswert bestimmt sich gem. § 124 GNotKG nach dem jeweils ausgezahlten Betrag.

Bei Auszahlung mehrerer Beträge entsteht die Gebühr für jede Auszahlung gesondert.

Geschäftswert, § 124 GNotKG (Auszahlung an Sparkasse)	50.000,00 EUR
1,0-Gebühr nach KV-Nr. 25300 GNotKG	165,00 EUR
Geschäftswert, § 124 GNotKG (Auszahlung an VR-Bank)	20.000,00 EUR
1,0-Gebühr nach KV-Nr. 25300 GNotKG	107,00 EUR
Geschäftswert, § 124 GNotKG (Auszahlung Kaufpreisrestbetrag an Verkäufer)	130.000,00 EUR
1,0-Gebühr nach KV-Nr. 25300 GNotKG	327,00 EUR

IV. Verweisung

Frage 15: 15

Die NEOBAU Bauträger GmbH beabsichtigt, drei nebeneinanderliegende Baugrundstücke mit einer Reihenhausanlage zu bebauen und diese Grundstücke samt dem jeweils noch zu errichtenden Reihenhaus zu verkaufen.

Aus Gründen der Vereinfachung und zum Zwecke der Verweisung in dem jeweils noch abzuschließenden Kauf- bzw. Bauträgervertrag (nach § 13a BeurkG) wird vorab eine Bezugsurkunde errichtet, welche die Baubeschreibung für die noch zu errichtenden Reihenhäuser enthält.

Die voraussichtlichen Baukosten für die Reihenhausanlage belaufen sich auf ca. 700.000,00 EUR.

Lösung:

Werden zum Zwecke der Verweisung nach § 13a BeurkG z.B. stereotype Vertragspassagen bei der Beurkundung von Serienkaufverträgen, Baubeschreibungen, Muster für noch abzuschließende Mietverträge u.ä. in sog. Bezugs- oder Verweisungsurkunden ausgelagert, handelt es sich in aller Regel um die Beurkundung einseitiger Erklärungen, für die eine 1,0-Gebühr nach KV-Nr. 21200 GNotKG zu erheben ist.

Der für die Bezugs- oder Verweisungsurkunde anzunehmende Geschäftswert ist nach § 36 Abs. 1 GNotKG regelmäßig mit einem nach billigem Ermessen zu bestimmenden Teilwert anzunehmen. Als Ausgangswert für die Geschäftswertbestimmung ist der Wert des noch abzuschließenden Geschäfts, dem die Bezugsurkunde dient, heranzuziehen. Enthält die Bezugsurkunde lediglich eine Baubeschreibung für noch zu errichtende Gebäude, bilden die voraussichtlichen Bau- bzw. Herstellungskosten den Ausgangswert. Ein Wertansatz i.H.v. ca. 10–20% des Ausgangswertes erscheint angemessen.

Geschäftswert, § 36 Abs. 1 GNotKG (voraussichtliche Herstellungskosten der Reihenhausanlage = 700.000,00 EUR, davon 20%)	140.000,00 EUR
1,0-Gebühr gem. KV-Nr. 21200 GNotKG	327,00 EUR

C. Berufsrecht – BeurkG (Folien)

16

Berufsrecht - BeurkG

Notarkasse
Anstalt des öffentlichen Rechts

- **Beurkundungsverbote:** Das BeurkG regelt Situationen, in denen der Notar eine Beurkundung nicht vornehmen soll. Zum einen gibt es Mitwirkungsverbote (§§ 3, 6, 7 BeurkG), die die Unparteilichkeit des Notars gewährleisten sollen. Die gilt z.B. bei eigenen Angelegenheiten des Notars und Angelegenheiten seines Ehegatten/Lebenspartners/nahen Angehörigen, seines Sozius oder etwa, wenn der Notar gesetzlicher Vertreter oder Mitglied eines vertretungsberechtigten Organs ist. Die Beurkundungsverbote nach den §§ 6, 7 BeurkG unterscheiden sich von § 3 BeurkG dadurch, dass der Verstoß zur (teilweisen) Unwirksamkeit der Urkunde führt. Ferner enthält § 4 BeurkG (und § 14 Abs. 2 BNotO) eine Generalklausel, nach der Beurkundungen abzulehnen sind, wenn sie mit den notariellen Amtspflichten nicht vereinbar sind (etwa bei Verfolgung unerlaubter oder unredlicher Zwecke; Beispiel: Beglaubigungen für „Reichsbürger").

- **Fremdsprachige Urkunden/Übersetzungen:** § 16 BeurkG regelt das Verfahren, wenn ein Beteiligter der Urkundssprache nicht mächtig ist. Urkundssprache ist die deutsche Sprache oder eine andere Sprache, wenn der Notar dieser hinreichend kundig ist und die Beteiligten dies verlangen (§ 5 BeurkG). Es ist auch statthaft, eine doppelsprachige Urkunde zu errichten. Bei Sprachunkundigkeit ist die Niederschrift statt des Vorlesens in eine den Beteiligten bekannte Sprache zu übersetzen (§ 16 Abs. 2 BeurkG). Sofern der Notar nicht selbst übersetzt, ist ein Dolmetscher hinzuzuziehen (§ 16 Abs. 3 S. 1 BeurkG). Der Beteiligte kann eine schriftliche Übersetzung verlangen, worauf der Notar hinzuweisen hat. Der Dolmetscher kann, aber muss nicht vereidigt werden (Verzicht möglich). Die fehlende Sprachkunde und Einhaltung der Verfahrensbesonderheiten sind zu vermerken. Die Niederschrift soll vom Dolmetscher unterschrieben werden (§ 16 Abs. 3 S. 4 BeurkG). Für den Dolmetscher gelten die Ausschließungsgründe der §§ 6, 7 BeurkG entsprechend.

- **Beurkundungsarten:** Das BeurkG unterscheidet zwischen verschiedenen Arten der Beurkundung. In §§ 6 ff. BeurkG ist die Beurkundung von Willenserklärungen (= Äußerung eines Willens, der unmittelbar auf die Herbeiführung einer Rechtsfolge gerichtet ist) geregelt (Hauptanwendungsfall der Beurkundung im notariellen Alltag). Die gesamte Urkunde wird den Beteiligten vorgelesen, von ihnen genehmigt und von ihnen und dem Notar unterschrieben. §§ 36 ff. BeurkG regelt sonstige Niederschriften, bei denen

DeutscherNotarVerlag

Heringer

Berufsrecht - BeurkG

Notarkasse
Anstalt des öffentlichen Rechts

- sonstige Wahrnehmungen des Notars wiedergegeben werden (Beispiel: Hauptversammlungsprotokoll). Hier unterschreibt nur der Notar. Die Beurkundung nach §§ 6 ff. BeurkG ist im Vergleich zu §§ 36 ff. BeurkG die strengere Beurkundungsart, deren Form immer gewählt werden kann. Bestehen Zweifel, ob die Urkunde eine Willenserklärung enthält, sollte nach §§ 6 ff. BeurkG vorgegangen werden.

- **Feststellung der Geschäftsfähigkeit:** Nach § 11 BeurkG hat der Notar Feststellungen über die Geschäftsfähigkeit zu treffen (Schutz des Rechtsverkehrs vor unwirksamen Urkunden). Fehlt einem Urkundsbeteiligten die erforderliche Geschäftsfähigkeit soll der Notar die Beurkundung ablehnen. Zweifel an der Geschäftsfähigkeit sollen vermerkt werden. Auch wenn ein Beteiligter schwer krank ist soll dies in der Niederschrift vermerkt und Feststellungen über die Geschäftsfähigkeit getroffen werden. Grundsätzlich darf der Notar bei volljährigen Beteiligten von der Geschäftsfähigkeit ausgehen. Bei Verfügungen von Todes wegen (Erbvertrag, Testament) hat der Notar immer Feststellungen über die Geschäftsfähigkeit des Erblassers zu treffen (§ 28 BeurkG). Bezüglich der Geschäftsfähigkeitsprüfung hat der Notar hier besondere Sorgfalt zu wahren.

- **Nachweise für die Vertretungsberechtigung:** In § 12 BeurkG ist geregelt, dass vorgelegte Vertretungsnachweise der Niederschrift in Urschrift oder beglaubigter Abschrift beigefügt werden sollen. Dies wird erweiternd auch auf Ermächtigungsnachweise wie Testamentsvollstreckerzeugnis oder Bestellungsurkunde des Insolvenzverwalters angewendet. Nach § 12 S. 2 genügt anstelle der Vorlage einer Vollmacht oder eines beglaubigten Handelsregisterauszugs auch eine Vertretungsbescheinigung eines Notars nach § 21 BNotO, wenn sich die Vertretung aus der Handelsregistereintragung oder einem ähnlichen Register ergibt. Aus § 17 Abs. 1 BeurkG ist abzuleiten, dass der Notar bei Auftreten eines Stellvertreters dessen Vertretungsmacht und Verfügungsbefugnis prüfen muss (Stellvertretung möglich, Vollmacht formgültig, Vorliegen Vollmachtsurkunde, Umfang der Vollmacht etc.).

DeutscherNotarVerlag

Heringer

Berufsrecht - BeurkG

Notarkasse
Anstalt des öffentlichen Rechts

- **Verlesungspflicht:** Grundsätzlich besteht eine **Verlesungspflicht** für die Urkunde und Anlagen (§ 13 BeurkG). Auf die Verlesung kann von den Beteiligten nicht verzichtet werden. Soweit die Niederschrift auf Karten, Zeichnungen oder Abbildungen verweist, müssen diese stattdessen zur Durchsicht vorgelegt werden, was in der Urkunde zu vermerken ist. **„Unechte" Anlagen**, die nicht der Beurkundungspflicht unterliegen und der bloßen Dokumentation dienen müssen nicht verlesen werden. Bei gleichlautenden Bestandteilen mehrerer Urkunden reicht es aus, wenn diese einmal verlesen werden (§ 13 Abs. 2 BeurkG, Simultanbeurkundung). § 13a BeurkG eröffnet die Möglichkeit, auf eine nach den §§ 6 ff. BeurkG errichtete notarielle Niederschrift zu verweisen, ohne dass diese erneut verlesen werden muss (**Bezugsurkunde**; Anwendungsfälle: Baubeschreibung, Teilungserklärung). Die Bezugsurkunde muss bei Beurkundung zumindest in beglaubigter Abschrift vorliegen. § 14 BeurkG regelt eine weitere Ausnahme von der Verlesungspflicht für **Bilanzen, Inventare**, Nachlassverzeichnisse oder sonstige **Bestandsverzeichnisse** über Sachen, Rechte und Rechtsverhältnisse. Diese Schriftstücke sind statt des Verlesens zur Kenntnisnahme vorzulegen und von den Beteiligten auf jeder Seite zu unterzeichnen. Bei den vorgenannten Ausnahmen von der Verlesung sind in die Urkunde Verfahrensbesonderheiten wie Verzicht auf Verlesen, Feststellungen zur Vorlage etc. aufzunehmen.

- **Notarielle Belehrungs- und Betreuungspflicht (§17 BeurkG):** In § 17 Abs. 1 und 2 BeurkG sind die wesentlichen Ermittlungs-, Betreuungs- und Belehrungspflichten des Notars geregelt. Er soll insbesondere den Willen der Beteiligten erforschen, den Sachverhalt klären, über die rechtliche Tragweite belehren (z.B. Hinweis auf erforderliche Genehmigungen, mögliche Entstehung von Schenkungsteuer u.Ä., §§ 18 - 21 BeurkG) und die Erklärungen klar und eindeutig in der Urkunde wiedergeben. Der Notar muss auf wirksame und unanfechtbare Urkunden hinwirken und ist als neutrale Amtsperson besonders dazu angehalten, unerfahrene und ungewandte Beteiligte zu schützen und ausgewogene Urkunden zu errichten („Waffengleichheit" zwischen den Beteiligten). Bei **Verbraucherverträgen** soll der Notar darauf hinwirken, dass Erklärungen des Verbrauchers von diesem persönlich oder einer Vertrauensperson (nicht Makler, Angestellte des Notars) abgegeben werden (§ 17 Abs. 2a Nr. 1 BeurkG) und die Zwei-Wochen-Frist des § 17 Abs. 2a Nr. 2 BeurkG eingehalten wird. Eine Unterschreitung der Frist ist nur in ganz besonders gelagerten Ausnahmefällen statthaft.

DeutscherNotarVerlag

Heringer

Barrieren in der Beurkundung

Notarkasse
Anstalt des öffentlichen Rechts

- **Hör-/Sprach-/Sehbehinderung** → Dokumentation in der Niederschrift
- **Hör- und/oder Sprachbehinderung (§§ 22 - 24 ff. BeurkG):** Vorlage zur Durchsicht an Stelle des Verlesens, falls eine schriftliche Verständigung möglich ist (zwingend), andernfalls verständigungsfähige Person (§ 24 Abs. 1 Satz 2 BeurkG)
- **Zuziehung eines Zeugen** oder **zweiten Notars** nur in den Fällen der Schreibunfähigkeit (§ 25 BeurkG) zwingend, im übrigen fakultativ
- **Ablehnung der Beurkundung** kommt nur in Extremfällen in Betracht (vgl. § 24 Abs. 1 Satz 3 BeurkG)
- **Ausschlussgründe für Zeugen** und **zweiten Notar** § 26 BeurkG, vgl. für die verständigungsfähige Person auch § 24 Abs. 2 BeurkG

DeutscherNotarVerlag

Vollrath

Verwahrung der Urkunden

- Urkunden über Willenserklärungen (§§ 8 ff., § 38 BeurkG) und Niederschriften (§§ 36 f BeurkG) sind in der Urkundensammlung zu verwahren (§ 18 DONot, § 31 Abs. 1 Nr. 2 NotAktVV)
- Von vom Notar entworfenen Urkunden mit Unterschriftsbeglaubigung ist eine Abschrift in der Sammlung zu verwahren (§ 19 DONot, § 31 Abs. 1 Nr. 3 b) NotAktVV)
- Bei Unterschriftsbeglaubigungen ohne Entwurf ist eine Abschrift in der Sammlung zu verwahren – es genügt aber auch ein einfaches Vermerkblatt (§ 19 Abs. 2 DONot, § 31 Abs. 1 Nr. 3 c) NotAktVV [dort wird das Vermerkblatt durch den Eintrag in das Elektronische Urkundenverzeichnis ersetzt])
- Bei Testamenten und Erbverträgen sind die speziellen Ablieferungsregeln vorrangig zu beachten (§ 34 Abs. 1 BeurkG für Testamente [Pflichtablieferung], § 34 Abs. 2 und 3 BeurkG für Erbverträge [Ausschluss der amtlichen Verwahrung möglich]), in die Sammlung kommt bei Ablieferung nur ein Vermerkblatt oder (bei Einverständnis der Beteiligten) eine beglaubigte Abschrift (verschlossen oder offen; § 20 DONot, ebenso § 31 Abs. 1 Nr. 1 NotAktVV)
- Die „Herstellung" der Urkunden ist in § 44 BeurkG, §§ 28 – 31 DONot (vgl. auch § 3 NotAktVV) geregelt, Anforderungen an Papier, Drucker, Schreibgerät, Stempelfarbe, Heften, Siegeln
- Ab 01.01.2022 müssen Urkunden (und Nebenakten) elektronisch archiviert werden, die technischen Anforderungen ergeben sich aus der NotAktVV und den aufgrund der Ermächtigung in deren § 6 ergangenen Präzisierungen der BNotK (bspw. Anforderungen an Scanner, die zum Erstellen des elektronisch Archivierten verwendet werden)

DeutscherNotarVerlag

Vollrath

Änderungen von Urkunden

- Bei „Änderungen" von Urkunden muss man zwischen der Beurkundung von Willenserklärungen, Niederschriften und Vermerkurkunden unterscheiden.
- Nimmt der Notar bei der Beurkundung von Willenserklärungen (typischerweise) handschriftliche Änderungen am verlesenen Text vor, **bevor** die Beteiligten und er unterschreiben, soll er diese Änderungen gesondert autorisieren (§ 44a Abs. 1 BeurkG)
- **Nach** Abschluss der Beurkundung von Willenserklärungen darf in die Niederschrift nicht mehr eingegriffen werden (weder durch den Notar, noch durch seine Mitarbeiter), nachträglich erkannte Fehler müssen in einem Vermerk **nach** den Unterschriften oder auf einem gesonderten Blatt („amtliche Schreibfehlerberichtigung") dokumentiert und berichtigt werden.
- Niederschriften nach § 36 BeurkG bezeugen die Wahrnehmungen des Notars (und nicht die abgegebenen Willenserklärungen) – nur dann, wenn der Notar nachträglich feststellt, dass er seine Wahrnehmungen falsch oder unvollständig wiedergegeben hatte, kann er das berichtigen, bspw. im Fall der unvollständigen Wiedergabe einer Gesellschafterversammlung/Hauptversammlung.
- Bei Unterschriftsbeglaubigungen ist nur der Vermerk des Notars „der amtliche Teil" – ergänzen also die Beteiligten im Text vor der beglaubigten Unterschrift noch etwas, „fälschen" sie nicht etwa die notarielle Urkunde – es ist (in der Praxis: in Ausnahmefällen) sogar denkbar, dass die Unterschrift „blanko" beglaubigt wird (§ 40 Abs. 5 BeurkG – dann muss im Beglaubigungsvermerk allerdings angegeben werden, dass ein „durch die Unterschrift nicht gedeckter Text nicht vorhanden war")

DeutscherNotarVerlag

Vollrath

Aushändigung von Urkunden

- Nur in Einzelfällen kommt es in Betracht, dass der Notar sich von der Urschrift einer **Niederschrift** (§§ 8 f., §§ 36 f. BeurkG) „trennt" – außerhalb der Ablieferung von Testamenten und Erbverträgen ist das nur denkbar, wenn die Urschrift im Ausland verwendet werden soll (§ 45 Abs. 2 BeurkG). In der Praxis kommt das vor bei beurkundeten Vollmachten – das Ausland kennt häufig das Konzept unserer (die Urschrift vertretenden) Ausfertigung nicht.
- **Vermerkurkunden** (Unterschriftsbeglaubigungen, Abschriftsbeglaubigungen) sind regelmäßig auszuhändigen, wenn der Verbleib beim Notar nicht ausnahmsweise verlangt wird (§ 45 Abs. 3 BeurkG)
- Von Niederschriften können **Ausfertigungen** erteilt werden, die die Urschrift im Rechtsverkehr „vertreten" (§ 47 BeurkG), also so gut wie eine Urschrift sind. Grundsätzlich hat jeder Beteiligte Anspruch auf eine Ausfertigung (§ 51 Abs. 1 BeurkG, auch der Rechtsnachfolger, vgl. auch für Ausfertigungen zugunsten von Gläubigern mit Vollstreckungstitel § 792 ZPO) – wer Anspruch auf eine Ausfertigung hat, hat zugleich auch Anspruch auf beglaubigte oder einfache Abschriften (§ 51 Abs. 3 BeurkG)
- Die Beteiligten können die Erteilung von Ausfertigungen auch vertraglich beschränken (§ 51 Abs. 2 BeurkG) – hiervon wird häufig dadurch Gebrauch gemacht, dass nur „**auszugsweise Ausfertigungen**" (vgl. § 49 Abs. 5 BeurkG) erteilt werden dürfen, weil man vermeiden will, dass ein Vertragsteil bestimmte Vertragsteile vorher (beispielsweise für eine Grundbucheintragung) verwenden kann.

DeutscherNotarVerlag

Vollrath

Eidesstattliche Versicherungen

- Unterscheide „Eid" – „Eidesstattliche Versicherung" (mit einer Eidesabnahme ist der Notar praktisch nur im Fall des § 16 Abs. 3 Satz 2 BeurkG konfrontiert, wenn er also selbst einen nicht allgemein vereidigten Dolmetscher vereidigt – in allen anderen Fällen geht es beim Notar um eine Versicherung an Eides statt)
- Eidesstattliche Versicherungen (EV) werden grundsätzlich als Beurkundung von Willenserklärungen behandelt (§ 38 BeurkG)
- Unterscheide „Abnahme" einer EV und „Aufnahme" einer EV – im Fall des § 352 Abs. 3 Satz 2 FamFG nimmt der Notar die EV **ab**, beim verlorenen Führerschein nimmt er die EV nur **auf** (eine falsche EV würde der Beteiligte also erst dann abgeben, wenn er die EV an die Führerscheinstelle übermittelt hat)
- EV nur zur Verwendung gegenüber Behörden – keine EV gegenüber Privatpersonen, Banken etc.!
- „Affidavit" zur Verwendung im Ausland – Vorlage bei einer Behörde ist auch hier zu prüfen – häufig handelt es sich nur um strafbewehrte Erklärungen, nicht aber um EVs in unserem Sinne (Einzelfallprüfung). Im Einzelfall kann beim Affidavit daher auch eine Beglaubigung genügen.

DeutscherNotarVerlag

Vollrath

Bescheinigungen, Bestätigungen, Eigenurkunden

- „**Tatsachenbescheinigung**" – der Notar errichtet eine Niederschrift über die Wahrnehmung einer Tatsache (§ 36 BeurkG; Protokoll einer Gesellschafterversammlung, Protokoll des Zeitpunkts, zu dem ihm ein Liedtext / Romantext / Rezept vorgelegt wurde [„notarielle Prioritätsverhandlung"]) – einzutragen in die Urkundenrolle / das Urkundenverzeichnis
- „**Satzungsbescheinigung**" – der Notar errichtet (in Vermerkform, nicht als Niederschrift, einzutragen in die Urkundenrolle/das Urkundenverzeichnis) eine gutachtliche Äußerung, dass der von ihm zusammengestellte Satzungstext die beschlossenen Änderungen an der Satzung in Verbindung mit dem unveränderten, zuletzt gültigen, Satzungstext wiedergibt – einzutragen in die Urkundenrolle / das Urkundenverzeichnis
- „**Notarbescheinigte Gesellschafterliste**" (§ 40 Abs. 2 GmbHG) – gutachtliche Äußerung zur Wirksamkeit vom Notar beurkundeter Veränderungen im Gesellschafterbestand – einzutragen in die Urkundenrolle / das Urkundenverzeichnis
- „**Rangbescheinigung**" – der Notar bestätigt, dass er einen Eintragungsantrag gestellt hat und nach seinen Recherchen beim Grundbuchamt keine vorrangigen Eintragungsanträge vorliegen – nicht einzutragen in die Urkundenrolle / das Urkundenverzeichnis
- „**Vertretungsbescheinigung**" – der Notar bestätigt (gutachterlich) per Vermerkurkunde auf Basis der Einsicht in das Handels- oder ähnliche Register, dass eine bestimmte Person oder bestimmte Personen in einem bestimmten Zeitpunkt zur Vertretung eines Rechtsträgers berechtigt waren (§ 21 Abs. 1 und 2 BNotO, in die Urkundenrolle nur einzutragen, wenn nicht zu einer anderen Beurkundung gehörig, § 8 Abs. 1 Nr. 5 DONot, vgl. auch § 7 Abs. 2 NotAktVV)
- „**Vollmachtsbescheinigung**" (§ 21 Abs. 3 BNotO) – der Notar kann aufgrund Einsicht in eine öffentliche / öffentlich beglaubigte Vollmachturkunde bescheinigen, dass ein bestimmtes Rechtsgeschäft in einem bestimmten Zeitpunkt vom Inhalt der Vollmacht gedeckt war (praktisch gelegentlich bedeutsam bei fremdsprachigen Urkunden), hinsichtlich Urkundenrolle zu behandeln wie eine Vertretungsbescheinigung

DeutscherNotarVerlag

Vollrath

Bescheinigungen, Bestätigungen, Eigenurkunden

- „**Übersetzungsbestätigung**" (§ 50 BeurkG) – der Notar kann die Verantwortung dafür übernehmen, dass eine Übersetzung die von ihm errichtete Urkunde vollständig und richtig wieder gibt – nicht einzutragen in die Urkundenrolle / das Urkundenverzeichnis
- „**Feststellung**" – eine in der Praxis gerne verwendete Überschrift, die meist verschleiert, ob es sich um eine Schreibfehlerberichtigung nach § 44a BeurkG handelt oder ob der Notar eine ihm erteilte Erklärungsvollmacht ausübt und damit versehentlich fehlerhafte Formulierungen im Beurkundeten einfach ersetzt – nicht einzutragen in die Urkundenrolle / das Urkundenverzeichnis
- „**Entgegennahme einer familien-/betreuungsgerichtlichen Genehmigung**" – eine Eigenurkunde als Vermerkurkunde des Notars, in der er rechtsgeschäftliche Handlungen dokumentiert, zu denen ihn die Vertragsteile ermächtigt haben ersetzt – nicht einzutragen in die Urkundenrolle / das Urkundenverzeichnis
- „**Bewilligung der Auflassung**" – die Beteiligten haben im Kaufvertrag die Einigung über den Rechtsübergang erklärt, zur Abgabe der Bewilligung haben sie den Notar bevollmächtigt ersetzt – nicht einzutragen in die Urkundenrolle / das Urkundenverzeichnis
- „**Fälligkeitsmitteilung**" – eine gutachtliche Äußerung des Notars darüber, dass er sich vom Eintritt bestimmter, vertraglich vereinbarter, von ihm ohne weiteres zu prüfender Umstände überzeugt hat ersetzt – nicht einzutragen in die Urkundenrolle / das Urkundenverzeichnis
- „**Anmeldung nach § 378 Abs. 2 FamFG**" – der Notar ist berechtigt, Handelsregisteranmeldungen zu erklären (also eine von ihm unterzeichnete, gesiegelte, Erklärung zu verfassen), wenn er eine Tatsache anmeldet, deren Eintragung er eine erforderliche Erklärung beurkundet oder beglaubigt hat ersetzt – einzutragen in die Urkundenrolle / das Urkundenverzeichnis

DeutscherNotarVerlag

Vollrath

Mitteilungspflichten

- Den Notar treffen **steuerliche** Mitteilungspflichten, vornehmlich nach dem GrEStG (vgl. §§ 18, 20 GrEStG), nach dem ErbStG (vgl. § 34 ErbStG) und nach dem Einkommen-/Körperschaftsteuerrecht (vgl. § 54 EStDV) → im einzelnen die Merkblätter über die steuerlichen Beistandspflichten der Notare, beispielsweise des Bayerischen Landesamts für Steuern
- Mitteilungspflichten bestehen im **Familienrecht** (vgl. § 1597 Abs. 2 BGB)
- Bei der Mitteilung an das **Nachlassgericht** nach § 2384 BGB (z.B. bei der Erbteilsabtretung) handelt es sich nicht um eine Mitteilungspflicht des Notars, sondern um eine solche des Verkäufers
- **Geldwäscherechtlich** sind die Mitteilungspflichten nach der GwGMeldV-Immobilien zu beachten: (i) Bezug zu Risikostaaten/Sanktionslisten, (ii) Abweichungen zwischen dargelegter Eigentümer-/Kontrollstruktur und den Darstellungen im Transparenzregister, (iii) Hinweise auf treuhänderischen Erwerb oder Auflösung einer vorher bestehenden Treuhand, (iv) Auffälligkeiten bei Vollmachten, (v) Auffälligkeiten bei Preis und/oder Zahlungsmodalitäten (vgl. §§ 3 - 6 GwGMeldV-Immobilien). Werden diese Anzeichen „entkräftet" (§ 7 GwGMeldV-Immobilien), muss nur dokumentiert werden.
- Zusätzlich zu den Mitteilungspflichten sind weitere geldwäscherechtliche Pflichten zu beachten: Greift eine Mitteilungspflicht, so ist die geldwäscherechtliche **Anhaltepflicht**, § 46 GwG, einzuhalten. Unter Umständen greift ein etwaiges geldwäscherechtliches **Beurkundungsverbot** (§ 10 Abs. 9 Satz 4 GwG i.V.m. § 12 Abs. 4 (bis 31.07.2021: § 11 Abs. 5a) GwG) – **inländische** juristische Personen oder Personenvereinigungen müssen vor der Beurkundung die Eigentümer- und Kontrollstruktur dargelegt haben, **ausländische** juristische Personen oder Personenvereinigungen müssen im deutschen Transparenzregister oder im Transparenzregister eines anderen Mitgliedstaates der EU registriert sein. Dies gilt für den Grundstückserwerb durch solche Gesellschaften oder den Erwerb von Geschäftsanteilen im Sinne des § 1 Abs. 3 GrEStG

DeutscherNotarVerlag

Vollrath

Verwahrungen

- §§ 57 BeurkG regeln die Verwahrung von Geld, Wertpapieren, Kostbarkeiten (vgl. auch § 23 BNotO, Quellcode von Software fällt nicht hierunter)
- Bargeld darf der Notar nicht entgegennehmen
- Erforderlich ist immer ein berechtigtes Sicherungsinteresse (§ 57 Abs. 2 Nr. 1 BeurkG)
- Verwahrungen im Zusammenhang mit Beurkundungen (Beispiel: Abwicklung der Ablösung von Gläubigerforderungen bei einem Objekt in der Zwangsversteigerung, Hinterlegung eines Kaufpreiseinbehaltes wegen eines noch durchzuführenden Kraftloserklärungsverfahrens für eine Briefgrundschuld, Zahlung auf Anderkonto vor Vertragsbeurkundung als Verkäufersicherheit)
- Isolierte Verwahrungen (Verwahrungen ohne Bezug zu einem beurkundeten Geschäft) – Beispiel: Abwicklung einer Vergleichsvereinbarung - Rücknahme einer Klage gegen Bezahlung eines Abfindungsbetrages, die Klage wird zurückgenommen, wenn das Geld auf Anderkonto liegt, ausgezahlt wird, wenn der Nachweis der Klagerücknahme vorliegt
- In allen Fällen ist eine schriftliche Verwahrungsanweisung zu formulieren, die insbesondere die Bedingungen der Auszahlung für einzelne Auszahlungsfälle streitfrei formuliert – gelingt es nicht, Bedingungen so zu formulieren, dass der Notar ihren Eintritt zweifelsfrei feststellen kann, muss im Zweifel so formuliert werden, dass der Notar nur auf gemeinsame Weisung beider Beteiligter auszahlen darf (notfalls müssen die Beteiligten dann einen Rechtsstreit untereinander über das Vorliegen der Auszahlung führen)
- Vorschriften zur Anderkontenführung (§ 58 BeurkG, § 27 DONot, §§ 10 - 12, 25 DONot)
- „Massenbuch" – für jeden Verwahrungsvorgang („Masse") werden die Einzahlungen und Auszahlungen in einem eigenen Vorgang dokumentiert
- „Verwahrungsbuch" – sämtliche Einzahlungen und Auszahlungen über alle Massen eines Notars werden in der zeitlichen Reihenfolge ihres Eingangs/Ausgangs dokumentiert, es geht also „kreuz und quer" zwischen den Massen hin und her
- Ab 01.01.2022 „Verwahrungsverzeichnis" (§§ 21 ff. NotAktVV)

DeutscherNotarVerlag

Vollrath

§ 3 Immobilienrecht (ohne Überlassung)

A. Kaufvertrag – allgemein

1 **Frage 1:**

Die Ehegatten Hubert und Gertraud Frank wollen ihre Eigentumswohnung verkaufen. Wegen eines mehrwöchigen Krankenhausaufenthalts soll Frau Frank bei Beurkundung durch ihren Ehemann vertreten werden.

1. Ergibt sich ein Unterschied bzgl. der Wirksamkeit des Kaufvertrages, wenn Frau Frank vertreten wird
    a) aufgrund einer privatschriftlich erteilten Vollmacht?
    b) vorbehaltlich Genehmigung?
2. Reicht eine privatschriftliche Vollmacht für den Grundbuchvollzug des Kaufvertrages aus?
3. Wie muss verfahren werden, wenn Herr Frank seine Frau aufgrund einer notariell beurkundeten Vollmacht vertritt?

Antwort:

Zu 1. Handelt Herr Frank bei Abschluss des Kaufvertrages unter Vorlage einer privatschriftlich erteilten Vollmacht für seine Ehefrau, wirkt dessen Erklärung unmittelbar für und gegen die Ehefrau (§ 164 Abs. 1 BGB). Dies wird nicht dadurch gehindert, dass die Vollmacht nur privatschriftlich erteilt wurde (§ 167 Abs. 2 BGB). Bei Vertretung vorbehaltlich Genehmigung ist bis zur nachträglichen Zustimmung (Genehmigung) durch die Ehefrau der Kaufvertrag schwebend unwirksam (§ 184 BGB).

Zu 2. Bei Vorliegen einer privatschriftlich erteilten Vollmacht bedarf es zum Grundbuchvollzug einer Beglaubigung der Unterschrift der Vollmachtgeberin unter der Vollmacht (§ 29 GBO).

Zu 3. Ein Bevollmächtigter aufgrund einer notariell beurkundeten Vollmacht kann seine Bevollmächtigung nur durch die Vorlage einer Ausfertigung der Vollmachtsurkunde nachweisen, da die Ausfertigung die Urschrift im Rechtsverkehr vertritt (§ 47 BeurkG). Die Ausfertigung muss entweder als solche (wenn nur für dieses spezielle Rechtsgeschäft bestimmt) oder in beglaubigter Abschrift der Niederschrift beigefügt werden (§ 12 S. 1 BeurkG).

(Zum Nachlesen: *Falkner*, Kaufvertrag, § 2 Rn 175 ff.)

2 **Frage 2:**

Notar Kaiser beurkundet einen Kaufvertrag über eine Eigentumswohnung. Im Wohnungsgrundbuch ist eingetragen: „Zur Veräußerung ist die Zustimmung des Verwalters erforderlich".

1. Welche Auswirkungen hat es auf den Kaufvertrag, solange die Zustimmung des Verwalters nicht erteilt ist?
2. Kann der Verwalter seine Zustimmung zum Kaufvertrag verweigern?
3. Welcher Form bedarf die Verwalterzustimmung?
4. Wie weist der Verwalter seine Verwaltereigenschaft nach?

Antwort:

Zu 1. Solange die erforderliche Zustimmung nicht erteilt ist, ist der Kaufvertrag (schwebend) unwirksam (§ 12 Abs. 3 S. 1 WEG).

Zu 2. Die Zustimmung darf nur aus wichtigem Grund verweigert werden (§ 12 Abs. 2 S. 1 WEG). Als wichtiger Grund gilt etwa, wenn der Käufer im Hinblick auf seine Persönlichkeit oder auf seine wirtschaftliche Leistungsfähigkeit für die anderen Wohnungseigentümer unzumutbar ist.

Zu 3. Materiell-rechtlich bedarf die nach § 182 Abs. 1 BGB dem Verkäufer oder dem Käufer gegenüber zu erklärende Zustimmung keiner Form (§ 182 Abs. 2 BGB). Zum Nachweis gegenüber dem Grundbuchamt (formell-rechtlich) bedarf es jedoch der Form des § 29 Abs. 1 GBO (öffentlich oder öffentlich-beglaubigt).

Zu 4. Die Verwaltereigenschaft ergibt sich aus dem Versammlungsprotokoll in dem der Verwalter wirksam bestellt wurde. Dieses Versammlungsprotokoll müssen der Vorsitzende, ein Wohnungseigentümer und ggf. der Vorsitzende des Verwaltungsbeirates (falls vorhanden) unterzeichnen (§ 24 Abs. 6 WEG). Gemäß § 26 Abs. 4 WEG müssen diese Unterschriften in der Form des § 29 GBO öffentlich beglaubigt werden und dem Grundbuchamt nachgewiesen werden.

(Zum Nachlesen: *Falkner*, Kaufvertrag, § 2 Rn 298 ff.)

Frage 3: 3

Die Eheleute Keller möchten ein Grundstück von Herrn Maximilian Maier erwerben. Sie fragen deshalb beim Notarfachangestellten Samuel Sauer nach, dass sie gehört haben, dass zur Eigentumsumschreibung beim Grundstückskaufvertrag eine „steuerliche Unbedenklichkeitsbescheinigung" erforderlich sei.
1. Die Eheleute möchten gerne wissen, was das bedeutet.
2. Nennen Sie drei Fälle, bei denen diese entbehrlich ist.

Antwort:

Zu 1. Eine steuerliche Unbedenklichkeitsbescheinigung ist eine Bescheinigung des Finanzamts – Grunderwerbsteuerstelle –, dass der Eintragung des Erwerbers eines Grundstücks im Grundbuch steuerliche Bedenken nicht entgegenstehen, weil entweder eine Grunderwerbsteuer nicht anfällt oder eine angefallene Grunderwerbsteuer bereits bezahlt oder deren Bezahlung in sonstiger Weise sichergestellt ist. Sie ist zur Eigentumsumschreibung für einen Kaufvertrag immer erforderlich (§ 22 GrEStG).

Zu 2. Die Unbedenklichkeitsbescheinigung ist insbesondere entbehrlich (vgl. Handbuch für das Notariat in Bayern und in der Pfalz, Rn 340 f., Bayern, Rn 342 f.),

■ wenn der Erwerber Allein- oder Miterbe des eingetragenen Eigentümers ist und die Erbfolge durch Erbschein oder durch öffentlich beurkundete Verfügung von Todes wegen zusammen mit der Eröffnungsniederschrift des Nachlassgerichts nachgewiesen wird,

■ wenn der Erwerb ein geringwertiges Grundstück oder Erbbaurecht betrifft, die Gegenleistung 2.500,00 EUR nicht übersteigt und diese ausdrücklich in Geld oder durch Übernahme bestehende Hypotheken oder Grundschulden entrichtet wird,

■ beim Erwerb durch den Ehegatten des Veräußerers,

■ bei Erwerbsvorgängen zwischen Personen, die in gerader Linie verwandt sind; den Abkömmlingen stehen die Stiefkinder gleich; den Verwandten in gerader Linie sowie den Stiefkindern stehen deren Ehegatten/Lebenspartner gleich.

Frage 4: 4

Frau Angelika Glocker hat von den Eheleuten Christa und Benedikt Burkhart ein Wohnhausgrundstück zu einem Kaufpreis von 400.000,00 EUR mit üblichem Ausschluss wegen Rechten und Mängeln gekauft. Nach Vertragsabschluss tritt ein Leck an der Heizung auf, das zu einem Wasserschaden führt.

Welche Auswirkungen auf den Kaufvertrag hat der Schaden, wenn zu diesem Zeitpunkt Besitz und Nutzen, Lasten und Gefahr
1. noch nicht auf den Käufer übergangen war?
2. bereits auf den Käufer übergangen waren?

Antwort:

Nach § 446 Satz 1 BGB geht mit der Übergabe der verkauften Sache die Gefahr des zufälligen Untergangs und einer zufälligen Verschlechterung auf den Käufer über. Ein vertraglicher Gewährleistungsausschluss führt nach Ansicht des BGB nicht dazu, dass Verschlechterungen des Vertragsgegenstandes zwischen Vertragsschluss und Gefahrenübergang vom Käufer hinzunehmen sind. Wollen die Beteiligten auch solche Mängel von der Haftung ausschließen, so muss dies ausdrücklich geregelt werden. Im **Fall 1** geht die Verschlechterung daher zu Lasten des Verkäufers, im **Fall 2** zu Lasten des Käufers.

(Zum Nachlesen: *Falkner*, Kaufvertrag, § 2 Rn 368 ff.)

5 **Frage 5:**

Herr Fabian Winter möchte von Frau Veronika Bauer ein Grundstück kaufen. Der Entwurf dieses Kaufvertrages wurde vorbereitet und an die Vertragsteile zur Durchsicht ausgehändigt.

Herr Fabian Winter bittet zu diesem Kaufvertragsentwurf um Auskunft,
1. zu welchem Zweck im Kaufvertrag die Eintragung einer Auflassungsvormerkung vorgesehen sei und welchen Anspruch diese Vormerkung sichert?
2. ob die Eintragung dieser Vormerkung zu einer „Grundbuchsperre" führe, d.h. nachfolgende Eintragungen ausgeschlossen seien?
3. wann und unter welchen Voraussetzungen die Vormerkung wieder gelöscht werde.

Was antworten Sie Herrn Winter in wenigen Worten.

Antwort:

Zu 1. Die Vormerkung sichert den Anspruch des Käufers auf Verschaffung des Eigentums am Vertragsgrundstück. Sämtliche Eintragungen im Grundbuch mit Rang nach der Vormerkung sind dem Vormerkungsberechtigten, d.h. dem Käufer gegenüber, unwirksam (§ 883 Abs. 2 BGB). Die Auflassungsvormerkung verhindert daher, dass der Verkäufer in der Zeit zwischen Abschluss des Kaufvertrages bzw. Eintragung der Vormerkung und Umschreibung des Eigentums auf den Käufer den Kaufgegenstand anderweitig veräußert oder belastet. Ferner schützt sie den Käufer vor einer eventuellen Insolvenz des Verkäufers oder vor gegen diesen gerichtete Zwangsvollstreckungsmaßnahmen.

Zu 2. Die Vormerkung führt zu keiner Grundbuchsperre. Nachrangige Eintragungen sind möglich. Der Käufer kann aber vom jeweiligen Berechtigten die Zustimmung zu deren Löschung verlangen (§ 888 BGB).

Zu 3. Die Auflassungsvormerkung kann nach der Eigentumsumschreibung gelöscht werden, wenn keine Zwischeneintragungen ohne Zustimmung des Käufers erfolgt sind. Der Löschungsantrag für die Vormerkung wird regelmäßig gemeinsam mit dem Umschreibungsantrag gestellt.

(Zum Nachlesen: *Falkner*, Kaufvertrag, § 2 Rn 249, 343 ff.)

6 **Frage 6:**

Wie kann bei der Vertragsgestaltung eines Kaufvertrages
1. der Käufer davor geschützt werden, den Kaufpreis zahlen zu müssen, ohne dass sein lastenfreier Erwerb des Grundstücks gesichert erscheint?
2.a) der Verkäufer davor geschützt werden, sein Eigentum zu verlieren, ohne dass der Erhalt des Kaufpreises gesichert erscheint?
2.b) Welche drei grundlegenden Gestaltungsmöglichkeiten bieten sich in diesem Zusammenhang im Hinblick auf die zur Eigentumsumschreibung erforderliche Auflassung an?

Antwort:

Zu 1. Der Kaufpreis wird erst dann fällig, wenn eine Auflassungsvormerkung für den Käufer an vereinbarter Rangstelle im Grundbuch eingetragen oder deren Eintragung gewährleistet ist, dem Notar die (zur Wirksamkeit und zum Vollzug des Vertrages) erforderlichen Genehmigungen und Verzichtserklärungen (mit Ausnahme der Unbedenklichkeitsbescheinigung) vorliegen, die Freistellung des Kaufgegenstandes von nicht übernommenen Belastungen gewährleistet ist.

Zu 2.

a) Das Eigentum wird erst dann umgeschrieben, wenn der Kaufpreis gezahlt worden ist.

b) Es gibt folgende Gestaltungsmöglichkeiten:

- Aussetzung der Auflassung und Verpflichtung der Vertragteile zur Erklärung der Auflassung nach vollständiger Kaufpreiszahlung;
- Auflassung erklären, aber Vollzugsanweisung an den Notar, Eigentumsumschreibung erst zu beantragen, wenn die vollständige Kaufpreiszahlung nachgewiesen wurde. Bis dahin keine Erteilung von beglaubigten Abschriften oder Ausfertigungen, die die Auflassung beinhalten;
- Erklärung der Auflassung, aber Aussetzung der zum Vollzug der Auflassung erforderlichen Bewilligung des Verkäufers unter Erteilung einer Vollmacht an den Notar, die Bewilligung nach Kaufpreiszahlung namens des Verkäufers zu erklären.

Frage 7: 7

Frau Katja Windig verkauft ein Hausgrundstück für 400.000,00 EUR an Herrn David Sailer. Im Grundbuch sind eine Briefgrundschuld (20.000,00 DM), eine Buchgrundschuld (400.000,00 EUR) und eine Zwangssicherungshypothek (80.000,00 EUR) eingetragen. Herrn David Sailer ist skeptisch, ob das funktionieren kann. Was antworten Sie ihm?

Antwort:

Der Kaufpreis ist zwar niedriger als die Summe der Grundschulden und der Hypothek, die eingetragenen Haftungsbeträge sagen aber über den tatsächlichen Schuldenstand nichts aus. Ob der Kaufvertrag abgewickelt werden kann, hängt davon ab, ob und in welcher Höhe die eingetragenen Gläubiger Ablösebeträge fordern. Die Ablösebeträge sind abhängig von der Höhe der tatsächlich noch bestehenden Schulden der Frau Katja Windig. Kommen mehrere Treuhandaufträge, so darf deren Gesamtsumme den Kaufpreis nicht übersteigen.

(Zum Nachlesen: *Falkner*, Kaufvertrag, § 2 Rn 213 ff., 277 ff. und 280)

Frage 8: 8

Die Notarfachangestellte Meiser war mit dem Vollzug eines Grundstückkaufvertrags befasst. Wie üblich hat sie hierbei ein Vorkaufsrechtszeugnis bei der Gemeinde angefordert. Die Gemeinde macht nun von ihrem Vorkaufsrecht Gebrauch. Frau Meiser fragt sich, was dies eigentlich rechtlich bedeutet und wie sie den Vollzug weiter betreiben soll.

Antwort:

Das Vorkaufsrecht gibt dem Vorkaufsberechtigten das Recht, den Kaufgegenstand vorrangig zu erwerben. Durch die Vorkaufsrechtsausübung kommt zwischen dem Verkäufer und dem Vorkaufsberechtigten automatisch ein zweiter inhaltsgleicher Kaufvertrag zustande. Der Verkäufer hätte also zunächst zwei Kaufverträge zu erfüllen. Zu seinem Schutz enthält der Kaufvertrag daher ein Rücktrittsrecht für den ersten Kaufvertrag im Fall der Vorkaufsrechtsausübung. Der Käufer ist insoweit geschützt, als die Nichtausübung des Vorkaufsrechts Fälligkeitsvoraussetzung ist. Der Käufer bleibt allerdings auf seinen Finanzierungskosten sitzen (Grundschuldbestellung, Kosten fehlender Darlehensabruf).

Nach der Vorkaufsrechtsausübung muss der Vollzug des ersten Kaufvertrags eingestellt werden. Es wird eine weitere Urkunde erstellt, die von den Beteiligten (evtl. auch vom Käufer) unterschrieben wird und in der der Eigentumsübergang an den Vorkaufsberechtigten und die Vormerkungslöschung für den Käufer erklärt werden.

(Zum Nachlesen: *Falkner*, Kaufvertrag, § 2 Rn 259 ff., 2615 ff.)

B. Kaufvertrag – Spezial (Teilflächenkauf)

Frage 9: Teilflächenkauf 9

A möchte an B aus einem Wiesengrundstück einen Grundstücksteil von rund 1.000 m² verkaufen. Im Vorfeld des Vertragsentwurfs stellen Ihnen A und B folgende Fragen:

1. Dem beurkundeten Vertrag einen Plan beizufügen, hielten sie für übertrieben, man werde sich vor Ort dann schon einigen, wenn die Vermessung stattfinde, das sei ja wohl mög-

lich? Im Übrigen werde sich der Vertrag ja nicht wesentlich von einem normalen Grundstückskaufvertrag unterscheiden, oder?

2. Ein zweites Mal zum Notar gehen nach der Verbriefung des Kaufvertrages wolle man nicht, dafür hätten beide keine Zeit – das Notariat möge sich eine Lösung ausdenken, um ihnen die Zeit für einen zweiten Notarbesuch zu ersparen.

3. Über das Kaufgrundstück laufe eine Wasserleitung. An diese dürfe der Käufer anschließen. Allerdings wolle auch der Verkäufer für seine weiter entfernt liegenden Grundstücke noch die Möglichkeit haben, diese Leitung weiter mit zu benutzen. Welche Vorkehrungen müsse man treffen?

4. Das Geld für den Kauf leihe sich B von seinem Freund C. Für diesen solle eine „ganz normale" Finanzierungsgrundschuld eingetragen werden. C hänge gerade krankheitsbedingt im Ausland fest – er müsse doch nichts notariell unterschreiben, oder?

Antwort:

Zu 1. Ein Vertrag, der bewusst wesentliche Inhalte nicht regelt, ist kein wirksamer Vertrag. Bei der Vorbereitung eines Kaufvertrages ist darauf zu achten, dass alle vertragswesentlichen Inhalte ausreichend bestimmt geregelt werden. Den künftigen Vertragspartnern ist also aufzugeben, eine ordentliche, für einen mit der Sache nicht befassten Dritten verständliche Definition des Vertragsgegenstandes zu liefern. Das kann entweder mit geometrischen Begriffen geschehen:

Beispiel:

Die Südgrenze des Kaufgegenstandes ist identisch mit der Grenze der Flurstücke 515/8 und 515/9, die Ostgrenze des Kaufgegenstandes ist identisch mit der Grenze der Flurstücke 515/8 und 514. Die Westgrenze verläuft parallel zur Ostgrenze in 38,5 m Abstand von dieser und hat eine Länge von 26,0 m. Die Nordgrenze wird gebildet durch die Gerade, die lotrecht auf das nördliche Ende der Westgrenze gefällt wird."

Oder mit einer Zeichnung, die geometrisch so präzise ist, dass Missverständnisse ausgeschlossen ist.

Meist ist es gut zu probieren, die von den Vertragsteilen gelieferte Zeichnung in eine Beschreibung mit geometrischen Begriffen „zu übersetzen" oder umgekehrt – auf diese Weise stellen sich Missverständnisse vor der Beurkundung meist heraus.

Verwenden die Vertragsteile Größenangaben, so ist klarzustellen, ob die Angabe der Größe oder ob die Maßangaben (etwa im Hinblick auf Abstände zu Nachbargebäuden, Wasserläufen, Weidezäunen etc.) Vorrang haben sollen – diese Frage ist vorab und unabhängig davon zu klären, ob Abweichungen des Flächenmaßes zu Kaufpreiskorrekturen führen sollen.

Falls die Vertragsteile sich wirklich nicht auf einen bestimmten Grenzverlauf einigen können, ist zu erfragen, ob sie sich wenigstens darauf einigen können, dass einem von ihnen das Leistungsbestimmungsrecht (vgl. §§ 315 ff. BGB) zum exakten Grenzverlauf (oder zur resultierenden Größe) zustehen soll. Auch diese Einigung stellt eine Einigung zum Vertragsgegenstand dar – ein solcher Vertrag ist wirksam. Wenn einem Vertragsteil ein Leistungsbestimmungsrecht zustehen soll, wird der andere Vertragsteil aber in aller Regel sicher sein wollen, dass bestimmte Mindestwerte nicht unterschritten werden – diese Mindestwerte sind dann als Grenze des Leistungsbestimmungsrechts festzuhalten und zu beurkunden.

Wichtige zusätzliche Regelungsgegenstände beim Teilflächenkauf sind:

a) wer die Vermessung in Auftrag gibt,

b) wer die Kosten der Vermessung trägt und

c) die Regelung der Kaufpreisfälligkeit – ob diese also erst eintreten soll, wenn das Vermessungsergebnis vorliegt oder unabhängig davon nach Vorliegen der normalen Fälligkeitsvoraussetzungen. Dem Käufer kommt die spätere Fälligkeit natürlich entgegen (auch im Hinblick auf die Möglichkeiten der Grundstücksbelastung, vgl. **Frage 9/4** – und insbesondere dann, wenn dem Verkäufer ein Leistungsbestimmungsrecht eingeräumt ist, möchte er sichergehen, dass dieses auch im Rahmen der vereinbarten Grenzen ausgeübt wurde. Zum Vermessungstermin werden normalerweise beide Vertragsteile eingeladen – aber auch eine „einvernehmliche" Vermessung bedeutet noch keine im Hinblick auf § 311b Abs. 1 BGB bindende Festlegung eines gegebenenfalls vom geschlossenen Vertrag abweichenden Vertragsgegenstandes.

d) Zumindest der Hinweis des Notars darauf, dass er nicht beurteilen kann, ob der Vertragsgegenstand (auch wenn er Teil eines bebauten Grundstücks ist) selbständig bebaubar ist oder ob hierzu weitere Voraussetzungen zu schaffen sind. Dabei geht es nicht nur um die Frage der Bebaubarkeit der Kauffläche – auch an der baurechtlichen Beurteilung der Zulässigkeit eines Bestandsbaus auf der beim Verkäufer verbleibenden Restfläche können sich Änderungen ergeben. Haben die Vertragsteile diese Frage im Vorfeld geklärt, müssen gegebenenfalls durch Dienstbarkeiten noch die Voraussetzungen für den Fortbestand/die Schaffung von Baurecht hergestellt werden (vgl. dazu **Frage 9/3**).

(Zum Nachlesen: *Spernath*, Grundstücksrecht Spezial, § 2 Rn 217 ff.)

Zu 2. In aller Regel findet beim Teilflächenkauf ein zweiter Notartermin statt – die „Messungsanerkennung und Auflassung". In diesem Termin bestätigen die Vertragsteile, dass der vermessene Gegenstand mit dem vertraglich geschuldeten Gegenstand übereinstimmt (oder halten hier eine einvernehmliche Abweichung von der ursprünglichen Vereinbarung fest) – und sie erklären hier erst die sachenrechtlich bestimmte Auflassung (§ 925 BGB). Aufgelassen werden kann nur ein „Grundstück" – das setzt voraus, dass die vermessene Teilfläche zum Grundstück gemacht wird, indem sie zunächst katastermäßig verselbständigt wird (das hat das Vermessungsamt anlässlich der Vermessung erledigt), und indem die katastermäßig verselbständigte Fläche sodann durch eine eigene dingliche Erklärung (Teilung) zum selbständigen Grundstück gemacht wird.

Rechtlich ist es allerdings auch möglich, diese dinglichen Erklärungen noch vor Vermessung, bezogen auf das künftig entstehende Grundstück, abzugeben. Die im Zeitpunkt der Abgabe der dinglichen Erklärungen noch fehlende sachenrechtliche Bestimmtheit wird nachgeholt durch eine sogenannte Identitätserklärung – d.h. die Präzisierung, dass die vor Vermessung abgegebenen dinglichen Erklärungen das nunmehr vermessene und rechtlich verselbständigte Grundstück betreffen sollen.

Eine Identitätserklärung scheidet aber in zwei Fällen aus:
a) einmal dann, wenn die vermessene Fläche erkennbar von der vertraglich vereinbarten Fläche abweicht (dann handelt es sich nicht um den im Ausgangsvertrag bezeichneten Gegenstand, sondern die Vertragsteile müssen sich noch in der Form des § 311b Abs. 1 BGB darauf einigen, was nun Vertragsgegenstand sein soll) und
b) zum anderen dann, wenn einem Vertragsteil ein Leistungsbestimmungsrecht eingeräumt ist – dann kann man schlicht noch nicht davon sprechen, dass es den Vertragsgegenstand bei der Beurkundung des Ausgangsvertrags schon gab, er konnte also in sachenrechtlichen Erklärungen noch nicht bezeichnet werden.

Soweit nach Vorstehendem eine Identitätserklärung in Betracht kommt, können die Vertragsteile diese selbst abgeben, sie können sich wechselseitig bevollmächtigen, diese Erklärung abzugeben – und sie können die Abgabe der Identitätserklärung auch dem Notar übertragen. Die Identitätserklärung würde der Notar dann in einer Eigenurkunde abgeben. Verpflichten können die Vertragsteile den Notar nicht dazu – er wird es sich auch genau überlegen, ob er diese Aufgabe übernimmt. Vorsichtigerweise wird er sich nach Vorlage des Messungsergebnisses von den Vertragsteilen noch einmal ausdrücklich bestätigen lassen, dass das Messungsergebnis auch aus deren Sicht den Vertragsgegenstand zutreffend wiedergibt.

Soweit vorliegend ein Leistungsbestimmungsrecht vereinbart wird, scheidet die Verwendung einer Identitätserklärung aus – die Vertragsteile können jemanden bevollmächtigen, für sie vor dem Notar zu erscheinen. Mitarbeiter des Notars sollten hierzu nicht bevollmächtigt werden.

(Zum Nachlesen: *Spernath*, Grundstücksrecht Spezial, § 2 Rn 246 ff.)

Zu 3. Dass zugunsten der zu vermessenden Teilfläche, des Kaufgegenstandes, Dienstbarkeiten zu bestellen sind, ist meist offenkundig. Welche Dienstbarkeiten das sein sollen, ergibt sich typischerweise aus den Angaben der Beteiligten. Hilfreich kann es sein danach zu fragen, ob ein Architekt mit der Sache befasst ist oder ob gar schon eine Baugenehmigung beantragt ist – dann lässt sich feststellen, welche Auflagen dort erwartet werden oder sogar schon formuliert sind. Zu klären ist, ob Grunddienstbarkeiten für den Kaufgegenstand ausreichen, oder ob zusätzlich (inhaltsgleiche) beschränkte persönliche Dienstbarkeiten oder Baulasten (das ist von Bundesland zu Bundesland unterschiedlich) für das Land bestellt werden müssen, etwa für Abstandsflächen, Stellplatznachweis o.Ä. Zweck dieser beschränkten persönlichen Dienstbarkeiten/Baulasten ist zu verhindern, dass die privaten Grundstückseigentümer die Grunddienstbarkeiten später aufheben und die Bindung wieder beseitigen. Wo Baulasten gefordert werden, sind Grunddienstbarkeiten meist nicht erforderlich – auch die Baulast muss aber der Behörde gegenüber bewilligt werden, so dass erforderlichenfalls die Erfüllung dieser Verpflichtung auch Teil der Kaufpreisfälligkeitsvoraussetzungen ist. Geht es um Dienstbarkeiten, so können diese mangels Verselbständigung der beteiligten Grundstücke bei Abschluss des Kaufvertrages noch nicht im Grundbuch eingetragen werden – der Anspruch auf Einräumung der Dienstbarkeit ist dann vorzumerken, die Eintragung einer Vormerkung auf Einräumung der vertraglich bestimmten Dienstbarkeiten ist zur Voraussetzung für die Fälligkeit des Kaufpreises zu machen.

Zu beachten ist weiter, dass häufig Dienstbarkeiten/Baulasten zu Lasten des Kaufgegenstandes und zugunsten der Restfläche eingeräumt werden müssen. Zu deren Einräumung muss der Käufer verpflichtet werden (auch diese Grunddienstbarkeiten können mangels Verselbständigung der beteiligten Grundstücke noch nicht im Grundbuch eingetragen werden), ihre Eintragung kann auch nicht durch Eintragung einer Vormerkung schon gesichert werden. Zu berücksichtigen ist dies an zwei Stellen im Vertrag:

a) bei der Grundbuchvorlage der Auflassung (Eigentumsumschreibung auf den Käufer) – diese darf nicht erfolgen, ohne dass auch die Dienstbarkeiten zugunsten der Restfläche eingetragen werden und

b) im Rahmen von Finanzierungsgrundschulden des Käufers – diese dürfen nur im Rang nach den zugunsten der Restfläche zu bewilligenden Dienstbarkeiten eingetragen werden.

Dies lässt sich entweder durch einen Rangvorbehalt bei der Grundschuld sicherstellen (die Finanzierungsvollmacht für den Käufer muss also eingeschränkt werden, so dass sie nur unter Einräumung des Rangvorbehalts ausgeübt werden kann), oder aber die finanzierende Bank muss sich zur Abgabe von Rangrücktrittserklärungen gegenüber dem Eigentümer der Restfläche verpflichten (Bedingung der Ausübung der Finanzierungsvollmacht).

(Zum Nachlesen: *Spernath*, Grundstücksrechte Spezial, § 2 Rn 233 ff.)

Zu 4. „Ganz normale" Finanzierungsgrundschulden für Privatpersonen gibt es nicht! Unsere Finanzierungsvollmachten sind zum Schutz des Verkäufers eingeschränkt auf (zumeist inländische) Banken/Versicherungen, bei denen keine Probleme mit der Freigabe zu erwarten sind, sollte es nicht zur vollständigen Kaufpreiszahlung kommen (der Verkäufer muss ja sicher sein, dass er in diesem Fall sein Grundstück im ursprünglichen Belastungszustand – d.h. frei von der Vormerkung des Käufers, frei von Belastungen zugunsten der Käuferbank) zurück erhält.

Davon, Grundschulden zugunsten von Privatpersonen bestellen zu lassen, ist also dringend abzuraten. Soll das im Einzelfall ausnahmsweise gestattet werden, ist es zur Sicherung des Verkäufers erforderlich, dass der Grundschuldgläubiger

a) eine bedingte Löschungsverpflichtung abgibt (für den Fall der Nichtdurchführung des Vertrages, gegen Rückzahlung der von ihm auf den Kaufpreis geleisteten Beträge),

b) eine Löschungsbewilligung in grundbuchtauglicher Form beim Notar zu treuen Händen vorliegt und

c) bei der Grundschuld eine Löschungsvormerkung (ebenfalls durch den Gläubiger grundbuchtauglich bewilligt) zugunsten des Verkäufers eingetragen ist – C müsste also auf jeden Fall Erklärungen in öffentlich beglaubigter Form beibringen.

Bei der Finanzierung des Erwerbs von Teilflächen sind Grundschulden zugunsten des Käufer-Finanziers mangels Verselbständigung des Belastungsgegenstandes zumeist noch gar nicht eintragungsfähig: Lediglich dann, wenn der Kaufvertrag nach bereits durchgeführter Vermessung abgeschlossen ist oder aber die Kaufpreisfälligkeit davon abhängt, dass das Vermessungsergebnis vorliegt und im Grundbuch eingetragen ist, kommt man dahin, dass die Käufer – Bank auf der Basis einer bereits eingetragenen Grundschuld Finanzierungsmittel auszahlen kann.

In aller Regel wird man als Zwischensicherung zu einer Verpfändung des Auflassungsanspruches mit entsprechendem Vermerk bei der zugunsten des Käufers eingetragenen Auflassungsvormerkung („Verpfändung der Auflassungsvormerkung") greifen müssen. Der Anspruch auf Eigentumserwerb ist verpfändbar, soweit er abtretbar ist (§ 1274 BGB). In den meisten Kaufvertragsmustern ist die Abtretung der Eigentumsverschaffungsansprüche an Dritte, ausgenommen an finanzierende Banken/Versicherungen, vertraglich ausgeschlossen – auch auf diesem Wege könnte also B nicht „hinter dem Rücken des A" den C als Finanzier ins Spiel bringen. Würde die Abtretung/Verpfändung an C vertraglich zugelassen, so wäre auch unter diesem Gesichtspunkt eine Mitwirkung des C in notariell beglaubigter Form praktisch zwingend erforderlich: Der Verpfändungsvermerk an der Auflassungsvormerkung kann später (im Rahmen der Eigentumsumschreibung auf B) nur gelöscht werden, wenn dem C in grundbuchtauglicher Form zustimmt.

Ergebnis zu 4: Selbst wenn man ausnahmsweise Eintragungen zugunsten von C schon vor der Eigentumsumschreibung auf B gestatten würde, müsste dieser Grundbucherklärungen in öffentlich beglaubigter Form abgeben.

(Zum Nachlesen: *Spernath*, Grundstücksrecht Spezial, § 2 Rn 236 ff., *Gutfried*, Grundschulden, § 2 Rn 105 ff., *Falkner*, Kaufvertrag, § 2 Rn 282 f.)

C. Kosten: Kaufvertrag (mit Vollzugs- und Betreuungstätigkeiten)

Frage 10: **10**

Max Müller verkauft an Berta Gruber ein mit einem Wohnhaus bebautes Grundstück.

In Abt. II des Grundbuchs ist ein Sanierungsvermerk eingetragen. Im Übrigen ist das Grundstück lastenfrei.

Der Kaufpreis beträgt 350.000,00 EUR; hiervon entfällt auf mitverkauftes Inventar ein Teilbetrag von 20.000,00 EUR. Der Kaufpreis ist fällig innerhalb von zehn Tagen nach Zugang eines Schreibens des Notars über das Vorliegen der in der Urkunde festgelegten Fälligkeitsvoraussetzungen.

Der Vollzug der in der Urkunde erklärten Auflassung soll erst erfolgen, wenn der Verkäufer die Kaufpreiszahlung bestätigt oder der Käufer die Zahlung des Kaufpreises in geeigneter Form nachgewiesen hat. Der Notar soll dies überwachen.

Der Notar wird beauftragt, die Erklärung der Gemeinde zum Vorkaufsrecht nach BauGB einzuholen, ebenso die erforderliche Genehmigung der Sanierungsbehörde.

Lösung Beurkundungsverfahren:
Der für den Kaufvertrag maßgebende Geschäftswert bestimmt sich nach dem vereinbarten Kaufpreis (§§ 97 Abs. 1, 47 GNotKG, hier keine Hinzurechnungen i.S.v. § 47 Satz 2 GNotKG; zum Nachlesen: *Tiedtke*, Notarkosten § 2 Rn 17). Die Feststellung, dass ein Teil des Kaufpreises auf das mitverkaufte Inventar entfällt, hat für die Bewertung des Kaufvertrages keinerlei Bedeutung (s. aber Ergänzung/weitere Tätigkeit bei nachstehender Rdn 11).

Geschäftswert, §§ 97 Abs. 1, 47 GNotKG (Kaufpreis)	350.000,00 EUR
2,0-Gebühr gem. KV-Nr. 21100 GNotKG	1.370,00 EUR

Lösung Vollzugstätigkeit:

Sowohl bei dem Einholen der Erklärung zum gesetzlichen Vorkaufsrecht nach BauGB wie auch bei der Anforderung der Genehmigung der Sanierungsbehörde handelt es sich um Vollzugstätigkeiten nach Vorbem. 2.2.1.1 Abs. 1 S. 2 Nr. 1 KV GNotKG. Führt der Notar diese Tätigkeiten auftragsgemäß aus, fällt hierfür eine 0,5-Gebühr nach KV-Nr. 22110 GNotKG aus dem Wert des Beurkundungsverfahrens (§ 112 GNotKG) an.

Die Vollzugsgebühr entsteht auch bei Ausführung mehrerer Vollzugstätigkeiten nur einmal (§ 93 Abs. 1 GNotKG).

Da es sich vorliegend ausschließlich um sog. „einfache" Vollzugstätigkeiten gem. Vorbem. 2.2.1.1 Abs. 1 S. 2 Nr. 1 KV GNotKG handelt, wird die zu erhebende Vollzugsgebühr durch KV-Nr. 22112 GNotKG auf 50,00 EUR je Tätigkeit begrenzt.

Geschäftswert, § 112 GNotKG	350.000,00 EUR
0,5-Gebühr nach KV-Nr. 22110, 22112 GNotKG (2 x 50,00 EUR)	100,00 EUR

Lösung Betreuungstätigkeit:

Bei der Überwachung der Kaufpreisfälligkeit wie auch bei der Überwachung der Urkundenvorlage an das Grundbuchamt zum Vollzug der Auflassung handelt es sich um Betreuungstätigkeiten nach KV-Nr. 22200 Nr. 2 bzw. Nr. 3 GNotKG. Führt der Notar diese Tätigkeiten auftragsgemäß aus, fällt hierfür eine 0,5-Gebühr nach KV-Nr. 22200 GNotKG aus dem Wert des Beurkundungsverfahrens (§ 113 Abs. 1 GNotKG) an.

Die Betreuungsgebühr entsteht auch bei Ausführung mehrerer Betreuungstätigkeiten nur einmal (§ 93 Abs. 1 GNotKG).

Geschäftswert, § 113 Abs. 1 GNotKG	350.000,00 EUR
0,5-Gebühr nach KV-Nr. 22200 GNotKG	342,50 EUR

11 **Frage 11:**

Sabine Kraus verkauft an Erhard Maier eine Eigentumswohnung. Das Vertragsobjekt ist im Grundbuch lastenfrei vorgetragen; zur Veräußerung ist jedoch die Zustimmung des Verwalters der Wohnanlage erforderlich.

Der Kaufpreis beträgt 300.000,00 EUR; hiervon entfällt auf mitverkauftes Inventar ein Teilbetrag von 20.000,00 EUR. Der Kaufpreis ist fällig innerhalb von zehn Tagen nach Zugang eines Schreibens des Notars über das Vorliegen der in der Urkunde festgelegten Fälligkeitsvoraussetzungen.

Der Vollzug der in der Urkunde erklärten Auflassung soll erst erfolgen, wenn der Verkäufer die Kaufpreiszahlung bestätigt oder der Käufer die Zahlung des Kaufpreises in geeigneter Form nachgewiesen hat. Der Notar soll dies überwachen.

Der Notar wird beauftragt, die Verwalterzustimmung (mit Entwurf) einzuholen.

Lösung Beurkundungsverfahren:

Der für den Kaufvertrag maßgebende Geschäftswert bestimmt sich nach dem vereinbarten Kaufpreis (§§ 97 Abs. 1, 47 GNotKG).

Geschäftswert, §§ 97 Abs. 1, 47 GNotKG (Kaufpreis)	300.000,00 EUR
2,0-Gebühr gem. KV-Nr. 21100 GNotKG	1.270,00 EUR

Lösung Vollzugstätigkeit:

Das auftragsgemäße Einholen der Verwalterzustimmung ist Vollzugstätigkeit nach Vorbem. 2.2.1.1 Abs. 1 S. 2 Nr. 5 KV GNotKG und löst eine 0,5-Gebühr nach KV-Nr. 22110 GNotKG aus dem Wert des Beurkundungsverfahrens (§ 112 GNotKG) aus. Das Erstellen des Entwurfs der Verwalterzustimmung ist Teil der Vollzugstätigkeit (Vorbem. 2.2 Abs. 2 KV GNotKG).

Geschäftswert, § 112 GNotKG	300.000,00 EUR
0,5-Gebühr nach KV-Nr. 22110 GNotKG	317,50 EUR

Lösung Betreuungstätigkeit:
Siehe hierzu die Ausführungen bei Rdn 10.

Geschäftswert, § 113 Abs. 1 GNotKG	300.000,00 EUR
0,5-Gebühr nach KV-Nr. 22200 GNotKG	317,50 EUR

Ergänzung

Eine Woche nach Beurkundung unterzeichnet der Verwalter der Wohnanlage bei demjenigen Notar, der den Kaufvertrag beurkundet hat, die im Entwurf übersandte Zustimmungserklärung. Der Notar beglaubigt die Unterschrift des Verwalters.

Lösung weitere Tätigkeit:
Obwohl der Notar den Entwurf der Zustimmungserklärung gefertigt hat, ist die (erste) Beglaubigung der Unterschrift kostenpflichtig. Die Fertigung der Erklärung durch den Notar ist nicht als Entwurf bewertet worden, sondern als Vollzugstätigkeit zum Kaufvertrag; Vorbem. 2.4.1 Abs. 2 KV GNotKG ist daher nicht einschlägig.

Der für die Unterschriftsbeglaubigung maßgebende Geschäftswert bestimmt sich gem. §§ 121, 98 Abs. 1 GNotKG nach dem halben Wert desjenigen Geschäfts, auf das sich die Zustimmungserklärung bezieht. Da sich die Zustimmung des Verwalters nur auf den Verkauf der Eigentumswohnung bezieht, bleibt der auf das mitverkaufte Inventar entfallende, gesondert ausgewiesene Kaufpreis bei der Wertbestimmung unberücksichtigt. Wertansatz somit (300.000,00 EUR abzgl. 20.000,00 EUR = 280.000,00 EUR, davon 1/2 =) 140.000,00 EUR.

Die Beglaubigung der Unterschrift löst eine 0,2-Gebühr nach KV-Nr. 25100 GNotKG (mit mindestens 20,00 EUR und höchstens 70,00 EUR) aus.

Unterschriftsbeglaubigung, Geschäftswert, §§ 121, 98 Abs. 1 GNotKG	140.000,00 EUR
0,2-Gebühr nach KV-Nr. 25100 GNotKG	65,40 EUR

Frage 12:   **12**

Anton Huber verkauft an Christian Santl ein Grundstück.

Der vereinbarte Kaufpreis beträgt 200.000,00 EUR. Der Kaufpreis ist fällig innerhalb von zehn Tagen nach Zugang eines Schreibens des Notars über das Vorliegen der in der Urkunde festgelegten Fälligkeitsvoraussetzungen. Der Vollzug der in der Urkunde erklärten Auflassung soll erst erfolgen, wenn der Verkäufer die Kaufpreiszahlung bestätigt oder der Käufer die Zahlung des Kaufpreises in geeigneter Form nachgewiesen hat. Der Notar soll dies überwachen.

Der Notar wird beauftragt, die Erklärung der Gemeinde zum Vorkaufsrecht nach BauGB einzuholen, ferner die Löschungsbewilligungen (mit Entwurf) bzgl. der am Vertragsobjekt eingetragenen Grundschulden zu 100.000,00 EUR (für die Sparkasse) und zu 60.000,00 EUR (für die VR-Bank).

Die Löschungsbewilligungen werden von den Gläubigern jeweils unter der Treuhandauflage erteilt, dass hiervon erst Gebrauch gemacht werden darf, wenn auf dem jeweiligen Darlehenskonto ein Kaufpreisteilbetrag i.H.v 50.000,00 EUR (Sparkasse) bzw. 20.000,00 EUR (VR-Bank) eingegangen ist.

Lösung Beurkundungsverfahren:
Der für den Kaufvertrag maßgebende Geschäftswert bestimmt sich nach dem vereinbarten Kaufpreis (§§ 97 Abs. 1, 47 GNotKG).

Geschäftswert, §§ 97 Abs. 1, 47 GNotKG (Kaufpreis)	200.000,00 EUR
2,0-Gebühr gem. KV-Nr. 21100 GNotKG	870,00 EUR

Lösung Vollzugstätigkeit:

Bei dem Einholen der Erklärung zum gesetzlichen Vorkaufsrecht nach BauGB sowie dem Anfordern der Löschungsbewilligungen der Grundpfandrechtsgläubiger handelt es sich um Vollzugstätigkeiten nach Vorbem. 2.2.1.1 Abs. 1 S. 2 Nr. 1 u. Nr. 9 KV GNotKG. Führt der Notar diese Tätigkeiten auftragsgemäß aus, fällt hierfür eine 0,5-Gebühr nach KV-Nr. 22110 GNotKG aus dem Wert des Beurkundungsverfahrens (§ 112 GNotKG) an.

Die Vollzugsgebühr entsteht auch bei Ausführung mehrerer Vollzugstätigkeiten nur einmal (§ 93 Abs. 1 GNotKG).

Da die Vollzugstätigkeit nicht lediglich „einfache" Vollzugstätigkeiten gem. Vorbem. 2.2.1.1 Abs. 1 S. 2 Nr. 1 KV GNotKG umfasst, ist eine ungedeckte Vollzugsgebühr nach KV-Nr. 22110 GNotKG zu erheben; KV-Nr. 22112 GNotKG ist hier nicht einschlägig.

Geschäftswert, § 112 GNotKG	200.000,00 EUR
0,5-Gebühr nach KV-Nr. 22110 GNotKG	217,50 EUR

Lösung Betreuungstätigkeit:

Siehe hierzu die Ausführungen bei Rdn 10.

Geschäftswert, § 113 Abs. 1 GNotKG	200.000,00 EUR
0,5-Gebühr nach KV-Nr. 22200 GNotKG	217,50 EUR

Lösung Treuhandtätigkeiten:

Übernimmt der Notar im Zusammenhang mit der Lastenfreistellung des Vertragsobjekts eine Treuhandauflage des Grundschuldgläubigers, entsteht hierfür eine 0,5-Treuhandgebühr nach KV-Nr. 22201 GNotKG. Der anzunehmende Geschäftswert bestimmt sich gem. § 113 Abs. 2 GNotKG nicht nach dem Wert des Beurkundungsverfahrens, sondern nach dem Wert des Sicherungsinteresses des Gläubigers, somit regelmäßig nach dem Ablösebetrag, von dessen Bezahlung der Gläubiger die Verwendung der Lastenfreistellungserklärung abhängig macht.

Zu beachten ist, dass für die Überwachung von Treuhandauflagen mehrerer Gläubiger die Treuhandgebühr mehrmals, also für jeden Treuhandauftrag gesondert, anfällt.

Geschäftswert, § 113 Abs. 2 GNotKG (Treuhandauflage Sparkasse)	50.000,00 EUR
0,5-Gebühr nach KV-Nr. 22201 GNotKG	82,50 EUR
Geschäftswert, § 113 Abs. 2 GNotKG (Treuhandauflage VR-Bank)	20.000,00 EUR
0,5-Gebühr nach KV-Nr. 22201 GNotKG	53,50 EUR

13 **Frage 13:**

Die Gemeinde Neudorf verkauft an Karl Maurer ein Bauplatzgrundstück.

Der vereinbarte Kaufpreis beträgt 100.000,00 EUR. Der Kaufpreis ist fällig innerhalb von zehn Tagen nach Zugang eines Schreibens des Notars über das Vorliegen der in der Urkunde festgelegten Fälligkeitsvoraussetzungen. Der Vollzug der in der Urkunde erklärten Auflassung soll erst erfolgen, wenn der Verkäufer die Kaufpreiszahlung bestätigt oder der Käufer die Zahlung des Kaufpreises in geeigneter Form nachgewiesen hat. Der Notar soll dies überwachen.

Der Käufer verpflichtet sich gegenüber dem Verkäufer

- innerhalb von drei Jahren auf dem Vertragsgrundbesitz ein Wohnhaus bezugsfertig zu errichten, sowie
- das Wohnhaus nach Bezugsfertigkeit für einen Zeitraum von zehn Jahren selbst zu bewohnen und/oder durch Familienangehörige bewohnen zu lassen, ferner
- den Vertragsgrundbesitz innerhalb dieses Zeitraums nicht ohne vorherige Zustimmung der Gemeinde zu veräußern, ausgenommen an Familienangehörige.

Für den Fall des Verstoßes gegen die eingegangenen Verpflichtungen wird der Gemeinde ein Wiederkaufsrecht am Vertragsgrundbesitz eingeräumt (welches durch Eintragung einer Rückauflassungsvormerkung im Grundbuch gesichert wird).

Lösung Beurkundungsverfahren:

Der für den Kaufvertrag maßgebende Geschäftswert bestimmt sich nach dem vereinbarten Kaufpreis (100.000,00 EUR), sowie folgenden Hinzurechnungsposten (§§ 97 Abs. 1, 47 S. 2 GNotKG):

- der Bauverpflichtung für ein Wohngebäude; Wertansatz gem. § 50 Nr. 3 a) GNotKG = 20 % vom Verkehrswert des unbebauten Grundstücks (= 20 % vom Kaufpreis), somit 20.000,00 EUR;
- der Selbstnutzungsverpflichtung nach Bezugsfertigkeit des Wohngebäudes (Nutzungsbeschränkung); Wertansatz gem. § 50 Nr. 2 GNotKG = 20 % vom Verkehrswert der betroffenen Sache (= Verkehrswert des Vertragsgrundbesitzes im Zeitpunkt der Beurkundung), somit ebenfalls 20.000,00 EUR;
- der daneben eingegangenen Verpflichtung, den Vertragsgrundbesitz innerhalb der festgelegten Frist nicht ohne Zustimmung der Gemeinde an Dritte zu veräußern; hierbei handelt es sich um eine nach § 50 Nr. 1 GNotKG zu bewertende Verfügungsbeschränkung, Wertansatz somit 10 % des Verkehrswerts der betroffenen Sache, hier 10.000,00 EUR.

Das der Gemeinde zur Absicherung dieser Verpflichtungen am Vertragsgrundbesitz eingeräumte Wiederkaufsrecht bleibt als Sicherungserklärung gem. § 109 Abs. 1 GNotKG unbewertet.

Geschäftswert, §§ 97 Abs. 1, 47 GNotKG (Kaufpreis zzgl. vorgenannter Wertansätze für die Hinzurechnungsposten Bau- und Selbstnutzungsverpflichtung, Verfügungsbeschränkung)	150.000,00 EUR
2,0-Gebühr gem. KV-Nr. 21100 GNotKG	708,00 EUR

Lösung Betreuungstätigkeit:

Siehe hierzu die Ausführungen bei Rdn 10.

Geschäftswert, § 113 Abs. 1 GNotKG	150.000,00 EUR
0,5-Gebühr nach KV-Nr. 22200 GNotKG	177,00 EUR

Frage 14: 14

Die Gemeinde Mitterdorf verkauft an die ortsansässige XY-GmbH & Co. KG zur Erweiterung des Betriebsgeländes eine amtlich erst noch zu vermessende Grundstücksteilfläche im Ausmaß von ca. 1.500 m².

Der fest vereinbarte Kaufpreis beträgt (unabhängig vom amtlichen Messungsergebnis) 400.000,00 EUR. Der sofort fällige Kaufpreis ist binnen vier Wochen an die Gemeinde zu zahlen.

Der Käufer verpflichtet sich, innerhalb von zwei Jahren auf dem Vertragsgrundbesitz eine Fertigungshalle zu errichten und in Betrieb zu nehmen. Die voraussichtlichen Herstellungskosten werden vom Käufer mit ca. 3 Mio. EUR angegeben. Für den Fall des Verstoßes gegen diese Verpflichtung wird der Gemeinde ein Wiederkaufsrecht am Vertragsgrundbesitz eingeräumt (welches durch Eintragung einer Rückauflassungsvormerkung im Grundbuch gesichert wird).

Die Kosten der Vermessung des Vertragsgrundstücks (geschätzt: 4.000,00 EUR) hat der Käufer zu tragen. Der Antrag auf Vermessung beim zuständigen Vermessungsamt wird durch die Gemeinde gestellt; der Notar hat hierzu nichts zu veranlassen.

Der Käufer wird bei Beurkundung vertreten durch die Komplementär-GmbH, diese wiederum durch ihren alleinvertretungsberechtigten Geschäftsführer. Der Notar bescheinigt die Vertretungsberechtigung des Geschäftsführers bzgl. der Komplementär-GmbH sowie die

Vertretungsberechtigung der Komplementär-GmbH bzgl. der Kommanditgesellschaft (Einsichtnahme in zwei Registerblätter).

Lösung Beurkundungsverfahren:

Der für den Kaufvertrag maßgebende Geschäftswert bestimmt sich im vorliegenden Fall nach dem vereinbarten Kaufpreis (400.000,00 EUR), sowie folgenden Hinzurechnungsposten (§§ 97 Abs. 1, 47 S. 2 GNotKG):

- der Bauverpflichtung für ein gewerbliches Gebäude; Wertansatz gem. § 50 Nr. 3 b) GNotKG mit 20 % der voraussichtlichen Herstellungskosten, hier (20 % v. 3 Mio. EUR =) 600.000,00 EUR;
- der Übernahme der Vermessungskosten für das Vertragsgrundstück, angenommen mit 4.000,00 EUR.

Das der Gemeinde zur Absicherung der Bauverpflichtung am Vertragsgrundbesitz eingeräumte Wiederkaufsrecht bleibt als Sicherungserklärung gem. § 109 Abs. 1 GNotKG unbewertet.

Geschäftswert, §§ 97 Abs. 1, 47 GNotKG (Kaufpreis zzgl. vorgenannter Wertansätze für die Hinzurechnungsposten Bauverpflichtung, Übernahme der Vermessungskosten)	1.004.000,00 EUR
2,0-Gebühr gem. KV-Nr. 21100 GNotKG	3.630,00 EUR

Lösung weitere Tätigkeit – Vertretungsbescheinigung:

Erteilt der Notar nach Handelsregistereinsicht eine Bescheinigung nach § 21 Abs. 1 BNotO (Vertretungsbescheinigung) entsteht hierfür eine Gebühr nach KV-Nr. 25200 GNotKG. Diese beträgt 15,00 EUR (Festgebühr) für jedes zur Erteilung der Bescheinigung einzusehende Registerblatt. Im vorliegenden Fall waren zwei Registerblätter (das der KG sowie das der Komplementär-GmbH) einzusehen.

(Zum Nachlesen: *Tiedtke*, Notarkosten § 1 Rn 142).

Gebühr nach KV-Nr. 25200 GNotKG (Einsichtnahme in zwei Registerblätter, somit 2 x 15,00 EUR)	30,00 EUR

Ergänzung

Zwei Monate nach Beurkundung des Kaufvertrages liegt das Ergebnis der amtlichen Vermessung vor. Das Vertragsgrundstück wird an den Käufer aufgelassen. Die Beurkundung der Messungsanerkennung und Auflassung erfolgt durch denselben Notar, der bereits den zugrundeliegenden Kaufvertrag beurkundet hat. Baumaßnahmen wurden bislang noch nicht durchgeführt.

Der Käufer wird bei Beurkundung vorbehaltlich Genehmigung durch den Verkäufer vertreten. Der Notar wird beauftragt, die Genehmigungserklärung (mit Entwurf) einzuholen.

Lösung Beurkundungsverfahren:

Liegt einer gesondert beurkundeten Auflassung (die Anerkennung des Messungsergebnisses ist Teil der Auflassungserklärung) ein Kaufvertrag zugrunde, so ist der für die Auflassung anzunehmende Geschäftswert ebenfalls nach § 47 GNotKG zu bestimmen. Maßgebend ist daher der vom Käufer zu zahlende Kaufpreis, ggf. unter Hinzurechnung vorbehaltener Nutzungen oder weiterer Leistungen im Sinne dieser Bestimmung. Auch zwischenzeitlich eingetretene Wertveränderungen, wie z.B. ein vom Käufer zwischenzeitlich errichtetes Gebäude, sind zu berücksichtigen (§ 96, § 47 Satz 3 GNotKG).

Erfolgt die Beurkundung der Auflassung durch denselben Notar (beachte hierzu Vorbem. 2 Abs. 1 KV GNotKG), der auch den zugrundeliegenden schuldrechtlichen Kaufvertrag beurkundet hat, löst die Beurkundung der Auflassung lediglich eine 0,5-Gebühr nach KV-Nr. 21101 Nr. 2 GNotKG aus.

Geschäftswert, §§ 97 Abs. 1, 47 GNotKG (Kaufpreis zzgl. vorstehender Wertansätze für die Hinzurechnungsposten Bauverpflichtung, Übernahme der Vermessungskosten)	1.004.000,00 EUR
0,5-Gebühr gem. KV-Nr. 21101 Nr. 2 GNotKG	907,50 EUR

Lösung Vollzugstätigkeit:

Bei dem Einholen der Genehmigung des bei Beurkundung vollmachtlos vertretenen Käufers handelt es sich um eine Vollzugstätigkeit nach Vorbem. 2.2.1.1 Abs. 1 S. 2 Nr. 5 KV GNotKG. Führt der Notar diese Tätigkeit auftragsgemäß aus, fällt hierfür eine Vollzugsgebühr nach KV-Nr. 22110 ff. GNotKG aus dem Wert des Beurkundungsverfahrens (§ 112 GNotKG) an.

Der für die Vollzugsgebühr maßgebende Gebührensatz richtet sich nach der Gebühr für das zugrundeliegende Beurkundungsverfahren. Beträgt die für das Beurkundungsverfahren (hier: Auflassung) zu erhebende Gebühr weniger als 2,0, ist gem. KV-Nr. 22111 lediglich eine 0,3-Vollzugsgebühr zu erheben.

Geschäftswert, § 112 GNotKG	1.004.000,00 EUR
0,3-Gebühr nach KV-Nr. 22111 GNotKG	544,50 EUR

Frage 15: **15**

Erna Nußbaum verkauft an Bruno Kerscher das Bauplatz-Grundstück Fl.Nr. 102/16.

Das Vertragsgrundstück ist lediglich in Abt. III des Grundbuchs mithaftweise belastet mit einer (Gesamt-)Grundschuld zu 100.000,00 EUR für die VR-Bank. Der vereinbarte Kaufpreis beträgt 125.000,00 EUR. Der Kaufpreis ist fällig innerhalb von zehn Tagen nach Zugang eines Schreibens des Notars über das Vorliegen der in der Urkunde festgelegten Fälligkeitsvoraussetzungen. Der Vollzug der in der Urkunde erklärten Auflassung soll erst erfolgen, wenn der Verkäufer die Kaufpreiszahlung bestätigt oder der Käufer die Zahlung des Kaufpreises in geeigneter Form nachgewiesen hat. Der Notar soll dies überwachen.

Durch das ebenfalls dem Verkäufer gehörende Nachbargrundstück Fl.Nr. 102/4 verlaufen bereits Ver- und Entsorgungsleitungen für das Vertragsgrundstück. Der Verkäufer räumt daher dem jeweiligen Eigentümer des Vertragsgrundstücks Fl.Nr. 102/16 das (unentgeltliche) Recht ein, die bestehenden Ver- und Entsorgungsleitungen im Grundstück Fl.Nr. 102/4 zu belassen, zu nutzen, ggf. zu erneuern etc.; zur Sicherung des eingeräumten Rechts wird eine Grunddienstbarkeit am dienenden Grundstück bestellt und zur Eintragung im Grundbuch bewilligt und beantragt. Der Ausübungsbereich für das Leitungsrecht umfasst ca. 10 m² des dienenden Grundstücks.

Der Notar wird beauftragt, die Erklärung der Gemeinde zum Vorkaufsrecht nach BauGB einzuholen, ferner die Lastenfreistellungserklärung (Pfandfreigabe) der VR-Bank bzgl. der am Vertragsgrundstück mitbelastungsweise eingetragenen Grundschuld. Die Pfandfreigabe wird von der VR-Bank ohne Treuhandauflagen erteilt.

Zusätzliche Wertangabe:

Der Bodenwert für das Vertragsgrundstück wie auch für das Nachbargrundstück beträgt lt. Richtwerttabelle des Gutachterausschusses 200,00 EUR/m².

Lösung Beurkundungsverfahren:

Die Einräumung des Ver- und Entsorgungsleitungsrechts am Nachbargrundstück durch den Verkäufer bleibt bei der Wertbestimmung für den Kaufvertrag regelmäßig unberücksichtigt; es ist davon auszugehen, dass diese Rechtseinräumung bei der Kaufpreisbemessung berücksichtigt wurde.

Zu beachten ist jedoch § 110 Nr. 2 b) GNotKG. Danach liegt zwischen einem Veräußerungsvertrag (hier: dem Kaufvertrag) und den Erklärungen zur Bestellung subjektiv-dinglicher

Rechte (hier: die formell-rechtlichen Erklärungen zur Eintragung der Grunddienstbarkeit = Bewilligung und Antrag) stets ein verschiedener Beurkundungsgegenstand vor.

Die Grundbucherklärungen zur Dienstbarkeitsbestellung sind daher zu bewerten. Der hierfür maßgebende Geschäftswert ist nach § 52 GNotKG zu bestimmen. Da es sich um ein Nutzungsrecht von unbeschränkter Dauer handelt, ist gem. § 52 Abs. 1 u. 3 GNotKG der 20-fache Jahreswert der Nutzung maßgebend.

Mangels ausreichender Anhaltspunkte für eine Wertbestimmung kann der Jahreswert hilfsweise nach § 52 Abs. 5 GNotKG bestimmt werden. Grundlage ist dabei der Wert des Ausübungsbereichs. Im vorliegenden Fall lässt sich dessen Wert anhand des vom Gutachterausschuss festgelegten Bodenrichtwertes ermitteln und beträgt daher (10 m² Ausübungsfläche x 200,00 EUR/m² =) 2.000,00 EUR. Der Jahreswert kann sodann mit 5 % vom Wert des Ausübungsbereichs angenommen werden, wenn der Eigentümer vollständig von der Nutzung ausgeschlossen ist. Kann die Fläche, wie hier, auch vom Eigentümer des dienenden Grundstücks weitergenutzt werden, ist auf den so ermittelten Wert ein Abschlag von ca. 50 % vorzunehmen. Für den vorliegenden Fall ergibt sich demnach folgender Wertansatz: Wert des Ausübungsbereichs, davon 5 % gem. § 52 Abs. 5 = 100,00 EUR, davon 50 % = 50,00 EUR x 20 ergibt 1.000,00 EUR.

Für die Grundbucherklärungen zur Dienstbarkeitsbestellung ist eine 0,5-Gebühr nach KV-Nr. 21201 GNotKG (mindestens 30,00 EUR) zu erheben; die Bestimmungen des § 94 Abs. 1 GNotKG sind zu beachten.

Kaufvertrag – Geschäftswert, §§ 97 Abs. 1, 47 GNotKG, Kaufpreis	125.000,00 EUR
2,0-Gebühr gem. KV-Nr. 21100 GNotKG	600,00 EUR
Grundbucherklärungen zur Dienstbarkeitsbestellung – Geschäftswert, §§ 97 Abs. 1, 52 Abs. 1, 3 u. 5 GNotKG	1.000,00 EUR
0,5-Gebühr gem. KV-Nr. 21201 GNotKG (mindestens)	30,00 EUR
Vergleichsberechnung gem. § 94 Abs. 1 GNotKG	
2,0-Gebühr gem. KV-Nr. 21100 GNotKG (höchster in Betracht kommenden Gebührensatz) aus den zusammengerechneten Werten der verschiedenen Beurkundungsgegenstände (= 126.000 EUR)	654,00 EUR

Ergebnis: Die getrennte Berechnung ist kostengünstiger und daher maßgebend.

Lösung Vollzugstätigkeit:

Bei dem Einholen der Erklärung zum gesetzlichen Vorkaufsrecht nach BauGB sowie dem Anfordern der Pfandfreigabeerklärung (Bewilligung) des Grundpfandrechtsgläubigers handelt es sich um Vollzugstätigkeiten nach Vorbem. 2.2.1.1 Abs. 1 S. 2 Nr. 1 u. Nr. 9 KV GNotKG.

Führt der Notar diese Tätigkeiten auftragsgemäß aus, fällt hierfür eine 0,5-Gebühr nach KV-Nr. 22110 GNotKG aus dem Wert des Beurkundungsverfahrens (§ 112 GNotKG) an.

Siehe im Übrigen die Ausführungen unter Rdn 12.

Geschäftswert, § 112 GNotKG (Gesamtwert des Beurkundungsverfahrens, somit Wert des Kaufvertrages zzgl. Wertansatz für die Grundbucherklärungen zur Dienstbarkeitsbestellung)	126.000,00 EUR
0,5-Gebühr nach KV-Nr. 22110 GNotKG	163,50 EUR

Lösung Betreuungstätigkeit:

Siehe hierzu die Ausführungen bei Rdn 10.

Geschäftswert, § 113 Abs. 1 GNotKG (Gesamtwert des Beurkundungsverfahrens)	126.000,00 EUR
0,5-Gebühr nach KV-Nr. 22200 GNotKG	163,50 EUR

Ergänzung

Eine Woche nach Beurkundung unterzeichnen die bevollmächtigten Personen der VR-Bank bei demjenigen Notar, der den Kaufvertrag beurkundet hat, die im Entwurf übersandte Pfandfreigabeerklärung. Der Notar beglaubigt deren Unterschrift.

Zugleich fügt der Notar der Lastenfreistellungserklärung eine beglaubigte Ablichtung der ihm von den Vertretern der Raiffeisenbank in Urschrift vorgelegten Vollmacht bei (Umfang der Vollmacht: 4 Seiten; die Vollmacht wurde von dem beglaubigenden Notar weder beurkundet noch entworfen).

Lösung weitere Tätigkeit:

Obwohl der Notar den Entwurf der Pfandfreigabeerklärung gefertigt hat, ist die (erste) Beglaubigung der Unterschrift kostenpflichtig. Die Fertigung der Erklärung durch den Notar ist nicht als Entwurf bewertet worden, sondern als Vollzugstätigkeit zum Kaufvertrag; Vorbem. 2.4.1 Abs. 2 KV GNotKG ist daher nicht einschlägig.

Der für die Unterschriftsbeglaubigung maßgebende Geschäftswert bestimmt sich gem. §§ 121, 44 Abs. 1 GNotKG durch Gegenüberstellung (Vergleich) des Nennbetrags der Grundschuld (hier: 100.000,00 EUR) und dem Wert des freizugebenden Grundbesitzes (hier: 125.000,00 EUR); der geringere Wert ist maßgebend.

Die Beglaubigung der Unterschrift löst eine 0,2-Gebühr nach KV-Nr. 25100 GNotKG (mit mindestens 20,00 EUR und höchstens 70,00 EUR) aus.

Das Anfertigen einer beglaubigten Abschrift der dem Notar vorgelegten Vollmacht (Fremdurkunde; s. hierzu auch *Tiedtke*, Notarkosten § 1 Rn 141) löst eine Beglaubigungsgebühr nach KV-Nr. 25102 GNotKG aus (4 Seiten x 1 EUR/Seite, mindestens jedoch 10,00 EUR).

Beglaubigung einer Abschrift; Gebühr nach KV-Nr. 25102 GNotKG, hier Mindestgebühr	10,00 EUR

Frage 16: 16

Arno Reich verkauft an Johann Müller eine Eigentumswohnung.

Das Vertragsobjekt ist lediglich in Abt. III des Grundbuchs belastet mit einer Grundschuld zu 200.000,00 EUR für die Sparkasse. Der vereinbarte Kaufpreis beträgt 500.000,00 EUR. Der Kaufpreis ist fällig innerhalb von zehn Tagen nach Zugang eines Schreibens des Notars über das Vorliegen der in der Urkunde festgelegten Fälligkeitsvoraussetzungen. Der Vollzug der in der Urkunde erklärten Auflassung soll erst erfolgen, wenn der Verkäufer die Kaufpreiszahlung bestätigt oder der Käufer die Zahlung des Kaufpreises in geeigneter Form nachgewiesen hat. Der Notar soll dies überwachen.

Der Käufer übernimmt die im Grundbuch eingetragene Grundschuld für eigene künftige Finanzierungszwecke zur weiteren dinglichen Haftung. Die Grundschuld ist nicht mehr valutiert. Gegenüber der Sparkasse gibt der Käufer ein abstraktes Schuldanerkenntnis in Höhe des Nennbetrags der übernommenen Grundschuld ab und unterwirft sich der Zwangsvollstreckung in sein gesamtes Vermögen. Der Notar holt für die Beteiligten eine Erklärung der Sparkasse ein, wonach der Verkäufer nicht mehr aus der im Rahmen der Grundschuldbestellung erklärten persönlichen Haftung in Anspruch genommen wird und die Grundschuld künftig nur mehr Verbindlichkeiten des Käufers absichert.

Lösung Beurkundungsverfahren:

Zu beachten ist hier § 110 Nr. 2 a) GNotKG. Danach liegt zwischen einem Veräußerungsvertrag (hier: dem Kaufvertrag) und den „Erklärungen zur Finanzierung der Gegenleistung gegenüber Dritten" (gemeint ist das abstrakte Schuldanerkenntnis gegenüber dem Grundschuldgläubiger = „Dritter") stets ein verschiedener Beurkundungsgegenstand vor. Der hierfür anzunehmende Wert bestimmt sich gem. § 97 Abs. 1, § 53 Abs. 1 GNotKG nach dem Betrag des Schuldanerkenntnisses, hier dem Nennbetrag der Grundschuld.

Zu erheben ist eine 1,0-Gebühr nach KV-Nr. 21200 GNotKG; die Bestimmungen des § 94 Abs. 1 GNotKG sind zu beachten.

Kaufvertrag – Geschäftswert, §§ 97 Abs. 1, 47 GNotKG, Kaufpreis	500.000,00 EUR
2,0-Gebühr gem. KV-Nr. 21100 GNotKG	1.870,00 EUR
Abstraktes Schuldanerkenntnis – Geschäftswert, §§ 97 Abs. 1, 53 Abs. 1 GNotKG (hier: Nennbetrag der Grundschuld)	200.000,00 EUR
1,0-Gebühr gem. KV-Nr. 21200 GNotKG	435,00 EUR
Vergleichsberechnung gem. § 94 Abs. 1 GNotKG	
2,0-Gebühr gem. KV-Nr. 21100 GNotKG (höchster in Betracht kommenden Gebührensatz) aus den zusammengerechneten Werten der verschiedenen Beurkundungsgegenstände (= 700.000,00 EUR)	2.510,00 EUR

Ergebnis: Die getrennte Berechnung ist kostengünstiger und daher maßgebend.

Lösung Vollzugstätigkeit:

Das Einholen der Erklärung des Grundschuldgläubigers zur Entlassung des Verkäufers aus der persönlichen Haftung samt Bestätigung über die Änderung des Sicherungszwecks ist Vollzugstätigkeit nach Vorbem. 2.2.1.1 Abs. 1 S. 2 Nr. 8 u. Nr. 10 KV GNotKG.

Zu erheben ist eine ungedeckelte Vollzugsgebühr nach KV-Nr. 22110 GNotKG aus dem Wert des Beurkundungsverfahrens (§ 112 GNotKG), welcher sich aus der Summe der Wertansätze für die verschiedenen Beurkundungsgegenstände zusammensetzt.

Geschäftswert, § 112 GNotKG (Gesamtwert des Beurkundungsverfahrens, somit Wert des Kaufvertrages zzgl. Wertansatz für das Schuldanerkenntnis)	700.000,00 EUR
0,5-Gebühr nach KV-Nr. 22110 GNotKG	627,50 EUR

Lösung Betreuungstätigkeit:

Siehe hierzu die Ausführungen bei Rdn 10.

Geschäftswert, § 113 Abs. 1 GNotKG (Gesamtwert des Beurkundungsverfahrens)	700.000,00 EUR
0,5-Gebühr nach KV-Nr. 22200 GNotKG	627,50 EUR

17　**Frage 17:**

Hans Kluge hat an Erwin Rütter ein Grundstück zum Kaufpreis von 200.000,00 EUR verkauft.

In einem beurkundeten Nachtrag zum Kaufvertrag wird der vereinbarte Kaufpreis um 10.000,00 EUR auf nunmehr 190.000,00 EUR herabgesetzt. Des Weiteren ändern die Beteiligten die Voraussetzungen für die Fälligkeit des Kaufpreises ab.

Lösung Beurkundungsverfahren:

Wird ein bestehendes Rechtsverhältnis geändert, bestimmt sich der hierfür maßgebende Geschäftswert gem. § 97 Abs. 1 GNotKG

- bei betragsmäßig feststehenden Veränderungen (z.B. Kaufpreiserhöhung oder -herabsetzung) nach dem Änderungsbetrag (§ 97 Abs. 1 GNotKG);
- bei Veränderungen sonstiger Bestimmungen ohne bestimmten Wert gem. § 97 Abs. 1 i.V.m. § 36 Abs. 1 nach billigem Ermessen unter Berücksichtigung des Umfangs und der Bedeutung der vorgenommenen Änderungen. Ausgangswert ist der Wert des betroffenen Rechtsverhältnisses.

Werden mehrere Änderungen vorgenommen, ist jede Änderung für sich zu bewerten. Der Gesamtwert der Änderungen darf jedoch gem. § 97 Abs. 2 GNotKG den Wert des betroffenen Rechtsverhältnisses nicht übersteigen.

Für den vorliegenden Fall ergeben sich demgemäß folgende Wertansätze.
- Herabsetzung des Kaufpreises = Änderungsbetrag zu 10.000,00 EUR;
- Änderung der Fälligkeitsbestimmungen; Ausgangswert ist der (ursprüngliche) Wert des Kaufvertrages zu 200.000,00 EUR, hiervon Teilwert (ca. 20–30 % des Ausgangswertes erscheinen angemessen).

Zu erheben ist eine 2,0-Gebühr nach KV-Nr. 21100 GNotKG.

Geschäftswert, §§ 97 Abs. 1, 36 Abs. 1 GNotKG (Kaufpreisherabsetzung = 10.000,00 EUR; Änderung der Fälligkeitsvoraussetzungen, hier angenommen mit 20 % des Ausgangswertes von 200.000,00 EUR = 40.000,00 EUR)	50.000,00 EUR
2,0-Gebühr gem. KV-Nr. 21100 GNotKG	330,00 EUR

Frage 18: 18

Der Verkäufer Hubert Maier und die Käuferin Maria Herbst heben in einer Nachtragsurkunde den zwischen ihnen geschlossenen Grundstückskaufvertrag einvernehmlich und vollinhaltlich auf.

Der vereinbarte Kaufpreis von 150.000,00 EUR wurde vom Käufer bisher weder ganz noch teilweise bezahlt.

Die Auflassung war bereits erklärt. Die für die Käuferin im Grundbuch eingetragene Auflassungsvormerkung wird zur Löschung bewilligt und beantragt.

Maria Herbst wurde bei Beurkundung der Vertragsaufhebung vorbehaltlich Genehmigung vertreten; der Notar wird beauftragt, die Genehmigungserklärung (mit Entwurf) einzuholen.

Lösung Beurkundungsverfahren:
Wird ein Vertrag einvernehmlich aufgehoben, ist der Geschäftswert des Aufhebungsvertrages gem. § 97 Abs. 1 GNotKG mit dem vollen Wert des aufgehobenen Rechtsverhältnisses anzunehmen. Im vorliegenden Fall ist daher der nach § 47 GNotKG zu bestimmende, in Höhe des vereinbarten Kaufpreises anzunehmende Wert des aufgehobenen Kaufvertrages maßgebend.

Die Erklärungen zur Löschung der zugunsten des Käufers am Vertragsobjekt eingetragenen Auflassungsvormerkung betreffen denselben Beurkundungsgegenstand nach § 109 Abs. 1 GNotKG und sind daher nicht gesondert zu bewerten.

Wird der Kaufvertrag vollständig aufgehoben, fällt gem. KV-Nr. 21102 Nr. 2 GNotKG lediglich eine 1,0-Gebühr an.

Geschäftswert, §§ 97 Abs. 1, 47 GNotKG	150.000,00 EUR
1,0-Gebühr gem. KV-Nr. 21102 Nr. 2 GNotKG	354,00 EUR

Lösung Vollzugstätigkeit:
Bei dem Einholen der Genehmigung des bei Beurkundung vollmachtlos vertretenen Käufers handelt es sich um eine Vollzugstätigkeit nach Vorbem. 2.2.1.1 Abs. 1 S. 2 Nr. 5 KV GNotKG.

Führt der Notar diese Tätigkeit auftragsgemäß aus, fällt hierfür eine Vollzugsgebühr nach KV-Nr. 22110 ff. GNotKG aus dem Wert des Beurkundungsverfahrens (§ 112 GNotKG) an.

Der für die Vollzugsgebühr maßgebende Gebührensatz richtet sich nach der Gebühr für das zugrundeliegende Beurkundungsverfahren. Beträgt die für das Beurkundungsverfahren (hier: Vertragsaufhebung) zu erhebende Gebühr weniger als 2,0, ist gem. KV-Nr. 22111 lediglich eine 0,3-Vollzugsgebühr zu erheben.

Geschäftswert, § 112 GNotKG	150.000,00 EUR
0,3-Gebühr nach KV-Nr. 22111 GNotKG	106,20 EUR

D. Grundschulden

19 **Frage 19:**

Frau Roswita Huber ist im Grundbuch als Alleineigentümerin des Einfamilienhauses Fl.Nr. 100 der Gemarkung Allach eingetragen. Abt. II des Grundbuchs ist unbelastet vorgetragen, in Abt. III des Grundbuchs ist eine Buchgrundschuld zu 200.000,00 DM für die Dresdner Bank AG eingetragen.

Zum Umbau dieses Einfamilienhauses nimmt Frau Huber bei der Stadtsparkasse München ein Darlehen i.H.v. 150.000,00 EUR auf. Zur Absicherung dieses Darlehens bestellt sie an dem Grundstück Fl.Nr. 100 der Gemarkung Allach eine Briefgrundschuld zu 150.000,00 EUR für die Stadtsparkasse München.

1. Wie entsteht diese neubestellte Grundschuld?
2. Was bedeutet die in der Grundschuldbestellungsurkunde vom Schuldner erklärte „persönliche Haftung" und was stellt diese Erklärung rechtlich dar?
3. Die Stadtsparkasse München beauftragt den Notar eine Rangbescheinigung auszustellen. Was versteht man unter einer Rangbescheinigung? In welchen Fällen wird diese üblicherweise von den Kreditinstituten gewünscht?
4. Die neubestellte Briefgrundschuld soll in Abt. III an erster Rangstelle im Grundbuch eingetragen werden. Welche Erklärungen und Unterlagen sind nach materiellem und nach formellem Recht erforderlich? Welcher Form bedürfen diese Erklärungen?
5. Acht Jahre nach dem Umbau hat Frau Schuster das Darlehen abbezahlt und will die Briefgrundschuld für die Stadtsparkasse München im Grundbuch wieder löschen lassen. Welche Erklärungen sind hierzu nach materiellem und nach formellem Recht erforderlich? Welcher Form bedürfen diese Erklärungen?

Antwort:

Zu 1. Die Grundschuld entsteht (wie die Hypothek; § 1192 BGB) gem. § 873 Abs. 1 BGB durch Einigung des Eigentümers und des Gläubigers und Eintragung in das Grundbuch. Da es sich um eine Briefgrundschuld handelt ist zudem die Übergabe des Grundschuldbriefes an die Gläubigerin gem. § 1192 i.V.m. § 1117 Abs. 1 BGB erforderlich.

Zu 2. Unabhängig von der bestellten Grundschuld verlangt der Darlehensgeber in der Regel die Haftung des Darlehensnehmers mit seinem restlichen pfändbaren Vermögen. Somit unterliegt auch dieses Vermögen dem Zugriff des Darlehensgebers und er hat die Möglichkeit, auf die Vollstreckung im Grundbesitz zu verzichten und stattdessen in das pfändbare Privatvermögen des Schuldners zu vollstrecken. Die Erklärung in der Grundschuld über die Übernahme der persönlichen Haftung stellt rechtlich ein abstraktes Schuldversprechen regelmäßig mit persönlicher Zwangsvollstreckungsunterwerfung in Höhe des Grundschuldbetrages samt Zinsen und Nebenleistungen dar. Dieses Schuldversprechen ist abstrakt, also losgelöst sowohl von den Forderungen, deren Sicherung es dient, als auch vom Bestand der Grundschuld selbst.

Zu 3. Mit der Rangbestätigung wird gegenüber dem Kreditinstitut bescheinigt, dass der Eigentümer einen Antrag auf Eintragung eines Grundpfandrechtes beim Grundbuchamt eingereicht hat und dass aufgrund Einsicht in das Grundbuch und die Grundakten sowie Auskunft des zuständigen Geschäftsstellenbeamten keine unerledigten Eintragungsanträge vorliegen, die nach § 17 GBO vor der Grundschuld eingetragen werden müssen und damit den Rang der Grundschuld vereiteln könnten. Die Rangbescheinigung wird von Kreditinstituten gewünscht, wenn sich die Eintragung des Grundpfandrechtes verzögert, die Darlehenssumme aber sofort ausgezahlt werden soll.

Zu 4. Damit die neubestellte Grundschuld an der richtigen Rangstelle eingetragen werden kann, bedarf es eines Rangrücktritts durch die bereits eingetragene Grundschuldgläubigerin. Materiell-rechtlich sind

■ die Einigung des zurücktretenden und des vortretenden Gläubigers gem. § 880 Abs. 2 BGB (formfrei) und Eintragung der Änderung in das Grundbuch sowie

■ die Zustimmung des Eigentümers gem. § 880 Abs. 2 BGB (formfrei) erforderlich.

Formell-rechtlich sind

■ die Bewilligung des zurücktretenden Gläubiges gem. § 19 GBO (Form des § 29 GBO: öffentlich oder öffentlich beglaubigt) und

■ der Antrag des zurücktretenden oder des vortretenden Gläubigers gem. § 13 Abs. 1 GBO (formfrei bzw. Schriftform) erforderlich.

Zu 5. Für die Löschung bedarf es materiell-rechtlich

■ gem. § 875 BGB der Erklärung des Berechtigten, dass er das Recht aufgibt und die Löschung im Grundbuch (formfrei) sowie

■ der Zustimmung des Eigentümers gem. §§ 1183, 1168 BGB (formfrei).

Formell-rechtlich erforderlich sind

■ die Bewilligung der Gläubigerin gem. § 19 GBO (Form des § 29 GBO: öffentlich oder öffentlich beglaubigt); da vorliegend die Sparkasse siegelführend ist, ist ihre Löschungsbewilligung mit Siegel schon eine öffentliche Urkunde,

■ die Zustimmung des Eigentümers gem. § 27 GBO (Form des § 29 GBO: öffentlich oder öffentlich beglaubigt),

■ der Antrag gem. § 13 GBO des Eigentümers oder der Gläubigerin (formfrei bzw. Schriftform);

■ Grundschuldbrief (§§ 41, 42 GBO).

(Zum Nachlesen: *Gutfried*, Grundschulden, § 2 Rn 34 ff., 52 ff.)

Frage 20: 20

Herr Hubert Maier ist Alleineigentümer des Grundstücks Flst.Nr. 136/2 der Gemarkung Giesing. An diesem Grundstück ist in Abt. III des Grundbuchs eingetragen:

1	2	3	4
2	1, 2, 6–8	400.000 EUR	Grundschuld zu vierhunderttausend Euro für die Sparkasse Musterstadt, nebst 18 % Zinsen. Vollstreckbar nach § 800 ZPO. Gemäß Bewilligung vom …. (Notar… URNr. …) eingetragen am …

1. Um welche Art/en einer Grundschuld handelt es sich hier? Bitte nennen Sie die Rechtsgrundlage/n?

2. Bitte erklären Sie kurz welcher Form diese Grundschuldbestellung bedurfte?

3. Muss Herr Maier aufgrund der eingetragenen Grundschuld mit einem Grundschuldzins von 18 % tatsächlich diesen Zinssatz für ein bestehendes Darlehen an Sparkasse Musterstadt zahlen?

Antwort:
Zu 1. Es handelt sich um eine Briefgrundschuld (§§ 1192 Abs. 1, 1116 Abs. 1 BGB) in Form einer Gesamtgrundschuld (§§ 1192 Abs. 1, 1132 Abs. 1 BGB)

Zu 2. Aus dem Grundbucheintrag „vollstreckbar nach § 800 ZPO" lässt sich erkennen, dass es sich um eine vollstreckbare Grundschuld handelt, die nur zu notariellem Protokoll erklärt werden kann. Die Grundschuldbestellung bedurfte der notariellen Beurkundung.

Zu 3. Die Grundschuld ist grundsätzlich von der Forderung unabhängig (abstrakt). Damit ist auch der Grundschuldzins unabhängig vom tatsächlichen Darlehenszins. Die Höhe der zu zahlenden Zinsen richtet sich nach dem Darlehensvertrag und den dort vereinbarten Darlehenszinsen.

(Zum Nachlesen: *Gutfried*, Grundschulden, § 2 Rn 25 ff.)

Frage 21: 21

1. Erläutern Sie die Gemeinsamkeiten und die wesentlichen Unterschiede zwischen einer Hypothek und einer Grundschuld.

2. Was versteht man unter einer Gesamtgrundschuld?

Antwort:

Zu 1. Hypothek und Grundschuld sind Grundpfandrechte, d.h. dingliche Rechte zur Sicherung von Forderungen.

Sie unterscheiden sich in ihrem Verhältnis zur zu sichernden Forderung. Die **Hypothek** ist in ihrem Entstehen und ihrem Bestand von der Forderung abhängig (sog. akzessorisch). Der Gläubiger wird daher erst dann Inhaber der Hypothek, wenn er die gegen den Schuldner gerichtete Forderung erlangt hat (z.B. durch Auszahlung des durch die Hypothek gesicherten Darlehens).

Die **Grundschuld** ist hingegen in ihrem Bestand von der Forderung unabhängig (sog. abstrakt). Ihr Erwerb durch den Gläubiger ist daher nicht von der zu sichernden Forderung abhängig. Wegen der Abstraktheit der Grundschuld ist es erforderlich, dass der Gläubiger einerseits und der Schuldner der Forderung bzw. der Eigentümer des belasteten Grundstücks andererseits eine Vereinbarung über den Umfang der Sicherung treffen (sog. Sicherungsvertrag oder Zweckerklärung).

Zu 2. Eine Gesamtgrundschuld entsteht, wenn mehrere Grundstücke oder mehrere Miteigentumsanteile an einem Grundstück mit einer Grundschuld belastet werden (§ 1132 Abs. 1 BGB).

(Zum Nachlesen: *Gutfried*, Grundschulden, § 2 Rn 1 ff., 28 f.)

22 **Frage 22:**

Wie wird eine Briefgrundschuld und wie eine Buchgrundschuld abgetreten?

Antwort:

Briefgrundschuld: Es ist die (formlose) Einigung über den Übergang der Grundschuld und die Übergabe des Grundschuldbriefes erforderlich; Abtretungserklärung in schriftlicher Form (nicht notwendig öffentlich beglaubigt) oder Eintragung der Abtretung im Grundbuch (§§ 929, 1117, 1154, 1192 BGB).

Buchgrundschuld: Es ist die (formlose) Einigung über den Übergang der Grundschuld und Eintragung der Abtretung im Grundbuch erforderlich (§§ 873, 878, 1154, 1192 BGB).

(Zum Nachlesen: *Gutfried*, Grundschulden, § 2 Rn 111 ff.)

23 **Frage 23:**

Das Grundstück Flst.Nr. 360 der Gemarkung Musterstadt ist im Grundbuch wie folgt belastet:

In Abteilung II:

lfd. Nr. 1: Reallast für Frau Ulrike Neuner, eingetragen am 04.04.2007;

In Abteilung III:

lfd. Nr. 1: 70.000,00 EUR Buchgrundschuld für die Sparkasse Musterstadt,

eingetragen am 05.05.2005,

lfd. Nr. 2: 20.000,00 EUR Buchgrundschuld für die VR Bank Musterstadt eG,

eingetragen am 05.06.2012,

lfd. Nr. 3: 40.000,00 EUR Buchgrundschuld für die Sparkasse Musterstadt,

eingetragen am 10.10.2013.

Welches Rangverhältnis besteht zwischen den eingetragenen Belastungen und wonach richtet sich dieses?

Antwort:

Erste Rangestelle:	70.000,00 EUR Grundschuld Sparkasse
Zweite Rangstelle:	Reallast
Dritte Rangstelle:	20.000,00 EUR Grundschuld VR Bank
Vierte Rangstelle:	40.000,00 EUR Grundschuld Sparkasse

Für das Rangverhältnis ist nach § 879 Abs. 1 BGB zum einen die Reihenfolge der Eintragung maßgebend (für Rechte in der gleichen Abteilung), zum anderen die zeitliche Reihenfolge der Eintragung (für Rechte in verschiedenen Abteilungen).

(Zum Nachlesen: *Gutfried*, Grundschulden, § 2 Rn 52 ff.)

Frage 24: 24

Definieren Sie den Unterschied zwischen der Löschung und der Freigabe einer Grundschuld.

Welche Erklärungen bedarf es für eine Pfandfreigabe?

Antwort:

Bei einer **Löschung** verzichtet der Gläubiger vollständig auf sein Grundpfandrecht.

Die **Pfandfreigabe** ist eine Erklärung des Gläubigers nach § 1175 BGB auf Verzicht auf die Grundschuld an einem Teil des Pfandobjektes. Diese muss enthalten:

- Verzicht des Gläubigers (formfrei) auf diesen Teil des Pfandobjektes gemäß § 1175 BGB (Pfandfreigabe/Freigabeerklärung)
- Eine Zustimmung des Eigentümers für die Pfandfreigabe ist nicht erforderlich.
- Die Bewilligung (Pfandfreigabe) des Gläubigers nach § 19 GBO für das Grundstück an dem die Grundschuld gelöscht werden soll in öffentlich beglaubigter Form nach § 29 GBO
- Antrag des Gläubigers/Eigentümer nach §§ 13 GBO (formfrei)

(Zum Nachlesen: *Gutfried*, Grundschulden, § 2 Rn 134 ff., 174 ff.)

Frage 25: 25

Nennen Sie beispielhaft zwei Rechte, gegen deren Vorrang im Grundbuch der Grundschuldgläubiger im Regelfall keine Bedenken haben wird. Nennen Sie weiterhin zwei Rechte, die grundsätzlich für den Grundschuldgläubiger wertmindernd sind und deren Vorrang daher unbedingt abgeklärt werden muss!

Antwort:

- Nicht wertmindernde Rechte, welche der Grundschuld im Regelfall vorgehen dürfen, sind etwa Geh- und Fahrtrechte, Leitungsrechte oder Grenzbebauungsrechte.
- Im Regelfall wertmindernd ist etwa ein Nießbrauch, ein Wohnungsrecht, ein Leibgeding, eine Auflassungsvormerkung, ein Vorkaufsrecht oder eine Reallast.
- (Zum Nachlesen: *Gutfried*, Grundschulden, § 2 Rn 54)

Frage 26: 26

Marina Maier hat eine amtlich erst noch zu vermessende Teilfläche im Ausmaß von ca. 700 m² von Silvio Aumann gekauft. Kann sie zur Finanzierung des Kaufpreises bereits vor Vermessung eine Finanzierungsgrundschuld für ihre Bank eintragen lassen? Welche Alternativmöglichkeiten zur Kaufpreisfinanzierung gibt es?

Antwort:

Die Eintragung einer Grundschuld ist nur an einem Grundstück möglich, nicht hingegen an einer noch nicht amtlich vermessenen Teilfläche aus einem Grundstück. Die Grundschuld kann deshalb derzeit noch nicht eingetragen werden. Es ist jedoch möglich, dass Frau Maier ihren Anspruch auf Eigentumsverschaffung gegen den Verkäufer an ihre Bank verpfändet. Diese Verpfändung wird bei der Auflassungsvormerkung der Käuferin im Grundbuch vermerkt. Mit Umschreibung des Eigentums auf Marina Maier erwirbt ihre Bank sodann kraft Gesetzes eine Sicherungshypothek, sofern sie nicht Zug um Zug gegen rangrichtige Eintragung der gewünschten Grundschuld auf die Eintragung dieser Sicherungshypothek verzichtet.

(Zum Nachlesen: *Gutfried*, Grundschulden, § 2 Rn 105 ff.)

Frage 27: 27

Erwin Seibold ist Alleineigentümer eines Grundstücks und ohne Ehevertrag verheiratet. Er möchte an seinem Grundstück eine Grundschuld für die A-Bank in Höhe von 500.000,00 EUR bestellen. Muss seine Ehefrau der Grundschuldbestellung zustimmen?

Antwort:

Als Alleineigentümer kann Erwin Seibold grundsätzlich allein über sein Grundstück verfügen. Ist er jedoch im gesetzlichen Güterstand der Zugewinngemeinschaft verheiratet, so bedarf es gem. § 1365 BGB dann der Zustimmung der Ehefrau, wenn er über sein gesamtes Vermögen verfügt. Es kommt also darauf an, ob Erwin Seibold neben der Immobilie, an der die Grundschuld eingetragen werden soll, noch über wesentliches weiteres Vermögen verfügt. Wenn nicht, muss die Ehefrau zustimmen.

(Zum Nachlesen: *Gutfried*, Grundschulden, § 2 Rn 40)

28 **Frage 28:**

Eigentümer Hugo Sacher hat an seinem Grundstück Flst.Nr. 332 eine Grundschuld zugunsten der A-Bank i.H.v. 200.000,00 EUR bestellt. Nach Eintragung der Grundschuld im Grundbuch stellt sich heraus, dass die Bank auch das dem Hugo Sacher gehörende Grundstück Flst.Nr. 333 mit der Grundschuld belastet haben wollte, was bei Grundschuldbestellung übersehen wurde. Was ist zu tun, um die Grundschuld auf Flst.Nr. 333 zu erstrecken?

Antwort:

Falls keine Vereinigung der Grundstücke im Wege der Bestandteilszuschreibung erfolgen soll, muss das Grundstück Flst.Nr. 333 nachverpfändet werden. Hierzu muss eine neue notarielle Urkunde aufgesetzt werden, in der auf die bereits erfolgte Grundschuldbestellung Bezug genommen wird und das Flst.Nr. 333 zu den gleichen Bestimmungen der Grundschuldbestellungsurkunde an die Bank verpfändet wird. Mit Eintragung der Grundschuld auch an Flst.Nr. 333 wird die Grundschuld nachträglich zur Gesamtgrundschuld.

(Zum Nachlesen: *Gutfried*, Grundschulden, § 2 Rn 126 ff.)

29 **Frage 29:**

Ein Angestellter der C-Bank ruft bei dem Notarfachangestellten Norbert Naumann an und erklärt, dass die vollstreckbare Ausfertigung einer Grundschuld, die vor zehn Jahren beurkundet worden sei, nicht mehr aufgefunden werden könne. Deshalb solle der Notar eine neue vollstreckbare Ausfertigung erstellen und der Bank übersenden.

Was ist zu tun?

Antwort:

Grundsätzlich kann der Notar eine weitere vollstreckbare Ausfertigung erst nach Rückgabe der ersten vollstreckbaren Ausfertigung erteilen. Besteht ein Rechtsschutzbedürfnis für die Erteilung einer zusätzlichen vollstreckbaren Ausfertigung, so muss der Notar die Entscheidung des AG einholen (§§ 797 Abs. 3, 733 ZPO, § 51 Abs. 5 Satz 3 BNotO). Dies gilt z.B. auch dann, wenn die erste vollstreckbare Ausfertigung verloren gegangen ist und der Gläubiger dies glaubhaft macht. Die weitere vollstreckbare Ausfertigung ist ausdrücklich als solche zu bezeichnen (§ 733 Abs. 3 ZPO).

E. Kosten: Grundschuldbestellung (mit Vollzugs- und Betreuungstätigkeiten), Abtretung von Grundschulden, Nachverpfändung, Klauselumschreibung

30 **Frage 30:**

Max Huber bestellt an seinem Wohnhausgrundstück eine vollstreckbare Grundschuld (§ 800 ZPO) i.H.v. 200.000,00 EUR für die Sparkasse. Des Weiteren gibt Max Huber gegenüber der Sparkasse ein abstraktes Schuldversprechen in Höhe des Grundschuldbetrages ab und unterwirft sich der Zwangsvollstreckung in persönlicher Hinsicht.

In Abt. II des Grundbuchs ist an dem Pfandgrundbesitz ein Sanierungsvermerk eingetragen. Der Notar holt auftragsgemäß die Genehmigung der Sanierungsbehörde zur Grundschuldbestellung ein.

Lösung Beurkundungsverfahren:

Der für die Grundschuldbestellung maßgebende Geschäftswert bestimmt sich gem. §§ 97 Abs. 1, 53 Abs. 1 GNotKG nach dem Nennbetrag der Grundschuld.

Das mitbeurkundete Schuldanerkenntnis gegenüber dem Gläubiger, ebenso die Zwangsvollstreckung in dinglicher und persönlicher Hinsicht, betreffen denselben Beurkundungsgegenstand (§ 109 Abs. 1 S. 1–3, S. 4 Nr. 4 u. Abs. 2 S. 1 Nr. 3 GNotKG).

Geschäftswert, §§ 97 Abs. 1, 53 Abs. 1 GNotKG (Nennbetrag der Grundschuld)	200.000,00 EUR
1,0-Gebühr gem. KV-Nr. 21200 GNotKG	435,00 EUR

Lösung Vollzugstätigkeit:

Das Anfordern der Genehmigung der Sanierungsbehörde ist Vollzugstätigkeit nach Vorbem. 2.2.1.1 Abs. 1 S. 2 Nr. 1 KV GNotKG. Führt der Notar diese Tätigkeit auftragsgemäß aus, fällt hierfür eine 0,3-Gebühr nach KV-Nr. 22111 GNotKG aus dem Wert des Beurkundungsverfahrens (§ 112 GNotKG) an.

Da es sich hierbei um eine sog. „einfache" Vollzugstätigkeit gem. Vorbem. 2.2.1.1 Abs. 1 S. 2 Nr. 1 KV GNotKG handelt, wird die zu erhebende Vollzugsgebühr durch KV-Nr. 22112 GNotKG auf 50,00 EUR begrenzt.

Geschäftswert, § 112 GNotKG	200.000,00 EUR
0,3-Gebühr nach KV-Nr. 22111, 22112 GNotKG	50,00 EUR

Frage 31: 31

Gleicher Sachverhalt wie bei Rdn 30; allerdings ist der Pfandgrundbesitz bereits mit einer Grundschuld zu 100.000,00 EUR für die Raiffeisenbank belastet, welche im Rang hinter die neubestellte Grundschuld zurücktreten soll.

Der Eigentümer stimmt daher in der Grundschuldbestellungsurkunde dem Rangrücktritt zu und beantragt dessen Vollzug im Grundbuch.

Der Notar wird beauftragt, die Genehmigung der Sanierungsbehörde einzuholen, ebenso die Rangänderungserklärung (Bewilligung) der Raiffeisenbank (mit Entwurf).

Lösung Beurkundungsverfahren:

Die Zustimmung des Grundstückseigentümers zum Rangrücktritt (samt Antrag auf Vollzug im Grundbuch) betrifft denselben Beurkundungsgegenstand (§ 109 Abs. 1 S. 1–3, S. 4 Nr. 3 GNotKG) und bleibt daher unbewertet.

Geschäftswert, §§ 97 Abs. 1, 53 Abs. 1 GNotKG (Nennbetrag der Grundschuld)	200.000,00 EUR
1,0-Gebühr gem. KV-Nr. 21200 GNotKG	435,00 EUR

Lösung Vollzugstätigkeit:

Bei dem Einholen der Rangänderungserkärung der Raiffeisenbank sowie dem Anfordern der Genehmigung der Sanierungsbehörde handelt es sich um Vollzugstätigkeiten nach Vorbem. 2.2.1.1 Abs. 1 S. 2 Nr. 1 u. Nr. 9 KV GNotKG. Führt der Notar diese Tätigkeiten auftragsgemäß aus, fällt hierfür eine 0,3-Gebühr nach KV-Nr. 22111 GNotKG aus dem Wert des Beurkundungsverfahrens (§ 112 GNotKG) an.

Die Vollzugsgebühr entsteht auch bei Ausführung mehrerer Vollzugstätigkeiten nur einmal (§ 93 Abs. 1 GNotKG).

Da die Vollzugstätigkeit nicht lediglich „einfache" Vollzugstätigkeiten gem. Vorbem. 2.2.1.1 Abs. 1 S. 2 Nr. 1 KV GNotKG umfasst, ist eine ungedeckte Vollzugsgebühr nach KV-Nr. 22111 GNotKG zu erheben; KV-Nr. 22112 GNotKG ist hier nicht einschlägig.

Geschäftswert, § 112 GNotKG	200.000,00 EUR
0,3-Gebühr nach KV-Nr. 22111 GNotKG	130,50 EUR

Ergänzung

Eine Woche nach Beurkundung unterzeichnet der Vertreter der Raiffeisenbank bei demjenigen Notar, der die Grundschuldbestellung beurkundet hat, die im Entwurf übersandte Rangänderungserklärung. Der Notar beglaubigt dessen Unterschrift.

Zugleich fügt der Notar der unterzeichneten Erklärung eine beglaubigte Ablichtung der ihm vom Vertreter der Raiffeisenbank in Urschrift vorgelegten Vollmacht bei (Die Vollmacht umfasst 4 Seiten; sie wurde von dem beglaubigenden Notar weder beurkundet noch entworfen).

Lösung weitere Tätigkeiten:

Obwohl der Notar den Entwurf des Rangrücktritts gefertigt hat, ist die (erste) Beglaubigung der Unterschrift kostenpflichtig. Die Fertigung der Erklärung durch den Notar ist nicht als Entwurf bewertet worden, sondern als Vollzugstätigkeit zur Grundschuldbestellung; Vorbem. 2.4.1 Abs. 2 KV GNotKG ist daher nicht einschlägig.

Der für die Unterschriftsbeglaubigung anzunehmende Geschäftswert bestimmt sich gem. §§ 121, 45 Abs. 1 GNotKG. Dabei ist der Wert (Nennbetrag) des vortretenden Rechts mit dem Wert des zurücktretenden Rechts zu vergleichen; der geringere Wert ist maßgebend.

Die Beglaubigung der Unterschrift löst eine 0,2-Gebühr nach KV-Nr. 25100 GNotKG (mit mindestens 20,00 EUR und höchstens 70,00 EUR) aus.

Für die Beglaubigung der Ablichtung der vorgelegten Vollmacht ist die Gebühr nach KV-Nr. 25102 GNotKG (1,00 EUR pro Seite, mindestens jedoch 10,00 EUR) zu erheben, da hier keiner der Ausnahmetatbestände gem. KV-Nr. 25102 Anm. 2 Nr. 2 GNotKG vorliegt.

Unterschriftsbeglaubigung – Geschäftswert, §§ 121, 45 Abs. 1 GNotKG (maßgebend ist der geringere Wert des zurücktretenden Rechts)	100.000,00 EUR
0,2-Gebühr nach KV-Nr. 25100 GNotKG	54,60 EUR
Beglaubigung der Ablichtung der Vollmacht – Gebühr nach KV-Nr. 25102 GNotKG	10,00 EUR

32 **Frage 32:**

Emil Zeißig bestellt zugunsten der VR-Bank eine vollstreckbare Grundschuld i.H.v. 300.000,00 EUR.

Am Pfandgrundbesitz ist für die Mutter des Eigentümers ein Wohnungsrecht eingetragen. Die Berechtigte ist bereits 2017 verstorben; Emil Zeißig beantragt daher (in der Grundschuldbestellungsurkunde) die Löschung des Wohnungsrechts im Grundbuch unter Hinweis auf die dem Notar vorgelegte Sterbeurkunde.

Lösung Beurkundungsverfahren:

In die Grundschuldbestellung mitaufgenommene Löschungserklärungen sind keine Durchführungserklärungen i.S.v. § 109 Abs. 1 GNotKG, sondern als verschiedener Gegenstand i.S.v. § 86 Abs. 2 GNotKG gesondert zu bewerten. Aus dem Wert der Löschungserklärung ist eine 0,5-Gebühr nach KV-Nr. 21201 Nr. 4 GNotKG zu erheben; die Bestimmungen des § 94 Abs. 1 GNotKG sind zu beachten.

Im vorliegenden Fall entstehen durch die Aufnahme des Löschungsantrags in die Grundschuldbestellung im Ergebnis keine Mehrkosten, denn durch das Ableben der Berechtigten ist das Wohnungsrecht gegenstandslos geworden, so dass dessen Wert gem. § 52 Abs. 6 S. 4 GNotKG mit 0 EUR anzunehmen ist.

Grundschuldbestellung – Geschäftswert, §§ 97 Abs. 1, 53 Abs. 1 GNotKG, (Nennbetrag der Grundschuld)	300.000,00 EUR
1,0-Gebühr gem. KV-Nr. 21200 GNotKG	635,00 EUR
Löschungsantrag Wohnungsrecht – Geschäftswert, §§ 97 Abs. 1, 52 Abs. 6 S. 4 GNotKG	0,00 EUR

0,5-Gebühr gem. KV-Nr. 21201 GNotKG (mindestens)	30,00 EUR
Vergleichsberechnung gem. § 94 Abs. 1 GNotKG	
1,0-Gebühr gem. KV-Nr. 21200 GNotKG (höchster in Betracht kommender Gebührensatz) aus den zusammengerechneten Werten der verschiedenen Beurkundungsgegenstände (= 300.000,00 EUR + 0 EUR)	635,00 EUR

Ergebnis: Die Vergleichsberechnung ist kostengünstiger und daher maßgebend.

Frage 33: 33

Die Max Müller KG bestellt eine nicht vollstreckbare Grundschuld für die Raiffeisenbank i.H.v. 200.000,00 EUR. Die Grundschuldbestellung enthält ausschließlich formelle Grundbucherklärungen.

Der Entwurf der Grundschuldbestellung wurde vollständig vom Notar gefertigt; derselbe Notar beglaubigt darunter die Unterschrift des Vertreters der KG.

Pfandobjekt ist ein Erbbaurecht; der Notar wird beauftragt, die erforderliche Zustimmung des Grundstückseigentümers zur Belastung des Erbbaurechts einzuholen (mit Entwurf).

Lösung Entwurfsverfahren:

Fertigt der Notar auftragsgemäß den Entwurf einer Grundschuldbestellung, fällt hierfür die Gebühr nach KV-Nr. 24102 GNotKG (0,3–0,5) oder die Gebühr nach KV-Nr. 24101 GNotKG (0,3–1,0) an, je nachdem, ob sich der Inhalt der Grundschuldbestellung auf die rein formellen Grundbucherklärungen beschränkt oder darüberhinausgehende Erklärungen enthält, wie z.B. ein (abstraktes) Schuldanerkenntnis gegenüber dem Gläubiger oder Zweckbestimmungserklärungen.

Zu beachten ist § 92 Abs. 2 GNotKG, wonach der Notar bei vollständiger Entwurfsfertigung zum Ansatz der höchsten Gebühr innerhalb des jeweiligen Gebührensatzrahmens verpflichtet ist.

Die (erste) Beglaubigung der Unterschrift(en) des Eigentümers bzw. Grundschuldbestellers, welche demnächst durch denselben Notar erfolgt, der auch den Entwurf der Grundschuldbestellung gefertigt hat, löst gem. Vorbem. 2.4.1 Abs. 2 KV GNotKG keine zusätzliche Gebühr aus.

(Zum Nachlesen: *Tiedtke*, Notarkosten § 1 Rn 43 und § 2 Rn 138 ff.).

Geschäftswert, §§ 119 Abs. 1, 53 Abs. 1 GNotKG (Nennbetrag der Grundschuld)	200.000,00 EUR
0,5-Gebühr gem. KV-Nr. 24102 GNotKG	217,50 EUR

Lösung Vollzugstätigkeit:

Das Einholen der zur Belastung des Erbbaurechts erforderlichen Zustimmung des Grundstückseigentümers ist Vollzugstätigkeit nach Vorbem. 2.2.1.1 Abs. 1 S. 2 Nr. 5 KV GNotKG. Führt der Notar diese Tätigkeiten auftragsgemäß aus, fällt hierfür eine 0,3-Gebühr nach KV-Nr. 22111 GNotKG aus dem Wert des Entwurfsverfahrens (§ 112 GNotKG) an.

Geschäftswert, § 112 GNotKG	200.000,00 EUR
0,3-Gebühr nach KV-Nr. 22111 GNotKG	130,50 EUR

Frage 34: 34

Gleicher Sachverhalt wie bei Rdn 33; allerdings wird dem Notar vom Grundschuldgläubiger ein bereits vollständig ausgefülltes Formular der Grundschuldbestellung übermittelt.

Der Notar wird beauftragt, lediglich die Unterschrift des Vertreters der KG zu beglaubigen, die erforderliche Zustimmung des Eigentümers des Erbbaugrundstücks einzuholen (mit Entwurf) und den Vorgang sodann beim Grundbuchamt zum Vollzug einzureichen.

Lösung Unterschriftsbeglaubigung:

Beglaubigt der Notar lediglich die Unterschrift unter einem ihm vorgelegten Entwurf, fällt hierfür die Gebühr nach KV-Nr. 25100 GNotKG an (mindestens 20,00 EUR, höchstens 70,00 EUR).

Geschäftswert, §§ 121, 53 Abs. 1 GNotKG (Nennbetrag der Grundschuld)	200.000,00 EUR
0,2-Gebühr gem. KV-Nr. 25100 GNotKG (Höchstgebühr)	70,00 EUR

Lösung Vollzugstätigkeit:

Führt der Notar daneben auftragsgemäß Vollzugstätigkeiten aus, fällt hierfür eine Vollzugsgebühr nach KV-Nr. 22120 ff. GNotKG an (Vollzug in besonderen Fällen, außerhalb eines Beurkundungs- oder Entwurfsverfahrens).

Das Einholen der zur Belastung des Erbbaurechts erforderlichen Zustimmung des Grundstückseigentümers ist Vollzugstätigkeit nach Vorbem. 2.2.1.1 Abs. 1 S. 2 Nr. 5 KV GNotKG.

Zu erheben ist die 0,5-Gebühr nach KV-Nr. 22121 GNotKG (die Gebühr nach KV-Nr. 22124 GNotKG für die Übermittlung an das Grundbuchamt zum Vollzug der Grundschuldbestellung fällt daneben nicht an; KV-Nr. 22124 Anm. 1 GNotKG).

Geschäftswert, § 112 GNotKG	200.000,00 EUR
0,5-Gebühr nach KV-Nr. 22121 GNotKG	217,50 EUR

35   Frage 35:

Die Novo-Massivbau GmbH, welche den Pfandgrundbesitz mit vorausgehender Urkunde zum Kaufpreis von 500.000,00 EUR erworben hat, bestellt hieran unter Mitwirkung des Verkäufers eine nicht vollstreckbare Grundschuld für die Sparkasse i.H.v. 1,2 Mio. EUR. Dennoch wird die Grundschuldbestellung notariell beurkundet.

Neben den formellen Grundbucherklärungen enthält die Urkunde lediglich Bestimmungen zum Sicherungszweck der Grundschuld (Zweckbestimmungserklärung), welcher dahingehend eingeschränkt wird, dass der Gläubiger die Grundschuld bis zur vollständigen Kaufpreiszahlung nur insoweit als Sicherheit verwerten darf, als tatsächlich Zahlungen mit Tilgungswirkung auf die Kaufpreisschuld geleistet wurden.

Der Sparkasse wird eine beglaubigte Ablichtung der Urkunde übersandt. In dem Begleitschreiben weist der Notar den Gläubiger auf die Einschränkung der Zweckerklärung ausdrücklich hin bzw. zeigt diese dem Gläubiger ausdrücklich an.

Lösung Beurkundungsverfahren:

Sind in der Urkunde neben den formellen Grundbucherklärungen zur Grundschuldbestellung weitere, den Sicherungszweck der Grundschuld betreffende Erklärungen enthalten, betreffen diese denselben Beurkundungsgegenstand i.S.v. § 109 Abs. 1 GNotKG.

Der Wert der Zweckbestimmungserklärung ist nach §§ 97 Abs. 1, 36 Abs. 1 GNotKG zu bestimmen und grundsätzlich mit dem Nominalbetrag der Grundschuld anzunehmen. Allerdings löst die mitbeurkundete Zweckbestimmungserklärung als einseitige Erklärung eine 1,0-Gebühr aus. Gem. § 94 Abs. 2 S. 1 GNotKG führt dies dazu, dass aus dem nach § 109 Abs. 1 S. 5 GNotKG maßgebenden Wert der Grundschuldbestellung eine 1,0-Gebühr nach KV-Nr. 21200 GNotKG (höchster in Betracht kommender Gebührensatz) zu erheben ist.

Eine hiervon abweichende Bewertung kann sich bei Finanzierungsgrundschulden ergeben, wenn der (noch geschuldete) Kaufpreis hinter dem Nominalbetrag der bestellten Grundschuld zurückbleibt. In diesem Fall bestimmt sich der Wert der Zweckbestimmungserklärung (bzw. der diesbezüglichen Einschränkung) nach dem Betrag des geschuldeten Kaufpreises. Da neben den unterschiedlichen Wertansätzen auch unterschiedliche Gebührensätze zur Anwendung kommen, ist in diesem Fall § 94 Abs. 2 S. 2 GNotKG zu beachten. Danach ist dem Ansatz der höchsten in Betracht kommenden Gebühr aus dem Wert der Grundschuldbestellung eine getrennte Gebührenberechnung gegenüberzustellen; die kostengünstigere Bewertung ist vorzunehmen.

Grundschuldbestellung – Geschäftswert, §§ 97 Abs. 1, 53 Abs. 1 GNotKG, (Nennbetrag der Grundschuld)	1.200.000,00 EUR
0,5-Gebühr gem. KV-Nr. 21201 GNotKG	1.027,50 EUR
Einschränkung Zweckbestimmungserklärung – Geschäftswert, §§ 97 Abs. 1, 36 Abs. 1 GNotKG (geschuldeter Kaufpreis)	500.000,00 EUR
1,0-Gebühr gem. KV-Nr. 21200 GNotKG	935,00 EUR
Vergleichsberechnung gem. § 94 Abs. 2 S. 1 GNotKG	
1,0-Gebühr gem. KV-Nr. 21200 GNotKG (höchster in Betracht kommender Gebührensatz) aus dem Wert der Grundschuldbestellung (= 1,2 Mio. EUR, Wert des vorherrschenden Rechtsverhältnisses, § 109 Abs. 1 S. 5 GNotKG)	2.055,00 EUR

Ergebnis: Die getrennte Berechnung ist kostengünstiger und daher maßgebend.

Lösung Betreuungstätigkeit:

Zeigt der Notar die Einschränkung der Zweckbestimmungserklärung dem Grundschuldgläubiger ausdrücklich an, liegt eine Betreuungstätigkeit nach KV-Nr. 22200 Nr. 5 GNotKG vor.

Die hierfür anfallende Betreuungsgebühr ist aus dem Wert des Beurkundungsverfahrens zu erheben (§ 113 Abs. 1 GNotKG).

Geschäftswert, § 113 Abs. 1 GNotKG	1.200.000,00 EUR
0,5-Gebühr nach KV-Nr. 22200 GNotKG	1.027,50 EUR

Frage 36: 36

Die Hans Maier Tiefbau GmbH & Co. KG ist Eigentümer des Grundstücks Fl.Nr. 234/2 Gem. Neudorf, welches mit Grundschulden i.H.v. 400.000,00 EUR (vollstreckbar nach § 800 ZPO) und 150.000,00 EUR (nicht vollstreckbar) zugunsten der Sparkasse belastet ist. Die KG ist ferner Eigentümer des unbelasteten Grundstücks Fl.Nr. 234/10 Gem. Neudorf (Verkehrswert 300.000,00 EUR).

Zur Absicherung eines von der Sparkasse gewährten Darlehens unterstellt die KG das Grundstück Fl.Nr. 234/10 den beiden Grundschulden als weiteres Pfand. Das pfandunterstellte Grundstück wird bezüglich der Grundschuld zu 400.000,00 EUR mit Wirkung gegen den jeweiligen Grundstückseigentümer der sofortigen Zwangsvollstreckung unterworfen.

Lösung Beurkundungsverfahren:

Der für eine Pfandunterstellung (Rechtserstreckung) maßgebende Geschäftswert ist nach § 44 Abs. 1 GNotKG zu bestimmen. Danach ist der Wert des pfandunterstellten Grundstücks (bei mehreren Grundstücken deren Gesamtwert) mit dem Wert des betreffenden Rechts (hier: dem Nennbetrag der Grundschuld, § 53 Abs. 1 GNotKG) zu vergleichen; der geringere Wert ist maßgebend.

Wird der Grundbesitz mehreren Rechten pfandunterstellt, liegen mehrere (selbständige) Pfandunterstellungen vor, somit verschiedene Beurkundungsgegenstände gem. § 86 Abs. 2 GNotKG. Der Vergleich nach § 44 Abs. 1 GNotKG zwischen dem Wert des nachverpfändeten Grundbesitzes (bei mehreren Grundstücken deren Gesamtwert) und dem Wert des betreffenden Rechts ist dann für jedes Recht gesondert durchzuführen.

Beschränkt sich die Pfandunterstellung auf rein formelle Grundbucherklärungen (Bewilligung und Antrag) fällt hierfür eine 0,5-Gebühr nach KV-Nr. 21201 Nr. 4 GNotKG (bei Beurkundung) bzw. nach KV-Nr. 24102 GNotKG (bei vollständiger Entwurfsfertigung) an.

Wird bei der Erstreckung (vollstreckbarer) Grundschulden zugleich die dingliche Zwangsvollstreckungsunterwerfung (§ 800 ZPO) erklärt, löst die (dann erforderliche) Beurkundung der Pfandunterstellung eine 1,0-Gebühr nach KV-Nr. 21200 GNotKG aus.

Werden die Pfandunterstellungen hinsichtlich einer vollstreckbaren Grundschuld sowie einer nicht vollstreckbaren Grundschuld zusammen beurkundet, ist § 94 Abs. 1 GNotKG zu beachten.

Pfandunterstellung (Grundschuld vollstreckbar) mit Zwangsvollstreckungsunterwerfung – Geschäftswert, §§ 97 Abs. 1, 44 Abs. 1, 53 Abs. 1 GNotKG (Vergleich Nennbetrag der Grundschuld zu 400.000,00 EUR mit Grundstückswert zu 300.000,00 EUR; der geringere Wert ist maßgebend)	300.000,00 EUR
1,0-Gebühr gem. KV-Nr. 21200 GNotKG	635,00 EUR
Pfandunterstellung (Grundschuld nicht vollstreckbar; nur formelle Grundbucherklärungen) – Geschäftswert, §§ 97 Abs. 1, 44 Abs. 1, 53 Abs. 1 GNotKG (Vergleich Nennbetrag der Grundschuld zu 150.000,00 EUR mit Grundstückswert zu 300.000,00 EUR; der geringere Wert ist maßgebend)	150.000,00 EUR
0,5-Gebühr gem. KV-Nr. 21201 GNotKG	177,00 EUR
Vergleichsberechnung gem. § 94 Abs. 1 GNotKG	
1,0-Gebühr gem. KV-Nr. 21200 GNotKG (höchster in Betracht kommender Gebührensatz) aus den zusammengerechneten Werten der verschiedenen Beurkundungsgegenstände (= 450.000,00 EUR)	885,00 EUR

Ergebnis: Die getrennte Berechnung ist kostengünstiger und daher maßgebend.

37   Frage 37:

An Grundbesitz des Wolfgang Neumann ist eine Briefgrundschuld zu nominal 160.000,00 EUR für die Raiffeisenbank eingetragen.

Mit der vom Notar auftragsgemäß entworfenen Erklärung wird diese Grundschuld an die Sparkasse abgetreten.

Lösung Entwurfsverfahren:

Bei der Abtretung einer Briefgrundschuld handelt es sich mit Rücksicht auf die Erfordernisse nach § 1154 BGB (schriftliche Abtretungserklärung und Übergabe des Grundschuldbriefs) um eine Erklärung mit materiell-rechtlichem Inhalt.

Fertigt der Notar auftragsgemäß den Entwurf der Abtretungserklärung, fällt hierfür die Gebühr nach KV-Nr. 24101 GNotKG (0,3–1,0) an. Zu beachten ist § 92 Abs. 2 GNotKG, wonach der Notar bei vollständiger Entwurfsfertigung zum Ansatz der höchsten Gebühr innerhalb des jeweiligen Gebührensatzrahmens verpflichtet ist.

Die (erste) Beglaubigung der Unterschrift(en) des Abtretenden, welche demnächst durch denselben Notar erfolgt, der auch den Entwurf der Abtretungserklärung gefertigt hat, löst gem. Vorbem. 2.4.1 Abs. 2 KV GNotKG keine zusätzliche Gebühr aus.

Geschäftswert, §§ 119 Abs. 1, 97 Abs. 1, 53 Abs. 1 GNotKG (Nennbetrag der Grundschuld)	160.000,00 EUR
1,0-Gebühr gem. KV-Nr. 24101 GNotKG	381,00 EUR

38   Frage 38:

Gleicher Sachverhalt wie bei Rdn 37; Gegenstand der Abtretung ist allerdings eine im Grundbuch eingetragene (vollstreckbare) Buchgrundschuld. Die Eintragung der Abtretung im Grundbuch wird bewilligt und beantragt.

Zugleich werden die Rechte des Gläubigers aus dem in der Grundschuldbestellung erklärten persönlichen Schuldanerkenntnis (Haftung des Schuldners für den Eingang eines Betrages in Höhe der Grundschuld) an den Abtretungsempfänger mit abgetreten.

Lösung Entwurfsverfahren:

Wird eine Buchgrundschuld abgetreten und beschränkt sich der Inhalt der Abtretungserklärung auf die hierfür erforderlichen formellen Grundbucherklärungen (Bewilligung des Abtretenden, Antrag auf Eintragung der Abtretung im Grundbuch), ist bei vollständiger Fertigung des Entwurfs durch den Notar die 0,5-Gebühr nach KV-Nr. 24102 GNotKG zu erheben.

Geht der Inhalt der Abtretungserklärung über die rein formellen Grundbucherklärungen hinaus (wenn bspw. die Rechte aus dem abstrakten Schuldanerkenntnis mit abgetreten werden), liegt zwar derselbe Gegenstand vor, jedoch fällt in diesem Fall eine 1,0-Gebühr nach KV-Nr. 24101 GNotKG an.

Geschäftswert, §§ 119 Abs. 1, 97 Abs. 1, 53 Abs. 1 GNotKG (Nennbetrag der Grundschuld)	160.000,00 EUR
1,0-Gebühr gem. KV-Nr. 24101 GNotKG	381,00 EUR

Frage 39: 39

Nach Vollzug der Grundschuldabtretung im Grundbuch (s. Sachverhalt Rdn 38) wird dem Notar die vollstreckbare Ausfertigung der Grundschuldbestellung (Nennbetrag der Grundschuld: 160.000,00 EUR) vorgelegt mit dem Auftrag, die Vollstreckungsklausel auf den neuen Gläubiger umzuschreiben.

Der Notar hat zur Prüfung der Rechtsnachfolge das Grundbuch eingesehen.

Lösung des Verfahrens:

Für die Umschreibung einer bestehenden Vollstreckungsklausel ist eine 0,5-Gebühr nach KV-Nr. 23803 GNotKG zu erheben, wenn der Notar diesbezüglich den Eintritt einer (die Vollstreckbarkeit begründenden) Tatsache oder einer Rechtsnachfolge zu prüfen hat (§§ 726–729 ZPO). Die Gebühr fällt auch in den Fällen an, in denen sich die Prüfung aufgrund Offenkundigkeit einfach gestaltet (z.B. bei Prüfung einer Rechtsnachfolge durch Einsichtnahme in das Grundbuch).

Der für die Umschreibung der Vollstreckungsklausel anzunehmende Geschäftswert bestimmt sich gem. § 118 GNotKG nach den Ansprüchen, die Gegenstand der vollstreckbaren Ausfertigung sind.

Geschäftswert, §§ 118 GNotKG (hier: Nennbetrag der Grundschuld)	160.000,00 EUR
0,5-Gebühr gem. KV-Nr. 23803 GNotKG	190,50 EUR

F. Rechte in Abt. II

Frage 40: Ausgleichsfläche und Immissionsschutz 40

A möchte auf einem Grundstück Kies abbauen. Die zuständige Behörde macht die Erlaubnis davon abhängig, dass auf einem der landwirtschaftlichen Umgebungsgrundstücke, welches nicht weiter als 500 m von der (künftigen) Kiesgrube entfernt liegen darf, aus Naturschutzgründen ein Ausgleich geschaffen wird und grundbuchlich sichergestellt wird: Eine Fläche von 2.000 m² darf nicht landwirtschaftlich genutzt werden (ausgenommen das jährliche Umbrechen des Bodens bis in eine Tiefe von 30 cm), außerdem muss dort ein „Magerrasen" angelegt und die Fläche muss von Bäumen und hochwachsenden Sträuchern freigehalten werden. Dieser Zustand ist für die Dauer des Kiesabbaus (geschätzt 20 Jahre) aufrechtzuerhalten.

A verhandelt mit Bauern B und C, die beide passende Grundstücke als „Ausgleichsflächen" haben. B verlangt 100.000,00 EUR für das Eingehen einer solchen Bindung, ist aber zusätzlich bereit, dem A ein „jederzeitiges Vorkaufsrecht" an der Fläche einzuräumen. C verlangt 10.000,00 EUR für das Eingehen einer solchen Bindung, will aber von A (der kürzlich ins Dorf gezogen ist) „Sicherheit im Grundbuch", dass dieser „mit seinem kürzlich errichteten Wohnhaus" nicht gegen die geplante Vergrößerung seines Mastbetriebes klagt.

1. Welche Rechte müssten B oder C gewähren, um den Vorgaben der Behörde Rechnung zu tragen? Können sie sich für den Fall absichern, dass A die Genehmigung nicht beantragt/ nicht erteilt oder dass der Kiesabbau beendet wird?

2. Was ist zur Umsetzung des „jederzeitigen Vorkaufsrechts" für A am Grundstück des B zu regeln?

3. Wie kann A dem C grundbuchliche Sicherheit geben, dass dieser mit seiner geplanten Vergrößerung des Mastbetriebs keine Angst vor dem Wohnhaus des A haben muss?

Antwort:

Zu 1. B bzw. C müssten zugunsten des Landes eine beschränkte persönliche Dienstbarkeit einräumen, mit der sie sich verpflichten, die landwirtschaftliche Nutzung eines Grundstücksteils in dem von der Behörde gewünschten Umfang zu unterlassen.

Belastet mit der Dienstbarkeit wird das ganze Grundstück – die Verpflichtung bezieht sich aber nur auf einen zeichnerisch oder mit Worten definierten Flächenteil. Soll die Belastung auf einen Grundstücksteil beschränkt bleiben, ist § 7 Abs. 2 GBO zu beachten.

Mit der bloßen Unterlassungsverpflichtung ist den Bedürfnissen der Behörde aber noch nicht gedient: Der Eigentümer soll ja auch einen Magerrasen anlegen und die Fläche von bestimmten Bewuchsformen freihalten. Hierzu kann eine Dienstbarkeit nicht verpflichten – mit dieser kann der Eigentümer niemals zu einem aktiven Tun verpflichtet werden (soweit es nicht nach §§ 1020, 1021 BGB um die Unterhaltung einer Anlage geht, welche Inhalt einer Nutzungsdienstbarkeit ist – das ist hier aber nicht der Fall). Soll der Eigentümer zu einem aktiven Tun verpflichtet werden, so kommt die Bestellung einer Reallast in Betracht. Bei der Reallast ist aber zu beachten, dass diese nicht zu einem einmaligen Tun verpflichten kann, sondern nur zu laufenden, wiederkehrenden, Handlungen, die in Geld umgerechnet werden können und sich somit als „Leistungen aus dem Grundstück" (§ 1105 Abs. 1 BGB) darstellen. B bzw. C müssten sich also dazu verpflichten, den beschriebenen Magerrasen anzulegen und laufend zu unterhalten, sowie die Fläche dauerhaft von den beschriebenen, unerwünschten, Bewuchsformen freizuhalten. Diese laufende Verpflichtung wäre dann tauglicher Inhalt der Reallast.

Sowohl die beschränkte persönliche Dienstbarkeit als auch die Reallast müssen einen dem Sicherungszweck entsprechenden Rang erhalten – Abt. III Rechte haben zurückzutreten, etwa im Grundbuch eingetragene Auflassungsvormerkungen ebenfalls. Sind im Grundbuch in Abt. II Dienstbarkeiten eingetragen, deren Ausübungsbereich mit dem Ausübungsbereich der nunmehr zu bestellenden beschränkten persönlichen Dienstbarkeit oder der in der Reallast bezeichneten Fläche überlappt, so ist mit den Inhabern dieser Dienstbarkeiten gegebenenfalls über eine Verlegung des Ausübungsbereichs zu verhandeln.

Dienstbarkeit und Reallast können unter der aufschiebenden Bedingung bestellt werden, dass die von A gewünschte Kiesabbaugenehmigung bis zu einem bestimmten Datum erteilt wird – sie können auch unter die auflösende Bedingung gestellt werden, dass der Kiesabbau endet. Zumeist wird als auflösende Bedingung die Kündigung durch den Eigentümer des dienenden Grundstücks formuliert – und diese Kündigungsmöglichkeit wird dann an bestimmte Umstände geknüpft.

Weder der Ausfall (Nichteintritt) der aufschiebenden Bedingung noch der Eintritt der auflösenden Bedingung können dem Grundbuchamt in grundbuchtauglicher Form nachgewiesen werden, so dass für die Löschung der einmal erfolgten Eintragung immer die Mitwirkung des Berechtigten erforderlich ist.

(Zum Nachlesen: *Kell*, Grundbuch – Rechte in Abt. II, § 2 Rn 118 ff., Rn 292 ff.)

Zu 2. Die Verwendung des Begriffes „jederzeitiges Vorkaufsrecht" gibt zu Nachfragen Anlass: Ein Vorkaufsrecht bedeutet, dass der Vorkaufsberechtigte dann auf das Grundstück zugreifen kann, wenn der Eigentümer einen Kaufvertrag geschlossen hat. Wenn der Eigentümer durch andere Rechtsgeschäfte als einen Kaufvertrag verfügt (Schenkung, Einbringung), dann liegt kein „Vorkaufsfall" vor, im schlimmsten Fall erlischt dann sogar das Vorkaufsrecht (nämlich dann, wenn es zwar als dingliches Vorkaufsrecht bestellt wurde, aber nicht geregelt wurde, dass es auch gegenüber dem Rechtsnachfolger des Eigentümers ausgeübt werden können soll).

Möglicherweise meinen die Vertragsteile daher eigentlich ein „Vorerwerbsrecht" oder Ankaufsrecht, d.h. die Option für A, das Grundstück jederzeit oder bei Eintritt bestimmter Ereignisse von B erwerben zu können. Für die Ausübung eines solchen Ankaufsrechts sind die Erwerbsmodalitäten genau zu bestimmen: insbesondere muss geregelt werden, zu welchem Kaufpreis ein solches Ankaufsrecht ausgeübt werden könnte. Möglich ist es, den Kaufpreis nicht zu beziffern, sondern ihn beispielsweise an den für das Grundstück vom Gutachterausschuss mitgeteilten Bodenrichtwerten im Zeitpunkt der Ausübung des Ankaufsrechts festzumachen – oder aber den Gutachterausschuss konkret ein Wertgutachten erstellen zu lassen und den so festgestellten Wert zum Kaufpreis zu machen. Zu regeln sind auch die Kaufpreisfälligkeit, Gewährleistungsregelungen, Freiheit von Nutzungsrechten Dritter etc.

Vorliegend müsste man zusätzlich sicherlich auch noch klarstellen, ob die Zahlung von 100.000,00 EUR auf den Kaufpreis angerechnet werden soll.

Weiter müsste erfragt werden, ob das Ankaufsrecht befristet sein soll – ob es also bspw. verfällt, wenn es bei Ende der Dienstbarkeit/Reallast nicht ausgeübt worden ist.

Das Vorerwerbsrecht/Ankaufsrecht kann im Grundbuch gesichert werden – nicht nach § 1094 BGB, weil es sich ja gerade um kein Vorkaufsrecht handelt. Sicherungsinstrument ist vielmehr eine Auflassungsvormerkung, und zwar eine Auflassungsvormerkung für eine künftigen Anspruch (der Erwerbsanspruch kommt ja erst zustande, wenn der Käufer sein Ankaufsrecht ausgeübt hat). Die Vormerkung kann befristet bestellt werden. Sie kann auch auflösend bedingt werden (z.B. auf den Fall, dass die Dienstbarkeit erlischt – dann stellen sich für die Löschung der AV vergleichbare Nachweisprobleme wie für die Dienstbarkeit).

(Zum Nachlesen: *Kell*, Grundbuch – Rechte in Abt. II, § 2 Rn 366 ff., *Spernath*, Grundstücksrecht Spezial, § 2 Rn 266 ff., Rn 280)

Zu 3. Inhalt einer beschränkten persönlichen Dienstbarkeit (oder einer Grunddienstbarkeit zu Lasten des Wohnhausgrundstücks von A kann auch die Unterlassung einer Rechtsausübung sein, welche sich „aus dem Eigentum" am Wohnhausgrundstück des A ergibt (§§ 1018, 1090 Abs. 1 BGB). Das Eigentum am Wohnhausgrundstück berechtigt den A dazu, gegen Beeinträchtigungen seines Eigentums gegen „Störer" vorzugehen (vgl. § 1004 Abs. 1 BGB). Ist der Eigentümer zur Duldung verpflichtet (§ 1004 Abs. 2 BGB), so steht ihm dieser Anspruch nicht mehr zu.

Per Dienstbarkeit ist es möglich, diese Duldungsverpflichtung des A zu erzeugen.

Zu achten ist darauf, dass die Duldungsverpflichtung nicht zu weit formuliert ist – A soll ja nicht alles dulden, sondern einerseits nur ein konkret beschriebenes Vorhaben, dieses andererseits aber sicherlich auch nur, soweit es sich i.Ü. im Rahmen der öffentlich-rechtlichen Vorschriften bewegt.

Formuliert werden könnte also beispielsweise, dass der Eigentümer des dienenden Grundstücks dem jeweiligen Eigentümer des herrschenden Grundstücks gegenüber verzichtet:
- auf die Geltendmachung von zivilrechtlichen Abwehransprüchen gegen von diesem Grundstück ausgehende Immissionen aus einer nach öffentlichem Recht zulässigen landwirtschaftlichen oder gewerblichen Nutzung, auch soweit das Maß des nach § 906 BGB zu Duldenden überschritten wird,
- auf die Erhebung von Einwendungen im Rahmen öffentlich-rechtlicher Genehmigungsverfahren wegen Belästigung oder Nachteilszufügung gegen von diesem Grundstück ausgehende Immissionen aus einer nach öffentlichem Recht im Übrigen zulässigen landwirtschaftlichen oder gewerblichen Nutzung.

Auch hier ist zu beachten, dass die Dienstbarkeit Rang gegenüber Rechten in Abt. III sowie etwaigen Vormerkungen in Abt. II erhält.

(Zum Nachlesen: *Kell*, Grundbuch – Rechte in Abt. II, § 2 Rn 24 ff.)

G.   Kosten: Rechte in Abt. II

41   **Frage 41:**

Erwin Neureich ist Eigentümer der Grundstücke Fl.Nr. 1019 und Fl.Nr. 1019/2 Gem. Alt-Neuhausen. Die Zufahrt zu Fl.Nr. 1019/2 verläuft über einen Weg entlang der Westgrenze von Fl.Nr. 1019.

Herr Neureich plant, das Grundstück Fl.Nr. 1019/2 zu verkaufen. Zur Vorbereitung der beabsichtigten Veräußerung bestellt er nunmehr an dem Grundstück Fl.Nr. 1019 (dienendes Grundstück) zugunsten des jeweiligen Eigentümers von Fl.Nr. 1019/2 (herrschendes Grundstück) ein Geh- und Fahrtrecht, welches den Eigentümer des herrschenden Grundstücks zur ausschließlichen Nutzung des vorhandenen Weges berechtigt. Die Eintragung der Grunddienstbarkeit im Grundbuch des dienenden Grundstücks wird bewilligt und beantragt.

Der Notar fertigt den Entwurf der Dienstbarkeitsbestellung und beglaubigt die Unterschrift des Grundstückseigentümers.

Wert- und sonstige Angaben:

Der ermittelte Bodenwert für das dienende Grundstück beträgt 160,00 EUR pro Quadratmeter. Der vorhandene Weg weist eine Länge von 30 Metern und eine Breite von 2,50 Metern auf.

Lösung Entwurfsverfahren:

Der für die Bestellung von Dienstbarkeiten maßgebende Geschäftswert ist nach § 52 GNotKG zu bestimmen. Da es sich bei einer Grunddienstbarkeit um ein Nutzungsrecht von unbeschränkter Dauer handelt, ist gem. § 52 Abs. 3 S. 1 GNotKG der auf die ersten 20 Jahre entfallende Wert des Rechts als Geschäftswert anzunehmen. Soweit der Jahreswert nicht feststeht und auch nicht anhand sonstiger ausreichender Anhaltspunkte (wie z.B. bei einem Stellplatznutzungsrecht anhand einer ortsüblichen Miete) zu ermitteln ist, kann der Jahreswert gem. § 52 Abs. 5 GNotKG mit 5 % des Wertes der vom Nutzungsrecht betroffenen Grundstücksfläche angenommen werden.

Für den vorliegenden Fall ergibt sich demnach folgender Wertansatz:

Wert der betroffenen Fläche des dienenden Grundstücks = 30 m x 2,50 m = 75 m^2 x 160,00 EUR/m^2 = 12.000,00 EUR, davon 5 % = 600,00 EUR als Jahreswert x 20 = 12.000,00 EUR als Wert der Dienstbarkeitsbestellung.

Für die auftragsgemäße Entwurfsfertigung fällt, da sich der Inhalt der Dienstbarkeitsbestellung auf die formellen Grundbucherklärungen beschränkt, die Gebühr nach KV-Nr. 24102 GNotKG (0,3–0,5) an. Zu beachten ist § 92 Abs. 2 GNotKG, wonach der Notar bei vollständiger Entwurfsfertigung zum Ansatz der höchsten Gebühr innerhalb des jeweiligen Gebührensatzrahmens verpflichtet ist.

Die (erste) Beglaubigung der Unterschrift(en) des Eigentümers, welche demnächst durch denselben Notar erfolgt, der auch den Entwurf der Dienstbarkeitsbestellung gefertigt hat, löst gem. Vorbem. 2.4.1 Abs. 2 KV GNotKG keine zusätzliche Gebühr aus.

(Zum Nachlesen: *Tiedtke*, Notarkosten § 2 Rn 20 ff. und Rn 90 ff. sowie § 3 Rn 39–41).

Geschäftswert, §§ 119 Abs. 1, 52 Abs. 3 S. 1 GNotKG	12.000,00 EUR
0,5-Gebühr gem. KV-Nr. 24102 GNotKG	41,50 EUR

42   **Frage 42:**

Martin Bauer ist Eigentümer des (Wiesen-)Grundstücks Fl.Nr. 1234 Gem. Nußdorf.

Zwischen dem Eigentümer und Emil Baum (55 Jahre alt) wird zu notarieller Urkunde Folgendes vereinbart:

Emil Baum wird das Recht eingeräumt, für die Dauer von 18 Jahren, gerechnet ab dem auf die Beurkundung folgenden Monatsersten, auf dem Grundstück Fl.Nr. 1234 eine Freiland-Photovoltaikanlage (im festgelegten Umfang) zu errichten, zu belassen und zu betreiben. Nach Ablauf der Nutzungsdauer oder vorheriger Aufgabe des Nutzungsrechts hat der Berechtigte innerhalb eines Zeitraums von sechs Monaten die Anlage auf seine Kosten vollständig abzubauen und das dienende Grundstück zu räumen.

Zur Absicherung des eingeräumten Rechts wird zugunsten von Emil Baum die Eintragung einer beschränkten persönlichen Dienstbarkeit im Grundbuch des dienenden Grundstücks bewilligt und beantragt.

Der Berechtigte verpflichtet sich, für die Dauer der Nutzung an den jeweiligen Eigentümer des dienenden Grundstücks ein jährliches (wertgesichertes) Nutzungsentgelt i.H.v. 2.000,00 EUR, fällig am 31.12. eines jeden Jahres, zu bezahlen und unterwirft sich diesbezüglich der Zwangsvollstreckung.

Lösung Beurkundungsverfahren:

Es liegt ein Austauschvertrag vor. Für die Bestimmung des maßgebenden Geschäftswerts sind die Leistungen der Vertragsteile gem. § 97 Abs. 3 GNotKG gegenüberzustellen; die höherwertige Leistung bildet den anzunehmenden Wert. Der Wert der Leistungen ist wie folgt zu ermitteln:

Der Wert für die Einräumung des Nutzungsrechts durch den Grundstückseigentümer bestimmt sich nach § 52 Abs. 2 und 4 GNotKG. Hierbei ist der jährliche Nutzungswert (orientiert am vereinbarten jährlichen Nutzungsentgelt) grundsätzlich auf die fest vereinbarte Laufzeit (18 Jahre) hochzurechnen; jedoch bestimmt § 52 Abs. 2 Satz 3 GNotKG, dass bei Rechten, die außerdem auf die Lebensdauer einer Person beschränkt sind, der sich nach § 52 Abs. 4 GNotKG ergebende Wert (hier: 10-facher Jahreswert) nicht überschritten werden darf.

Der Wert für die vom Berechtigten zu erbringende Gegenleistung (Nutzungsentgelt) ist ebenfalls nach § 52 Abs. 2 GNotKG zu bestimmen. Da die Leistung auf eine festgelegte Dauer zu erbringen ist und die Zahlung an den jeweiligen Eigentümer des dienenden Grundstücks zu erfolgen hat, ist hierfür der 18-fache Jahreswert maßgebend.

Für die Beurkundung der getroffenen vertraglichen Vereinbarung ist eine 2,0-Gebühr nach KV-Nr. 21100 GNotKG zu erheben.

Geschäftswert, §§ 97 Abs. 1 u. 3, 52 Abs. 2 u. 4 GNotKG (jährl. Nutzungsentgelt zu 2.000 EUR x 18 Jahre =)	36.000,00 EUR
2,0-Gebühr gem. KV-Nr. 21100 GNotKG	290,00 EUR

Frage 43: 43

Christian Hofmann räumt seiner Mutter Anna Meixner (71 Jahre alt) auf deren Lebensdauer den unentgeltlichen Nießbrauch an seiner Eigentumswohnung in der Brehmstraße 7, Nußdorf, ein.

Dieser Nießbrauch soll für den Fall, dass Frau Meixner vor ihrem Ehemann Karl Meixner (67 Jahre alt) verstirbt, diesem in gleichem Umfang zustehen. Daher räumt Herr Hofmann seinem Stiefvater Karl Meixner, aufschiebend bedingt durch den Tod von Frau Anna Meixner, den inhaltsgleichen Nießbrauch an der vorgenannten Eigentumswohnung ein.

Es wird bewilligt und beantragt, beide Nießbrauchsrechte, unter sich im Gleichrang, in Abt. II des (Wohnungs-)Grundbuchs einzutragen.

Der Notar hat den Entwurf der Nießbrauchseinräumung auftragsgemäß gefertigt und darunter die Unterschrift des Eigentümers beglaubigt.

Wertangaben:

Der monatliche Nutzungswert der Eigentumswohnung, orientiert an der ortsüblichen Kaltmiete, beträgt 600,00 EUR.

Lösung Entwurfsverfahren:

Werden mehrere selbständige Rechte in der Weise eingeräumt, dass die Laufzeit des einen Rechts erst nach Beendigung bzw. Wegfall des anderen Rechts beginnt, sind beide Einzelrechte zu bewerten.

Dabei ist bei der Wertbestimmung für das aufschiebend bedingte, später beginnende Recht § 52 Abs. 6 GNotKG zu beachten.

Für den vorstehenden Sachverhalt ergeben sich daher folgende Wertansätze:

Nießbrauch auf Lebensdauer von Frau Anna Meixner

Wertbestimmung nach § 52 Abs. 4 GNotKG: monatlicher Nutzungswert zu 600,00 EUR x 12 x 5 (Vervielfältiger nach dem Lebensalter der Berechtigten im Zeitpunkt der Rechtseinräumung) = 36.000,00 EUR.

Nießbrauch, aufschiebend bedingt, auf Lebensdauer von Herrn Karl Meixner

Wertbestimmung nach § 52 Abs. 4 u. 6 GNotKG: monatlicher Nutzungswert zu 600,00 EUR x 12 x 5 (Vervielfältiger 10 gem. dem Lebensalter des Berechtigten im Zeitpunkt der Rechtseinräumung, abzüglich des für die Rechtseinräumung von Frau Meixner maßgebenden Vervielfältigers zur Berücksichtigung der aufschiebenden Bedingung gem. § 52 Abs. 6 GNotKG =) 36.000,00 EUR.

Für den (vollständig) gefertigten Entwurf der Rechtseinräumung (nur formelle Grundbucherklärungen) ist aus den nach § 86 Abs. 2, § 35 Abs. 1 GNotKG zusammengerechneten Werten der beiden Einzelrechte eine 0,5-Gebühr nach KV-Nr. 24102 GNotKG zu erheben; die von demselben Notar vorgenommene Beglaubigung der ersten Unterschrift unter diesem Entwurf löst daneben keine Gebühr aus (Vorbem. 2.4.1 Abs. 2 KV GNotKG).

Nießbrauch für Anna Meixner – Geschäftswert, §§ 119 Abs. 1, 52 Abs. 4 GNotKG	36.000,00 EUR
Nießbrauch für Karl Meixner (aufschiebend bedingt) – Geschäftswert, §§ 119 Abs. 1, 52 Abs. 4 u. 6 GNotKG	36.000,00 EUR
Gesamtwert des Beurkundungsverfahrens, § 35 Abs. 1 GNotKG	72.000,00 EUR
hieraus 0,5-Gebühr gem. KV-Nr. 24102 GNotKG	109,50 EUR

44　**Frage 44:**

Zu notarieller Urkunde verpflichtet sich Dieter Großmut gegenüber seiner Mutter und seinem Stiefvater, den Eheleuten Rafael und Silvia Mais (56 und 49 Jahre alt), an diese als Gesamtberechtigte bis zum Tod des Erstversterbenden monatlich einen Geldbetrag i.H.v. 1.200,00 EUR, sodann an den Längerlebenden auf dessen Lebensdauer einen monatlichen Betrag von 800,00 EUR zu zahlen. Die zu zahlenden Beträge werden durch eine Preisklausel wertgesichert.

Zur Absicherung dieser Verpflichtung wird zugunsten der Berechtigten eine Reallast an einem Grundstück des Dieter Großmut bestellt und zur Eintragung im Grundbuch bewilligt und beantragt.

Lösung Beurkundungsverfahren:

Wird ein Gesamtrecht in der Weise eingeräumt, dass sich die wiederkehrende Leistung ab dem Ableben eines Mitberechtigten vermindert und gehören die Berechtigten verschiedenen Altersgruppen i.S.v. § 52 Abs. 4 GNotKG an, ist die Geschäftswertbestimmung in der Weise vorzunehmen, dass

a) zunächst der volle Betrag mit dem für den älteren Berechtigten maßgebenden Vervielfältiger (gemäß dem Lebensalter im Zeitpunkt der Rechtseinräumung),

b) sodann der verminderte Betrag mit der Differenz zwischen den Vervielfältigern für den älteren und den jüngeren Berechtigten

zu kapitalisieren ist.

Falls die Berechtigten derselben Jahrgangsgruppe i.S.v. § 52 Abs. 4 GNotKG angehören, ist nur die höhere Leistung mit dem für alle Berechtigten maßgebenden Vervielfältiger zu kapitalisieren; die mit dem Ableben eines Berechtigten eintretende Minderung bleibt in diesem Fall unberücksichtigt.

Eine vereinbarte Wertsicherungsklausel ist gem. § 52 Abs. 7 GNotKG bei der Geschäftswertbestimmung nicht zu berücksichtigen.

Für die Beurkundung der im vorliegenden Fall vertraglichen Zahlungsverpflichtung (samt der zur Absicherung bestellten Reallast) ist eine 2,0-Gebühr nach KV-Nr. 21100 GNotKG aus dem für das Gesamtrecht ermittelten Wert zu erheben.

Zahlungsverpflichtung, Reallast – Geschäftswert, §§ 97 Abs. 1, 52 Abs. 4 GNotKG – Gesamtrecht bis zum Ableben des Erstversterbenden: mtl. 1.200,00 EUR x 12 x 10 gem. dem Lebensalter des älteren Berechtigten = 144.000,00 EUR; – verminderte Leistung nach Ableben des Erstversterbenden: mtl. 800,00 EUR x 12 x 5 (Differenz zwischen dem Vervielfältiger 10 für den älteren Berechtigten und dem Vervielfältiger 15 für den jüngeren Berechtigten) = 48.000,00 EUR; Wertansatz somit	192.000,00 EUR
hieraus 2,0-Gebühr gem. KV-Nr. 21100 GNotKG	870,00 EUR

H. Wohnungseigentumsrecht

Frage 45:   45

Bauträger Erwin Eiermann möchte ein in seinem Alleineigentum stehendes Grundstück mit einem Gebäude bebauen und dieses in Wohnungen und Ladenräume aufteilen und diese anschließend verkaufen.
1. Auf welche Weise und in welcher Form kann die Aufteilung erfolgen?
2. Für welche Form wird sich Erwin Eiermann entscheiden und warum?
3. Welche Unterlagen müssen dem Grundbuchamt vorgelegt werden?
4. Worin besteht gemäß Wohnungseigentumsgesetz (WEG) der Unterschied zwischen Wohnungs- und Teileigentum?

Antwort:

Zu 1. Die Aufteilung kann durch den Eigentümer durch Teilungserklärung gegenüber dem Grundbuchamt erfolgen (§ 8 WEG). Die Erklärung gegenüber dem Grundbuchamt ist gem. § 29 GBO in öffentlich beglaubigter Form abzugeben.

Zu 2. Da Herr Eiermann ein Wohn- und Geschäftsgebäude errichtet und daraus dann gesondert Wohnungen und Ladenräume verkaufen will, wird im Hinblick auf die eingeschränkte Beifügungs- und Vorlesungspflicht gem. § 13a BeurkG der Teilungserklärung gleich die Baubeschreibung beigefügt. Herr Eiermann wird sich daher für die notarielle Beurkundung entscheiden. Diese Urkunde kann dann als Bezugsurkunde dienen, so dass die Baubeschreibung nicht bei jedem Verkauf neu verlesen werden muss.

Zu 3. Dem Grundbuchamt ist neben der Erklärung gem. vorstehender Ziffer 1. ferner vorzulegen:
- Abgeschlossenheitsbescheinigung der Baubehörde (§§ 8 Abs. 2, 7 Abs. 4 Nr. 2 WEG, § 3 Abs. 3 WEG),
- behördliche Aufteilungspläne (§§ 8 Abs. 2, 7 Abs. 4 Nr. 1 WEG),
- in Gemeinden mit Fremdenverkehrsfunktionen kann zusätzlich noch eine Genehmigung nach § 22 BauGB zur Begründung von Wohnungseigentum erforderlich sein.

Zu 4. Gem. § 1 Abs. 2 WEG handelt es sich bei Wohnungseigentum um Sondereigentum an einer Wohnung; es setzt also eine Wohnung voraus, d.h. eine Summe der Räume, die einen

Haushalt ermöglichen (Kochgelegenheit, Wasserversorgung, WC, Bad oder Dusche). Gemäß § 1 Abs. 3 WEG handelt es sich bei Teileigentum um Sondereigentum an nicht zu Wohnzwecken dienenden Räumen.

(Zum Nachlesen: *Haßelbeck*, Wohnungs- und Teileigentum, § 1 Rn 14 ff., 45 ff.)

46 **Frage 46:**

Anna Alster und Bernd Bauer sind Miteigentümer je zur Hälfte eines Zweifamilienhauses. Anna Alster nutzt seit jeher die Wohnung im Erdgeschoss, Bernd Bauer die Wohnung im Obergeschoss. Sie möchten die Immobilie nun gerne nach dem WEG aufteilen. Erläutern Sie die vertragsmäßige Begründung von Sondereigentum und gehen Sie hierbei auf Formvorschriften ein. Welche Unterlagen müssen dem Grundbuchamt vorgelegt werden?

Antwort:

Bei der vertragsmäßigen Begründung von Sondereigentum nach § 3 WEG vereinbaren mehrere Miteigentümer, dass mit jedem Miteigentumsanteil eines Miteigentümers das Eigentum an einer bestimmten Wohnung oder an nicht zu Wohnzwecken dienenden bestimmten Räumen in einem auf dem Grundstück errichteten oder zu errichtenden Gebäude (Sondereigentum) verbunden wird. Vorliegend würde man den Hälftemiteigentumsanteil von Anna Alster mit dem Sondereigentum an der Wohnung im Erdgeschoss, den Hälftemiteigentumsanteil von Bernd Bauer mit dem Sondereigentum an der Wohnung im Obergeschoss verbinden. Da sich hierdurch die Eigentumsverhältnisse ändern (aus reinem Miteigentum am Gesamtgrundstück wird echtes Sondereigentum = Alleineigentum), ist eine Einigung aller Beteiligten über den Eintritt der Rechtsänderung erforderlich. Gem. § 4 Abs. 2 WEG bedarf diese Einigung der für die Auflassung vorgeschriebenen Form (= notarielle Beurkundung). Passen die bestehenden Miteigentumsanteile nicht zu den Miteigentumsanteilen, mit denen Sondereigentum verbunden werden soll, müssen diese erst angepasst werden, zum Beispiel durch Übertragung von Miteigentumsanteilen an andere Miteigentümer.

Dem Grundbuchamt sind neben der Einigung der Beteiligten die selben Unterlagen vorzulegen wie bei einer Aufteilung nach § 8 WEG (vgl. vorangehende Frage):
- Abgeschlossenheitsbescheinigung der Baubehörde (§ 7 Abs. 4 Nr. 2 WEG, § 3 Abs. 3 WEG),
- behördliche Aufteilungspläne (§ 7 Abs. 4 Nr. 1 WEG),
- ggf. Genehmigung nach § 22 BauGB.

(Zum Nachlesen: *Haßelbeck*, Wohnungs- und Teileigentum, § 1 Rn 18 ff.)

I. Kosten: Wohnungseigentumsrecht

47 **Frage 47:**

Max Reich ist Alleineigentümer des unbebauten Grundstücks Fl.Nr. 345/6 der Gemarkung Neuhaus. Er beabsichtigt die Bebauung des Grundstücks mit einem Mehrfamilienhaus (vier abgeschlossene Wohnungen).

Mit notariell beurkundeter Teilungserklärung teilt Max Reich dieses Grundstück nach § 8 WEG in der Weise auf, dass mit jedem Miteigentumsanteil zu 25/100 das Sondereigentum an einer der noch zu errichtenden Wohnungen verbunden wird. Die Urkunde enthält neben den formellen Grundbucherklärungen auch die festgelegte Gemeinschaftsordnung.

Der Verkehrswert des unbebauten Grundstücks wurde mit 160.000,00 EUR ermittelt.

Die Herstellungskosten für das noch zu errichtende Gebäude werden mit 400.000,00 EUR beziffert.

Der Notar wird beauftragt, die Abgeschlossenheitsbescheinigung bei der zuständigen Baubehörde einzuholen.

Lösung Beurkundungsverfahren:

Der Geschäftswert für die Wohnungseigentumsbegründung richtet sich gem. § 42 Abs. 1 GNotKG nach dem Wert des aufgeteilten Grundstücks im bebauten Zustand. Ist das Gebäude im Zeitpunkt der Aufteilung noch nicht errichtet, ist dem Wert des unbebauten Grundstücks der Wert des noch herzustellenden Bauwerks (in Ermangelung sonstiger ausreichender Anhaltspunkte hier angenommen in Höhe der voraussichtlichen Herstellungskosten) hinzuzurechnen (§ 42 Abs. 1 Satz 2 GNotKG).

Für die Beurkundung der Teilungserklärung mit Gemeinschaftsordnung ist eine 1,0-Gebühr nach KV-Nr. 21200 GNotKG (einseitige Erklärung) zu erheben.

Geschäftswert, § 42 Abs. 1 GNotKG	560.000,00 EUR
1,0-Gebühr gem. KV-Nr. 21200 GNotKG	1.095,00 EUR

Lösung Vollzugstätigkeit:

Das auftragsgemäße Einholen der Abgeschlossenheitsbescheinigung ist Vollzugstätigkeit.

Das zugrundeliegende Beurkundungsverfahren löst eine geringere Gebühr als 2,0 aus, so dass für die Vollzugstätigkeit eine 0,3-Gebühr nach KV-Nr. 22111 GNotKG aus dem Wert des Beurkundungsverfahrens (§ 112 GNotKG) zu erheben ist. Da es sich hierbei um eine (einfache) Vollzugstätigkeit nach Vorbem. 2.2.1.1 Abs. 1 S. 2 Nr. 1 KV GNotKG handelt, wird die Vollzugsgebühr durch KV-Nr. 22112 GNotKG auf 50,00 EUR begrenzt.

Geschäftswert, § 112 GNotKG	560.000,00 EUR
0,3-Gebühr nach KV-Nr. 22111, 22112 GNotKG (Höchstgebühr)	50,00 EUR

Frage 48: 48

Die Firma „NEU-Bau GmbH" ist Eigentümer des Baugrundstücks Fl.Nr. 150/12. Der Eigentümer wird auf dem Grundstück ein Mehrfamilienhaus (mit acht Wohnungen und zwölf Tiefgaragenstellplätzen) errichten. Die NEU-Bau GmbH teilt das Grundstück nach § 8 WEG in Wohnungs- und Teileigentum auf.

Der Inhalt der Urkunde beschränkt sich auf die rein formellen Grundbucherklärungen (Bewilligung, Antrag). Die Feststellung bzw. Erstellung einer Gemeinschaftsordnung bleibt der nach Veräußerung der neugebildeten Wohnungseigentumseinheiten entstehenden künftigen Wohneigentümergemeinschaft vorbehalten.

Der Verkehrswert für das unbebaute Grundstück wurde mit 500.000,00 EUR ermittelt. Im Vorgriff auf die anstehende Veräußerung der neugebildeten Einheiten wurde dem Notar ein Exposé des Bauträgers vorgelegt; die darin enthaltene Kaufpreisliste weist eine Summe der veranschlagten Kaufpreise für die neugebildeten Eigentumswohnungen samt Tiefgaragenstellplätzen von 1,8 Mio. EUR aus.

Die Abgeschlossenheitsbescheinigung liegt bereits vor. Da der Grundbesitz in einem touristisch geprägten Gebiet liegt, wird der Notar beauftragt, die Genehmigung nach § 22 BauGB einzuholen.

Lösung Beurkundungsverfahren:

Als Geschäftswert für die Wohnungseigentumsbegründung ist gem. § 42 Abs. 1 GNotKG der Wert des aufgeteilten Grundstücks im bebauten Zustand anzunehmen. Unter dem nach § 42 GNotKG maßgebenden Wert ist der Verkehrswert nach § 46 GNotKG zu verstehen, welcher sich hier in der Summe der Werte der neugebildeten Sondereigentumseinheiten widerspiegelt. Davon ausgehend, dass die in der vorliegenden Liste aufgeführten Kaufpreise auch erzielbar sind, kann die Kaufpreisliste für die Wertbestimmung herangezogen werden, da diese einen verwertbaren Anhaltspunkt für den Wert des aufgeteilten Grundstücks im bebauten Zustand liefert.

(Zum Nachlesen: *Tiedtke*, Notarkosten § 2 Rn 14 u. Rn 158).

Enthält die Teilungserklärung lediglich formelle Grundbucherklärungen (wie hier, wenn die Gemeinschaftsordnung im Rahmen der Aufteilung noch nicht festgelegt wird), ist für die Beurkundung der Teilungserklärung lediglich eine 0,5-Gebühr nach KV-Nr. 21201 Nr. 4 GNotKG (bloße Grundbucherklärung) zu erheben.

Geschäftswert, § 42 Abs. 1 GNotKG	1.800.000,00 EUR
0,5-Gebühr gem. KV-Nr. 21201 GNotKG	1.507,50 EUR

Lösung Vollzugstätigkeit:

Das auftragsgemäße Einholen der Genehmigung nach § 22 BauGB ist Vollzugstätigkeit.

Das zugrundeliegende Beurkundungsverfahren löst eine geringere Gebühr als 2,0 aus, so dass für die Vollzugstätigkeit eine 0,3-Gebühr nach KV-Nr. 22111 GNotKG aus dem Wert des Beurkundungsverfahrens (§ 112 GNotKG) zu erheben ist. Da es sich hierbei um eine (einfache) Vollzugstätigkeit Vorbem. 2.2.1.1 Abs. 1 S. 2 Nr. 1 KV GNotKG handelt, wird die Vollzugsgebühr durch KV-Nr. 22112 GNotKG auf 50,00 EUR begrenzt.

Geschäftswert, § 112 GNotKG	1.800.000,00 EUR
0,3-Gebühr nach KV-Nr. 22111, 22112 GNotKG (Höchstgebühr)	50,00 EUR

49   **Frage 49:**

Die Geschwister Angus und Brian Jung sind zu gleichen Teilen Miteigentümer eines Grundstücks in der Gemarkung Tegernsee, bebaut mit einem Zweifamilienhaus. Sie teilen dieses Grundstück gem. § 3 WEG in der Weise auf, dass mit dem Hälfte-Miteigentumsanteil von Angus Jung das Sondereigentum an der Wohnung im Erdgeschoss verbunden wird und mit dem Hälfte-Miteigentumsanteil von Brian Jung das Sondereigentum an der Wohnung im Obergeschoss.

Das Grundstück ist mit einer Grundschuld zu 160.000,00 EUR für die VR-Bank belastet; die Grundschuld sichert ausschließlich Verbindlichkeiten des Miteigentümers Angus Jung. Die Grundschuld soll künftig nur noch an dessen Wohnungseigentum lasten, die Brian Jung zugeteilte Sondereigentumseinheit ist hiervon freizustellen. Der Vollzug der Pfandfreigabe wird beantragt.

Die Beteiligten räumen sich gegenseitig das Vorkaufsrecht für alle Verkaufsfälle an den neugebildeten Sondereigentumseinheiten ein.

Der Verkehrswert des bebauten Grundstücks beträgt 800.000,00 EUR. Die beiden neugebildeten Wohnungseigentumseinheiten sind gleichwertig.

Die Abgeschlossenheitsbescheinigung liegt bereits vor.

Der Notar wird beauftragt, die erforderliche Genehmigung nach § 22 BauGB einzuholen, ebenso die zur Lastenfreistellung erforderliche Gläubigererklärung (Pfandfreigabe). Der Notar fertigt den Entwurf dieser Erklärung.

Lösung Beurkundungsverfahren:

Der Geschäftswert für die Begründung von Wohnungs- und Teileigentum richtet sich gem. § 42 Abs. 1 GNotKG nach dem Wert des aufgeteilten (bebauten) Grundstücks.

Der mitbeurkundete Antrag auf Vollzug der Pfandfreigabe bleibt als gegenstandsgleiche Durchführungserklärung unbewertet (§ 109 Abs. 1 GNotKG).

Die vertragliche Aufteilung nach § 3 WEG löst eine 2,0-Gebühr gem. KV-Nr. 21100 GNotKG aus (zum Nachlesen: *Tiedtke*, Notarkosten § 2 Rn 160).

Die gegenseitige Einräumung von Vorkaufsrechten ist gegenstandsverschieden zur Wohnungseigentumsbegründung und daher gesondert zu bewerten. Bei der Geschäftswertbestimmung ist § 97 Abs. 3 GNotKG zu beachten (Austauschverhältnis), sodass nur eine Rechtseinräumung zu bewerten ist. Der Wert der jeweiligen Rechtseinräumung ist nach § 51 Abs. 1

S. 2 GNotKG zu bestimmen; maßgebend ist der halbe Wert der jeweils betroffenen Sache (Sondereigentumseinheit).

Da die Wohnungseigentumsbegründung und die Vorkaufsrechtseinräumung dem gleichen Gebührensatz unterliegen (2,0-Gebühr nach KV-Nr. 21100 GNotKG), sind die Werte der gegenstandsverschiedenen Vereinbarungen gem. § 35 Abs. 1 GNotKG zu addieren; hieraus ist die maßgebliche 2,0-Gebühr zu erheben.

Wohnunseigentumsbegründung – Geschäftswert, § 42 Abs. 1 GNotKG	800.000,00 EUR
Gegenseitige Einräumung von Vorkaufsrechten – Geschäftswert, §§ 97 Abs. 1 u.3, 51 Abs. 1 S. 2 GNotKG (halber Wert einer Sondereigentumseinheit = 1/2 v. 400.000,00 EUR; Wertansatz daher)	200.000,00 EUR
Gesamtwert des Beurkundungsverfahrens, § 35 Abs. 1 GNotKG	1.000.000,00 EUR
hieraus 2,0-Gebühr gem. KV-Nr. 21100 GNotKG	3.470,00 EUR

Lösung Vollzugstätigkeit:

Das auftragsgemäße Einholen der Pfandfreigabeerklärung des Grundschuldgläubigers, neben der Anforderung der Genehmigung nach § 22 BauGB, ist (weitere) Vollzugstätigkeit (Vorbem. 2.2.1.1 Abs. 1 S. 2 Nr. 9 KV GNotKG), und zwar unabhängig davon, ob der Notar den Entwurf der Gläubigererklärung fertigt.

Das zugrundeliegende Beurkundungsverfahren löst eine 2,0-Gebühr aus, so dass für die Vollzugstätigkeiten eine 0,5-Gebühr gem. KV-Nr. 22110 GNotKG aus dem vollen Wert des Beurkundungsverfahrens (§ 112 GNotKG) zu erheben ist.

Auch wenn der Notar auftragsgemäß mehrere Vollzugstätigkeiten ausführt, fällt die Vollzugsgebühr gem. § 93 Abs. 1 GNotKG nur einmal an.

Geschäftswert, § 112 GNotKG	1.000.000,00 EUR
0,5-Gebühr nach KV-Nr. 22110 GNotKG	867,50 EUR

Frage 50: **50**

Die Geschwister Max und Berta Müller sind (im Innenverhältnis) zu gleichen Anteilen Erbe nach ihrer Mutter geworden. Zum Nachlass gehört ein mit einem Zweifamilienwohnhaus bebautes Grundstück.

Mit dem Ziel, die Erbengemeinschaft bzgl. dieses Grundstücks aufzuheben, wird Folgendes beurkundet:

Im ersten Teil der Urkunde teilen Max und Berta das gemeinschaftliche Grundstück gem. § 8 WEG in Wohnungseigentum in der Weise auf, dass jeweils mit einem Hälfte-Miteigentumsanteil das Sondereigentum an einer der bestehenden Wohnungen verbunden wird. Neben den formellen Grundbucherklärungen wird auch die Gemeinschaftsordnung mit beurkundet.

Im zweiten Teil der Urkunde setzen die Beteiligten die bestehende Erbengemeinschaft hinsichtlich der neugebildeten Wohnungseigentumseinheiten in der Weise auseinander, dass jeweils zum Alleineigentum übernimmt und erhält

■ Max die Sondereigentumseinheit Nr. 1 im Erdgeschoss;
■ Berta die Sondereigentumseinheit Nr. 2 im Obergeschoss.

Der Verkehrswert des bebauten Grundstücks beträgt 420.000,00 EUR.

Lösung Beurkundungsverfahren:

Für die einseitige Teilungserklärung (der Beteiligten in Erbengemeinschaft) ist aus dem Verkehrswert des bebauten Grundstücks (§ 42 GNotKG) eine 1,0-Gebühr gem. KV-Nr. 21200 GNotKG zu erheben.

Die (Teil-)Auseinandersetzung der Erbengemeinschaft stellt einen verschiedenen Beurkundungsgegenstand zur Wohnungseigentumsbegründung dar und ist gesondert zu bewerten. Der hierfür maßgebende Geschäftswert ist gem. § 97 Abs. 1 GNotKG mit dem (vollen) Wert der von der Auseinandersetzung betroffenen Vermögensgegenstände anzunehmen, hier mit den zusammengerechneten Werten der betroffenen Sondereigentumseinheiten (§ 46 GNotKG). Die Auseinandersetzung löst als vertragliche Vereinbarung eine 2,0-Gebühr nach KV-Nr. 21100 GNotKG aus.

Da für Teilungserklärung und Erbauseinandersetzung unterschiedliche Gebührensätze zur Anwendung kommen, ist § 94 Abs. 1 GNotKG zu beachten, somit eine Vergleichsberechnung durchzuführen. Die getrennte Gebührenberechnung ist hier günstiger als der Ansatz der höchsten in Betracht kommenden Gebühr (2,0) aus den zusammengerechneten Werten der verschiedenen Beurkundungsgegenstände.

Teilungserklärung – Geschäftswert, § 42 Abs. 1 GNotKG	420.000,00 EUR
1,0-Gebühr gem. KV-Nr. 21200 GNotKG	835,00 EUR
Auseinandersetzung – Geschäftswert, §§ 97 Abs. 1, 46 GNotKG	420.000,00 EUR
2,0-Gebühr gem. KV-Nr. 21100 GNotKG	1.670,00 EUR
Vergleichsberechnung gem. § 94 Abs. 1 GNotKG	
2,0-Gebühr gem. KV-Nr. 21100 GNotKG (höchster in Betracht kommenden Gebührensatz) aus den zusammengerechneten Werten der verschiedenen Beurkundungsgegenstände (= 840.000,00 EUR)	2.990,00 EUR

51   **Frage 51:**

Die Ehegatten Heinz und Marianne Friedrich sind zu gleichen Teilen Eigentümer der Wohnungseigentumseinheit Nr. 1 (500/1000-Miteigentumsanteil am nachgenannten Grundstück, verbunden mit dem Sondereigentum an der Doppelhaushälfte „Mozartstraße 10"; im Grundbuch unbelastet vorgetragen). Eigentümer der Wohnungseigentumseinheit Nr. 2 (500/1000-Miteigentumsanteil am nachgenannten Grundstück, verbunden mit dem Sondereigentum an der Doppelhaushälfte „Mozartstraße 12"; in Abt. III des Grundbuchs belastet mit einer Buchgrundschuld zu 160.000,00 EUR für die VR-Bank Altheim) ist Frau Doris Grün.

Das betreffende Grundstück ist aufgrund Vermessung im Grundbuch als vereinigtes Grundstück vorgetragen, bestehend aus den Fl.Nrn. 470/1 und 470/2 zu je 550 m^2.

Die Ehegatten Friedrich und Frau Grün heben die Wohnungseigentümergemeinschaft bzw. das bestehende Wohnungseigentum einvernehmlich auf und setzen sich im Wege der Realteilung dahingehend auseinander, dass jeweils übernehmen und erhalten

- die Ehegatten Friedrich (zum Miteigentum je zur Hälfte) das Grundstück Fl.Nr. 470/1 samt der darauf befindlichen Doppelhaushälfte „Mozartstraße 10";
- Frau Grün (zum Alleineigentum) das Grundstück Fl.Nr. 470/2 samt der darauf befindlichen Doppelhaushälfte „Mozartstraße 12".

Das von Frau Grün übernommene Grundstück wird der oben genannten Grundschuld pfandunterstellt und bzgl. der Grundschuld mit Wirkung gegen den jeweiligen Eigentümer der Zwangsvollstreckung unterworfen.

Der Notar wird beauftragt, die Zustimmung des Grundschuldgläubigers einzuholen.

Der Wert einer jeden Doppelhaushälfte (samt Grundstücksanteil) beträgt 320.000,00 EUR.

Lösung Beurkundungsverfahren:

Der Geschäftswert für die Aufhebung des Wohnungseigentums ist gem. § 42 Abs. 1 GNotKG mit dem (vollen) Wert des bebauten Grundstücks anzunehmen.

Die Auseinandersetzung im Wege der Realteilung des Grundstücks ist als verschiedener Beurkundungsgegenstand daneben zu bewerten. Der hierfür maßgebende Geschäftswert bestimmt sich gem. §§ 97 Abs. 1, 46 GNotKG ebenfalls nach dem Wert des bebauten Grundstücks.

Die mitbeurkundete Pfandunterstellung dient der Durchführung und ist deshalb nach § 109 Abs. 1 GNotKG nicht gesondert zu bewerten.

Zu erheben ist eine 2,0-Gebühr nach KV-Nr. 21100 GNotKG aus den zusammengerechneten Werten der verschiedenen Beurkundungsgegenstände (§ 35 Abs. 1 GNotKG).

Aufhebung Wohnungseigentum – Geschäftswert, § 42 Abs. 1 GNotKG	640.000,00 EUR
Auseinandersetzung/Realteilung – Geschäftswert, §§ 97 Abs. 1, 46 GNotKG (Wert des bebauten Grundstücks)	640.000,00 EUR
Gesamtwert des Beurkundungsverfahrens, § 35 Abs. 1 GNotKG	1.280.000,00 EUR
hieraus 2,0-Gebühr gem. KV-Nr. 21100 GNotKG	4.430,00 EUR

Lösung Vollzugstätigkeit:
Das auftragsgemäße Einholen der Zustimmung des Grundschuldgläubigers ist Vollzugstätigkeit (Vorbem. 2.2.1.1 Abs. 1 S. 2 Nr. 5 KV GNotKG) und löst eine 0,5-Gebühr nach KV-Nr. 22110 GNotKG aus dem Wert des Beurkundungsverfahrens aus (§ 112 GNotKG).

Geschäftswert, § 112 GNotKG	1.280.000,00 EUR
0,5-Gebühr nach KV-Nr. 22110 GNotKG	1.107,50 EUR

J. Kosten: Erbbaurecht

Frage 52: 52

Die Kirchenstiftung St. Peter und Paul räumt den Eheleuten Fritz und Erna Müller zur Errichtung eines Wohnhauses auf die Dauer von 99 Jahren das Erbbaurecht an dem unbebauten, im Grundbuch lastenfrei vorgetragenen Grundstück Fl.Nr. 205/8 Gem. Neustadt ein.

Der Verkehrswert des Erbbaugrundstücks beträgt 160.000,00 EUR.

Der vom Erbbauberechtigten zu zahlende Erbbauzins beträgt jährlich 2.500,00 EUR; hierzu wird eine Wertsicherungsklausel vereinbart.

Der Notar wird beauftragt, die erforderliche stiftungsaufsichtliche Genehmigung einzuholen.

Lösung Beurkundungsverfahren:
Der Geschäftswert für die Einräumung des Erbbaurechts bestimmt sich nach § 43 GNotKG. Maßgebend sind hier 80 % vom Verkehrswert des Erbbaugrundstücks (Wert des Erbbaurechts gem. § 49 Abs. 2 GNotKG). Der nach § 52 Abs. 2 GNotKG kapitalisierte Erbbauzins (20facher Jahreswert = 2.500,00 EUR x 20, somit 50.000,00 EUR) ist dem Wert des Erbbaurechts gegenüberzustellen, bleibt jedoch im vorliegenden Fall hinter dem Wert des Erbbaurechts zurück. Die vereinbarte Wertsicherungsklausel ist gem. § 52 Abs. 7 GNotKG nicht gesondert zu bewerten.

(Zum Nachlesen: *Tiedtke*, Notarkosten § 2 Rn 16).

Für die Beurkundung der Erbbaurechtsbestellung ist eine 2,0-Gebühr nach KV-Nr. 21100 GNotKG zu erheben.

Geschäftswert, §§ 43, 49 Abs. 2 GNotKG (80 % von 160.000,00 EUR)	128.000,00 EUR
2,0-Gebühr gem. KV-Nr. 21100 GNotKG	654,00 EUR

Lösung Vollzugstätigkeit:
Das auftragsgemäße Einholen der stiftungsaufsichtlichen Genehmigung ist Vollzugstätigkeit.

Hierfür ist eine 0,5-Gebühr nach KV-Nr. 22110 GNotKG aus dem Wert des Beurkundungsverfahrens (§ 112 GNotKG) zu erheben ist. Da es sich hierbei um eine (einfache) Vollzugstätigkeit Vorbem. 2.2.1.1 Abs. 1 S. 2 Nr. 1 KV GNotKG handelt, wird die Vollzugsgebühr durch KV-Nr. 22112 GNotKG auf 50,00 EUR begrenzt.

Geschäftswert, § 112 GNotKG	128.000,00 EUR
0,5-Gebühr nach KV-Nr. 22110, 22112 GNotKG (Höchstgebühr)	50,00 EUR

53   **Frage 53:**

Die Gemeinde Neustadt räumt der NEU-BAU-GmbH zum Zwecke der Errichtung einer Lagerhalle an dem Grundstück Fl.Nr. 1718 (Flächenausmaß: 3.200 m^2) ein Erbbaurecht auf die Dauer von 50 Jahren ein, wobei sich der in der Erbbaurechtsbestellung festgelegte Ausübungsbereich auf den nördlichen Teil dieses Grundstücks mit einer Fläche von 1.500 m^2 beschränkt.

Der Verkehrswert des gesamten Grundstücks beträgt 512.000,00 EUR (= 160 EUR/m^2). Die voraussichtlichen Baukosten für die Lagerhalle werden mit 260.000,00 EUR angegeben.

Der vereinbarte Erbbauzins beträgt für die ersten zehn Jahre jährlich 3.000,00 EUR, für weitere 20 Jahre jährlich 2.500,00 EUR und für die restliche Dauer jährlich 2.000,00 EUR. Es wird eine Wertsicherungsklausel vereinbart.

Grundstückseigentümer (am Erbbaugrundstück, bezogen auf die Ausübungsfläche) und Erbbauberechtigter (am Erbbaurecht) räumen sich gegenseitig je ein subjektiv-dingliches Vorkaufsrecht für alle Verkaufsfälle ein.

Lösung Beurkundungsverfahren:

Der Geschäftswert für die Bestellung des Erbbaurechts ist nach § 43 GNotKG zu bestimmen. Danach ist dem nach § 52 GNotKG kapitalisierten Erbbauzins der nach § 49 Abs. 2 GNotKG zu berechnende Wert des Erbbaurechts gegenüberzustellen. Da sich der Ausübungsbereich des neubestellen Erbbaurechts auf eine Teilfläche des belasteten Grundstücks beschränkt, ist der Wert des Erbbaurechts mit 80 % vom Wert dieser Ausübungsfläche anzunehmen (§ 49 Abs. 2, letzter Satzteil GNotKG).

Somit ergibt sich folgende Wertberechnung:

a) Kapitalisierter Erbbauzins:
   maßgebend ist hier der auf die ersten 20 Jahre entfallende Erbbauzins, somit jährlich 3.000,00 EUR für die ersten zehn Jahre zzgl. jährlich 2.500,00 EUR für die nächsten zehn Jahre = 55.000,00 EUR, § 52 Abs. 2 S. 2 GNotKG; die Wertsicherungsklausel bleibt gem. § 52 Abs. 7 GNotKG unberücksichtigt.

b) Wert des Erbbaurechts.
   Ausübungsfläche = 1.500 m^2 x 160,00 EUR/m^2, davon 80 % = 192.000,00 EUR.

Wertansatz für die Erbbaurechtsbestellung somit 192.000,00 EUR.

Das Vorkaufsrecht am Grundstück wird als Inhalt des Erbbaurechts angesehen und bleibt deshalb unbewertet.

Demgegenüber betrifft das am Erbbaurecht eingeräumte Vorkaufsrecht einen verschiedenen Beurkundungsgegenstand und ist damit gesondert zu bewerten. Bemessungsgrundlage für die Geschäftswertermittlung ist der Wert des Erbbaurechts gem. § 49 Abs. 2 GNotKG. Dabei ist gem. § 96 GNotKG auf den Zeitpunkt der Gebührenfälligkeit (= Beurkundungszeitpunkt) abzustellen; Ausgangswert somit: Wert der Ausübungsfläche im unbebauten Zustand, davon 80 % =) 192.000,00 EUR. Hiervon 50 % = 96.000,00 EUR sind gem. § 51 Abs. 1 S. 2 GNotKG als Wert des Vorkaufsrechts am Erbbaurecht anzunehmen.

Da die Erbbaurechtsbestellung und die gesondert zu bewertende Vorkaufsrechtseinräumung dem gleichen Gebührensatz unterliegen (2,0-Gebühr nach KV-Nr. 21100 GNotKG), sind die Werte der gegenstandsverschiedenen Vereinbarungen gem. § 35 Abs. 1 GNotKG zu addieren; hieraus ist die maßgebliche 2,0-Gebühr zu erheben.

Erbbaurechtsbestellung – Geschäftswert, §§ 43, 49 Abs. 2 GNotKG	192.000,00 EUR
Vorkaufsrecht am Erbbaurecht – Geschäftswert, §§ 97 Abs. 1, 49 Abs. 2, 51 Abs. 1 S. 2 GNotKG (halber Wert des Erbbaurechts ohne noch zu errichtendes Gebäude)	96.000,00 EUR
Gesamtwert des Beurkundungsverfahrens, § 35 Abs. 1 GNotKG	288.000,00 EUR
hieraus 2,0-Gebühr gem. KV-Nr. 21100 GNotKG	1.170,00 EUR

Frage 54:   54

Die Stadt Neuhausen verkauft das mit einem Erbbaurecht zugunsten der Eheleute Clara und Martin Jung belastete Grundstück Fl.Nr. 834/14 an die Erbbauberechtigten zum Kaufpreis von 150.000,00 EUR. Der Wert des im Rahmen des Erbbaurechts von den Eheleuten Jung errichteten Wohngebäudes beträgt 250.000,00 EUR.

An dem Erbbaugrundstück ist in Abt. II des Grundbuchs neben dem Erbbaurecht selbst nur noch das Vorkaufsrecht für den jeweiligen Erbbauberechtigten eingetragen; Abt. III des Grundbuchs ist lastenfrei.

Für das Erbbaurecht ergeben sich aus dem Erbbaugrundbuch folgende Belastungen:

In Abt. II
- eine Erbbauzinsreallast (Erbbauzins: jährlich 1.500,00 EUR), sowie
- das Vorkaufsrecht für den jeweiligen Eigentümer des Erbbaugrundstücks.

In Abt. III
- eine Grundschuld zu 120.000,00 EUR für die VR-Bank.

Mit Rücksicht darauf, dass mit Vollzug des Erwerbs die Eigentümer des Erbbaugrundstücks und der Inhaber des daran bestehenden Erbbaurechts personenidentisch sind, geben die Eheleute Jung in der Urkunde folgende Erklärungen ab:
- Pfandunterstellung des gekauften Grundstücks bzgl. der am Erbbaurecht eingetragenen Grundschuld samt dinglicher Zwangsvollstreckungsunterwerfung;
- Bewilligung und Antrag zur Löschung des Erbbaurechts samt Schließung des Erbbaugrundbuchs;
- Bewilligung und Antrag zur Löschung des am Grundstück für den jeweiligen Erbbauberechtigten eingetragenen Vorkaufsrechts.

Der Notar wird beauftragt, die Zustimmung der VR-Bank zur Aufhebung/Löschung des Erbbaurechts einzuholen.

Der Notar wird ferner beauftragt
- die Fälligkeit des Kaufpreises nach Vorliegen der vereinbarten Voraussetzungen mitzuteilen;
- den Vollzug der Einigung über den Rechtsübergang (Auflassung) erst zu betreiben, wenn ihm die vollständige Kaufpreiszahlung nachgewiesen wurde.

Lösung Beurkundungsverfahren:
Die Urkunde enthält die nachgenannten verschiedenen Beurkundungsgegenstände, deren Geschäftswert im Einzelnen wie folgt zu bestimmen ist:
a) Kaufvertrag über das Erbbaugrundstück:
   Wertansatz: gem. §§ 97 Abs. 1, 47 GNotKG der vereinbarte Kaufpreis i.H.v. 150.000,00 EUR.
b) Pfandunterstellung des Erbbaugrundstücks:
   Wertansatz: gem. § 44 Abs. 1 GNotKG ist der Wert des Erbbaugrundstücks (= 150.000,00 EUR) mit dem Nennbetrag der betreffenden Grundschuld (= 120.000,00 EUR) zu vergleichen; der geringere Wert, hier der Nennbetrag der Grundschuld, ist maßgebend.

c) Löschung des Erbbaurechts im Grundbuch (besteht aufgrund des Erwerbs des Erbbaugrundstücks Personenidentität zwischen dem Grundstückseigentümer und dem Erbbauberechtigten genügt hierfür eine Löschungsbewilligung samt Antrag):
Wertansatz: gem. §§ 97 Abs. 1, 49 Abs. 2 GNotKG 80 % vom Wert des belasteten Grundstücks samt darauf errichteter Bauwerke, somit 80 % von (150.000,00 EUR + 250.000,00 EUR =) 400.000,00 EUR, also 320.000,00 EUR.

d) Bewilligung (und Antrag) zur Löschung des am Erbbaugrundstück eingetragenen Vorkaufsrechts:
Wertansatz: gem. §§ 97 Abs. 1, 51 Abs. 1 S. 2 u. Abs. 3 GNotKG; Ausgangswert ist der Wert des Erbbaugrundstücks ohne Bauwerk (hier 150.000,00 EUR), hiervon ein Teilwert in Höhe von ca. 10–20 % (da das Vorkaufsrecht durch die Löschung des Erbbaurechts gegenstandslos wird).

Die am Erbbaurecht eingetragenen übrigen Belastungen gehen mit Löschung des Erbbaurechts unter, so dass es diesbezüglich keiner weiteren Erklärungen bedarf.

Für die vorgenannten Beurkundungsgegenstände sind folgende Gebühren anzusetzen:
- Kaufvertrag: 2,0-Gebühr nach KV-Nr. 21100 GNotKG;
- Pfandunterstellung mit Zwangsvollstreckungsunterwerfung: 1,0-Gebühr nach KV-Nr. 21200 GNotKG;
- Bewilligung und Antrag zur Löschung des Erbbaurechts : 0,5-Gebühr nach KV-Nr. 21201 GNotKG;
- Bewilligung und Antrag zur Löschung des am Erbbaugrundstück eingetragenen Vorkaufsrechts: 0,5-Gebühr nach KV-Nr. 21201 GNotKG.

Da für die verschiedenen Beurkundungsgegenstände unterschiedliche Gebührensätze zur Anwendung kommen, sind für die Gebührenerhebung die Bestimmungen des § 94 Abs. 1 GNotKG zu beachten. Bereits bei der getrennten Gebührenberechnung sind die Werte derjenigen Erklärungen, die demselben Gebührensatz unterliegen, nach § 35 Abs. 1 GNotKG zusammenzurechnen.

Kaufvertrag – Geschäftswert, §§ 97 Abs. 1, 47 GNotKG, Kaufpreis	150.000,00 EUR
2,0-Gebühr gem. KV-Nr. 21100 GNotKG	708,00 EUR
Pfandunterstellung – Geschäftswert, § 44 Abs. 1 GNotKG, geringerer Wert des Grundpfandrechts	120.000,00 EUR
1,0-Gebühr gem. KV-Nr. 21200 GNotKG	300,00 EUR
Grundbucherklärungen – Löschung Erbbaurecht, Geschäftswert, §§ 97 Abs. 1, 49 Abs. 2 GNotKG = 320.000,00 EUR + Löschung Vorkaufsrecht am Erbbaugrundstück, Geschäftswert, §§ 97 Abs. 1, 52 Abs. 1 S. 2, 3 GNotKG = 15.000,00 EUR (bei Teilwert von 10% des Erbbaugrundstücks), gesamt nach § 35 Abs. 1 GNotKG	335.000,00 EUR
0,5-Gebühr gem. KV-Nr. 21201 GNotKG	342,50 EUR
Vergleichsberechnung gem. § 94 Abs. 1 GNotKG	
Gesamtwert des Beurkundungsverfahrens, § 35 Abs. 1 GNotKG	605.000,00 EUR
hieraus 2,0-Gebühr gem. KV-Nr. 21100 GNotKG	2.350,00 EUR

Ergebnis: Die getrennte Berechnung ist kostengünstiger und daher maßgebend.

Lösung Vollzugstätigkeit:
Das auftragsgemäße Einholen der Zustimmungserklärung des Grundschuldgläubigers ist Vollzugstätigkeit (KV Vorbem. 2.2.1.1 Abs. 1 S. 2 Nr. 5 GNotKG), und zwar unabhängig davon, ob der Notar den Entwurf der Gläubigererklärung fertigt.

Der für die Vollzugsgebühr maßgebende Gebührensatz richtet sich nach dem Gebührensatz für das zu vollziehende Beurkundungsverfahren. Kommen bei der Bewertung des Beurkundungsverfahrens unterschiedliche Gebührensätze zur Anwendung, ist der höhere Gebührensatz ausschlaggebend. Daher ist im vorliegenden Fall eine 0,5-Vollzugsgebühr nach KV-Nr. 22110 GNotKG aus dem vollen Wert des Beurkundungsverfahrens (§ 112 GNotKG) zu erheben.

Geschäftswert, § 112 GNotKG	605.000,00 EUR
0,5-Gebühr nach KV-Nr. 22110 GNotKG	587,50 EUR

Lösung Betreuungstätigkeit:

Bei der Überwachung der Kaufpreisfälligkeit wie auch bei der Überwachung der Urkundenvorlage an das Grundbuchamt zum Vollzug der Auflassung handelt es sich um Betreuungstätigkeiten nach KV-Nr. 22200 Nr. 2 bzw. Nr. 3 GNotKG. Führt der Notar diese Tätigkeiten auftragsgemäß aus, fällt hierfür eine 0,5-Gebühr nach KV-Nr. 22200 GNotKG aus dem Wert des Beurkundungsverfahrens (§ 113 Abs. 1 GNotKG) an.

Die Betreuungsgebühr entsteht auch bei Ausführung mehrerer Betreuungstätigkeiten nur einmal (§ 93 Abs. 1 GNotKG).

Geschäftswert, § 113 Abs. 1 GNotKG	605.000,00 EUR
0,5-Gebühr nach KV-Nr. 22200 GNotKG	587,50 EUR

K. Kaufvertrag – allgemein (Folien)

55

Kaufvertrag

 **Notarkasse**
Anstalt des öffentlichen Rechts

- Kaufvertragsmuster enthalten grundsätzlich Regelungen zu folgenden Punkten: Urkundseingang (Beteiligte), Grundbuchstand, Vertragsgegenstand, Kaufpreis und Fälligkeit, Zwangsvollstreckungsunterwerfung, Übergang von Besitz, Nutzen und Lasten, Beschaffenheit und Rechte bei Mängeln, Genehmigungen und gesetzliche Vorkaufsrechte, Grundbucherklärungen, Kaufpreisfinanzierung, Vollzug, Kosten und Steuern, Abschriften.

- Zur Vorbereitung des Kaufvertrages benötigen Sie vor allem Angaben zu Verkäufer und Käufer, Vertragsgegenstand und Kaufpreis (Wer kauft was von wem zu welchen Konditionen?), die Sie bei den Beteiligten erfragen.

- Um den **Vertragsgegenstand** näher zu beschreiben ist eine Grundbucheinsicht vorzunehmen. Hieraus ergeben sich Amtsgericht, Blattstelle, Gemarkung, Flurnummer, Beschrieb, Grundstücksgröße, Eigentümer und Belastungen des Grundstücks. Möglicherweise gibt es Abweichungen beim eingetragen Eigentümer und dem Verkäufer (geänderte Namensführung durch Heirat, Erfolge) die dann in Kaufvertragsurkunde erläutert und dem Grundbuchamt nachgewiesen werden müssen (beglaubigte Kopie Ausweis/Heiratsurkunde, Ausfertigung Erbschein).

    – Ist der Vertragsgegenstand nicht lastenfrei vorgetragen, ist zu klären, welche Belastungen bestehen bleiben bzw. gelöscht werden. Sind Rechte zu löschen, ist darauf zu achten, dass dies ggf. bei den Regelungen zur Fälligkeit des Kaufpreises zu beachten ist. Übernommen werden in der Regel nicht wertmindernde Rechte in Abt. II (Geht- und Fahrtrechte, Leitungsrechte, Bebauungsbeschränkungen). Zu löschen sind grundsätzlich: Grundpfandrechte, Wohnungsrecht, Nießbrauch, Leibgeding, Insolvenz-, Nacherben-, Testamentsvollstreckervermerk, Vorkaufsrecht (falls möglich), Vormerkung (vor allem, wenn sie sich auf den gesamten Grundbesitz bezieht).
    – Bei dem Verkauf einer **land- oder forstwirtschaftliche Fläche** ist an eine mögliche Genehmigung nach dem GrdstVG zu denken und zu erfragen, ob ein Pachtvertrag besteht.

 Deutscher**Notar**Verlag

Heringer

Kaufvertrag

- Bei dem Verkauf eines **Hausgrundstückes** ist zu erfragen, ob bewegliche Gegenstände mitverkauft sind (Möbel, Inventar, Heizöl, Einbauküche etc.) und ggf. zu welchem Preis (realistischer Kaufpreis für bewegliche Sachen mindert den Gebührenwert für Grundbucheintragung und Bemessungsgrundlage der Grunderwerbsteuer). Wichtig ist auch die bisherige Nutzung. Nutzt der Verkäufer den Vertragsgegenstand selbst, sind eine Räumungsverpflichtung und ein Auszugstermin im Vertrag aufzunehmen. Ist das Haus vermietet, geht das Mietverhältnis kraft Gesetzes auf den Käufer mit Eigentumswechsel über. Wurde das Mietverhältnis gekündigt, sind hierzu weitere Regelungen aufzunehmen, insbesondere wer für die Wirksamkeit der Kündigung/Räumung durch den Mieter einzustehen hat.
- **Verkauf einer Eigentumswohnung:** Aus dem Grundbuch ergibt sich, welches Sondereigentum (z.B. Wohnung Nr. 1 im Aufteilungsplan) mit dem Miteigentumsanteil verbunden ist, nicht hingegen die Lage der Wohnung. Hierzu muss die Teilungserklärung nebst Aufteilungsplan (= Bewilligungsurkunde) eingesehen werden. Tiefgaragenstellplätze können auch als gesonderte Teileigentumseinheit gebucht sein, weshalb bei der Grundbucheinsicht geprüft werden sollte, ob weitere Sondereigentumseinheiten bestehen. Wird der Tiefgaragenstellplatz „vergessen", wird er nicht mit erworben. Ist ein Stellplatz im Freien als Sondernutzungsrecht zugeordnet, kann sich das aus dem Grundbuch ergeben; dies ist aber nicht zwingend. Wird ein Sondernutzungsrecht nicht im Kaufvertrag erwähnt, geht dieses aber trotzdem automatisch mit über. Wichtig ist auch, ob im Grundbuch vermerkt ist, dass die Zustimmung des Verwalters zum Kaufvertrag erforderlich ist, da dies Folgen für die weitere Gestaltung und den Vollzug der Urkunde hat. Auch ohne Zustimmungserfordernis sollte der Verwalter erfragt werden, da er informatorisch eine auszugsweise Abschrift (ohne Kaufpreis) des Vertrages erhält, um den Eigentumswechsel bei der Abrechnung der Kosten und Einladung zur Eigentümerversammlung zu berücksichtigen. Ist die Instandhaltungsrücklage bekannt, wird diese im Kaufvertrag extra ausgewiesen, weil auf diesen Betrag keine Grunderwerbsteuer anfällt.

DeutscherNotarVerlag

Heringer

Kaufvertrag

- **Teilflächenkauf:** Hier soll eine erst noch zu vermessende Teilfläche eines bestehenden Grundstückes verkauft werden. Der Kaufgegenstand existiert rechtlich noch gar nicht und kann deshalb nicht mit einer Flurnummer bezeichnet werden. Deshalb wird der Kaufgegenstand näher beschrieben und möglichst genau und eindeutig bezeichnet (Bestimmtheitsgrundsatz). Nach Möglichkeit sollte dies unter Bezugnahme auf eine farbliche Einzeichnung in einem amtlichen Lageplan erfolgen (die Beteiligten sollten hierzu einen Lageplan mitbringen und die Einzeichnung vornehmen). Nach erfolgter Vermessung wird eine zweite Notarurkunde errichtet (Messungsanerkennung und Auflassung), auf deren Grundlage das Grundbuchamt die Eigentumsumschreibung vornimmt. Im Kaufvertrag können die Beteiligten einen Festpreis oder einen bestimmten Quadratmeterpreis (hier erfolgt die endgültige Kaufpreisbestimmung erst nach erfolgter Vermessung) vereinbaren. Bei der Vertragsvorbereitung ist darauf zu achten, dass die Erschließung der Grundstücke gesichert ist; ggf. muss hierzu die Eintragung von Dienstbarkeiten (z.B. Geh-/Fahrrecht, Leitungsrecht) vorgesehen werden.

. **Kaufpreis:** Die vereinbarte Höhe bestimmen die Beteiligten. Der Kaufpreis ist immer als Zahl und zusätzlich als ausgeschriebenes Wort anzugeben. Eine weitere Aufschlüsselung ist möglich (z.B. Garage, Haus, Grund und Boden) und hat meist steuerliche Gründe. Die Fälligkeitsvoraussetzungen bestimmt vornehmlich der Notar, um eine sichere Vertragsabwicklung zu ermöglichen. Regelmäßig wird die Kontoverbindung des Verkäufers im Vertrag aufgenommen. So kann der Käufer durch Bankbestätigung nachweisen, dass der Verkäufer den Kaufpreis erhalten hat.

. **Beteiligte:** Im Urkundeingang sind die Personalien der Beteiligten sorgfältig aufzunehmen. Hierzu gehören Name, Vorname, ggf. Geburtsname, Geburtsdatum, Adresse, Familienstand (verheiratet, ledig, geschieden, verwitwet und nicht in fortgesetzter Gütergemeinschaft lebend) und Güterstand. Die Angabe der Staatsangehörigkeit ist nicht Pflicht, jedoch hilfreich, um im Vorfeld an Sprachschwierigkeiten oder ausländische Güterstände zu denken.

DeutscherNotarVerlag

Heringer

Kaufvertrag

Notarkasse
Anstalt des öffentlichen Rechts

- **Güterstand:** Bei verheirateten Beteiligten hat der Güterstand Auswirkungen auf die Eigentumsverhältnisse und die Verfügungsbefugnis des Verkäufers. Gesetzlicher Güterstand ist die **Zugewinngemeinschaft.** In einem notariellen Ehevertrag können **Gütertrennung, modifizierte Zugewinngemeinschaft** oder **Gütergemeinschaft** vereinbart werden. Bei der Gütergemeinschaft gilt für die Eigentumsverhältnisse, dass die Ehegatten zwingend alles gemeinschaftlich gehört. Der Erwerb erfolgt zum Gesamtgut der Ehegatten. Im Grundbuch sind sie als Eigentümer in Gütergemeinschaft eingetragen. In den anderen Güterständen können die Ehegatten allein oder als Miteigentümer erwerben. Ist der Verkäufer im gesetzlichen Güterstand verheiratet, benötigt er für einen Kaufvertrag über sein Vermögen im Ganzen (ca. 85-90 % des Gesamtvermögens) gemäß § 1365 BGB die Zustimmung des Ehegatten, d.h. der Ehegatte müsste den Kaufvertrag mit unterschreiben oder später zustimmen. Man kann § 1365 BGB aber auch meiden. Denn der Käufer kann bei Nichtwissen der ehelichen Verhältnisse das Grundstück gutgläubig erwerben. Das Grundbuchamt ist auch nicht ohne weiteres berechtigt, Erklärungen des Verkäufers über dessen Vermögenssituation zu verlangen. Besondere Vorsicht ist bei **ausländischen Güterständen** geboten. Viele ausländische Rechtsordnungen kennen den Güterstand der „Errungenschaftsgemeinschaft", wonach während der Ehe nur gemeinschaftlich erworben werden kann. Die Bestimmung des Güterstandes erfolgt nach dem IPR (EGBGB, Ehegüterrechtsverordnung für ab 29.1.2019 geschlossene Ehen). Anknüpfungspunkte sind beispielsweise Staatsangehörigkeit und gemeinsamer gewöhnlicher Aufenthalt. Ergebnis der Prüfung kann dann sein, dass im Güterstand der Errungenschaftsgemeinschaft zu erwerben ist. Es wird auch vertreten, dass dennoch in der Kaufurkunde zum Miteigentum je zur Hälfte erworben werden kann.
- **Erbfolge auf Verkäuferseite:** Ist als Eigentümer noch der Erblasser im Grundbuch eingetragen (unrichtiges Grundbuch), muss der Erbe seine Legitimation nachweisen. Dies geschieht durch eine Ausfertigung des Erbscheins (muss dem GBA vorgelegt werden) oder notarielle Verfügung von Todes wegen nebst Eröffnungsniederschrift (beides zumindest in beglaubigter Abschrift). Liegt die Nachlassakte beim selben Gericht wie das GBA, kann auf sie verwiesen werden.

DeutscherNotarVerlag

Heringer

Kaufvertrag

Notarkasse
Anstalt des öffentlichen Rechts

- **Betreuer/Eltern handelt für Verkäufer:** Der Betreuer muss den Betreuerausweis („Bestallungsurkunde") im Original vorlegen (Aufgabenkreis prüfen!), eine beglaubigte Abschrift wird der Kaufurkunde für das Grundbuchamt beigeheftet. Beim Güterstand wird der des Verkäufers erfragt, nicht der des Handelnden. Der Vertrag bedarf zusätzlich der Genehmigung durch das Betreuungs-/Familiengericht, was einige Zeit in Anspruch nimmt.
- **Gesellschaften als Beteiligte:** Im Urkundseingang sind Firma und Sitz der Gesellschaft, zuständiges Registergericht und Register-Nr. sowie die Geschäftsanschrift aufzunehmen. Der Nachweis der Vertretungsberechtigung des Erschienenen erfolgt regelmäßig durch eine sog. Vertretungsbescheinigung. Verkauft eine **GbR**, müssen auf jeden Fall die im Grundbuch eingetragenen Gesellschafter an der Urkunde mitwirken.
- Für **Gemeinden** handelt meist der Bürgermeister (kein Nachweis erforderlich) oder ein Gemeindemitarbeiter aufgrund Vollmacht (Unterschrift Bürgermeister + Siegel). In Bayern ist regelmäßig ein Gemeinderatsbeschluss erforderlich, der dem Grundbuchamt mit vorzulegen ist.
- **Testamentsvollstrecker** und **Insolvenzverwalter** (entsprechender Vermerk in Abt. II des Grundbuchs) müssen sich legitimieren. Das Testamentsvollstreckerzeugnis ist in Ausfertigung dem Grundbuchamt vorzulegen, bei der Bestellungsurkunde reicht die Beiheftung einer vom Original erstellten beglaubigten Abschrift.
- **Gesellschaft als Käufer:** In der Regel verpflichten sich neben der **GbR** auch die Gesellschafter zur Kaufpreiszahlung. Die Finanzierungsvollmacht wird neben der GbR auch den Gesellschaftern eingeräumt. Bei Erwerb durch **ausländische Gesellschaften** sollte dafür gesorgt werden, dass die Löschung der Vormerkung bei Nichtdurchführung des Vertrags gewährleistet ist.
- Der **Makler** ist nicht an der Urkunde beteiligt und nicht im Urkundseingang aufzunehmen. Soll eine Maklerklausel aufgenommen werden, ist darauf zu achten, dass sie keine Ansprüche für den Makler begründen darf. **Deklaratorische** Klauseln sind zulässig.

DeutscherNotarVerlag

Heringer

Kaufvertrag

- – **Verbrauchervertrag:** Bei Verträgen zwischen Verbrauchern (Handeln in privater Eigenschaft) und Unternehmern (Gesellschaften, Gemeinden, Handeln in Ausübung einer gewerblichen oder selbständigen beruflichen Tätigkeit) gibt es Sondervorschriften zum Schutz des Verbrauchers. Mindestens **zwei Wochen** vor der Beurkundung ist dem Verbraucher der beabsichtigte Text des Vertrages vom Notar zu übermitteln. Die Frist beginnt erst bei Erhalt des Textes (Postlauf mit einrechnen bei Terminvergabe). Spätere Änderungen des Vertragstextes können erneut die 14-Tages-Frist auslösen.
- – **Beteiligter nimmt nicht am Termin teil:** Der fehlende Beteiligte kann vorab eine **Vollmacht** erteilen oder den Kaufvertrag **nachträglich genehmigen**. Die Vollmacht sollte beurkundet oder zumindest notariell beglaubigt sein (Grundbuchvollzug, § 29 GBO). Die Urkunde ist im Original oder in Ausfertigung vorzulegen und wird in der Regel der Urkunde in beglaubigter Abschrift beigefügt. Bei der Nachgenehmigung handelt zunächst ein Vertreter ohne Vertretungsmacht. Die Urkunde wird erst mit der Nachgenehmigung wirksam.

- • **Identifizierung der Beteiligten:** Taugliche Mittel sind grundsätzlich amtliche Lichtbildausweise (Reisepass, Personalausweis, Führerschein). Problematisch sind Aufenthaltstitel und sog. Passersatzpapiere, insbesondere, wenn sie auf eigenen Angaben der Person beruhen. Nach dem Beurkundungsgesetz (§ 10 BeurkG) kann die Identifizierung auch anhand eines abgelaufenen Ausweises oder Führerscheins erfolgen. Notarielle Kaufverträge fallen in den Anwendungsbereich des GwG, wonach ein abgelaufener Ausweis oder Führerschein grds. unzureichend ist.

- • **Vergessener Ausweis:** Der Kaufvertrag kann zunächst ohne Identitätsausweis beurkundet werden, jedoch muss der Ausweis nachträglich vorgelegt werden, worüber der Notar dann eine Feststellung trifft, die dem Kaufvertrag beigefügt wird.

- • **Steuer-ID:** Der Notar ist verpflichtet, den Kaufvertrag dem Finanzamt - Grunderwerbsteuerstelle anzuzeigen. Hierzu benötigt er die Steuer-IDs von Käufer und Verkäufer.

DeutscherNotarVerlag

Heringer

Kaufvertrag

- • **Nach der Beurkundung** erhalten die Beteiligten Vertragsabschriften und die Kostenrechnung. Der Käufer trägt üblicherweise die Vertragskosten, der Verkäufer die Kosten für die Lastenfreistellung (mit Ausnahme der Vollzugsgebühr). Wenn die vom Notar zu prüfenden Fälligkeitsvoraussetzungen vorliegen, erhalten die Beteiligten die Fälligkeitsmitteilung. Erst dann kann der Käufer „sicher" Zahlungen vornehmen, davor handelt es sich um ungesicherte Vorleistungen. Der Verkäufer erhält zusätzlich eine Kaufpreisbestätigung, die er dem Notar nach Erhalt der Zahlung unterschrieben zurücksenden muss, damit dieser die Eigentumsumschreibung veranlassen kann. Es können zusätzliche, nicht vom Notar zu prüfende Fälligkeitsvoraussetzungen vorliegen (z.B. Räumung). Berechtigte von zu löschenden Rechten (z.B. Grundschuldgläubiger) können die Löschungsbewilligung mit einer Treuhandauflage versehen. Ein Teil des Kaufpreises ist dann beispielsweise an den Gläubiger und nur der Rest an den Verkäufer zu zahlen. Zug um Zug mit Kaufpreiszahlung ist der Besitz zu übergeben. Sobald der Verkäufer das Geld auf dem Konto hat, muss er die Schlüssel übergeben. Mit dem Besitz gehen Nutzen, Lasten, Verkehrssicherungspflicht und Gefahr auf den Käufer über. D.h., er darf die Sache schon wie ein Eigentümer nutzen (z.B. wohnen, vermieten) er muss aber auch die laufenden Kosten (z.B. Müllabfuhr) zahlen. Er ist zuständig für die Gefahrenabwehr (z.B. Winterdienst); wenn das Haus abbrennt, ist dies sein Risiko. Nach Erhalt der Zahlungsbestätigung vom Verkäufer (und ggf. Entlassung aus dem Treuhandvertrag und Vorliegen der Unbedenklichkeitsbescheinigung) veranlasst der Notar die Eigentumsumschreibung beim Grundbuchamt, die mit Eintragung des Käufers im Grundbuch erfolgt. Über den Eigentumserwerb erhalten Käufer und Verkäufer Mitteilung vom Notar.

- • **Nachgenehmigung:** Wurde ein Beteiligter vorbehaltlich nachträglicher Genehmigung vertreten, fehlt es zunächst an einem wirksamen Vertragsschluss. Erst mit Eingang der Genehmigung beim Notar (holt dieser in der Regel beim Beteiligten ein) wird der Vertrag wirksam.

DeutscherNotarVerlag

Heringer

Kaufvertrag

Notarkasse
Anstalt des öffentlichen Rechts

- **Vormerkung:** Regelmäßig ist die Eintragung einer Auflassungsvormerkung Kaufpreisfälligkeitsvoraussetzung. Diese sichert den Käufer für die Übergangszeit bis zur Eigentumsumschreibung ab. Es können weiter Grundbucheintragungen erfolgen, die nachrangig Eingetragenen sind jedoch verpflichtet, ihre Eintragung wieder löschen zu lassen. Notfalls ist die Zustimmung zu Löschung einzuklagen. Die Eintragung der Vormerkung muss an der richtigen Rangstelle erfolgen. Finanzierungsgrundschulden gehen ihr in der Regel vor. In Ausnahmefällen (Erwerb von Gemeinde, bestehendem Vertrauensverhältnis, Kauf wirtschaftlich unbedeutend) kann auf die Eintragung einer Vormerkung verzichtet werden (Kostenersparnis).

- **Nichtausübung von Vorkaufsrechten:** Durch die Ausübung eines Vorkaufsrechts kommt automatisch ein zweiter Kaufvertrag mit demselben Inhalt zustande. Zur Absicherung des Käufers ist deshalb die Nichtausübung von Vorkaufsrechten Voraussetzung für die Kaufpreisfälligkeit. Betreffend das gemeindliche Vorkaufsrecht (§ 24 BauGB) wird bei der Gemeinde ein Negativzeugnis eingeholt. Dieses ist für den Grundbuchvollzug erforderlich (§ 28 Abs. 1 S. 2 BauGB). Ausgenommen hiervon ist der Verkauf von Wohnungs-/Teileigentum (§ 24 Abs. 2 BauGB) und der Verkauf unter Angehörigen (§ 26 Nr. 1 BauGB). Weitere öffentlich-rechtliche Vorkaufsrechte sind z.B. das naturschutzrechtliche Vorkaufsrecht, das Vorkaufsrecht nach dem Reichssiedlungsgesetz oder nach Wasserrecht. Es gibt ferner vertragliche Vorkaufsrechte, die im Grundbuch in Abt. II eingetragen sind. Am sichersten für den Käufer ist hier die Aufhebung und Löschung des Rechtes.

- **Lastenfreistellung:** Weitere Voraussetzung für die Kaufpreisfälligkeit ist das Vorliegen der Lastenfreistellungserklärungen in öffentlich-beglaubigter Form, sofern Belastungen vorhanden sind, die nicht vom Käufer übernommen werden. In der Regel holt der Notar hierzu eine Löschungsbewilligung bei den Berechtigten ein. Bei Wohnungs-, Nießbrauchs- und Leibgedingsrechten (= persönliche Rechte) von Verstorbenen ist eine Sterbeurkunde des Berechtigten ausreichend. Die Löschung von Vormerkungen bei verstorbenen Berechtigten kann sich komplizierter gestalten: Wurden keine Vorkehrungen zur Löschung getroffen und ist der gesicherte Anspruch zumindest in bestimmten Fällen vererblich, so ist die Vorlage einer Sterbeurkunde nicht ausreichend (Löschungsbewilligung der Erben, Erbnachweis erforderlich).

DeutscherNotarVerlag

Heringer

Kaufvertrag

Notarkasse
Anstalt des öffentlichen Rechts

- Bei der Löschung von Grundschulden kommt es vor, dass die Löschungsunterlagen der Bank mit einer Treuhandauflage verbunden werden. Der Treuhandauftrag ist inhaltlich zu prüfen, da die Ablösesumme den Kaufpreis nicht übersteigen darf. Auch eine Befristung kann dazu führen, dass der Treuhandauftrag so nicht angenommen werden kann. Bei Briefgrundschulden wird zusätzlich der Grundschuldbrief benötigt. Ist der Grundschuldbrief verloren gegangen, muss er im Aufgebotsverfahren ersetzt werden. Dies dauert meist mehrere Monate.

- **Verwalterzustimmung:** Beim Verkauf von Wohnungs-/Teileigentum kann eine Zustimmung des Verwalters erforderlich sein (dies ergibt sich aus dem Grundbuch). Die eigentlich formlose Erklärung muss in öffentlich-beglaubigter Form vorgelegt werden (§ 29 GBO). Der Nachweis der Verwaltereigenschaft erfolgt durch das Protokoll der Eigentümerversammlung, das vom Versammlungsleiter, dem Beiratsvorsitzenden und einem Wohnungseigentümer unterschrieben wird (§ 24 Abs. 6 S. 2 WEG). Deren Unterschriften sind öffentlich zu beglaubigen. Das Vorliegen der Verwalterzustimmung in grundbuchmäßiger Form sollte Kaufpreisfälligkeitsvoraussetzung sein.

- **Genehmigung nach dem Grundstücksverkehrsgesetz:** Wird eine größere Fläche Land- oder Forstwirtschaft oder ein landwirtschaftlich bebautes Grundstück veräußert, so muss dies vom örtlich zuständigen Landratsamt genehmigt werden (§ 2 GrdstVG). Die Bundesländer können bestimmen, dass die Veräußerung bis zu einer bestimmten Grundstücksgröße keiner Genehmigung bedarf. Das Vorliegen der Genehmigung nach dem Grundstücksverkehrsgesetz in grundbuchmäßiger Form ist dann Kaufpreisfälligkeitsvoraussetzung.

- **Genehmigung Betreuungs-/Familiengericht:** Bedarf der Vertrag einer familien-/betreuungsgerichtlichen Genehmigung, wird er erst wirksam, wenn die Genehmigung rechtskräftig erteilt und dem anderen Vertragsteil mitgeteilt wird. In der Praxis wird im Kaufvertrag eine sog. Doppelvollmacht für den Notar aufgenommen. Liegt die Genehmigung mit Rechtskraftvermerk vor, nimmt der Notar diese aufgrund Eigenurkunde für den Betreuer entgegen, teilt sie dem anderen Vertragsteil mit und nimmt sie für diesen entgegen.

DeutscherNotarVerlag

Heringer

Kaufvertrag

- Nach der Entgegennahme der Genehmigung (welche zur Wirksamkeit des Vertrages führt) kann man sich vorsichtshalber versichern, dass das Betreuungsverfahren noch läuft (Betreuter lebt, Betreuer hat sein Amt noch inne). Die Mitteilung der rechtskräftigen Genehmigung ist Kaufpreisfälligkeitsvoraussetzung, ggf. auch die Genehmigung einer Finanzierungsgrundschuld.

- **Grundbuchberichtigung beim Verkauf durch Erben:** Am Sichersten ist es, beim Verkauf durch die Erben das Grundbuch berichtigen zu lassen (kostenfrei innerhalb von zwei Jahren nach dem Todesfall). So kann der Käufer das Grundstück auch gutgläubig erwerben, wenn sich später beispielsweise herausstellt, dass der Verstorbene nicht Eigentümer war oder tatsächlich von jemand anderem beerbt wurde.

- **Sanierungsgenehmigung:** Ist im Grundbuch ein Sanierungsvermerk eingetragen, bedarf der Kaufvertrag (und auch die Eintragung von Grundschulden) der Genehmigung durch die Gemeinde. Fälligkeitsvoraussetzung ist dann das Vorliegen der Genehmigung in grundbuchtauglicher Form, ggf. auch die Genehmigung einer zeitnah bestellten Finanzierungsgrundschuld.

- **Unbedenklichkeitsbescheinigung:** Für die Eigentumsumschreibung ist die sog. Unbedenklichkeitsbescheinigung („UB") des Finanzamt erforderlich, die bescheinigt, dass die Grunderwerbsteuer beglichen wurde.

- **Eigentumsübergang:** Die Eigentumsumschreibung im Grundbuch soll erst erfolgen, wenn der Verkäufer den Kaufpreis erhalten hat. Die Auflassung (bedingungsfeindlich, gleichzeitige Anwesenheit erforderlich, Stellvertretung möglich) wird bereits im Kaufvertrag erklärt. Zur Sicherung des Verkäufers werden zunächst nur auszugsweise Abschriften (ohne Auflassung) erteilt („Kopierlösung") oder die verfahrensrechtliche Bewilligung vom Verkäufer vorerst nicht erklärt, sondern erst aufgrund Vollzugsvollmacht durch den Notar („Bewilligungslösung"). Gleichzeitig mit Eigentumsumschreibung wird die Vormerkung des Käufers gelöscht, sofern keine vertragswidrigen Zwischeneintragungen vorgenommen wurden.

DeutscherNotarVerlag

Heringer

Kaufvertrag

- **Der Käufer zahlt nicht:** Zahlt der Käufer bei Fälligkeit nicht, gerät er in Zahlungsverzug. Er schuldet dann Verzugszinsen (5 Prozentpunkte über Basiszinssatz bei Verbrauchern) und haftet für weitere Verzugsschäden. Verzug setzt Verschulden voraus (aber: „Geld hat man zu haben"). Der Verkäufer kann sich aufgrund der Vollstreckungsunterwerfung im Kaufvertrag eine vollstreckbare Ausfertigung erteilen lassen und gegen den Käufer vollstrecken. Er kann auch vom Vertrag zurücktreten. Wenn keine besondere Vorsorge im Kaufvertrag getroffen wurde, muss der Käufer die Löschung der Vormerkung bewilligen (notfalls Klage gegen Käufer).

- **Ungesicherte Vorleistungen:** Ungesicherte Vorleistungen (z.B. Zahlung vor Fälligkeit, Besitzübergabe vor Zahlung) bergen für beide Parteien Gefahren. Zahlt der Käufer verfrüht ist es z.B. im Insolvenzfall der Verkäufers möglich, dass er das Geld und Ersatz für getätigte Investitionen an der Immobilie nicht zurückbekommt und auch nicht Eigentümer wird. Wird die Immobilie vom Verkäufer bewohnt und vor Räumung gezahlt, kann es passieren, dass sich der Auszug doch verzögert und vollstreckt oder auf Räumung geklagt werden muss. Überlasst der Verkäufer dem Käufer verfrüht den Besitz, kann es sein, dass er ihn nicht ohne weiteres wieder bekommt oder der Käufer die Immobilie beschädigt hat.

- **Mängel:** Für eine gebrauchte Immobilie wird die Haftung des Verkäufers für Sachmängel immer ausgeschlossen („gekauft wie besichtigt"). Etwas anderes kann sich dann nur aus Garantieerklärungen oder Beschaffenheitsvereinbarungen ergeben. Der Haftungsausschluss gilt auch nicht für arglistig verschwiegene wesentliche Mängel. Der Vertrag unterliegt einer AGB-Kontrolle, wenn ein Unternehmer an einen Verbraucher verkauft oder ein Beteiligter mehr als drei Kaufverträge abschließt. Die Haftung für grobe Fahrlässigkeit und für Schäden an Leben, Körper und Gesundheit kann dann nicht ausgeschlossen werden.

DeutscherNotarVerlag

Heringer

Kaufvertrag

- **Erschließungskosten:** Erschließungskosten fallen an, wenn Grundstücke mit Straße, Kanal und Wasserleitungen erschlossen bzw. instandgehalten werden (BauGB, KAG). Im Kaufvertrag ist eine Vereinbarung zwischen Verkäufer und Käufer enthalten, wer diese ab welchem Zeitpunkt im Innenverhältnis zu tragen hat. Die Gemeinde selbst kann sich immer an den im Grundbuch eingetragenen Eigentümer halten. Häufig findet man im Vertrag die sog. Bescheidslösung (Verkäufer trägt alle bis zum Vertragsschluss zugegangenen Bescheide, der Käufer die ab Vertragsschluss).

- **Kostenhaftung:** Im Kaufvertrag wird meist intern vereinbart, dass der Käufer die Kosten bei Notar, Grundbuchamt und Finanzamt trägt, der Verkäufer ggf. die Kosten der Lastenfreistellung. Ungeachtet dessen haften Verkäufer und Käufer kraft Gesetz gesamtschuldnerisch für Vertrags- und Vollzugskosten und die Grunderwerbsteuer. Ferner haftet der Grundbesitz für öffentliche Lasten (z.B. Grundsteuer, Erschließungskosten).

- **Steuern:** Beim Kaufvertrag entsteht für den Käufer Grunderwerbsteuer, die in jedem Bundesland unterschiedlich hoch ist. Ausgenommen hiervon sind Verträge zwischen Ehegatten oder Verwandten in gerader Linie oder wenn der Kaufpreis nicht über 2.500,00 EUR liegt. Beim Verkäufer kann Einkommensteuer anfallen bei Verkauf von Betriebsvermögen oder wenn eine nichts selbst bewohntes Grundstück im Privatvermögen innerhalb von zehn Jahren an- und verkauft wird.

DeutscherNotarVerlag

Heringer

L. Kaufvertrag – Spezial (Folien)

Vom Abdrucke der Folien zum Kapitel „**Kaufvertrag – spezial**" haben wir abgesehen; diese sind nur im Downloadbereich verfügbar (URL s. § 1 Rdn 3).   **56**

M. Kaufvertrag – Kostenrecht (Folien)

57

Bewertung von Kaufverträgen

1. Allgemein

Der Geschäftswert eines Kaufvertrages bestimmt sich gem. § 47 GNotKG grundsätzlich nach dem vereinbarten Kaufpreis.

Allerdings ist der Wert vorbehaltener Nutzungen und/oder vom Käufer übernommener oder dem Käufer infolge der Veräußerung obliegender weiterer Leistungen dem vereinbarten Kaufpreis hinzuzurechnen. Derartige Vereinbarungen bzw. Regelungen (sog. „Hinzurechnungsposten") wirken sich daher werterhöhend aus.

Des Weiteren bestimmt S. 3 des § 47 GNotKG, dass in den Fällen, in denen der nach den Sätzen 1 und 2 ermittelte Wert (Kaufpreis zuzüglich Hinzurechnungen) den Verkehrswert der verkauften Sache nicht erreicht, der (nach § 46 GNotKG zu ermittelnde) Verkehrswert der Sache maßgebend ist. Diese Regelung betrifft jedoch nur absolute Ausnahmefälle in denen ausreichende Anhaltspunkte vorliegen, dass der vereinbarte Kaufpreis (samt Hinzurechnungen) augenscheinlich hinter dem Verkehrswert zurückbleibt. Eine Ermittlung des Verkehrswertes kann bspw. in Betracht kommen bei Verkäufen auf Leibrentenbasis oder Kaufverträgen unter nahen Verwandten.

DeutscherNotarVerlag

Heitzer

Bewertung von Kaufverträgen

2. Hinzurechnungsposten nach § 47 S. 2 GNotKG

Vorbehaltene Nutzungen

Vorbehaltene Nutzungen sind solche, die sich der Verkäufer im Kaufvertrag am Vertragsobjekt entweder für sich selbst oder für einen Dritten (bspw. nahen Verwandten) nach Kaufpreiszahlung und damit im Regelfall über den im Vertrag vereinbarten Zeitpunkt der Besitzübergabe hinaus vorbehält. Dies kann bspw. ein auf Lebensdauer vorbehaltenes Wohnungsrecht oder auch ein Nießbrauch sein, ebenso das Recht auf die kostenfreie Benutzung einzelner Räumlichkeiten für einen gewissen Zeitraum. Der dem Kaufpreis hinzuzurechnende Wert vorbehaltener Nutzungen ist regelmäßig nach § 52 GNotKG zu bestimmen.

Vom Käufer übernommene Leistungen

Eine übernommene Leistung liegt vor, wenn der Käufer bestehende Verpflichtungen des Verkäufers an dessen Stelle zur weiteren Erfüllung übernimmt, wie z.B. die Übernahme bzw. weitere Gewährung eines bestehenden Wohnungsrechts oder Nießbrauchs, ebenso die Übernahme der Verpflichtungen aus einer bestehenden Reallast.

Werden durch den Käufer jedoch beschränkte persönliche Dienstbarkeiten oder Grunddienstbarkeiten übernommen, die nicht ablösbare Verpflichtungen oder Rechte absichern, wie z.B. Geh- und Fahrtrechte, Ver- oder Entsorgungsleitungsrechte oder auch Betriebsrechte für bestehende Anlagen zur Energiegewinnung (bspw. Windkraft- oder Photovoltaikanlagen), erfolgt keine Hinzurechnung zum Kaufpreis.

DeutscherNotarVerlag

Heitzer

Bewertung von Kaufverträgen

Dem Käufer infolge der Veräußerung obliegende weitere Leistungen

Verpflichtet sich der Käufer zur Erbringung weiterer Leistungen (neben dem Kaufpreis), sind diese bei der Geschäftswertbestimmung mit zu berücksichtigen (hinzuzurechnen).

Um typische Hinzurechnungsposten handelt es sich bspw. bei

a) der **Verpflichtung** des Käufers **zur Bebauung** des Vertragsgrundbesitzes.
   Der hierfür anzunehmende Wert ist nach § 50 Nr. 3 GNotKG zu bestimmen. Dabei wird unterschieden zwischen der Verpflichtung zur
   * Errichtung eines Wohngebäudes; dann Wertansatz gem. § 50 Nr. 3 a) GNotKG mit 20 % vom Verkehrswert des unbebauten (Vertrags-)Grundstücks;
   * Errichtung eines gewerblich genutzten Bauwerks; dann Wertansatz gem. § 50 Nr. 3 b) GNotKG mit 20 % der voraussichtlichen Herstellungskosten des betreffenden Bauwerks.

b) der Verpflichtung des Käufers, den Vertragsgrundbesitz nicht ohne Zustimmung des Verkäufers zu veräußern oder zu belasten; der Wert einer solchen **Verfügungsbeschränkung** ist nach § 50 Nr. 1 GNotKG mit 10 % des Verkehrswertes des betroffenen Grundbesitzes anzunehmen.

DeutscherNotarVerlag

Heitzer

Bewertung von Kaufverträgen

c) einer hinsichtlich des Vertragsgrundbesitzes vereinbarten **Nutzungsbeschränkung.**

Der hierfür anzunehmende Wert ist nach § 50 Nr. 2 GNotKG mit 20 % vom Verkehrswert der betroffenen Sache (= Wert des Vertragsgrundbesitzes im Zeitpunkt der Beurkundung) anzunehmen. Eine derartige Nutzungsbeschränkung liegt bspw. vor bei der Verpflichtung

- ein auf dem Vertragsgrundstück noch zu errichtendes Gebäude ausschließlich zu Wohnzwecken für die eigene Familie zu nutzen, nicht an Dritte zu vermieten u. dgl.;
- auf dem Vertragsgrundbesitz noch zu errichtende Wohnungen nur mit Zustimmung des Verkäufers und nur an Personen bestimmter Einkommensgruppen zu vermieten.

d) der **Übernahme von Vermessungskosten** durch den Käufer beim Verkauf einer amtlich erst noch zu vermessenden Grundstücksteilfläche (da diese Kosten gem. § 448 Abs. 1 BGB als Kosten der Übergabe der Sache eigentlich vom Verkäufer zu tragen wären).

DeutscherNotarVerlag

Heitzer

Bewertung von Kaufverträgen

3. Kaufvertrag und weitere Vereinbarungen

a) Schuldanerkenntnis

Gibt der Käufer bspw. im Zusammenhang mit der Übernahme einer nicht mehr valutierten Grundschuld für eigene Finanzierungszwecke persönliche Erklärungen gegenüber dem Grundpfandrechtsgläubiger ab (z.B. ein abstraktes Schuldanerkenntnis samt Zwangsvollstreckungsunterwerfung), entsteht hierfür aufgrund der in § 110 Nr. 2 a) GNotKG festgelegten Gegenstandsverschiedenheit zum Veräußerungsvertrag eine gesonderte 1,0-Gebühr nach KV-Nr. 21200 GNotKG aus dem Wert der abgegebenen Erklärung (in aller Regel aus dem Nominalbetrag der übernommenen Grundschuld). § 94 Abs. 1 GNotKG ist zu beachten (Vergleichsberechnung).

b) Bestellung von Dienstbarkeiten

Im Rahmen des Kaufvertrages erfolgende Rechtseinräumungen am Vertragsgrundbesitz durch den Käufer (z.B. Einräumung eines Wohnungsrechts, Einräumung von Geh- und Fahrtrechten oder Ver- und Entsorgungsleitungsrechten) sind diese regelmäßig als weitere Leistung (Hinzurechnungsposten) i.S.d. § 47 S. 2 GNotKG bei der Geschäftswertbestimmung für den Kaufvertrag zu berücksichtigen.

Werden zur Absicherung der jeweiligen Rechtseinräumung **Grunddienstbarkeiten** (= subjektiv-dingliche Rechte) bestellt, so stellen die hierzu erforderlichen Grundbucherklärungen (Bewilligung und Antrag) gem. § 110 Nr. 2 b) GNotKG einen verschiedenen Beurkundungsgegenstand dar (abweichend von § 109 Abs. 1 GNotKG).

In diesen Fällen ist neben der 2,0-Gebühr aus dem Wert des Kaufvertrages eine 0,5-Gebühr nach KV-Nr. 21201 Nr. 4 GNotKG aus dem Wert der bestellten Grunddienstbarkeit (dieser ist identisch mit dem Wert für die schuldrechtliche Rechtseinräumung im Rahmen des Kaufvertrages) zu erheben; § 94 Abs. 1 GNotKG ist zu beachten, somit eine Vergleichsberechnung durchzuführen.

DeutscherNotarVerlag

Heitzer

Bewertung von Kaufverträgen

4. Betreuungs- und Vollzugstätigkeiten

a) Betreuungstätigkeiten

Führt der Notar im Zusammenhang mit der Abwicklung des Kaufvertrags auftragsgemäß eine oder mehrere Betreuungstätigkeiten nach KV-Nr. 22200 (Nr. 1 bis 7) GNotKG aus (bspw. Überwachung und Mitteilung der Kaufpreisfälligkeit, Beachtung der Vorlageanweisung zum Vollzug der Auflassung) ist hierfür neben der Beurkundungsgebühr eine 0,5-Betreuungsgebühr nach KV-Nr. 22200 GNotKG aus dem Wert des Beurkundungsverfahrens (§ 113 Abs. 1 GNotKG) zu erheben.

b) Vollzugstätigkeiten

Wird der Notar beauftragt, zum Kaufvertrag Vollzugstätigkeiten nach KV Vorbem. 2.2.1.1 Abs. 1 S. 2 Nr. 1 bis 11 GNotKG auszuführen (z.B. Einholen der Erklärungen zu gesetzlichen Vorkaufsrechten oder behördlicher Genehmigungen, Einholen privatrechtlicher Zustimmungserklärungen oder von Lastenfreistellungserklärungen) so fällt hierfür neben der Gebühr für das Beurkundungsverfahren eine 0,5-Vollzugsgebühr nach KV-Nr. 22110 GNotKG aus dem Wert des Beurkundungsverfahrens (§ 112 GNotKG) an.

Setzt sich der Wert des Beurkundungsverfahrens aus den Werten verschiedener Beurkundungsgegenstände zusammen (§ 35 Abs. 1 GNotKG), so bildet die Summe dieser Werte den Geschäftswert der Vollzugsgebühr.

Beschränkt sich die Tätigkeit des Notars auf sog. einfache Vollzugstätigkeiten nach KV Vorbem. 2.2.1.1 Abs. 1 S. 2 Nr. 1, ist die Gebührenbegrenzung nach KV-Nr. 22112 GNotKG zu beachten (höchstens 50,00 EUR pro Tätigkeit).

DeutscherNotarVerlag

Heitzer

N. Grundschulden (Folien)

58

Grundschulden

- Die **Grundschuld** ist im BGB nur am Rande geregelt, da sie bei Inkrafttreten des BGB als weniger wichtig als die Hypothek eingeschätzt wurde. Spezielle Vorschriften finden sich in §§ 1191-1198 BGB. Die Vorschriften über die Hypothek (§§ 1112-1190 BGB) sind entsprechend anwendbar; fernen gelten die allgemeinen Vorschriften über Rechte an Grundstücken (§§ 873-902 BGB). In der heutigen Praxis spielt die Grundschuld eine große Rolle, Hypotheken werden hingegen eher selten bestellt. Hypotheken und Grundschulden werden auch als Grundpfandrechte bezeichnet. Ein weiteres Grundpfandrecht ist die Rentenschuld.

- Grundpfandrechte geben dem Gläubiger das Recht, die belastete Immobilie (Pfandobjekt) im Wege der Zwangsvollstreckung zu verwerten (= Verwertungsrechte). Sie geben keinen Anspruch auf Zahlung eines baren Geldbetrages. Die Haftung des Eigentümers ist maximal auf den Verlust des Pfandobjektes beschränkt.

- Der Anspruch des Gläubigers gegen den persönlichen Schuldner, eine bestimmte Geldzahlung zu verlangen, ergibt sich in der Regel aus einem **(Darlehens-)Vertrag**.

- Im Gegensatz zur Hypothek (= akzessorisches Sicherungsmittel) kann die Grundschuld unabhängig von einer bestimmten Geldforderung bestehen („Forderung vergeht – Grundschuld besteht"). Das bedeutet, dass man eine bereits vorhandene Grundschuld auch als Sicherheit für neue Darlehen verwenden kann (→ Ersparnis der Kosten, die mit der Bestellung einer neuen Grundschuld verbunden wären).

- Die Verknüpfung zwischen Geldforderung und Verwertungsrecht ergibt sich aus der sog. **Sicherungsvereinbarung/Zweckbestimmung**. Diese regelt welche Verbindlichkeiten abgesichert sind und unter welchen Voraussetzungen der Gläubiger von seinem Verwertungsrecht Gebrauch machen darf.

DeutscherNotarVerlag

Heringer

Grundschulden

Man unterscheidet zwischen engen und weiten Zweckabreden. Bei einer **engen Zweckabrede** wird ein bestimmtes Darlehen abgesichert. Bei einer **weiten Zweckabrede** werden sämtliche Schulden abgesichert, die eine Person bei Bestellung der Grundschuld hat oder in Zukunft noch haben wird. Eine weite Zweckabrede bietet sich an, wenn von vornherein feststeht, dass es zur Aufnahme mehrerer Darlehensverträge kommen kann. Eine enge Zweckabrede ist vorteilhaft, wenn verschiedene Immobilien verschiedene Darlehen aus unterschiedlichen Sphären (z.B. betrieblich/privat) absichern.

Eigentümer und persönlicher Schuldner (= Darlehensnehmer) müssen nicht identisch sein (Beispiel: Eltern sind bereit, eine Grundschuld an ihrer Immobilie zur Absicherung eines Kredits für ihren Sohn zu bestellen). Fallen Eigentümer und persönlicher Schuldner auseinander, spricht man von einer **Drittsicherung.** Hier ist es besonders wichtig, zum Schutz des Eigentümers eine **enge Sicherungsvereinbarung** zu treffen.

Oft wird die Grundschuld mit einer Zwangsvollstreckungsunterwerfung (§ 794 Abs. 1 Nr. 5 ZPO) verbunden (vollstreckbare Grundschuld = Vollstreckungstitel). Zudem will die Bank meist nicht nur auf das Grundstück, sondern das gesamte Vermögen des Schuldners zwangsweise zugreifen können (z.B. durch Pfändung von Arbeitslohn). Deshalb enthalten Grundschuldbestellungsurkunden zusätzlich oft ein persönliches Schuldanerkenntnis (§ 780 BGB) des Darlehensnehmers und die Unterwerfung unter die sofortige Zwangsvollstreckung in das gesamte Vermögen. Wann der Gläubiger von der Sicherheit Gebrauch machen darf, ist wiederum in der Sicherungsabrede festgehalten.

DeutscherNotarVerlag

Heringer

Grundschulden

Unterformen der Grundschuld:

– Man kann zwischen **Buchgrundschulden** und **Briefgrundschulden** unterscheiden. Um welche Art von Grundschulden es sich handelt, ist auch im Grundbuch eingetragen. Bei der Buchgrundschuld ergibt sich der Inhaber der Grundschuld allein aus dem Grundbuch. Bei der Briefgrundschuld wird zusätzlich ein Brief gebildet, der dem Grundschuldgläubiger zur Legitimation ausgehändigt wird. Zur Übertragung der Grundschuld muss dies nicht im Grundbuch vermerkt werden, es genügt die Übergabe des Grundschuldbriefes (leichte, kostengünstige und anonyme Abtretung außerhalb des Grundbuches möglich). Allerdings besteht hier auch die Gefahr des Briefverlustes, der bei der Abwicklung von Kaufverträgen zu unerwünschten Verzögerungen führen kann.

– Eine **Sicherungsgrundschuld** (§ 1192 Abs. 1a BGB) wird zur Absicherung einer bestimmten Geldforderung bestellt (zudem Vereinbarung Zweckabrede; Normalfall der Grundschuldbestellung).

– Eine Grundschuld kann auch an mehreren Pfandobjekten bestellt werden (**Gesamtgrundschuld**). Der Gläubiger kann sich dann aussuchen, ob er im Verwertungsfall in alle oder lediglich einzelne Pfandobjekte vollstrecken will. Sind alle belasteten Grundstücke im selben Grundbuchblatt eingetragen, erkennt man die Gesamtgrundschuld daran, dass bei der Belastung in Abt. III des Grundbuchs mehrere laufende Nummern der belasteten Grundstücke aufgeführt sind. Sind die belasteten Grundstücke in verschiedenen Grundbuchblättern eingetragen, erkennt man die Gesamtgrundschuld meist an einem Mithaftvermerk.

– Im Rahmen von Grundstückskaufverträgen wird oftmals eine Vollmacht des Verkäufers für die Bestellung einer **Finanzierungsgrundschuld** aufgenommen (**Finanzierungsvollmacht**). Zum Schutz des Verkäufers wird die Sicherungsvereinbarung bei der Grundschuldbestellung vorläufig beschränkt (Grundschuld darf zunächst nur Geldbeträge absichern, die der Gläubiger unmittelbar an den Verkäufer bzw. abzulösende Gläubiger zahlt). Die vorläufige Einschränkung der Sicherungsvereinbarung ist in die Grundschuld-bestellungsurkunde aufzunehmen. Zudem ist im Urkundseingang aufzunehmen, dass der Käufer auch in Vertretung für den Verkäufer handelt unter Erwähnung der Vollmachtsurkunde (= Kaufvertrag).

DeutscherNotarVerlag

Heringer

Grundschulden

– Eigentümergrundschuld: Eine Eigentümergrundschuld ist eine Grundschuld, die der Grundstückseigentümer für sich selbst als Grundstückseigentümer bestellt. Wenn dann ein Darlehen aufgenommen wird, kann der Eigentümer die Grundschuld an den Darlehensgeber als neuen Grundschuldgläubiger abtreten. Meist wird eine Briefgrundschuld bestellt, so dass die Abtretung kostengünstig außerhalb des Grundbuchs erfolgen kann.

Bestellung der Grundschuld:

– Die Grundschuld ist ein dingliches Recht. Zur Belastung des Grundstücks bedarf es der Einigung des Berechtigten (= Eigentümer) und des anderen Teils (= Grundschuldgläubiger) über den Eintritt der Rechtsänderung und der Eintragung ins Grundbuch (§ 873 BGB). Die Grundschuld muss auf einen bestimmten Betrag lauten, ggf. sind Zinssatz und sonstige Nebenleistungen einzutragen (§§ 1192 Abs. 1, 1113 Abs. 1, 1115 Abs. 1 BGB). Bei einer Briefgrundschuld muss dem Gläubiger zusätzlich der Grundschuldbrief ausgehändigt werden (§ 1192 Abs. 1 i.V.m. § 1117 BGB).

– Die Einigung als solche ist nicht formgebunden, das Einverständnis der Bank wird vorab durch Übersendung des Bankauftrags erklärt. Die Eintragungsbewilligung des Grundstückseigentümers ist formgebunden (§§ 29, 19 GBO, zumindest Beglaubigung der Unterschrift des Grundstückseigentümers). Vollstreckbare Grundschulden (= Regelfall) müssen beurkundet werden (§ 794 Abs.1 Nr. 5 ZPO). Lässt sich der Eigentümer vertreten, muss die Vollmacht mindestens öffentlich beglaubigt sein (§ 29 GBO).

– Damit der Grundstückseigentümer die Bewilligung zur Eintragung nicht mehr einseitig wiederrufen kann, verlangt die Bank nach Grundschuldbestellung die Übersendung einer Ausfertigung (Bindung). Nimmt der Notar die Ausfertigung für die Bank entgegen löst die Entgegennahme zusätzliche Kosten aus (Betreuungsgebühr).

– Ist der Eigentümer im gesetzlichen Güterstand verheiratet, ist bei Vermögensverfügungen im Ganzen die Zustimmung des Ehegatten erforderlich.

DeutscherNotarVerlag

Heringer

Grundschulden

– Liegt das Grundstück in einem Sanierungsgebiet (Sanierungsvermerk in Abt. II) oder bei Belastung eines Erbbaurechts (falls Vermerk im Grundbuch) ist die Genehmigung der Sanierungsbehörde bzw. des Grundstückseigentümers erforderlich. Ist eine bedingte Rückauflassungsvormerkung im Grundbuch eingetragen (z.B. aufgrund Übergabevertrag) muss die Zustimmung der Berechtigten (und meist ein Rangrücktritt) eingeholt werden.

– Bei Drittsicherungsfällen muss neben dem Grundstückseigentümer der Darlehensnehmer an der Urkunde mitwirken, da er gegenüber der Bank die persönliche Zwangsvollstreckung in sein gesamtes Vermögen erklären soll.

– Die Grundschuldbestellung kann neben dem Grundschuldkapital auch Zinsen (12-18 %) und eine einmalige sonstige Nebenleistung enthalten (Sicherheitspuffer für rückständige Schulden, Verzugszinsen etc.). Bei vollstreckbaren Grundschulden erfolgt die Zwangsvollstreckungsunterwerfung meist so, dass sie gegen den jeweiligen Eigentümer zulässig sein soll (§ 800 ZPO).

– Belastet werden können Grundstücke (§ 1113 Abs. 1 BGB), Miteigentumsanteile an einem Grundstück (§ 1114 BGB) bei einer Miteigentümergemeinschaft, Wohnungs- und Teileigentumsrechte nach dem WEG und Erbbaurechte (§ 11 Abs. 1 S. 1 ErbbauRG). Nicht belastet werden können nicht vermessene Teilflächen (hier wird dann in der Praxis "die Auflassungsvormerkung verpfändet") eines Grundstücks oder Anteile einer Gesamthandsgemeinschaft (Erbengemeinschaft, Gütergemeinschaft).

– Zur Eintragung der Grundschuld wird dem Grundbuchamt eine Ausfertigung/beglaubigte Abschrift übersendet. Mit der Eintragung (in Abt. III, Betrag, Zinsen, Nebenleistung, Grundschuldgläubiger, Pfandobjekt, vollstreckbar nach § 800 ZPO, Abtretungsausschluss) ist die Grundschuld wirksam entstanden (bei Briefgrundschuld mit Übergabe des Briefes an den Gläubiger).

DeutscherNotarVerlag

Heringer

Grundschulden

- Die **Rangstelle** der Grundschuld ist für die Werthaltigkeit der Grundschuld entscheidend. Grundsätzlich erhalten Belastungen einen Rang in der zeitlichen Reihenfolge ihrer Eintragung (§ 879 Abs. 1 BGB). In der Zwangsvollstreckung werden die Gläubiger in der Reihenfolge ihrer Rangstelle befriedigt. Vorrangige Rechte bleiben bestehen oder erhalten vorrangig Geldzahlungen. Nicht wertmindernde Rechte (Geh- und Fahrtrechte, Leitungsrechte, Abstandsflächenübernahmen) dürfen der Grundschuld normalerweise vorgehen. Wertmindernde Rechte (Nießbrauch, Wohnrecht, Leibgeding, Vormerkung, Vorkaufsrecht, Reallasten) dürfen im Normalfall nicht vorgehen und müssen im Rang zurücktreten. Hierzu muss der Berechtigte einen **Rangrücktritt** in öffentlich beglaubigter Form (§ 29 GBO) bewilligen und der Eigentümer dem zustimmen. Das Recht kann dann bei einer Zwangsversteigerung aus der vorrangigen Grundschuld ersatzlos entfallen (Risiko für den zurücktretenden).
- Ist bei der Grundschuldbestellung bereits bekannt, dass noch eine vorrangige weitere Grundschuld bestellt werden soll, kann hier bereits ein **Rangvorbehalt** bewilligt werden. Bei der weiteren Grundschuldbestellung ist dann kein Rangrücktritt erforderlich, diese kann in den vorbehaltenen **Rang eingewiesen** werden.
- Manchmal (etwa bei hoher Arbeitsbelastung des Grundbuchamtes) wird von der Bank eine **Rangbescheinigung** gewünscht, in der der Notar bestätigt, dass er die Grundschuld dem Grundbuchamt vorgelegt hat und keine Hindernisse ersichtlich sind, die der Eintragung an der gewünschten Rangstelle entgegenstehen. Der Notar ist zu dieser gutachterlichen Stellungnahme (§ 24 Abs. 1 BNotO) aber nicht verpflichtet (Haftungsrisiko).
- Eine vollstreckbare Ausfertigung wird der Bank im Normalfall nach Eintragung der Grundschuld im Grundbuch erteilt.

Deutscher**Notar**Verlag

Heringer

Grundschulden

- Ist der Veräußerer nicht bereit, eine Finanzierungsvollmacht zu erteilen, oder wird eine unvermessene Teilfläche veräußert, kann zugunsten des Erwerbers noch keine Grundschuld eingetragen werden. In diesem Fall kann der Erwerber seine Ansprüche auf Eigentumsverschaffung am Grundstück an die Bank verpfänden. Die Verpfändung wird bei der Auflassungsvormerkung im Grundbuch vermerkt. Erwerber und Veräußerer können ohne Zustimmung der Bank den Anspruch nicht mehr aufheben oder abändern, der Veräußerer nur noch an Erwerber und Bank gemeinsam leisten (§§ 1276, 1281 BGB). Mit Eigentumsumschreibung würde für die Bank eine Sicherungshypothek eingetragen, worauf die Bank verzichtet, wenn die Grundschuld eingetragen wird. Die Verpfändung muss dem Schuldner (= Veräußerer) angezeigt werden (§ 1280 BGB). In der Praxis wird die Verpfändung oftmals in der Grundschuldbestellungsurkunde mit beurkundet. Meistens wird dem Notar zudem eine Vollmacht erteilt, um das belastete Pfandobjekt nach Vermessung genauer zu bezeichnen.
- **Abtretung der Grundschuld:** Die Grundschuld kann grundsätzlich auf einen neuen Gläubiger übertragen werden (z.B. bei Umschuldung durch den Schuldner, Zwischenfinanzierung der Bank bei einer anderen Bank). Mit der Grundschuld werden regelmäßig die Ansprüche aus dem persönlichen Schuldanerkenntnis abgetreten. Die gesicherten Forderungen gehen nicht automatisch auf den neuen Gläubiger über. Grundschuld und Darlehensvertrag bleiben nach der Grundschuldbestellung voneinander unabhängig. Sollen künftig andere Forderungen abgesichert werden, ist eine Änderung des Sicherungsvertrags erforderlich. Grundschulden können in voller Höhe oder in Höhe eines Teilbetrages (Festlegung Rangverhältnis!) abgetreten werden. Die Einigung über die Abtretung ist formlos möglich (§ 873 Abs. 1 BGB), zur Eintragung im Grundbuch ist jedoch die öffentlich beglaubigte Form nötig (§§ 19, 29 GBO). Bei Briefgrundschulden genügt eine schriftliche Abtretungserklärung sowie Übergabe des Grundschuldbriefes (§§ 1192 Abs. 1, 1154 Abs. 1 S. 1 BGB). Bei der Buchgrundschuld muss der Übergang im Grundbuch vermerkt werden. Antragsberechtigt sind der alte und der neue Gläubiger der Grundschuld.

Deutscher**Notar**Verlag

Heringer

Grundschulden

· **Erstreckung der Grundschuld auf weitere Pfandobjekte:** Eine Grundschuld kann nach der Bestellung auf weitere Grundstücke ausgedehnt werden. Eine Möglichkeit ist hierzu die **Bestandteilszuschreibung** (§§ 890 Abs. 2, 1131 BGB), insbesondere wenn die Grundstücke in der Nähe voneinander liegen. Hierbei müssen das Stammgrundstück und das zuzuschreibende Grundstück festgelegt werden. Die am Stammgrundstück eingetragenen Grundpfandrechte erstrecken sich automatisch auf das als Bestandteil zugeschriebene Grundstück. Der Vereinigungsantrag bedarf der öffentlichen Beglaubigung (§ 29 GBO). Die schlichte **Grundstücksvereinigung** (§ 890 Abs. 1 BGB) führt hingegen nur dazu, dass mehrere Flurstücke als ein Grundstück im Rechtssinne vorgetragen werden, aber nicht zur Erstreckung von Grundpfandrechten. Die **Nachverpfändung** erfolgt rechtlich wie die erstmalige Bestellung der Grundschuld. Mit der Eintragung der Grundschuld an dem weiteren nachverpfändeten Grundbesitz entsteht eine Gesamtgrundschuld. Handelt es sich um eine nach § 800 ZPO vollstreckbare Grundschuld, muss die Nachverpfändung beurkundet werden.

· **Pfandfreigabe:** Wird bei einer Gesamtgrundschuld ein Grundstück von der Grundschuld freigegeben, so nennt man diesen Verzicht des Gläubigers auch Pfandfreigabe. An den übrigen Grundstücken bleibt die Grundschuld unverändert fortbestehen (§§ 1175 Abs. 1 S. 2, 1192 BGB). Der Verzicht bedarf keiner besonderen Form, allerdings ist zur Eintragung im Grundbuch die öffentlich Beglaubigung (§ 29 GBO) nötig. Bei Briefgrundschulden muss zum Vollzug der Freigabe im Grundbuch auch der Grundschuldbrief vorgelegt werden. In der Praxis benötigt man Pfandfreigaben häufig bei der Veräußerung von Teilflächen. Es ist darauf zu achten, dass der Gläubiger die noch nicht vermessene Teilfläche möglichst genau bezeichnet. Der Notar kann von der Bank bevollmächtigt werden, nach Vermessung die freigegebene Fläche für das Grundbuchamt genauer zu bezeichnen.

DeutscherNotarVerlag

Heringer

O. Grundschuldbestellung – Kostenrecht (Folien)

59 # Bewertung von Grundschuldbestellungen

1. Allgemein

Geschäftswert

Der Geschäftswert für die Bestellung, Abtretung oder Löschung einer Grundschuld bestimmt sich gem. § 53 Abs. 1 GNotKG nach dem Nennbetrag der Grundschuld.

Gebühr

a) Grundschuldbestellung - vollstreckbar

Unterwirft sich der Eigentümer/Schuldner in der Grundschuldbestellung der Zwangsvollstreckung in dinglicher und/oder persönlicher Hinsicht (§ 794 Abs. 1 Nr. 5, § 800 ZPO), ist für die (sodann zwingend erforderliche) Beurkundung der Grundschuldbestellung eine 1,0-Gebühr nach KV-Nr. 21200 GNotKG zu erheben.

b) Grundschuldbestellung - nur formelle Grundbucherklärungen

Beschränkt sich der Inhalt der Grundschuldbestellung auf die formellen (grundbuchverfahrensrechtlich erforderlichen) Erklärungen, fällt im Falle der Beurkundung eine 0,5-Gebühr nach KV-Nr. 21201 Nr. 4 GNotKG an, bei auftragsgemäßer und vollständiger Entwurfsfertigung (mit Unterschriftsbeglaubigung) eine 0,5-Gebühr nach KV-Nr. 24102 GNotKG (§ 92 Abs. 2 GNotKG).

DeutscherNotarVerlag

Heitzer

Bewertung von Grundschuldbestellungen

Notarkasse
Anstalt des öffentlichen Rechts

c) Grundschuldbestellung - formelle Grundbucherklärungen und darüber hinausgehende (weitere) Erklärungen

Sind in der Grundschuldbestellung neben den formellen Grundbucherklärungen darüber hinausgehende Erklärungen enthalten, wie z.B. ein abstraktes Schuldanerkenntnis, eine Zweckerklärung (oder deren Einschränkung) oder auch die Abtretung von Rückgewährsansprüchen gegenüber den Gläubigern vor- oder gleichrangiger Grundschulden, fällt bei einer Beurkundung der Grundschuldbestellung eine 1,0-Gebühr nach KV-Nr. 21200 GNotKG an, bei auftragsgemäßer Fertigung des (vollständigen) Entwurfs (mit Unterschriftsbeglaubigung) eine 1,0-Gebühr nach KV-Nr. 24101 GNotKG.

d) Grundschuldbestellung - nur Unterschriftsbeglaubigung

Beschränkt sich die auftragsgemäße Tätigkeit des Notars darauf, unter einem ihm vorgelegten (vollständig ausgefüllten) Formular zur Bestellung einer nicht vollstreckbaren Grundschuld lediglich die Unterschrift des Eigentümers zu beglaubigen, fällt hierfür eine 0,2-Gebühr nach KV-Nr. 25100 GNotKG (mindestens 20,00 EUR und höchstens 70,00 EUR) an.

DeutscherNotarVerlag

Heitzer

Bewertung von Grundschuldbestellungen

Notarkasse
Anstalt des öffentlichen Rechts

2. Grundschuldbestellung und weitere Erklärungen

a) derselbe Gegenstand (gem. § 109 GNotKG)

Derselbe Gegenstand zur Grundschuldbestellung liegt bspw. vor bei

- einem gegenüber dem Grundpfandrechtsgläubiger erklärten abstrakten Schuldanerkenntnis (§ 781 BGB) des Eigentümers/Schuldners (bis zur Höhe des Nennbetrags der Grundschuld; § 109 Abs. 2 Nr. 3 GNotKG);
- Rangänderungserklärungen (§ 109 Abs. 1 S. 4 Nr. 3 GNotKG) des Eigentümers (Antrag auf Vollzug, Zustimmung zum Rangrücktritt) wie auch von Dritten (z.B. Bewilligung des Berechtigten eines im Grundbuch eingetragenen Wohnungsrechts oder Leibgedings);
- Zustimmungserklärungen (§ 109 Abs. 1 S. 2 GNotKG), z.B. des Ehegatten des Eigentümers/Schuldners nach § 1365 BGB, Zustimmung des Grundstückseigentümers zur Belastung eines Erbbaurechts.

b) verschiedener Gegenstand (gem. § 86 Abs. 2 GNotKG)

Ein verschiedener Gegenstand zur Grundschuldbestellung liegt bspw. vor bei

- Löschungserklärungen, z.B. Zustimmung des Eigentümers zur Löschung im Grundbuch eingetragener Grundpfandrechte;
- Antrag auf Berichtigung des Grundbuchs bzgl. des bei Bestellung der Grundschuld im Grundbuch eingetragenen Eigentümers (z.B. wg. Änderung der Firma einer Gesellschaft oder aufgrund Erbfolge).

DeutscherNotarVerlag

Heitzer

Bewertung von Grundschuldbestellungen

3. Vollzugs- und Betreuungstätigkeiten

a) Vollzugstätigkeiten

Wird der Notar beauftragt, zur Grundschuldbestellung Vollzugstätigkeiten nach KV Vorbem. 2.2.1.1 Abs. 1 S. 2 Nr. 1 - 11 GNotKG auszuführen (wie z.B. das Einholen von behördlichen Genehmigungen, von privatrechtlichen Zustimmungserklärungen oder von Rangänderungserklärungen) so fällt hierfür neben der Gebühr für das Beurkundungs- oder Entwurfsverfahren eine 0,3-Vollzugsgebühr nach KV-Nr. 22111 GNotKG aus dem Wert des Beurkundungs-/Entwurfsverfahrens (§ 112 GNotKG) an.

Setzt sich der Wert des Beurkundungs-/Entwurfsverfahrens aus den Werten verschiedener Gegenstände zusammen, so bildet die Summe dieser Werte den Geschäftswert der Vollzugsgebühr.

Beschränkt sich die Tätigkeit des Notars auf sog. einfache Vollzugstätigkeiten nach KV Vorbem. 2.2.1.1 Abs. 1 S. 2 Nr. 1, ist die Gebührenbegrenzung nach KV-Nr. 22112 GNotKG zu beachten (höchstens 50,00 EUR pro Tätigkeit).

Hat der Notar die Grundschuldbestellung weder beurkundet, noch den Entwurf der Grundschuldbestellung gefertigt (oder überprüft/ergänzt), sondern lediglich die Unterschrift des Eigentümers beglaubigt, fällt für auftragsgemäß ausgeführte Vollzugstätigkeiten nach KV Vorbem. 2.2.1.1 Abs. 1 S. 2 Nr. 1 bis 11 GNotKG die 0,5-Vollzugsgebühr nach KV-Nr. 22121 GNotKG (Vollzug in besonderen Fällen) aus dem (wie bei der Beurkundung der Erklärung zu bestimmenden) Wert des Verfahrens an; eine Begrenzung der Gebühr für sog. einfache Vollzugstätigkeiten erfolgt hier nicht.

Beschränkt sich die Tätigkeit des Notars (neben der Beglaubigung der Unterschrift) auf das bloße Einreichen der Grundschuldbestellung beim Grundbuchamt, fällt hierfür die (Vollzugs-)Gebühr nach KV-Nr. 22124 GNotKG (Festgebühr von 20,00 EUR) an.

DeutscherNotarVerlag

Heitzer

Bewertung von Grundschuldbestellungen

b) Betreuungstätigkeiten

Führt der Notar im Zusammenhang mit der Grundschuldbestellung auftragsgemäß eine Betreuungstätigkeit nach KV-Nr. 22200 (Nr. 1-7) GNotKG aus, ist hierfür eine 0,5-Betreuungsgebühr nach KV-Nr. 22200 GNotKG aus dem Wert des Beurkundungs-/Entwurfsverfahrens (§ 113 Abs. 1 GNotKG) zu erheben.

Als Betreuungstätigkeiten kommen in Betracht

– die Entgegennahme einer Ausfertigung der Grundschuldbestellung im Auftrag des Gläubigers zur Herbeiführung der Bindungswirkung nach § 873 Abs. 2 BGB (KV-Nr. 22200 Nr. 7 GNotKG)

– die (förmliche) Anzeige der Verpfändung (§ 1280 BGB) oder ein ausdrücklicher Hinweis des Notars an den Gläubiger einer Finanzierungsgrundschuld auf die in der Grundschuldbestellung enthaltene Einschränkung der Zweckerklärung (je KV-Nr. 22200 Nr. 5 GNotKG); die Gebühr fällt jedoch nicht an, wenn sich die Tätigkeit des Notars darauf beschränkt, dem Gläubiger ohne förmliche Anzeige oder ohne ausdrücklichen Hinweis lediglich eine Ausfertigung/Ablichtung der Urkunde/Grundschuldbestellung zu übermitteln.

DeutscherNotarVerlag

Heitzer

P.   Rechte in Abteilung II (Folien)

60   Vom Abdrucke der Folien zum Kapitel „**Rechte in Abteilung II**" haben wir abgesehen; diese sind nur im Downloadbereich verfügbar (URL s. § 1 Rdn 3).

Q. Rechte in Abteilung II – Kostenrecht (Folien)

Bewertung von Rechten in Abt. II

 **Notarkasse**
Anstalt des öffentlichen Rechts

61

A. Geschäftswert

Der Geschäftswert für die Bestellung einer Dienstbarkeit (Grunddienstbarkeit oder beschränkte persönliche Dienstbarkeit), einer Reallast oder eines sonstigen Rechts auf wiederkehrende oder dauerhafte Nutzung bzw. Leistungen bestimmt sich gemäß § 52 Abs. 1 GNotKG nach dem Wert, den das Recht für den Berechtigten oder das herrschende Grundstück hat (Grundsatz).

Grundlage der Wertbestimmung ist regelmäßig ein (vom Notar zu ermittelnder) Jahreswert der Nutzung oder Leistung, welcher sodann gem. den weiteren Bestimmungen des § 52 GNotKG zu kapitalisieren ist.

Für die Ermittlung des Jahreswertes kann bspw. bei Wohnungs- oder Nießbrauchsrechten auf eine ortsübliche Vergleichsmiete oder Pachtzahlung zurückgegriffen werden. Soweit keine verwertbaren Anhaltspunkt zur Bestimmung des jährlichen Nutzungswertes vorliegen (wie häufig z.B. bei Geh- und Fahrt- oder Leitungsrechten), kann der zugrunde zu legende Jahreswert hilfsweise nach § 52 Abs. 5 GNotKG mit 5 % vom Wert des betroffenen Gegenstandes oder Teil dieses Gegenstandes (Ausübungsbereich bzw. -fläche) angenommen werden.

Die weitere Geschäftswertbestimmung erfolgt sodann nach § 52 Abs. 2, 3 oder 4 GNotKG. Dabei ist wie folgt zu unterscheiden:

1. bestimmte Dauer

Wird das Recht auf eine bestimmte, fest vereinbarte Dauer eingeräumt, ist diese für die Wertbestimmung maßgebend (§ 52 Abs. 2 S. 1 GNotKG). Allerdings darf der Geschäftswert bei einer vereinbarten Dauer von 20 Jahren oder darüber hinaus höchstens mit dem auf die ersten 20 Jahre entfallenden Wert des Rechts angenommen werden (§ 52 Abs. 2 S. 2 GNotKG). Ist ein auf eine bestimmte Dauer eingeräumtes Recht zugleich auf die Lebensdauer einer Person beschränkt, so ist § 52 Abs. 4 GNotKG zu beachten; der danach maßgebende Wert darf nicht überschritten werden (§ 52 Abs. 2 S. 3 GNotKG).

DeutscherNotarVerlag

Heitzer

Bewertung von Rechten in Abt. II

 **Notarkasse**
Anstalt des öffentlichen Rechts

---

2. unbestimmte Dauer

Bei Rechten von unbestimmter Dauer ist der auf die ersten 10 Jahre entfallende Wert als Geschäftswert anzunehmen (§ 52 Abs. 3 S. 2 GNotKG). Unbestimmte Dauer liegt dann vor, wenn feststeht, dass das Recht irgendwann wegfallen wird, jedoch der Zeitpunkt des Wegfalls ungewiss ist. Dies ist bspw. der Fall bei Rechten, für die eine bestimmte Mindestlaufzeit festgelegt ist, deren Dauer sich aber um einen bestimmten Zeitraum (ggf. mehrfach) verlängert, wenn das Recht nicht vor Ablauf der Dauer gekündigt wird. Ist das Recht zugleich auf die Lebensdauer einer Person beschränkt, darf der sich nach § 52 Abs. 4 GNotKG ergebende Wert nicht überschritten werden.

3. unbeschränkte Dauer

Bei Rechten von unbeschränkter Dauer bestimmt sich der maßgebende Geschäftswert nach dem auf die ersten 20 Jahre entfallender Wert (§ 52 Abs. 3 S. 1 GNotKG). Unbeschränkte Dauer liegt vor, wenn ein Wegfall des Rechts überhaupt nicht absehbar ist, wie z.B. bei Grunddienstbarkeiten zur Absicherung unbefristeter/unkündbarer Nutzungsrechte.

DeutscherNotarVerlag

Heitzer

Bewertung von Rechten in Abt. II

4. Rechte auf Lebensdauer

a) Allgemeines

Ist das einräumte Rechte auf die Lebensdauer einer natürlichen Person beschränkt (z.B. Wohnungsrecht, sonstige beschränkte persönliche Dienstbarkeit, Nießbrauch oder Reallast), ist der Geschäftswert nach § 52 Abs. 4 GNotKG zu bestimmen. Der hierbei anzunehmende Vervielfältiger ist abhängig vom Lebensalter des Berechtigten im Zeitpunkt der Rechtseinräumung.

b) Gesamtrecht

Steht das eingeräumte Recht mehreren Personen (als Gesamtrecht) zu, bestimmt sich der maßgebliche Vervielfältiger nach dem Lebensalter des jüngeren Berechtigten, wenn das Recht mit Ableben des Längerlebenden erlischt, oder nach dem Lebensalter des älteren Berechtigten, wenn das Recht bereits mit Ableben des Erstversterbenden erlöschen soll.

c) Gesamtrecht, Minderung nach Ableben des Erstversterbenden

Wird ein Gesamtrecht in der Weise eingeräumt, dass sich die Leistung (bspw. eine durch Reallast abgesicherte mtl. Zahlung) mit Ableben des Erstversterbenden vermindert und gehören die Berechtigten verschiedenen Lebensalterstufen i.S.v. § 52 Abs. 4 GNotKG an, so ist im ersten Schritt der Kapitalwert für den Erstversterbenden auf der Grundlage des vollen Betrages und des nach dem Lebensalter des Älteren maßgebenden Vervielfältigers zu bestimmen. Im zweiten Schritt ist der Kapitalwert für den Längerlebenden zu bestimmen; maßgebend ist hierbei der geminderte Betrag der Leistung und die Differenz zwischen dem Vervielfältiger für den älteren und für den jüngeren Berechtigten. Die ermittelten Kapitalwerte für beide Berechtigte sind sodann zu addieren. Gehören die Berechtigten derselben Jahrgangsgruppe an, so führt dies dazu, dass der volle Betrag mit dem für beide Berechtigte maßgebenden Vervielfältiger zu kapitalisieren ist und die mit Ableben des Erstversterbenden eintretende Minderung im Ergebnis unberücksichtigt bleibt.

DeutscherNotarVerlag

Heitzer

Bewertung von Rechten in Abt. II

d) mehrere Einzelrechte

Werden mehrere selbständige Einzelrechte nebeneinander bestellt, so ist für jedes Einzelrecht der Geschäftswert gesondert nach den vorstehenden allgemeinen Grundsätzen zu bestimmen.

Werden mehrere Einzelrechte in der Weise eingeräumt, dass ein Recht erst nach Wegfall/Beendigung des anderen Rechts zu laufen beginnt (aufschiebend bedingtes Recht), erfolgt ebenfalls eine getrennte Berechnung der Einzelrechte. Hierbei ist bei dem aufschiebend bedingten Recht § 52 Abs. 6 S. 3 GNotKG zu beachten. Danach ist bei der Wertbestimmung für das aufschiebend bedingte Recht ein Abschlag vorzunehmen; dies kann in der Weise erfolgen, dass die Kapitalisierung des maßgebenden Jahreswertes lediglich mit der Differenz zwischen dem Vervielfältiger für den älteren und für den jüngeren Berechtigten erfolgt, zumal nach der Literaturmeinung auch bei teils aufschiebend bedingten Einzelrechten die Summe der hierfür anzunehmenden Werte zu keinem höheren Ergebnis führen kann, als bei der Geschäftswertbemessung für ein Gesamtrecht (Nutzungswert, kapitalisiert mit dem Vervielfältiger für den jüngeren Berechtigten).

5. Nutzungsbeschränkung

Weist das eingeräumte Recht (Dienstbarkeit) den Charakter einer Nutzungsbeschränkung auf (z.B. Übernahme von Abstandsflächen oder Verbot zur Ausübung eines bestimmten Gewerbes) erscheint ein Wertansatz in voller Höhe des nach § 52 GNotKG kapitalisierten Jahreswertes nicht als sachgerecht, da der Eigentümer des belasteten Grundstücks nicht von der Nutzung des Grundstücks (oder des betroffenen Grundstücksteils) ausgeschlossen wird, sondern sich dessen Einschränkung nur auf bestimmte Nutzungsarten oder -befugnisse bezieht. Dies rechtfertigt gemäß § 52 Abs. 6 GNotKG einen Wertabschlag; im Ergebnis wird daher in Anlehnung an § 50 Nr. 2 GNotKG ein Wertansatz i.H.v. 20 % des kapitalisierten Jahreswertes vorgeschlagen.

DeutscherNotarVerlag

Heitzer

Bewertung von Rechten in Abt. II

Notarkasse
Anstalt des öffentlichen Rechts

6. Dulden oder Unterlassen

Von Nutzungsrechten abgesehen, kann der Inhalt einer Dienstbarkeitsbestellung lediglich auf ein Dulden oder Unterlassen gerichtet sein. Grundlage für die Wertbestimmung ist auch hier ein zu ermittelnder Jahreswert; in Ermangelung sonstiger ausreichender Anhaltspunkte wird man den Jahreswert regelmäßig mit 5 % vom Wert des betroffenen Gegenstandes (Grundbesitzes) oder Teil dieses Gegenstandes annehmen können (§ 52 Abs. 5 GNotKG).

Der so ermittelte Jahreswert ist nach § 52 Abs. 2 ff. GNotKG zu kapitalisieren. Jedoch ist zu beachten, dass bei derartigen Rechten die Nutzung des betroffenen Grundstücks bzw. der betroffenen Grundstücksfläche beim Eigentümer des dienenden Grundstücks verbleibt und dessen Nutzungsbefugnis nur in einzelnen Beziehungen eingeschränkt wird. Dies rechtfertigt nach § 52 Abs. 6 GNotKG einen deutlichen Wertabschlag; als angemessen erscheint ein Abschlag von ca. 50 % des kapitalisierten Jahreswertes (bei bloßer Immissionsduldung auch darüber hinaus bis hin zum Ansatz eines geringen Restwertes).

DeutscherNotarVerlag

Heitzer

Bewertung von Rechten in Abt. II

Notarkasse
Anstalt des öffentlichen Rechts

B. Gebühr

Für die Einräumung bzw. Bestellung von Nutzungs- und Leistungsrechten i.S.v. § 52 GNotKG kommen folgende Gebührenansätze in Betracht:

➢ Ansatz einer 0,5-Gebühr

– nach KV-Nr. 21201 Nr. 4 GNotKG, wenn die Bestellung des Rechts vom Notar beurkundet wird und diese lediglich die formellen Grundbucherklärungen (Bewilligung und Antrag nach der Grundbuchordnung) enthält;

– nach KV-Nr. 24102 GNotKG (Entwurfsfertigung mit Unterschriftsbeglaubigung), wenn die Rechtsbestellung (mit vorstehendem Inhalt) vom Notar vollständig (s. hierzu § 92 Abs. 2 GNotKG) entworfen wurde. Die erstmalige Beglaubigung der Unterschrift(en) unter diesem Entwurf, welche von dem Notar vorgenommen wird, der den Entwurf erstellt hat, erfolgt gem. KV Vorbem. 2.4.1 Abs. 2 GNotKG gebührenfrei.

➢ Ansatz einer 2,0-Gebühr

– nach KV-Nr. 21100 GNotKG, wenn die Rechtseinräumung durch einen beurkundeten Vertrag zwischen dem Eigentümer des dienenden Grundstücks und dem Berechtigten erfolgt.

– nach KV-Nr. 24100 GNotKG bei vollständiger Fertigung des Entwurfs der vertraglichen Vereinbarung (samt Beglaubigung der Unterschriften der Vertragsbeteiligten).

➢ Ansatz einer 0,2-Gebühr

– nach KV-Nr. 25100 GNotKG bei bloßer Unterschriftsbeglaubigung ohne Fertigung, Ergänzung oder Überprüfung eines vorgelegten Entwurfs.

DeutscherNotarVerlag

Heitzer

R. Wohnungseigentumsrecht (Folien)

62

Begründung von Wohnungseigentum  **Notarkasse**
Anstalt des öffentlichen Rechts

- Begründung nach § 3 WEG = „vertragliche Einräumung" – mehrere Miteigentümer setzen ihre Miteigentümergemeinschaft an einem Grundstück dadurch auseinander, dass jeder Miteigentümer einzelne Sondereigentumseinheiten erhält → eine vertragliche Einräumung nach § 3 WEG muss in Niederschriftsform beurkundet sein (§§ 8 ff. BeurkG).
- Begründung nach § 8 WEG = „Teilung" – an den durch Teilung entstehenden Sondereigentumseinheiten bestehen dieselben Eigentumsverhältnisse wie zuvor am unaufgeteilten Grundstück → die Teilung nach § 8 WEG bedarf nicht der Niederschriftsform, es genügt Beglaubigung (vgl. § 873 BGB, § 29 GBO).
- Begründung nach §§ 3 und 8 WEG nur an einem (!) Grundstück möglich → erforderlichenfalls vorher Grundstücke zu einem Grundstück im Rechtssinne erforderlich.
- Zwingend erforderlich sind amtlicher Aufteilungsplan und Abgeschlossenheitsbescheinigung (§ 7 Abs. 4 WEG)
- Eine Gemeinschaftsordnung ist üblich, aber nicht zwingend erforderlich → ohne eine Gemeinschaftsordnung gelten die Vorschriften des WEG.
- Eine Gemeinschaftsordnung ist jedoch zwingend erforderlich, wenn Sondernutzungsrechte begründet werden sollen.
- Die Begründung einer WEG ist vor Realisierung des Baus möglich → wird abweichend vom Plan gebaut, besteht die Gefahr, dass Sondereigentum nicht oder nur eingeschränkt entsteht.

Deutscher**Notar**Verlag

Vollrath

Die Wohnungseigentümergemeinschaft  **Notarkasse**
Anstalt des öffentlichen Rechts

- §§ 9a ff. WEG – Namensführung in § 9a Abs. 1 WEG
- Die Gemeinschaft entsteht mit Anlegung der Wohnungsgrundbücher, auch wenn es nur einen einzigen Eigentümer gibt (§ 9a Abs. 1 WEG) – ab diesem Zeitpunkt können also Beschlüsse gefasst werden.
- Es handelt sich um eine rechtsfähige Gemeinschaft, sie kann selbst z.B. auch Wohnungseigentum erwerben.
- Die Gemeinschaft wird nach außen durch den Verwalter vertreten (vgl. § 9b Abs. 1 WEG).
- Intern findet die Willensbildung durch Beschlussfassung statt (§§ 18, 19, 23 bis 25 WEG).
- Weder ein einzelner Wohnungseigentümer noch ein Pfandgläubiger können die Aufhebung der Wohnungseigentümergemeinschaft erzwingen (§ 11 WEG). In Ausnahmefällen kann die Gemeinschaft einen Einzelnen ausschließen, indem sie ihn zum Verkauf seines Eigentums zwingt (§ 17 WEG).
- Die Außenhaftung eines Eigentümers Dritten gegenüber ist geregelt in § 9a Abs. 4 WEG, die Zahlungspflichten eines Eigentümers der Gemeinschaft gegenüber ergeben sich aus § 16 Abs. 2 (laufende Kosten) und § 16 Abs. 3 i.V.m. § 21 WEG (bauliche Veränderungen).

Deutscher**Notar**Verlag

Vollrath

Der Beitritt zur Wohnungseigentümergemeinschaft

Wer Eigentum an einer Sondereigentumseinheit erwirbt und dadurch in eine laufende Wohnungseigentümergemeinschaft eintritt ...

- ... erwirbt seine Rechtsstellung mit Eintragung des Eigentumswechsels,
- ... haftet Dritten (Gläubigern) gegenüber nicht automatisch für Verbindlichkeiten, die während der Eigentümerstellung der Voreigentümer „entstanden" oder „fällig geworden" sind (§ 9a Abs. 4 WEG; der Ausgeschiedene haftet hierfür noch für fünf Jahre weiter),
- ... haftet der Wohnungseigentümergemeinschaft gegenüber daher nicht automatisch für Wohngeldrückstände des Voreigentümers (auch die Wohnungseigentümergemeinschaft ist Gläubiger i.S.d. § 9a Abs. 4 WEG) – die Gemeinschaftsordnung kann hierzu aber Abweichendes regeln,
- ... muss früher gefasste Beschlüsse der Wohnungseigentümergemeinschaft gegen sich gelten lassen (§ 10 Abs. 3 Satz 2 WEG), soweit es sich um Beschlüsse handelt, zu deren Fassung Vorschriften des WEG unmittelbar ermächtigen,
- ... muss Vereinbarungen der Wohnungseigentümer untereinander und früher gefasste „Beschlüsse aufgrund Vereinbarungen" nur gegen sich gelten lassen, wenn diese Beschlüsse als Inhalt des Sondereigentums im Grundbuch eingetragen sind (§ 10 Abs. 3 Satz 1 WEG).

DeutscherNotarVerlag

Vollrath

Sondereigentum - Sondernutzungsrecht

- Sondereigentum kann bestehen an (i) Räumen (= baulich umschlossene Luft, ein vollständiges Umschließen ist nicht erforderlich, Beispiel: Balkon, Dachterrasse), (ii) Stellplätzen (§ 3 Abs. 1 Satz 2 WEG = Fiktion des Raums) und (iii) untergeordneten Freiflächen (§ 3 Abs. 2 WEG) → (ii) und (iii) müssen mit Maßangaben exakt bezeichnet werden (§ 3 Abs. 3 WEG).
- Sondernutzungsrechte (§§ 5 Abs. 4, 10 Abs. 3 WEG) können an allen Bestandteilen des Grundstücks eingeräumt werden (Räume oder Nichträume, Gebäudeteile, Grundstücksteile, Herrschpositionen aus Dienstbarkeiten zugunsten des WEG-Grundstücks).
- Sondernutzungsrechte sind zwingend mit einem Sondereigentum verbunden (oder mit mehreren Sondereigentumseinheiten) – sie können also an niemanden übertragen werden, der nicht zugleich Sondereigentümer in der Gemeinschaft ist.
- Sondernutzungsrechte haben eine „negative" Komponente = Gebrauchsausschluss aller oder bestimmter Sondereigentümer und eine „positive" Komponente = Zuweisung des Gebrauchs an eine oder mehrere Sondereigentumseinheiten; diese Zuweisung kann auch stufenweise erfolgen (Ausschluss aller in der Gemeinschaftsordnung mit Vorbehalt späterer Zuweisung durch den teilenden Eigentümer).
- Sondernutzungsrechte sind aus dem einzelnen Grundbuchblatt nicht immer ersichtlich: Bei der Erstanlage der Grundbücher genügt der allgemeine Hinweis „Sondernutzungsrechte sind begründet". Nur bei der Übertragung eines Sondernutzungsrecht von einem Sondereigentum auf ein anderes Sondereigentum hat eine Grundbucheintragung zwingend zu erfolgen. Der gutgläubige Erwerb eines Sondernutzungsrechts ist nur ausnahmsweise möglich.

DeutscherNotarVerlag

Vollrath

Veränderungen am Wohnungseigentum

Ziel	Erfordernisse
Unterteilung von Einheiten	Neue Aufteilungspläne und Abgeschlossenheitsbescheinigung für alle neu entstehenden Einheiten, soweit die alte Abgeschlossenheitsbescheinigung nicht ausreicht (z.B. bei der Abtrennung von Kellern)
Zusammenlegung von Einheiten	Keine neuen Pläne/Abgeschlossenheitsbescheinigung erforderlich, einheitliche Belastungsverhältnisse sind herzustellen
Bauliche Veränderung ohne Änderung des Raumvolumens	§ 20 WEG
Bauliche Veränderung mit Änderung des Raumvolumens, einschließlich Neubau auf Freiflächen	§ 20 WEG – zum Inhalt des Sondereigentums wird der neu geschaffene Raum aber nur durch Mitwirkung aller Sondereigentümer, da bisheriges Gemeinschaftseigentum zu Sondereigentum gemacht werden soll.
Geänderte Zuordnung eines Raumteils	Wie Unterteilung (vgl. oben)
Überführung Sondereigentum in Gemeinschaftseigentum	Mitwirkung aller Sondereigentümer und von deren Gläubigern
Nachträgliche Begründung von Sondernutzungsrechten	Mitwirkung aller Sondereigentümer, zusätzlich § 5 Abs. 4 WEG beachten
Umwidmung/Änderung der Zweckbestimmung	Mitwirkung aller Sondereigentümer und von deren Gläubigern

DeutscherNotarVerlag

Vollrath

S. Wohnungseigentumsrecht – Kostenrecht (Folien)

63

Bewertung – Begründung von Wohnungs-/Teileigentum

Geschäftswert

Der Geschäftswert für die Begründung von Wohnungs-/Teileigentum ist gem. § 42 Abs. 1 GNotKG mit dem vollen Wert des betroffenen Grundstücks im bebauten Zustand anzunehmen. Ist das betreffende Gebäude im Zeitpunkt der Begründung des Wohnungs-/Teileigentums noch nicht erstellt, ist gem. § 42 Abs. 1 S. 2 GNotKG dem Wert des unbebauten Grundstücks der Wert des noch zu errichtenden Bauwerks hinzuzurechnen.

Ist ein bereits bebautes Grundstück Gegenstand der Begründung von Wohnungs- oder Teileigentum und wird das bestehende Gebäude baulich verändert (z.B. renoviert, um- oder ausgebaut) ist für die Wertbestimmung wie folgt zu unterscheiden:

➢ Soll das bestehende Gebäude renoviert werden und bezieht sich die Aufteilung auf denjenigen Zustand, in dem sich das Gebäude derzeit befindet, bleiben die Renovierungskosten unberücksichtigt.

➢ Wird jedoch das bestehende Gebäude aus- oder umgebaut und bezieht sich die Aufteilung auf den aus- oder umgebauten Zustand, sind die für die bauliche Veränderung anfallenden Kosten bei der Wertbestimmung mit zu berücksichtigten, also dem aktuellen Grundstückswert hinzuzurechnen. Dies ist darin begründet, dass sich die Aufteilung/Wohnungseigentumsbegründung auf den Gebäudezustand nach Durchführung der baulichen Maßnahmen bezieht.

Mit dem Wert des bebauten Grundstücks i.S. von § 42 Abs. 1 GNotKG ist in allen Fällen der nach § 46 GNotKG zu ermittelnde Verkehrswert gemeint.

Demgemäß kann bei Neuaufteilungen, wenn eine Abveräußerung der neugebildeten Sondereigentumseinheiten beabsichtigt ist, die Summe der einzelnen Kaufpreise (bspw. ermittelt anhand einer vorliegenden Kaufpreisliste) zur Ermittlung des Verkehrswertes herangezogen werden, sofern gesicherte Anhaltspunkte vorliegen, dass diese Kaufpreise auch erzielbar sind. Davon kann im Regelfall ausgegangen werden, wenn z.B. durch einen Bauträger eine Aufteilung in Wohnungseigentum erfolgt, die im unmittelbaren Zusammenhang mit dem Verkauf der Wohneinheiten steht.

DeutscherNotarVerlag

Heitzer

Bewertung – Begründung von Wohnungs-/Teileigentum

Mit dem Wertansatz nach § 42 GNotKG ist alles erfasst und abgegolten, was zum Inhalt des Sondereigentums gehört. Mit abgegolten sind bspw. Bestimmungen über den Aufbau des Gebäudes (ebenso eine diesbezügliche Baubeschreibung oder Bauverpflichtung) oder auch eine mitbeurkundete Gemeinschaftsordnung.

Eine Aufteilung nach dem WEG kann nur an **einem** Grundstück im Rechtssinne erfolgen (§ 1 Abs. 4 WEG). Erstreckt sich das aufzuteilende Gebäude über mehrere (eigenständige) Grundstücke, so ist für die Aufteilung nach WEG die Herstellung eines rechtlich einheitlichen Grundstücks erforderlich. Wird zu diesem Zweck ein dementsprechender Vereinigungsantrag mitbeurkundet, bleibt dieser gem. § 109 Abs. 1 GNotKG als notwendige Durchführungserklärung unbewertet.

Gleiches gilt für den umgekehrten Fall, dass eine bestehende Grundstücksvereinigung aufzuheben ist, um das aufzuteilende Grundstück rechtlich zu verselbständigen. Auch ein zu diesem Zweck mitbeurkundeter Antrag auf Aufhebung der bestehenden Grundstücksvereinigung stellt eine gegenstandsgleiche Durchführungserklärung i.S.v. § 109 Abs. 1 GNotKG dar.

DeutscherNotarVerlag

Heitzer

Bewertung – Begründung von Wohnungs-/Teileigentum

Gebühr

Für den Gebührenansatz ist wie folgt zu unterscheiden:

➤ Erfolgt die Aufteilung durch den bzw. die Grundstückseigentümer nach § 8 WEG, liegt eine einseitige Erklärung (Teilungserklärung) vor. Zu erheben ist eine 1,0-Gebühr nach KV-Nr. 21200 GNotKG.

➤ Beschränkt sich die Teilungserklärung nach § 8 WEG im Ausnahmefall auf die bloßen (erforderlichen) Grundbucherklärungen (z.B. bei einer Aufteilung durch den Bauträger ohne Festlegung der Gemeinschaftsordnung), fällt lediglich eine 0,5-Gebühr gem. KV-Nr. 21201 Nr. 4 GNotKG an.

➤ Beglaubigt der Notar ausnahmsweise nur die Unterschrift unter einer bereits vorgefertigten Teilungserklärung nach § 8 WEG (ohne Überprüfung und/oder Ergänzung des ihm vorgelegten Entwurfs), ist eine 0,2-Gebühr nach KV-Nr. 25100 GNotKG zu erheben (mindestens 20,00 €, höchstens 70,00 €).

➤ Erfolgt die Begründung des Wohnungs-/Teileigentums durch Vertrag mehrerer Miteigentümer gem. § 3 WEG, ist hierfür eine 2,0-Gebühr nach KV-Nr. 21100 GNotKG zu erheben. Die dabei mitbeurkundete dingliche Einigung der Vertragsbeteiligten ist gem. § 109 Abs. 1 GNotKG gegenstandsgleich und nicht gesondert zu bewerten.

DeutscherNotarVerlag

Heitzer

Bewertung – Begründung von Wohnungs-/Teileigentum

Notarkasse
Anstalt des öffentlichen Rechts

Vollzugstätigkeiten, Vollzugsgebühr

Führt der Notar auftragsgemäß Vollzugstätigkeiten gem. KV Vorbem. 2.2.1.1 Abs. 1 S. 2 GNotKG aus, fällt hierfür eine Vollzugsgebühr nach KV-Nr. 22110 ff. GNotKG an.

Als Vollzugstätigkeiten kommen bspw. in Betracht:

- ➢ Einholung der Abgeschlossenheitsbescheinigung;
- ➢ Einholung behördlicher oder gerichtlicher Genehmigungen (z.B. der Genehmigung nach § 22 BauGB in Gebieten mit Fremdenverkehrsfunktion);
- ➢ Einholung von Lastenfreistellungserklärungen im Zusammenhang mit einer vertraglichen Aufteilung nach § 3 WEG.

Der zugrunde zu legende Geschäftswert bestimmt sich gem. § 112 GNotKG stets nach dem vollen Wert des jeweiligen Beurkundungsverfahrens.

Für den Gebührenansatz ist wie folgt zu unterscheiden:

- ➢ Löst das Beurkundungsverfahren eine 2,0-Gebühr aus, ist eine 0,5-Vollzugsgebühr gem. KV-Nr. 22110 GNotKG zu erheben.
- ➢ Fällt für das Beurkundungsverfahren eine geringere Gebühr als 2,0 an, so bei der (einseitigen) Teilungserklärung nach § 8 WEG, beträgt die Vollzugsgebühr lediglich 0,3 (gem. KV-Nr. 22111 GNotKG).

Beschränkt sich die Vollzugstätigkeit auf das Einholen von Bescheinigungen oder Genehmigungen nach öffentlich-rechtlichen Vorschriften (bspw. Einholung der Abgeschlossenheitsbescheinigung aufgrund bereits vorbereiteter Aufteilungspläne; Einholung der Genehmigung nach § 22 BauGB) beträgt die Vollzugsgebühr höchstens 50 € je Tätigkeit (KV-Nr. 22112 GNotKG).

Beglaubigt der Notar im Ausnahmefall lediglich die Unterschrift unter einer dem Notar vorgelegten (vorgefertigten) Teilungserklärung mit der Folge des Gebührenansatzes nach KV-Nr. 25100 GNotKG (0,2-Gebühr), ist für auftragsgemäß durchgeführte Vollzugstätigkeiten die Gebühr nach KV-Nr. 22120 ff. GNotKG (Vollzug in besonderen Fällen) zu erheben.

Deutscher**Notar**Verlag

Heitzer

Bewertung – Begründung von Wohnungs-/Teileigentum

Notarkasse
Anstalt des öffentlichen Rechts

Begründung von Wohnungs-/Teileigentum und weitere Erklärungen/Vereinbarungen

Enthält die Urkunde neben der Begründung von Wohnungs- und/oder Teileigentum **weitere Erklärungen oder Vereinbarungen**, die nicht der Erfüllung, Sicherung oder Durchführung i.S.v. § 109 Abs. 1 GNotKG dienen, liegen verschiedene und damit gesondert zu bewertende Beurkundungsgegenstände vor.

Um verschiedene Beurkundungsgegenstände handelt es sich bspw. bei:

- ➢ der Begründung von Wohnungs- und/oder Teileigentum und der Einräumung bzw. Bestellung von Vorkaufsrechten an den neugebildeten Sondereigentumseinheiten.
- ➢ der Überlassung von Miteigentumsanteilen an dem aufzuteilenden Grundstück und der vertraglichen Begründung von Wohnungs-/Teileigentum nach § 3 WEG durch Veräußerer und Erwerber.
- ➢ der Teilungserklärung nach § 8 WEG und der Überlassung neugebildeter Wohnungs-/Teileigentumseinheiten in derselben Urkunde.
- ➢ Der Umwandlung einer Gesamthandsgemeinschaft (Erbengemeinschaft, GbR) in eine Miteigentümer-gemeinschaft zu Bruchteilen und Begründung von Wohnungs-/Teileigentum nach § 3 WEG durch die nunmehrigen Bruchteilseigentümer.

Deutscher**Notar**Verlag

Heitzer

Bewertung – Aufhebung von Wohnungs-/Teileigentum

Geschäftswert

§ 42 Abs. 1 GNotKG gilt auch für die Aufhebung von Wohnungs- und Teileigentum.

Somit bestimmt sich der hierfür maßgebende Geschäftswert nach dem zu ermittelnden Verkehrswert (§ 46 GNotKG) des betroffenen Grundstücks (samt Bauwerk) im Zeitpunkt der Aufhebung.

Ist das Grundstück im Zeitpunkt der Aufhebung (noch) nicht bebaut, ist gem. § 42 Abs. 1 S. 2 GNotKG der Wert des geplanten Bauwerks dem für das Grundstück ermittelten Bodenwert hinzuzurechnen.

Gebühr

Für den Gebührenansatz ist wie folgt zu unterscheiden:

➢ Erfolgt die Aufhebung des Wohnungs-/Teileigentums vertraglich durch mehrere Miteigentümer, ist eine 2,0-Gebühr gem. KV-Nr. 21100 GNotKG zu erheben.

➢ Wird eine durch den Alleineigentümer (oder auch durch Miteigentümer, bspw. Ehegatten) vorgenommene Aufteilung nach § 8 WEG aufgehoben, genügt hierfür ein entsprechender Antrag gegenüber dem Grundbuchamt, der gem. KV-Nr. 21201 Nr. 4 GNotKG, bei (vollständiger) Entwurfsfertigung (mit Unterschriftsbeglaubigung) nach KV-Nr. 24102 GNotKG, mit einer 0,5-Gebühr zu bewerten ist.

DeutscherNotarVerlag

Heitzer

T. Erbbaurecht – Kostenrecht (Folien)

64

Bewertung – Erbbaurechtsbestellung

Geschäftswert

Der bei der Bestellung eines Erbbaurechts anzunehmende Geschäftswert ist nach § 43 GNotKG zu bestimmen.

Dabei sind 80 % des Grundstückswertes, ggf. einschließlich darauf bereits befindlicher Gebäude (= Wert des Erbbaurechts nach § 49 Abs. 2 GNotKG), dem nach § 52 GNotKG kapitalisierten Erbbauzins gegenüberzustellen. Der höhere Wert ergibt den Geschäftswert (§ 43 S. 2 GNotKG).

Für die Wertbestimmung ist grundsätzlich die gesamte Fläche des betroffenen Grundstücks heranzuziehen, nicht nur diejenige Fläche, die für die Errichtung des Bauwerks (des Erbbauberechtigten) benötigt wird. Anders allerdings, wenn der gesamte Ausübungsbereich des Erbbaurechts auf eine bestimmte Teilfläche des Grundstücks eingeschränkt ist; in diesem Fall ist gem. § 49 Abs. 2 Halbs. 2 GNotKG der Wert der Ausübungsfläche Bewertungsgrundlage.

Zumeist hat der Erbbauberechtigte an den Grundstückseigentümer einen Erbbauzins zu zahlen. Der für diese Leistung maßgebende Wert ist nach § 52 GNotKG, in aller Regel nach § 52 Abs. 2 S. 1 GNotKG (bestimmte Dauer), zu bestimmen. Maßgebend ist danach der vom Erbbauberechtigten auf die vereinbarte Dauer des Erbbaurechts zu zahlende Erbbauzins, höchstens allerdings der 20fache Jahresbetrag (§ 52 Abs. 2 S. 2 GNotKG).

Ist die Höhe des Erbbauzinses in einzelnen Zeitabschnitten verschieden, ist auf den während der ersten 20 Jahre zu zahlenden Erbbauzins abzustellen.

Wird im Zusammenhang mit dem Erbbauzins eine Wertsicherungs- oder Preisklausel vereinbart, bleibt diese gem. § 52 Abs. 7 GNotKG bei der Wertbestimmung unberücksichtigt.

Mit dem nach § 43 i.V.m. § 49 Abs. 2 GNotKG ermittelten Wert der Erbbaurechtsbestellung ist alles erfasst und abgegolten, was zum Inhalt des Erbbaurechts gehört und gemacht wird, so z.B. Bauverpflichtung des Erbbauberechtigten, Nutzungsart bzw. Zweck des zu errichtenden Bauwerks, Heimfallrecht, Zustimmungs-erfordernis zur Veräußerung oder Belastung des Erbbaurechts.

DeutscherNotarVerlag

Heitzer

Bewertung – Erbbaurechtsbestellung

Zu dem mit dem Wertansatz für die Erbbaurechtsbestellung abgegoltenen Inhalt gehört auch eine Verpflichtung des Grundstückseigentümers, das Erbbaugrundstück an den jeweiligen Erbbauberechtigten zu verkaufen (vgl. § 2 Nr. 7 ErbbauRG). Daher wird ein im Zuge der Erbbaurechtsbestellung zugunsten des jeweiligen Erbbauberechtigten eingeräumtes Vorkaufsrecht am Erbbaugrundstück allgemein als Inhalt des Erbbaurechts angesehen und bleibt deshalb unbewertet.

Anders verhält es sich mit einem zugunsten des jeweiligen Grundstückseigentümers eingeräumten Vorkaufsrecht am Erbbaurecht. Diese Rechtseinräumung betrifft einen verschiedenen Beurkundungsgegenstand (§ 86 Abs. 2 GNotKG) und ist gesondert zu bewerten.

Grundlage für die Bewertung dieses Vorkaufsrechts ist der nach § 49 Abs. 2 GNotKG zu bestimmende Wert des Erbbaurechts. Werden von der Erbbaurechtsbestellung bereits bestehende Bauwerke mit umfasst, beträgt der Wert des Erbbaurechts 80 % vom Verkehrswert des bebauten Erbbaugrundstücks; bei noch nicht vorhandener Bebauung ist der Wert regelmäßig mit 80 % vom Verkehrswert des unbebauten Erbbaugrundstücks anzunehmen.

Der Geschäftswert des Vorkaufsrechts am Erbbaurecht ist sodann gem. § 51 Abs. 1 S. 2 GNotKG mit 50 % des ermittelten Erbbaurechtswertes anzunehmen.

Ein neu bestelltes Erbbaurecht hat nach § 10 Abs. 1 ErbbauRG bei Eintragung im Grundbuch zwingend erste Rangstelle zu erhalten. Werden zur Rangbeschaffung erforderliche Rangerklärungen (bspw. Zustimmung und Antrag des Eigentümers zum Rangrücktritt einer am Grundstück eingetragenen Grundschuld) mit beurkundet, betreffen diese denselben Beurkundungsgegenstand nach § 109 Abs. 3 S. 3 Nr. 3 GNotKG und sind deshalb nicht gesondert zu bewerten.

DeutscherNotarVerlag

Heitzer

Bewertung – Erbbaurechtsbestellung

Gebühren

Für die Beurkundung des Erbbaurechtsvertrags zwischen dem Grundstückseigentümer und dem Erbbauberechtigten ist eine 2,0-Gebühr gem. KV-Nr. 21100 GNotKG (mindestens 120,00 €) zu erheben.

Demgegenüber löst die Bestellung eines Erbbaurechts durch den Grundstückseigentümer für sich selbst (Eigentümererbbaurecht) als einseitige Erklärung des Grundstückseigentümers lediglich eine 1,0-Gebühr nach KV-Nr. 21200 GNotKG (mindestens 60,00 €) aus.

Führt der Notar im Zusammenhang mit der Erbbaurechtsbestellung auftragsgemäß Vollzugstätigkeiten gem. KV Vorbem. 2.2.1.1 Abs. 1 S. 2 GNotKG aus, fällt hierfür eine Vollzugsgebühr nach KV-Nr. 22110 ff. GNotKG an.

Erfolgt die Vollzugstätigkeit zu einem Erbbaurechtsvertrag, ist eine 0,5-Gebühr nach KV-Nr. 22110 GNotKG zu erheben, bei einer Vollzugstätigkeit zur Bestellung eines Eigentümererbbaurechts lediglich eine 0,3-Gebühr nach KV-Nr. 22111 GNotKG.

Die Begrenzung der Vollzugsgebühr gem. KV-Nr. 22112 GNotKG ist bei Ausführung lediglich einfacher Vollzugstätigkeiten zu beachten.

Der Geschäftswert für die Vollzugsgebühr bestimmt sich gem. § 112 GNotKG nach dem Wert des jeweiligen Beurkundungsverfahrens.

DeutscherNotarVerlag

Heitzer

Bewertung – Aufhebung bzw. Löschung eines Erbbaurechts

Notarkasse
Anstalt des öffentlichen Rechts

Geschäftswert

Der Geschäftswert für die Aufhebung/Löschung eines Erbbaurechts ist mit dem nach § 49 Abs. 2 GNotKG zu bestimmenden Wert des Erbbaurechts anzunehmen. Maßgebend sind daher 80 % vom Wert des Grundstücks bzw. der Ausübungsfläche samt darauf errichteter Gebäude.

Gebühr

a) Vertragliche Aufhebung des Erbbaurechts

Für eine zwischen dem Grundstückseigentümer und dem Erbbauberechtigten vertraglich vereinbarte (notariell zu beurkundende) Aufhebung des Erbbaurechts ist eine 2,0-Gebühr nach KV-Nr. 21100 GNotKG zu erheben. Mit Aufhebung des Erbbaurechts werden zugleich alle bestehenden Belastungen des Erbbaurechts (z.B. Erbbauzins-reallast, Vorkaufsrecht für den jew. Eigentümer des Erbbaugrundstücks) beseitigt. Sind Belastungen zugunsten Dritter im Erbbaugrundbuch eingetragen, ist daher die Zustimmung der dinglich Berechtigten zur Aufhebung des Erbbau-rechts erforderlich (und im Regelfall vom Notar einzuholen). Im Aufhebungsvertrag mitabgegebene Zustimmungs-erklärungen Dritter betreffen denselben Beurkundungsgegenstand nach § 109 Abs. 1 GNotKG.

Ist am Erbbaugrundstück ein Vorkaufsrecht für den jew. Inhaber des Erbbaurechts eingetragen, bedarf es zu dessen Löschung der Bewilligung des Erbbauberechtigten. Diese Löschungsbewilligung stellt im Verhältnis zum Aufhebungs-vertrag einen verschiedenen Beurkundungsgegenstand i.S.v. § 86 Abs. 2 GNotKG dar. Das Vorkaufsrecht am Grundstück wird mit Aufhebung des Erbbaurechts gegenstandslos, so dass für die Löschungsbewilligung lediglich ein nach § 51 Abs. 1 S. 2 u. Abs. 3 GNotKG zu bildender Teilwert (ca. 10 – 20 % vom Wert des Erbbaugrundstücks ohne Bauwerk) anzunehmen ist. Aus diesem Wert ist eine 0,5-Gebühr nach KV-Nr. 21201 Nr. 4 GNotKG zu erheben.

Da die verschiedenen Beurkundungsgegenstände unterschiedlichen Gebührenansätzen unterliegen, ist § 94 Abs. 1 GNotKG zu beachten und eine Vergleichsberechnung durchzuführen.

DeutscherNotarVerlag

Heitzer

Bewertung – Aufhebung bzw. Löschung eines Erbbaurechts

Notarkasse
Anstalt des öffentlichen Rechts

Werden durch den Notar auftragsgemäß Vollzugstätigkeiten (z.B. die Einholung erforderlicher Zustimmungen dinglich Berechtigter) durchgeführt, fällt hierfür eine 0,5-Vollzugsgebühr nach KV-Nr. 22110 GNotKG aus dem Wert des Beurkundungsverfahrens (§ 112 GNotKG) an.

b) Löschungsbewilligung des Erbbauberechtigten

Besteht zwischen dem Eigentümer des Erbbaugrundstücks und dem Erbbauberechtigten Personenidentität (bspw. bei Bestehen eines Eigentümererbbaurechts oder aufgrund einer Veräußerung des Grundstücks an den Erbbau-berechtigten) genügt zur Beseitigung des Erbbaurechts die Löschungsbewilligung (§§ 19, 29 GBO) des Berech-tigten/Eigentümers.

Für die Geschäftswertbestimmung gelten die Ausführungen unter a) entsprechend.

Auch in diesem Fall stellt eine zugleich bewilligte Löschung des am Erbbaugrundstück eingetragenen Vorkaufsrechts für den jew. Inhaber des Erbbaurechts einen verschiedenen, gesondert zu bewertenden Gegenstand dar. Zum hierfür anzunehmenden Geschäftswert wird ebenfalls auf die Ausführungen unter a) verwiesen.

Aus den nach § 35 Abs. 1 GNotKG zusammengerechneten Werten der Löschungserklärungen ist zu erheben:

- bei Abgabe einer isolierten Löschungserklärung eine 0,5-Gebühr nach KV-Nr. 224102 GNotKG (bei vollständiger Entwurfsfertigung; § 92 Abs. 2 GNotGK) bzw. bei bloßer Unterschriftsbeglaubigung eine 0,2-Gebühr nach KV-Nr. 25100 GNotKG;
- bei Mitbeurkundung der Löschungserklärungen im Vertrag über den Erwerb des Erbbaugrundstücks eine 0,5-Gebühr nach KV-Nr. 21201 Nr. 4 GNotKG (unter Beachtung der Bestimmungen des § 94 Abs. 1 GNotKG).

DeutscherNotarVerlag

Heitzer

§ 4 Handels- & Gesellschaftsrecht einschließlich Vereinsregister

A. Gesellschaftsrecht – GmbH & UG (Fall Kaskadengründung)

1 Frage 1: Kaskadengründung

A und B wollen zu je 50% eine GmbH („Mutter-GmbH") gründen. Diese Mutter-GmbH soll ihrerseits eine GmbH („Tochter-GmbH") gründen, an der die Mutter-GmbH zu 100% beteiligt ist. Idealerweise könne man doch gleich das Geld hernehmen, was man in die Mutter-GmbH einbezahlt habe und damit auch die Einzahlungsverpflichtungen bei der Tochter-GmbH tilgen. Beide Gesellschaften sollen ein Stammkapital von 25.000,00 EUR erhalten. Eingezahlt werden solle so wenig wie möglich.

1. Können beide Beurkundungen in einem Notartermin erfolgen? Oder muss abgewartet werden, bis die Mutter-GmbH im Handelsregister eingetragen ist, bis die Tochter-GmbH gegründet werden kann? Wie viel Liquidität müssen die Gesellschafter zur Verfügung stellen? In beiden Fällen regelt die Satzung, dass die jeweilige Gesellschaft Kosten bei Notar und Gericht für ihre Gründung bis zu Höhe von 1.000,00 EUR trägt.
2. Der Inhalt der Satzungen bei der Mutter-GmbH und bei der Tochter-GmbH ist A und B eigentlich egal – regeln wollen sie nur, dass derjenige Gesellschafter „automatisch aus der Mutter-GmbH" ausscheidet, der dort nicht mehr als Geschäftsführer tätig ist. Kann man das regeln?
3. Würde das beschriebene Verfahren auch funktionieren, wenn man Musterprotokolle (§ 2 Abs. 1a GmbHG) verwendet?

Antwort:

Zu 1. Die Mutter-GmbH ist handlungsfähig, sobald die Gründungsurkunde unterzeichnet ist, ab diesem Moment ist sie „GmbH i.Gr." und in der Lage, Rechte und Pflichten zu haben, die mit Eintragung im Handelsregister solche der GmbH sind. Es findet also zwischen GmbH i.Gr. und GmbH kein Vermögensübergang statt, es handelt sich um denselben Rechtsträger.

Vor diesem Hintergrund kann also eine GmbH i.Gr. unmittelbar nach Abschluss der Beurkundung rechtswirksam Handlungen vornehmen. Etwas anderes würde nur gelten, wenn der Gründungsvorgang noch nicht abgeschlossen ist, weil ein Gesellschafter vollmachtlos vertreten war oder seine Gründungsvollmacht nicht in gehöriger Form vorlag (§ 2 Abs. 2 GmbHG).

Ebenso kann eine wirksam gegründete GmbH i.Gr. also eine Tochter-GmbH gründen. Der Vertretungsnachweis ist über das Gründungsprotokoll zu führen, soweit dort – wie üblich – auch die Geschäftsführerbestellung erfolgt. Zweckmäßigerweise verankert man im Gründungsprotokoll bereits die Zustimmung der Gründungsgesellschafter zu den Rechtsgeschäften, die die Geschäftsführer schon vor Eintragung der GmbH im Handelsregister ausführen können sollen.

Rechtshandlungen der GmbH i.Gr. vor Eintragung der GmbH dürfen aber nicht dazu führen,
a) dass die Geschäftsführerversicherungen nach § 8 Abs. 2 GmbHG sich als falsch herausstellen (das betrifft Rechtsgeschäfte vor Einreichung der Registermeldung bei Gericht) oder
b) dass der Wert des Gesellschaftsvermögens (abzüglich der satzungsgemäß übernommenen Gründungskosten) hinter der Stammkapitalziffer zurückbleibt, vgl. die Regelungen in §§ 9 ff. GmbHG (das betrifft Rechtsgeschäfte vor und nach der Einreichung der Registeranmeldung bei Gericht).

Gründet die Mutter-GmbH sofort nach wirksamer Beurkundung die Tochter-GmbH, ist die Versicherung der Geschäftsführer nach § 8 Abs. 2 GmbHG notwendig fehlerhaft, wenn sie einfach entsprechend dem Wortlaut des § 8 Abs. 2 GmbHG abgegeben wird: Der Gegenstand der Leistung steht nicht mehr endgültig zur freien Verfügung, weil die Mutter-GmbH sich durch die Gründung der Tochter GmbH zur Leistung der dortigen Einlagen verpflichtet hat. Ein Geschäftsführer würde sich also strafbar machen, wenn er eine solche Versicherung blanko abgibt.

Modifiziert man die Versicherung bei der Mutter-GmbH allerdings dahingehend, dass die Leistungen auf die Geschäftsanteile i.H.v. 12.500,00 EUR (0,50 EUR je Geschäftsanteil) „bewirkt sind, endgültig zur freien Verfügung der Geschäftsführung standen (!) und sich die GmbH lediglich verpflichtet hat, Mittel in Höhe der Einzahlungen an die von ihr am selben Tag gegründete Tochter-GmbH zur Erfüllung der dort übernommenen Einlageverpflichtungen zu leisten", so gibt der Geschäftsführer keine falsche Versicherung ab.

Im Auge zu behalten bleibt allerdings die Prüfung durch das Gericht, ob das Vermögen der Gesellschaft im Zeitpunkt der Eintragung (abzüglich des satzungsgemäß übernommenen Gründungsaufwandes) die Höhe der Stammkapitalziffer erreicht. Hieran können unter zwei Gesichtspunkten Zweifel bestehen:

a) zum einen sind die Geschäftsanteile der Mutter-GmbH an der Tochter-GmbH nicht ganz 25.000,00 EUR wert, weil das Vermögen der Tochter-GmbH durch die von dieser übernommenen Gründungskosten belastet ist, also im Ergebnis nur 12.000,00 EUR beträgt.

b) zum anderen könnte sich der Wert der Geschäftsanteile an der Tochter-GmbH mindern, wenn diese vor ihrer Eintragung wirtschaftlich nachteilige Rechtsgeschäfte abschließt, Ausgaben ohne Gegenleistung wie Mieten etc. tätigt.

Beiden Bedenken kann abgeholfen werden: Die Wertminderung durch die Gründungskosten der Tochter-GmbH kann aufgefangen werden, indem die Gründer bei der Mutter-GmbH 1.000,00 EUR einzahlen – und zwar ausdrücklich nicht als Leistung auf die Einlageverpflichtung für ihre übernommenen Geschäftsanteile an der Mutter-GmbH, sondern als Zahlung in die freien Rücklagen der Mutter-GmbH. Auf diese Weise wird deren Rein-Vermögen um 1.000,00 EUR gemehrt, der „Verlust" durch die bei Gründung der Tochter-GmbH entstandenen Gründungskosten wird ausgeglichen.

Die weitere Gefahr der Wertminderung dadurch, dass die Tochter-GmbH Geschäfte aufnimmt, wird für das Gericht nachvollziehbar beseitigt, indem geregelt wird, dass die Tochter-GmbH ihre Geschäfte erst aufnehmen darf, wenn sowohl sie selbst als auch die Mutter-GmbH im Handelsregister eingetragen sind. Dies wird sinnvollerweise im Gründungsprotokoll verankert.

Die Kaskadengründung findet also ihren Niederschlag in der Registeranmeldung der Mutter-GmbH: Bei dieser wird

a) offengelegt, dass die Mutter-GmbH unmittelbar nach Gründung eine Tochter-GmbH gegründet hat,

b) erklärt, dass die Gründer zum Ausgleich der durch die Gründung der Tochter-GmbH verursachten Vermögensminderung einen Betrag von 1.000,00 EUR in die freien Rücklagen der Mutter-GmbH einbezahlt haben und

c) erklärt, dass die Tochter-GmbH ihre Tätigkeit erst aufnimmt, wenn sowohl die Mutter-GmbH als auch die Tochter-GmbH im Handelsregister eingetragen sind.

Bei der Tochter-GmbH findet die Kaskadengründung in deren Registeranmeldung keinen Niederschlag – lediglich bei der Fertigung der Gesellschafterliste ist zu beachten, dass die Mutter-GmbH als Gesellschafterin nicht mit einer HRB Nummer identifiziert werden kann. Die Mutter-GmbH ist also zumindest unter Angabe der Gründungs-URNr. und des beurkundenden Notars zu bezeichnen, nach § 40 Abs. 1 Satz 2 GmbHG genau genommen sogar unter Angabe ihrer Gesellschafter (!). Sobald die Mutter-GmbH eingetragen ist, ist die Gründungsliste zu berichtigen – dies kann durch den Notar nach § 40 Abs. 2 GmbHG geschehen.

(Zum Nachlesen: *Esbjörnsson*, Gesellschaftsrecht, § 2 Rn 4 ff., Rn 18 ff., *Sagmeister*, Anmeldungen zum Handels- und Vereinsregister, § 2 Rn 246 ff.)

Zu 2. Ein „automatisches Ausscheiden" aus der Gesellschaft gibt es bei der GmbH nicht – nur bei der Personengesellschaft ist es denkbar, dass ein Gesellschafter bei Eintritt eines bestimmten Ereignisses automatisch nicht mehr Gesellschafter ist und die Gesellschaft unter den Übrigen fortgeführt wird.

Bei der GmbH kann man ein vergleichbares Ergebnis nur erreichen, indem man entweder

a) einen Einziehungsgrund vorsieht (§ 34 GmbH) – die Gesellschafter können dann bei Eintritt bestimmter Situationen einen Beschluss fassen (müssen das aber nicht) und den betreffenden Gesellschafter ausschließen, oder

b) eine Verpflichtung des betreffenden Gesellschafters zur Abtretung des Geschäftsanteils vorsieht.

Zu a): Als Einziehungsgrund kann bspw. der Umstand formuliert werden, dass ein Gesellschafter nicht mehr in einem Beratungs- oder Dienstverhältnis zur GmbH steht oder auch (an die Organstellung anknüpfend) dass er nicht mehr Geschäftsführer der Gesellschaft ist. Bei einer Zwei-Personen-GmbH ist aber zu beachten, dass die Abberufung eines Geschäftsführers unter Umständen blockiert sein kann. Besser wäre es also vorliegend, nicht an das Erlöschen der Organstellung anzuknüpfen, sondern an die tatsächlich nicht mehr ausgeübte Tätigkeit. Zweckmäßigerweise formuliert man einen solchen Einziehungsgrund als das Unterschreiten bestimmter Mindest-Stundenvolumina über einen gewissen Zeitraum hinaus.

Klarzustellen ist (bei einer Einziehung aus wichtigem Grund ist das ohnehin der Fall), dass dem betreffenden Gesellschafter kein Stimmrecht bei dieser Frage zusteht – natürlich kann er sich notfalls gegen einen solchen Gesellschafterbeschluss wehren, wenn der andere fälschlicherweise behauptet, er sei nicht mehr tätig.

Trifft man eine solche Regelung, so ist darauf zu achten, welche Abfindungsregelungen die Satzung vorsieht. Satzungen differenzieren häufig zwischen verschiedenen Abfindungsniveaus (volle Verkehrswertabfindung – bloße Buchwertabfindung – völliger Ausschluss der Abfindung in bestimmten Szenarien). Zu klären ist mit A und B, ob das Abfindungsniveau unterschiedslos gelten soll, egal aus welchem Grund der betreffende Gesellschafter seine Verpflichtungen nicht mehr erfüllt. Ist er gestorben oder berufsunfähig, so soll er möglicherweise eine höhere Abfindung erhalten als wenn er einfach keine Lust mehr hat für die Gesellschaft tätig zu sein.

Zu klären ist auch, ob dem nicht mehr tätigen Gesellschafter unter Umständen das Recht zustehen soll, die Einziehung zu fordern – ist das nicht der Fall und hat der andere Gesellschafter keine Lust einzuziehen (etwa weil die Erträge der Gesellschaft größtenteils über Geschäftsführergehälter ausbezahlt werden), dann bleibt der nicht mehr tätige Gesellschafter unter Umständen in der Gesellschaft hängen und hat keine Möglichkeit, sich von den damit verbundenen Verpflichtungen (etwa einem Wettbewerbsverbot) zu befreien.

Zu b): Sowohl in der Satzung als auch durch gesondertes Rechtsgeschäft zwischen A und B kann eine Abtretungsverpflichtung (§ 15 Abs. 4 GmbHG) und unter Umständen sogar eine Abtretung (§ 15 Abs. 3 GmbHG) für jeden Fall vereinbart werden, der auch als Einziehungsfall in der Satzung geregelt werden könnte. Trifft man eine solche Regelung durch Rechtsgeschäft zwischen A und B, muss man einerseits eine Vergütungsregelung für verschiedene Szenarien finden (vgl. die unterschiedlichen Abfindungsniveaus oben unter a). Eine dinglich wirkende Abtretung wird man kaum schon bedingt abschließen können – wie soll verbindlich festgestellt werden, ob die Bedingungen der Abtretung eingetreten sind (vgl. § 40 Abs. 2 GmbHG). Sollen in der Satzung Regelungen getroffen werden, sieht man am besten primär eine Abtretung an die Gesellschaft vor (dann ist man unabhängig vom jeweiligen Gesellschafterbestand). Nur für den Fall, dass der Erwerb eigener Anteile nach den Maßstäben des § 33 GmbHG ausscheiden sollte, sollte dann eine Verpflichtung zur Abtretung an Personen vorgesehen werden, die die Gesellschafterversammlung dann im Ernstfall durch Beschluss (wiederum unter Ausschluss der Stimmen des betroffenen Gesellschafters) bestimmt.

(Zum Nachlesen: *Esbjörnsson*, Gesellschaftsrecht, § 2 Rn 106 ff.)

Zu 3. Die Verwendung des Musterprotokolls scheidet aus, wenn mehr als ein Geschäftsführer bestellt werden soll. Die Verwendung des Musterprotokolls scheidet auch aus, wenn ergänzende Satzungsregelungen getroffen werden sollen, zu Frage 2. wären also keine Abtretungsregelungen in der Satzung möglich. I.Ü. ist die Kaskadengründung auch bei Verwendung des Musterprotokolls möglich, weil der Anpassungsbedarf letztlich nur in der Registeranmeldung der Ober-GmbH besteht.

(Zum Nachlesen: *Esbjörnsson*, Gesellschaftsrecht, § 2 Rn 11 ff.)

B. Handels- & Vereinsregisteranmeldungen

Frage 2: 2

Bei der Notarfachangestellen Simone Gruber erscheinen die Herren Huber und Müller, die Mitglieder des Sportvereins in Musterstadt sind. Sie beabsichtigen, den Verein im Vereinsregister eintragen zu lassen und haben dazu im Vorfeld folgende Fragen:

1. Unter welchen Voraussetzungen ist die Eintragung des Sportvereins im Vereinsregister möglich?

2. Wie und in welcher Form hat die Anmeldung ins Vereinsregister zu erfolgen? Welche Unterlagen sind hierfür vorzulegen?

3. Welche Rechtsstellung erlangt der Sportverein mit Eintragung im Vereinsregister?

4. Von wem wird der Verein vertreten?

Antwort:

Zu 1. Voraussetzung für die Eintragung im Vereinsregister ist,

■ dass die für den künftigen Verein maßgeblichen Regelungen in einer Satzung niedergelegt bzw. beschlossen werden (Mindesterfordernis einer Satzung: § 57 BGB);

■ dass die Zahl der Mitglieder bzw. Gründer mindestens sieben beträgt (§ 56 BGB).

Zu 2. Der Vorstand hat den Verein zur Eintragung anzumelden (§ 59 Abs. 1 BGB) und zwar in das Vereinsregister bei dem AG, in dessen Bezirk der Verein seinen Sitz hat (§ 55 Abs. 1 BGB). Die Anmeldung hat in öffentlich beglaubigter Form zu erfolgen (§ 77 BGB).

Der Anmeldung sind beizufügen:

■ die Satzung in Urschrift und Abschrift (§ 59 Abs. 2 Nr. 1 BGB), wobei die Satzung von mindestens 7 Mitgliedern unterzeichnet sein und die Angaben des Tages der Errichtung enthalten soll (§ 59 Abs. 3 BGB);

■ eine Abschrift der Urkunden über die Bestellung des Vorstands (§ 59 Abs. 2 Nr. 2).

Zu 3. Der Verein erlangt durch die Eintragung Rechtsfähigkeit, d.h. er wird Träger von Rechten und Pflichten (§ 21 BGB).

Zu 4. Der Verein wird von dem Vorstand gerichtlich und außergerichtlich vertreten, (§ 26 Abs. 1 S. 2, 1. Halbs. BGB), bei mehreren Vorstandsmitgliedern durch die Mehrheit der Vorstandsmitglieder (§ 26 Abs. 2 BGB).

(Zum Nachlesen: *Sagmeister*, Anmeldungen zum Handels- und Vereinsregister, § 2 Rn 12 ff.)

Frage 3: 3

Der neue Vorstand Herr Schwan des bereits eingetragenen Vereins „Blumenzüchter e.V." ruft bei Ihnen an, schildert folgenden Sachverhalt und hat folgende Fragen:

Gestern wurde bei dem Verein eine Mitgliederversammlung abgehalten. Bei dieser Mitgliederversammlung wurde die Satzung geändert, weiter wurden er und Frau Bach zu den beiden neuen je einzelvertretungsbefugten Vorständen bestellt. Die beiden bisherigen Vorstände wurden abberufen.

1. Wann ist die Satzungsänderung und die Vorstandswahl wirksam?

2. Wer und in welcher Form muss diese Änderungen beim Vereinsregister anmelden?

3. Was für Unterlagen müssen zum Termin mitgebracht werden?

Antwort:

Zu 1. Die Satzungsänderung hat konstitutive Wirkung und wird erst wirksam mit ihrer Eintragung im Vereinsregister gem. § 71 BGB. Die Wahl der beiden neuen Vorstandsmitglieder und die Abberufung der bisherigen Vorstandsmitglieder ist sofort mit Beschluss und Wahlannahme rechtswirksam. Die Eintragung im Vereinsregister hat deklaratorische Wirkung.

Zu 2. Der neu bestellte Vorstand muss in vertretungsberechtigter Anzahl die beschlossene Vorstandsänderung gem. § 67 BGB und die beschlossene Satzungsänderung gem. § 71 Abs. 1 S. 2 BGB zur Eintragung anmelden. Da die beiden neuen Vorstandsmitglieder je einzelvertretungsbefugt sind genügt es, wenn einer der beiden neuen Vorstände die Anmeldung vornimmt.

Die Anmeldung eines Vorstandes muss in öffentlich beglaubigter Form gem. § 77 BGB erfolgen; somit muss die Beglaubigung der Unterschrift eines neuen Vorstandsmitgliedes vor einem Notar nach § 129 BGB, § 40 BeurkG erfolgen.

Zu 3. Der neue Vorstand muss zum Termin eine Abschrift von dem Versammlungsprotokoll des Vereins gem. § 67 **Abs. 1** BGB und § 71 **Abs. 1** BGB mit den beschlossenen Änderungen mitbringen, sowie die neue Satzung des Vereins mit den beschlossenen Änderungen, § 71 **Abs. 1** BGB.

(Zum Nachlesen: *Sagmeister*, Anmeldungen zum Handels- und Vereinsregister, § 2 Rn 27 ff., 34 ff.)

4   **Frage 4:**

Die im Handelsregister eingetragene Kommanditgesellschaft Ursula Mustermann Elektrohandel KG, bestehend aus der persönlich haftenden Gesellschafterin Ursula Mustermann und den Kommanditisten Andreas und Markus Bauer, möchte als weitere Kommanditistin Natalie Neu mit einer Kommanditeinlage von 20.000 EUR aufnehmen.

1. Wer vertritt die KG?
2. Wer meldet den Eintritt der weiteren Kommanditistin im Handelsregister an und in welcher Form?
3. Die KG hatte Herrn Max Müller Prokura erteilt; dies ist im Handelsregister eingetragen. Die Prokura wird wegen Streits mit Herrn Müller widerrufen. Es wird jedoch vergessen, dies im Handelsregister einzutragen. Nun kauft Herr Max Müller für die KG 50 Spülmaschinen bei Herrn Hans Frisch ein. Dieser verlangt von der KG die Bezahlung der Spülmaschinen. Zu Recht?

Antwort:

Zu 1. Die KG wird gem. §§ 161 Abs. 2, 125 Abs. 1, 170 HGB vom persönlich haftenden Gesellschafter (Komplementär) vertreten; nicht von den Kommanditisten.

Zu 2. Der Eintritt in die Gesellschaft ist gem. § 12 HGB in öffentlich beglaubigter Form elektronisch anzumelden. Die Anmeldung erfolgt gem. § 108 HGB durch sämtliche Gesellschafter, d.h. auch durch die Kommanditisten.

Zu 3. Der Widerruf der Prokura ist gem. § 53 Abs. 2 HGB zur Eintragung ins Handelsregister anzumelden. Nach § 15 Abs. 1 HGB kann sich die KG nicht darauf berufen, dass die Prokura erloschen war, außer Herr Frisch hatte positive Kenntnis vom Erlöschen. Herr Frisch kann also Zahlung verlangen, da der Prokurist zur Vertretung gem. § 49 Abs. 1 HGB befugt war.

(Zum Nachlesen: *Sagmeister*, Anmeldungen zum Handels- und Vereinsregister, § 2 Rn 135 ff., 179 ff.)

5   **Frage 5:**
1. Wann entsteht eine GmbH? Welcher Form bedarf der Gesellschaftsvertrag einer GmbH?
2. Durch wen wird die GmbH vertreten?
3. Welche Unterlagen sind zur Anmeldung der GmbH dem Handelsregister vorzulegen?

Antwort:

Zu 1. Die Gründung der GmbH, also die Errichtung des Gesellschaftsvertrages bedarf der notariellen Beurkundung (§ 2 GmbHG). Die Rechtswirkung der GmbH entsteht erst mit der Eintragung der GmbH im Handelsregister (konstitutive Wirkung = rechtserzeugend; § 11 GmbHG).

Zu 2. Die Vertretung der GmbH erfolgt durch einen oder mehrere Geschäftsführer (§ 6 Abs. 1 GmbHG, § 35 Abs. 1 GmbHG). (Ein Gesellschafter der nicht Geschäftsführer ist, kann die Gesellschaft nicht vertreten.)

Zu 3. Beizufügende Unterlagen (§ 8 Abs. 1 GmbHG):

- notariell beurkundeter Gesellschaftsvertrag und eventuelle Vollmachten, je in beglaubigter Abschrift (§ 2 Abs. 1 und 2 GmbHG);
- der Beschluss über die Bestellung des/der Geschäftsführer, sofern nicht in der Satzung enthalten;
- Gesellschafterliste mit Name, Vorname, Geburtsdatum, Wohnort und Stammeinlage (die Geschäftsführer sind verpflichtet, bei Änderung der Gesellschafter, unverzüglich dem Handelsregister eine aktualisierte Liste einzureichen – § 40 GmbHG) nach § 8 Abs. 1 S. 3 GmbH;
- bei Sachgründung:
  - schriftlicher Sachgründungsbericht und die Verträge, z.B. Grundstückseinbringungsvertrag nach § 8 Abs. 1 S. 4 GmbHG;
  - Unterlagen darüber, dass der Wert der Sacheinlagen den Betrag der dafür übernommenen Stammeinlagen erreicht, z.B. Gutachten, Bilanzen der letzten zwei Jahre, Rechnungen (§ 8 Abs. 1 S. 5 GmbHG).

(Zum Nachlesen: *Sagmeister*, Anmeldungen zum Handels- und Vereinsregister, § 2 Rn 222 ff., 232 ff.)

Frage 6:   **6**

Im Handelsregister ist Bernd Beißer als stets einzelvertretungsbefugter Geschäftsführer der XL-GmbH mit dem Sitz in München eingetragen. Die beiden Gesellschafter der XL-GmbH, Julian und Marianne Mauser, fassen den Beschluss Bernd Beißer als Geschäftsführer abzuberufen und bestellen Thomas Tolle zum neuen stets alleinvertretungsberechtigten Geschäftsführer der XL-GmbH.

1. Was muss beim Handelsregister angemeldet werden?
2. Müssen der Handelsregisteranmeldung Unterlagen beigefügt werden?
3. Welcher Form bedarf die Anmeldung und wer muss diese unterzeichnen?

Antwort:

Zu 1. Nach § 39 Abs. 1 GmbHG ist jede Änderung in den Personen der Geschäftsführer sowie die Beendung der Vertretungsbefugnis eines Geschäftsführers zur Eintragung in das Handelsregister anzumelden.

Anzumelden sind im konkreten Fall: Ende der Vertretungsbefugnis des Bernd Beißer und neue Einzelvertretungsbefugnis des Thomas Tolle.

Zu 2. Gem. § 39 Abs. 2 GmbHG sind der Anmeldung die Urkunden über die Bestellung der Geschäftsführer oder über die Beendigung der Vertretungsbefugnis in Urschrift oder öffentlich beglaubigter Abschrift für das Gericht des Sitzes beizufügen.

Im konkreten Fall ist der Registeranmeldung der von beiden Gesellschaftern Julian und Marianne Mauser unterschriebene Gesellschafterbeschluss im Original oder in beglaubigter Abschrift beizufügen.

Zu 3. Die Anmeldung hat durch die Geschäftsführer in vertretungsberechtigter Zahl zu erfolgen; hier also durch den neuen Geschäftsführer Thomas Tolle. Die Einreichung der Anmeldung beim Handelsregister erfolgt gem. § 12 Abs. 1 HGB elektronisch in öffentlich beglaubigte Form.

(Zum Nachlesen: *Sagmeister*, Anmeldungen zum Handels- und Vereinsregister, § 2 Rn 255 ff.)

7 **Frage 7:**

1. Welche Dokumente sind bei der Gründung einer UG (haftungsbeschränkt) mit Musterprotokoll zum Handelsregister einzureichen?
2. Was ist bei der Satzungsänderung bei einer mittels Musterprotokoll gegründeten UG (haftungsbeschränkt) besonders zu berücksichtigen?

Antwort:

Zu 1. Es sind einzureichen:

- Anmeldung der Gründung, wobei die Unterschriften sämtlicher Geschäftsführer notariell zu beglaubigen sind;
- Musterprotokoll (keine Satzung, keine Liste), das der notariellen Beurkundung bedarf, § 2 Abs. 1 GmbHG.

Zu 2. Bei der Änderung des Musterprotokolls ist der unveränderte Bestand des Musterprotokolls an die Satzungsänderung redaktionell anzupassen.

(Zum Nachlesen: *Sagmeister*, Anmeldungen zum Handels- und Vereinsregister, § 2 Rn 304 ff., 314 ff.)

8 **Frage 8:**

RA'in Meierotto und Steuerberater Weiß wollen eine Partnerschaftsgesellschaft gründen und stellen dem Notarfachangestellten Klotz beim Besprechungstermin folgende Fragen:

1. Wir können jeweils nur 5.000,00 EUR zur Gründung unserer Gesellschaft aufbringen. Ist dieser Betrag rechtlich ausreichend?
2. Die Gesellschaft soll Meierotto & Partner heißen. Ist dies möglich? Gibt es hier gesetzliche Vorgaben und wie könnte die Partnerschaftsgesellschaft sonst lauten?
3. Welche weiteren Formalitäten sind bei der Gründung einer Partnerschaftsgesellschaft zwingend notwendig?
4. Wir möchten nicht persönlich haften und unser Privatvermögen schützen. Gibt es diesbezüglich eine Möglichkeit der Haftungsbeschränkung?

Antwort:

Zu 1. Der Betrag ist ausreichend, da kein Mindestkapital zur Gründung erforderlich ist.

Zu 2. Nach § 2 Abs. 1 S. 1 und 2 PartGG muss der Name der Partnerschaft den Namen mindestens eines Partners, den Zusatz "und Partner" oder "Partnerschaft" sowie die Berufsbezeichnungen aller in der Partnerschaft vertretenen Berufe enthalten. Die Beifügung von Vornamen ist nicht erforderlich. Die Gesellschaft kann deshalb nicht „Meierotto & Partner" heißen; es wäre aber z.B. „Meierotto & Partner, Rechtsanwalt Steuerberater" möglich.

Zu 3. Erfordlich sind ein schriftlicher Partnerschaftsvertrag, die beglaubigte Anmeldung (mit Unterschriften der Partner) beim elektronischen Partnerschaftsregister sowie die Eintragung ins Partnerschaftsregister.

Zu 4. Es könnte eine PartG mbB (mit beschränkter Berufshaftung) (Zusatz muss im Namen enthalten sein) gegründet werden. Hier ist die Beschränkung der Haftung auf die Versicherungssumme der Berufshaftpflichtversicherung möglich, wenn der Nachweis der Berufshaftpflichtversicherung vorliegt.

(Zum Nachlesen: *Sagmeister*, Anmeldungen zum Handels- und Vereinsregister, § 2 Rn 202 ff., 208 ff.)

9 **Frage 9:**

In welchen Registern werden die nachfolgenden Gesellschaften eingetragen?
1. Kommanditgesellschaft,
2. Gesellschaft mit beschränkter Haftung
3. Partnerschaftsgesellschaft

4. Gesellschaft bürgerlichen Rechts

5. offene Handelsgesellschaft

6. Aktiengesellschaft

7. GmbH & Co. KG

8. Unternehmergesellschaft (haftungsbeschränkt)?

Antwort:

Zu 1. Handelsregister Abt. A

Zu 2. Handelsregister Abt. B

Zu 3. Partnerschaftsregister

Zu 4. die GbR wird in keinem Register geführt

Zu 5. Handelsregister Abt. A

Zu 6. Handelsregister Abt. B

Zu 7. KG im Handelsregister Abt. A, Komplementär-GmbH daneben in Abt. B

Zu 8. Handelsregister Abt. B.

(Zum Nachlesen: *Sagmeister*, Anmeldungen zum Handels- und Vereinsregister, § 1 Rn 1 ff.)

C. Kosten: Handels- und Gesellschaftsrecht

Frage 10: 10

Anton Müller und Eva Lex errichten eine GmbH unter der Firma „M + L Solutions GmbH".

Das Stammkapital beträgt 25.000,00 EUR. Hiervon übernimmt Anton Müller einen Geschäftsanteil von nominal 15.000,00 EUR, Eva Lex einen Geschäftsanteil von nominal 10.000,00 EUR. Die Einlagen der Gesellschafter werden in bar erbracht.

Durch Beschluss der ersten Gesellschaftersammlung wird Anton Müller zum Geschäftsführer der GmbH bestellt; er ist einzelvertretungsberechtigt und von den Beschränkungen des § 181 BGB befreit.

Die Liste der Gesellschafter wird auftragsgemäß durch den Notar gefertigt.

Der Notar fertigt den Entwurf der Registeranmeldung, mit der die neu gegründete GmbH zur Eintragung in das Handelsregister angemeldet wird und beglaubigt darunter die Unterschrift des zum Geschäftsführer bestellten Anton Müller.

Der Notar wird angewiesen, die Anmeldung erst dann beim Handelsregister einzureichen, wenn ihm die Leistung der von den Gesellschaftern zu erbringenden Einlagen nachgewiesen wurde.

Der Notar reicht die Anmeldung (samt den beizufügenden Unterlagen) in elektronischer Form (mittels XML-Datensatz) beim Handelsregister ein.

Lösung Beurkundungsverfahren:

Der für den Gesellschaftsvertrag maßgebende Geschäftswert bestimmt sich nach der Summe der von den Gesellschaftern zu erbringenden Einlagen (§ 97 Abs. 1 GNotKG). Hierbei ist jedoch § 107 Abs. 1 GNotKG zu beachten, wonach bei der Beurkundung von Gesellschaftsverträgen der Geschäftswert mit mindestens 30.000,00 EUR anzunehmen ist.

Der mitbeurkundete Beschluss über die Bestellung des ersten Geschäftsführers der neu gegründeten GmbH stellt gem. der Regelung in § 110 Nr. 1 GNotKG im Verhältnis zum Gesellschaftsvertrag einen verschiedenen Beurkundungsgegenstand dar und ist daher gesondert zu bewerten. Es handelt sich um **einen** Beschluss ohne bestimmten Geldwert (die Festlegung der Vertretungsbefugnis und die Befreiung von § 181 BGB sind Teil des Beschlusses über die Geschäftsführerbestellung); der hierfür anzunehmende Geschäftswert ist nach § 108 Abs. 1 S. 1 i.V.m. § 105 Abs. 4 Nr. 1 GNotKG zu bestimmen (1% des im Handelsregister einzutragenden Stammkapitals, mindestens 30.000,00 EUR).

Die Werte der verschiedenen Beurkundungsgegenstände (Gesellschaftsvertrag, Beschluss der Gesellschafterversammlung) sind gem. § 35 Abs. 1 GNotKG zu addieren und bilden so den Gesamtwert des Beurkundungsverfahrens.

Sowohl der Gesellschaftsvertrag wie auch der von der Gesellschafterversammlung gefasste Beschluss lösen eine 2,0-Gebühr nach KV-Nr. 21100 GNotKG aus, sodass diese Gebühr nur einmal aus den zusammengerechneten Werten der verschiedenen Beurkundungsgegenstände zu erheben ist.

(Zum Nachlesen: *Tiedtke*, Notarkosten § 2 Rn 61 ff., 65 ff., 111 ff.).

GmbH-Errichtung, Gesellschaftsvertrag – Geschäftswert, §§ 97 Abs. 1, 107 Abs. 1 GNotKG (Mindestwert)	30.000,00 EUR
Beschluss Geschäftsführerbestellung – Geschäftswert, §§ 108 Abs. 1 S. 1, 105 Abs. 4 Nr. 1 GNotKG (Mindestwert)	30.000,00 EUR
Gesamtwert des Beurkundungsverfahrens, § 35 Abs. 1 GNotKG	60.000,00 EUR
hieraus 2,0-Gebühr gem. KV-Nr. 21100 GNotKG	384,00 EUR

Lösung Vollzugstätigkeit (zum Gründungsvorgang):

Das auftragsgemäße Fertigen der nach § 8 Abs. 1 Nr. 3 GmbHG zum Handelsregister einzureichenden Gesellschafterliste ist Vollzugstätigkeit zum Gründungsvorgang nach Vorbem. 2.2.1.1 Abs. 1 S. 2 Nr. 3 KV GNotKG und löst eine 0,5-Gebühr nach KV-Nr. 22110 GNotKG aus.

Als Geschäftswert für die Vollzugsgebühr ist gem. § 112 GNotKG der Wert des Beurkundungsverfahrens (= Summe der Wertansätze für die verschiedenen Beurkundungsgegenstände) anzunehmen.

Geschäftswert, § 112 GNotKG	60.000,00 EUR
0,5-Gebühr nach KV-Nr. 22110 GNotKG	96,00 EUR

Lösung Entwurfsverfahren – Handelsregisteranmeldung:

Fertigt der Notar auftragsgemäß den Entwurf der Handelsregisteranmeldung, fällt hierfür die Gebühr nach KV-Nr. 24102 GNotKG (0,3–0,5) an. Zu beachten ist § 92 Abs. 2 GNotKG, wonach der Notar bei vollständiger Entwurfsfertigung zum Ansatz der höchsten Gebühr innerhalb des jeweiligen Gebührensatzrahmens verpflichtet ist.

Die (erste) Beglaubigung der Unterschrift des Geschäftsführers durch denselben Notar, der auch den Entwurf der Anmeldung gefertigt hat, löst gem. Vorbem. 2.4.1 Abs. 2 KV GNotKG keine zusätzliche Gebühr aus.

Der Geschäftswert für die Handelsregisteranmeldung ist nach §§ 119 Abs. 1, 105 GNotKG zu bestimmen. Bei der Erstanmeldung einer GmbH liegt gem. § 105 Abs. 1 S. 1 Nr. 1 GNotKG eine Anmeldung mit bestimmtem Geldwert vor. Grundsätzlich bestimmt sich der anzunehmende Geschäftswert nach dem im Handelsregister einzutragenden Geldbetrag (Stammkapital); jedoch ist der in § 105 Abs. 1 S. 2 GNotKG festgelegte Mindestwert von 30.000,00 EUR zu beachten.

Die Anmeldung des Geschäftsführers, der abstrakten und konkreten Vertretungsbefugnis, wie auch der inländischen Geschäftsanschrift der GmbH, sind Teil der Erstanmeldung und nicht gesondert zu bewerten. Gleiches gilt für die in die Anmeldung mit aufgenommenen Erklärungen/Versicherungen über die Einzahlung des Stammkapitals und die Belehrung des Geschäftsführers nach § 53 Abs. 2 BZRG i.V.m. § 8 Abs. 3 S. 2 GmbHG.

(Zum Nachlesen: *Tiedtke*, Notarkosten § 2 Rn 109, 110).

Handelsregisteranmeldung – Geschäftswert, §§ 119 Abs. 1, 105 Abs. 1 S. 1 Nr. 1 u. S. 2 GNotKG (Mindestwert)	30.000,00 EUR
0,5-Gebühr gem. KV-Nr. 24102 GNotKG	62,50 EUR

Lösung Vollzugstätigkeit (zur Handelsregisteranmeldung):

Reicht der Notar die Anmeldung (samt den erforderlichen Unterlagen) elektronisch beim Handelsregister ein (mittels Erzeugung von XML-Strukturdaten) ist hierfür aus dem Wert des Entwurfsverfahrens (§ 112 GNotKG) eine 0,2-Vollzugsgebühr nach KV-Nr. 22114 GNotKG zu erheben.

Geschäftswert, § 112 GNotKG	30.000,00 EUR
0,2-Gebühr nach KV-Nr. 22114 GNotKG	25,00 EUR

Lösung Betreuungstätigkeit (zur Handelsregisteranmeldung):

Wird der Notar beauftragt, die Anmeldung (mit der darin enthaltenen Versicherung des Geschäftsführers über die erfolgte Einzahlung der zu leistenden Einlagen) erst beim Handelsregister einzureichen, wenn ihm die Einzahlung nachgewiesen wurde, liegt eine Betreuungstätigkeit zum Entwurfsverfahren nach KV-Nr. 22200 Nr. 3 GNotKG vor.

Aus dem Wert des Entwurfsverfahrens (§ 113 Abs. 1 GNotKG) ist eine 0,5-Gebühr nach KV-Nr. 22200 GNotKG zu erheben.

Geschäftswert, § 113 Abs. 1 GNotKG	30.000,00 EUR
0,5-Gebühr nach KV-Nr. 22200 GNotKG	62,50 EUR

Frage 11:   11

Fritz Pfiffig errichtet eine GmbH unter der Firma „FP Marketing GmbH".

Der vom Gründungsgesellschafter übernommene Geschäftsanteil zu nominal 25.000,00 EUR ist in bar zu erbringen.

Durch Beschluss der ersten Gesellschaftersammlung wird Fritz Pfiffig zum Geschäftsführer der GmbH bestellt; er ist einzelvertretungsberechtigt und von den Beschränkungen des § 181 BGB befreit.

Die Liste der Gesellschafter wird auftragsgemäß durch den Notar gefertigt.

Der Notar fertigt den Entwurf der Registeranmeldung, mit der die neu gegründete GmbH zur Eintragung in das Handelsregister angemeldet wird und beglaubigt darunter die Unterschrift des Geschäftsführers.

Der Notar wird angewiesen, die Anmeldung erst dann beim Handelsregister einzureichen, wenn ihm die Leistung der zu erbringenden Einlage nachgewiesen wurde.

Der Notar reicht die Anmeldung (samt den beizufügenden Unterlagen) in elektronischer Form (mittels XML-Datensatz) beim Handelsregister ein.

Lösung Beurkundungsverfahren:

Der für die Gesellschaftsgründung maßgebende Geschäftswert bestimmt sich nach der vom Gründungsgesellschafter zu erbringenden Einlage (§ 97 Abs. 1 GNotKG) unter Berücksichtigung des Mindestwertes nach § 107 Abs. 1 GNotKG (30.000,00 EUR).

Daneben ist der mitbeurkundete Beschluss über die Bestellung des ersten Geschäftsführers der neu gegründeten GmbH zu bewerten (verschiedener Beurkundungsgegenstand gem. § 110 Nr. 1 GNotKG); Geschäftswert nach § 108 Abs. 1 S. 1 i.V.m. § 105 Abs. 4 Nr. 1 GNotKG = 30.000,00 EUR (Mindestwert).

Zu beachten ist, dass die Errichtung der GmbH durch eine Person als einseitige Erklärung des Gründungsgesellschafters lediglich eine 1,0-Gebühr nach KV-Nr. 21200 GNotKG auslöst, für den mitbeurkundeten Beschluss jedoch eine 2,0-Gebühr nach KV-Nr. 21100 GNotKG zu erheben ist, auch wenn das Beschlussorgan (Gesellschafterversammlung) nur aus einer Person besteht. Da somit unterschiedliche Gebührensätze zur Anwendung kommen ist nach § 94 Abs. 1 GNotKG eine Vergleichsberechnung durchzuführen.

(Zum Nachlesen: *Tiedtke*, Notarkosten § 2 Rn 106 ff.).

GmbH-Errichtung, Satzung – Geschäftswert, §§ 97 Abs. 1, 107 Abs. 1 GNotKG (Mindestwert)	30.000,00 EUR
1,0-Gebühr gem. KV-Nr. 21200 GNotKG	125,00 EUR
Beschluss Geschäftsführerbestellung – Geschäftswert, §§ 108 Abs. 1 S. 1, 105 Abs. 4 Nr. 1 GNotKG (Mindestwert)	30.000,00 EUR
2,0-Gebühr gem. KV-Nr. 21100 GNotKG	250,00 EUR
Vergleichsberechnung gem. § 94 Abs. 1 GNotKG	
2,0-Gebühr gem. KV-Nr. 21100 GNotKG (höchster in Betracht kommender Gebührensatz) aus den zusammengerechneten Werten der verschiedenen Beurkundungsgegenstände (= 60.000,00 EUR)	384,00 EUR

Ergebnis: Die getrennte Berechnung ist kostengünstiger und daher maßgebend.

Lösung Vollzugstätigkeit:

Das auftragsgemäße Fertigen der nach § 8 Abs. 1 Nr. 3 GmbHG zum Handelsregister einzureichenden Gesellschafterliste ist Vollzugstätigkeit zum Gründungsvorgang; als Geschäftswert für die Vollzugsgebühr ist gem. § 112 GNotKG der Wert des Beurkundungsverfahrens (= Summe der Wertansätze für die verschiedenen Beurkundungsgegenstände) anzunehmen.

Der für die Vollzugsgebühr maßgebende Gebührensatz (0,5 oder 0,3) richtet sich nach dem Gebührensatz für das zu vollziehende Beurkundungsverfahren. Kommen bei der Bewertung des Beurkundungsverfahrens unterschiedliche Gebührensätze zur Anwendung, ist der höhere Gebührensatz ausschlaggebend. Da der mitbeurkundete Beschluss eine 2,0-Gebühr auslöst ist somit auch im vorliegenden Fall eine 0,5-Vollzugsgebühr nach KV-Nr. 22110 GNotKG zu erheben.

(Zum Nachlesen: *Tiedtke*, Notarkosten § 2 Rn 108).

Geschäftswert, § 112 GNotKG	60.000,00 EUR
0,5-Gebühr nach KV-Nr. 22110 GNotKG	96,00 EUR

Lösung Entwurfsverfahren – Handelsregisteranmeldung samt Vollzugs- und Betreuungstätigkeit:
Siehe hierzu die Ausführungen bei Rdn 10.

12 **Frage 12:**

Ausgangsfall wie bei Rdn 11; allerdings wird der vom Gründungsgesellschafter übernommene Geschäftsanteil nicht in bar, sondern durch folgende Sacheinlagen erbracht:

- Teileigentumseinheit (Büroräume) mit einem Verkehrswert von 260.000,00 EUR;
- Einzelunternehmen des Gründungsgesellschafters (Werbeagentur). Die hierzu vorgelegte Bilanz weist ein Aktivvermögen von 100.000,00 EUR, auf der Passivseite Verbindlichkeiten in Höhe von 60.000,00 EUR aus.

Mitbeurkundet wird ein Einbringungsvertrag, mit dem die zu erbringenden Sacheinlagen von dem Gründungsgesellschafter an die neu gegründete GmbH übereignet bzw. aufgelassen werden.

Lösung Beurkundungsverfahren:

Der für die Gesellschaftsgründung maßgebende Geschäftswert bestimmt sich nach den von den Gesellschaftern zu erbringenden Einlagen (§ 97 Abs. 1 GNotKG). Werden diese durch Sacheinlagen (z.B. Grundbesitz, Teileigentum, Einzelunternehmen oder Beteiligungen an anderen Unternehmen) erbracht, so ist der nach den allgemeinen Vorschriften zu bestimmende Wert der Sacheinlagen maßgebend.

Im vorliegenden Fall bestimmt sich der Wert der Gesellschaftsgründung daher

- nach dem Verkehrswert der Teileigentumseinheit (§ 46 GNotKG) i.H.v 260.000,00 EUR;
- nach dem kostenrechtlichen Wert des Einzelunternehmens (Aktiva lt. Bilanz ohne Abzug von Verbindlichkeiten; §§ 97 Abs. 1, 38 GNotKG) i.H.v 100.000,00 EUR.

(Zum Nachlesen: *Tiedtke*, Notarkosten § 2 Rn 61 ff.).

Der mitbeurkundete Einbringungsvertrag betrifft im Verhältnis zur (einseitigen) Gesellschaftsgründung denselben Beurkundungsgegenstand gem. § 109 Abs. 1 GNotKG, führt jedoch gem. § 94 Abs. 2 GNotKG zum Ansatz einer 2,0-Gebühr nach KV-Nr. 21100 GNotKG.

GmbH-Errichtung, Gesellschaftsvertrag, Einbringungsvertrag – Geschäftswert, §§ 97 Abs. 1, 46 GNotKG (Gesamtwert der Sacheinlagen)	360.000,00 EUR
Beschluss Geschäftsführerbestellung – Geschäftswert, §§ 108 Abs. 1 S. 1, 105 Abs. 4 Nr. 1 GNotKG (1 % des im Handelsregister einzutragenden Stammkapitals = 250,00 EUR, mindestens 30.000,00 EUR)	30.000,00 EUR
Gesamtwert des Beurkundungsverfahrens, § 35 Abs. 1 GNotKG	390.000,00 EUR
hieraus 2,0-Gebühr gem. KV-Nr. 21100 GNotKG	1.570,00 EUR

Lösung Vollzugstätigkeit:

Das auftragsgemäße Fertigen der nach § 8 Abs. 1 Nr. 3 GmbHG zum Handelsregister einzureichenden Gesellschafterliste ist Vollzugstätigkeit zum Gründungsvorgang nach Vorbem. 2.2.1.1 Abs. 1 S. 2 Nr. 3 KV GNotKG und löst eine 0,5-Gebühr nach KV-Nr. 22110 GNotKG aus.

Als Geschäftswert für die Vollzugsgebühr ist gem. § 112 GNotKG der Wert des Beurkundungsverfahrens (= Summe der Wertansätze für die verschiedenen Beurkundungsgegenstände) anzunehmen.

Beschränkt sich die Vollzugstätigkeit des Notars auf das Fertigen der Gesellschafterliste, wird die zu erhebende Vollzugsgebühr durch KV-Nr. 22113 GNotKG auf 250,00 EUR begrenzt.

Geschäftswert, § 112 GNotKG	390.000,00 EUR
0,5-Gebühr nach KV-Nr. 22110, 22113 GNotKG (Höchstgebühr)	250,00 EUR

Lösung Entwurfsverfahren – Handelsregisteranmeldung samt Betreuungstätigkeit:

Der Geschäftswert für die Handelsregisteranmeldung ist auch bei einer Sachgründung (Erbringung der Einlagen durch Sachleistungen) nach §§ 119 Abs. 1, 105 GNotKG zu bestimmen. Maßgebend ist daher nicht der kostenrechtliche Wert der Sacheinlagen, sondern der im Handelsregister einzutragende Geldbetrag (Stammkapital) unter Beachtung des in § 105 Abs. 1 S. 2 GNotKG festgelegten Mindestwerts von 30.000,00 EUR.

Siehe i.Ü. die Ausführungen bei Frage 10 (Rdn 10).

Frage 13:   **13**

Sabine Stark errichtet die „ComPu-Solutions UG (haftungsbeschränkt)" unter Verwendung des Musterprotokolls gem. § 2 Abs. 1a GmbHG. Das in bar zu erbringende Stammkapital beträgt 1.000,00 EUR.

Frau Stark wird zum Geschäftsführer der UG bestellt.

Der Notar fertigt den Entwurf der Registeranmeldung, mit der die neu gegründete Gesellschaft zur Eintragung in das Handelsregister angemeldet wird und beglaubigt darunter die Unterschrift der Geschäftsführerin.

Der Notar wird angewiesen, die Anmeldung erst dann beim Handelsregister einzureichen, wenn ihm die Leistung der zu erbringenden Einlage nachgewiesen wurde.

Der Notar reicht die Anmeldung (samt den beizufügenden Unterlagen) in elektronischer Form (mittels XML-Datensatz) beim Handelsregister ein.

Lösung Beurkundungsverfahren:

Der für die Gesellschaftsgründung maßgebende Geschäftswert bestimmt sich nach der von der Gesellschafterin zu erbringenden Bareinlage (§ 97 Abs. 1 GNotKG). Da die Gesellschaftsgründung unter Verwendung des gesetzlich vorgeschriebenen Musterprotokolls erfolgt, gilt der in § 107 Abs. 1 S. 1 GNotKG festgelegte Mindestwert hier nicht (§ 107 Abs. 1 S. 2 GNotKG). Der anzunehmende Geschäftswert beträgt daher 1.000,00 EUR.

Die Bestellung des ersten Geschäftsführers (und dessen Befreiung von den Beschränkungen des § 181 BGB) ist Teil des Musterprotokolls und damit nicht gesondert zu bewertender Bestandteil des Gründungsvorgangs. Auch die gesonderte Fertigung einer Gesellschafterliste (als Vollzugstätigkeit zum Gründungsvorgang) ist nicht erforderlich, da das Musterprotokoll zugleich als Gesellschafterliste gilt (§ 2 Abs. 1a S. 4 GmbHG).

Die Errichtung der UG (haftungsbeschränkt) durch eine Person löst eine 1,0-Gebühr nach KV-Nr. 21200 GNotKG aus; hierbei ist die dort festgelegte Mindestgebühr von 60,00 EUR zu beachten.

(Zum Nachlesen: *Tiedtke*, Notarkosten § 2 Rn 116 ff.).

Errichtung der UG (haftungsbeschränkt) mittels Musterprotokoll – Geschäftswert, § 97 Abs. 1 (Nominalbetrag der Bareinlage)	1.000,00 EUR
hieraus 1,0-Gebühr gem. KV-Nr. 21200 GNotKG (Mindestgebühr)	60,00 EUR

Lösung Entwurfsverfahren – Handelsregisteranmeldung, samt Vollzugs- und Betreuungstätigkeit:

Der Geschäftswert für die (vom Notar entworfene) Handelsregisteranmeldung einer mittels Musterprotokoll neu errichteten UG (haftungsbeschränkt) ist nach §§ 119 Abs. 1, 105 Abs. 1 Nr. 1 GNotKG zu bestimmen. Maßgebend ist der im Handelsregister einzutragende Betrag des Stammkapitals; der in § 105 Abs. 1 S. 2 GNotKG festgelegte Mindestwert gilt hier nicht (§ 105 Abs. 6 GNotKG). Zu beachten ist allerdings die bei KV-Nr. 24102 GNotKG festgelegte Mindestgebühr von 30,00 EUR.

Der Geschäftswert für die vom Notar auftragsgemäß auszuführenden Vollzugs- und Betreuungstätigkeit (Erzeugen von XML-Strukturdaten im Zuge der elektronischen Einreichung; Überwachung der Vorlage zum Handelsregister) bestimmt sich gem. §§ 112, 113 Abs. 1 GNotKG nach dem Wert des Entwurfsverfahrens. Aufgrund des hier anzunehmenden geringen Geschäftswerts ist für den jeweiligen Gebührenansatz die (allgemeine) Mindestgebühr i.H.v. 15,00 EUR (nach § 34 Abs. 5 GNotKG) zu beachten.

Siehe i.Ü. die Ausführungen bei Rdn 10.

Handelsregisteranmeldung – Geschäftswert, §§ 119 Abs. 1, 105 Abs. 1 S. 1 Nr. 1 u. Abs. 6 GNotKG (Nominalbetrag des einzutragenden Stammkapitals)	1.000,00 EUR
0,5-Gebühr gem. KV-Nr. 24102 GNotKG (Mindestgebühr)	30,00 EUR
0,2-Vollzugsgebühr nach KV-Nr. 22114 GNotKG (aus dem Wert des Entwurfsverfahrens, § 112 GNotKG; Mindestgebühr)	15,00 EUR
0,5-Betreuungsgebühr nach KV-Nr. 22200 GNotKG (aus dem Wert des Entwurfsverfahrens, § 113 Abs. 1 GNotKG; Mindestgebühr)	15,00 EUR

Frage 14: **14**

In der (notariell beurkundeten) Gesellschafterversammlung der „M + L Solutions GmbH" (Stammkapital 25.000,00 EUR) wird Folgendes beschlossen:

- Anton Müller wird als Geschäftsführer abberufen;
- Eva Lex wird zur neuen alleinvertretungsberechtigten (und von den Beschränkungen des § 181 BGB befreiten) Geschäftsführerin bestellt;
- Hanna Müller wird (Einzel-)Prokura erteilt;
- die Satzung der GmbH wird in mehreren Punkten geändert (Unternehmensgegenstand, Erlösverteilung, Regelungen bei Ausscheiden eines Gesellschafters).

Der Notar fertigt den Entwurf der Anmeldung zum Handelsregister und beglaubigt darunter die Unterschrift der Geschäftsführerin. Der Notar reicht die Anmeldung (samt den beizufügenden Unterlagen) in elektronischer Form (mittels XML-Datensatz) beim Handelsregister ein.

Lösung Beurkundungsverfahren:

Beinhaltet die zu bewertende Niederschrift mehrere Beschlüsse einer Gesellschafterversammlung, sind diese grundsätzlich als verschiedene Beurkundungsgegenstände i.S.v. § 86 Abs. 2 GNotKG zu behandeln. Ausnahmen hierzu regelt (vollständig und abschließend) § 109 Abs. 2 Nr. 4 a) bis g) GNotKG.

Danach gelten aufgrund gesetzlicher Festlegung als derselbe Beurkundungsgegenstand u.a.

- mehrere Wahlen (Abberufung und/oder Neubestellung von Verwaltungsträgern, z.B. Geschäftsführer, Vorstände, Aufsichtsräte, auch Prokuristen), soweit nicht Einzelwahlen stattfinden (bei einer GmbH eher die Ausnahme); § 109 Abs. 2 Nr. 4 d) GNotKG;
- mehrere Änderungen des Gesellschaftsvertrages/der Satzung, deren Gegenstand keinen bestimmten Geldwert hat (auch eine komplette Satzungsneufassung; § 109 Abs. 2 Nr. 4 c) GNotKG).

Bei den hier gefassten Beschlüssen handelt es sich um Beschlüsse ohne bestimmten Geldwert, deren Geschäftswert jeweils nach § 108 Abs. 1 S. 1 i.V.m. § 105 Abs. 4 Nr. 1 GNotKG zu bestimmen ist (1% des im Handelsregister eingetragenen Stammkapitals, mindestens 30.000,00 EUR).

Die Werte der verschiedenen Beurkundungsgegenstände (Wahlen, Satzungsänderung) sind gem. § 35 Abs. 1 GNotKG zu addieren und bilden so den Gesamtwert des Beurkundungsverfahrens.

Mehrere Wahlen – Geschäftswert, §§ 108 Abs. 1, 105 Abs. 4 Nr. 1 GNotKG (Mindestwert)	30.000,00 EUR
Mehrfache Satzungsänderung – Geschäftswert, §§ 108 Abs. 1 S. 1, 105 Abs. 4 Nr. 1 GNotKG (Mindestwert)	30.000,00 EUR
Gesamtwert des Beurkundungsverfahrens, § 35 Abs. 1 GNotKG	60.000,00 EUR
hieraus 2,0-Gebühr gem. KV-Nr. 21100 GNotKG	384,00 EUR

Lösung Entwurfsverfahren – Handelsregisteranmeldung:

Der Geschäftswert für die Handelsregisteranmeldung ist nach §§ 119 Abs. 1, 105 GNotKG zu bestimmen. Sowohl bei der Abberufung und/oder Neubestellung von Verwaltungsträgern wie auch bei der vorgenommenen Satzungsänderung handelt es sich um spätere Anmeldungen ohne bestimmten Geldwert; der jeweils anzunehmende Geschäftswert ist daher nach § 105 Abs. 4 Nr. 1 GNotKG zu bestimmen (1% des im Handelsregister eingetragenen Stammkapitals, mindestens 30.000,00 EUR).

Zu beachten ist § 111 Nr. 3 GNotKG, wonach jede gesondert anzumeldende Tatsache einen besonderen (und damit eigens zu bewertenden) Gegenstand darstellt. Dies gilt insbesondere auch für die Abberufung und/oder Neubestellung mehrerer Verwaltungsträger. Demgegenüber wird eine mehrfache Satzungsänderung (soweit diese ausschließlich Änderungen ohne bestimmten Wert betrifft) als einheitliche Tatsache behandelt.

Die Werte der verschiedenen bzw. besonderen Gegenstände (Abberufung/Neubestellung mehrerer Verwaltungsträger, Satzungsänderung) sind gem. § 35 Abs. 1 GNotKG zu addieren und bilden so den Gesamtwert des Entwurfsverfahrens.

Abberufung Geschäftsführer – Geschäftswert, §§ 119 Abs. 1, 105 Abs. 4 Nr. 1 GNotKG (Mindestwert)	30.000,00 EUR
Neubestellung Geschäftsführer – Geschäftswert, §§ 119 Abs. 1, 105 Abs. 4 Nr. 1 GNotKG (Mindestwert)	30.000,00 EUR
Prokuraerteilung – Geschäftswert, §§ 119 Abs. 1, 105 Abs. 4 Nr. 1 GNotKG (Mindestwert)	30.000,00 EUR
Satzungsänderung – Geschäftswert, §§ 119 Abs. 1, 105 Abs. 4 Nr. 1 GNotKG (Mindestwert)	30.000,00 EUR
Gesamtwert des Entwurfsverfahrens, § 35 Abs. 1 GNotKG	120.000,00 EUR
0,5-Gebühr gem. KV-Nr. 24102 GNotKG	150,00 EUR

Lösung Vollzugstätigkeit (zur Handelsregisteranmeldung):

Reicht der Notar die Anmeldung (samt den erforderlichen Unterlagen) elektronisch beim Handelsregister ein (mittels Erzeugung von XML-Strukturdaten) ist hierfür aus dem Wert des Entwurfsverfahrens (§ 112 GNotKG) eine 0,2-Vollzugsgebühr nach KV-Nr. 22114 GNotKG zu erheben.

Geschäftswert, § 112 GNotKG	120.000,00 EUR
0,2-Gebühr nach KV-Nr. 22114 GNotKG	60,00 EUR

15 **Frage 15:**

Durch die Gesellschafterversammlung der „AB-Beteiligungs GmbH" (Stammkapital 100.000,00 EUR; Gesellschafter: Emil Andrä und Max Beham) wird Folgendes beschlossen:

- das Stammkapital der Gesellschaft wird um 20.000,00 EUR erhöht;
- hierzu werden 20.000 neue Geschäftsanteile zum Nominalbetrag von je 1,00 EUR gebildet, welche in bar zu erbringen sind;
- zur Übernahme der neuen Geschäftsanteile wird der Gesellschafter Max Beham zugelassen;
- § 3 der Satzung (Stammkapital) wird dementsprechend geändert.

In derselben Urkunde erklärt der Gesellschafter Max Beham, die neugebildeten Geschäftsanteile gem. den Bestimmungen des Kapitalerhöhungsbeschlusses zu übernehmen.

Der Notar fertigt die Übernehmerliste (§ 57 Abs. 3 Nr. 2 GmbHG) sowie die neue Gesellschafterliste (§ 40 Abs. 1 u. 2 GmbHG).

Der Notar fertigt ferner den Entwurf der Anmeldung zum Handelsregister und beglaubigt darunter die Unterschrift des Geschäftsführers. Der Notar reicht die Anmeldung in elektronischer Form (mittels XML-Datensatz) beim Handelsregister ein.

Lösung Beurkundungsverfahren:

Der Geschäftswert für den Kapitalerhöhungsbeschluss (Beschluss mit bestimmtem Geldwert) ist nach § 97 Abs. 1 GNotKG zu bestimmen. Da es sich um eine Bar-Kapitalerhöhung handelt, ist grundsätzlich der nominale Erhöhungsbetrag maßgebend; jedoch ist § 108 Abs. 1 S. 2 (i.V.m. § 105 Abs. 1 S. 2) GNotKG zu beachten, wonach der Wert (auch) für Beschlüsse mit bestimmtem Geldwert mindestens mit 30.000,00 EUR anzunehmen ist.

Die im Zusammenhang mit der Kapitalerhöhung stehenden weiteren Beschlüsse, ebenso die damit zusammenhängende Satzungsänderung, betreffen gem. § 109 Abs. 2 Nr. 4 a) u. b) GNotKG denselben Beurkundungsgegenstand.

Demgegenüber betrifft die mitbeurkundete Übernahmeerklärung des zur Übernahme der neuen Geschäftsanteile zugelassenen Gesellschafters gem. § 110 Nr. 1 GNotKG einen verschiedenen, gesondert zu bewertenden Beurkundungsgegenstand. Der hierfür anzunehmende Geschäftswert bestimmt sich gem. § 97 Abs. 1 GNotKG nach dem Erhöhungsbetrag.

Da die verschiedenen Beurkundungsgegenstände unterschiedlichen Gebührensätzen unterliegen (Beschluss: 2,0-Gebühr nach KV-Nr. 21100 GNotKG, Übernahmeerklärung: 1,0-Gebühr nach KV-Nr. 21200 GNotKG) ist § 94 Abs. 1 GNotKG zu beachten und eine Vergleichsberechnung durchzuführen.

(Zum Nachlesen: *Tiedtke*, Notarkosten § 2 Rn 121 ff.).

Beschluss, Kapitalerhöhung – Geschäftswert, §§ 97 Abs. 1, 108 Abs. 1 S. 2 u. § 105 Abs. 1 S. 2 GNotKG (Mindestwert)	30.000,00 EUR
2,0-Gebühr gem. KV-Nr. 21100 GNotKG	250,00 EUR
Übernahmeerklärung – Geschäftswert, § 97 Abs. 1 GNotKG	20.000,00 EUR
1,0-Gebühr gem. KV-Nr. 21200 GNotKG	107,00 EUR
Vergleichsberechnung gem. § 94 Abs. 1 GNotKG	
2,0-Gebühr gem. KV-Nr. 21100 GNotKG (höchster in Betracht kommender Gebührensatz) aus den zusammengerechneten Werten der verschiedenen Beurkundungsgegenstände (= 50.000,00 EUR)	330,00 EUR

Ergebnis: Die Vergleichsberechnung ist kostengünstiger und daher maßgebend.

Lösung Vollzugstätigkeit:

Das auftragsgemäße Fertigen der Übernehmerliste (§ 57 Abs. 3 Nr. 2 GmbHG) sowie der neuen Gesellschafterliste (§ 40 Abs. 1 u. 2 GmbHG) ist Vollzugstätigkeit zum Beurkundungsverfahren nach Vorbem. 2.2.1.1 Abs. 1 S. 2 Nr. 3 KV GNotKG und löst eine 0,5-Gebühr nach KV-Nr. 22110 GNotKG aus.

Die Vollzugsgebühr entsteht auch bei Ausführung mehrerer Vollzugstätigkeiten nur einmal (§ 93 Abs. 1 GNotKG).

Als Geschäftswert für die Vollzugsgebühr ist gem. § 112 GNotKG der Wert des Beurkundungsverfahrens (= Summe der Wertansätze für die verschiedenen Beurkundungsgegenstände) anzunehmen.

Geschäftswert, § 112 GNotKG	50.000,00 EUR
0,5-Gebühr nach KV-Nr. 22110 GNotKG	82,50 EUR

Lösung Entwurfsverfahren – Handelsregisteranmeldung:

Der Geschäftswert für die Handelsregisteranmeldung ist nach §§ 119 Abs. 1, 105 GNotKG zu bestimmen. Bei der anzumeldenden Kapitalerhöhung handelt es sich um eine Anmeldung mit bestimmtem Geldwert (§ 105 Abs. 1 Nr. 3 GNotKG; die entsprechende Satzungsänderung betrifft dieselbe Tatsache, § 111 Nr. 3 GNotKG ist insoweit nicht einschlägig). Zu beachten ist § 105 Abs. 1 S. 2 GNotKG, wonach auch bei Handelsregisteranmeldungen mit bestimmtem Geldwert der Geschäftswert mit mindestens 30.000,00 EUR anzunehmen ist.

Reicht der Notar die Anmeldung (samt den erforderlichen Unterlagen) elektronisch beim Handelsregister ein (mittels Erzeugung von XML-Strukturdaten) ist hierfür aus dem Wert des Entwurfsverfahrens (§ 112 GNotKG) eine 0,2-Vollzugsgebühr nach KV-Nr. 22114 GNotKG zu erheben.

(Zum Nachlesen: *Tiedtke*, Notarkosten § 2 Rn 124 ff.).

Handelsregisteranmeldung – Geschäftswert, §§ 119 Abs. 1, 105 Abs. 1 S. 1 Nr. 3 u. S. 2 GNotKG (Mindestwert)	30.000,00 EUR
0,5-Gebühr gem. KV-Nr. 24102 GNotKG	62,50 EUR
0,2-Vollzugsgebühr nach KV-Nr. 22114 GNotKG (aus dem Wert des Entwurfsverfahrens, § 112 GNotKG)	25,00 EUR

16   Frage 16:

Durch die Gesellschafterversammlung der „MB Holding GmbH" (Stammkapital 10 Mio. EUR) wird Folgendes beschlossen:

- das Stammkapital der Gesellschaft wird um 1,2 Mio. EUR erhöht;
- § 3 der Satzung (Stammkapital) wird dementsprechend geändert;
- zur Übernahme der neuen Geschäftsanteile wird die „Immo-Invest Beteiligungs GmbH" zugelassen; diese leistet die neue Einlage jedoch nicht in bar, sondern durch Einbringung einer Immobilie (Verkehrswert 6 Mio. EUR).

In derselben Urkunde erklärt die „Immo-Invest Beteiligungs GmbH", die neugebildeten Geschäftsanteile gem. den Bestimmungen des Kapitalerhöhungsbeschlusses zu übernehmen. Mitbeurkundet wird ferner der Einbringungsvertrag, mit dem die betreffende Immobilie an die „MB Holding GmbH" übertragen und aufgelassen wird.

Der Notar fertigt die Übernehmerliste (§ 57 Abs. 3 Nr. 2 GmbHG) sowie die neue Gesellschafterliste (§ 40 Abs. 1 u. 2 GmbHG).

Der Notar fertigt ferner den Entwurf der Anmeldung zum Handelsregister und beglaubigt darunter die Unterschrift des Geschäftsführers. Der Notar reicht die Anmeldung in elektronischer Form (mittels XML-Datensatz) beim Handelsregister ein.

Lösung Beurkundungsverfahren:

Werden die im Rahmen der Kapitalerhöhung gebildeten Geschäftsanteile nicht in bar, sondern durch Sachleistung erbracht, bestimmt sich der Geschäftswert für den Kapitalerhöhungsbeschluss nicht nach dem nominalen Erhöhungsbetrag, sondern nach dem kostenrechtlichen Wert der Sacheinlage. Dies ist im vorliegenden Fall der nach § 46 GNotKG zu ermittelnde Verkehrswert des einzubringenden Grundbesitzes. Allerdings ist § 108 Abs. 5 GNotKG zu beachten, wonach der für Beschlüsse anzunehmende Geschäftswert höchstens 5 Mio. EUR beträgt.

Der mitbeurkundete Einbringungsvertrag stellt gem. § 110 Nr. 1 GNotKG im Verhältnis zum Gesellschafterbeschluss einen verschiedenen Beurkundungsgegenstand dar. Demgegenüber betreffen der Einbringungsvertrag und die rechtsgeschäftliche Übernahmeerklärung des zugelassenen Gesellschafters denselben Beurkundungs-gegenstand (§ 109 Abs. 1 GNotKG), sodass die Übernahmeerklärung unbewertet bleibt. Der für den Einbringungsvertrag anzunehmende Geschäftswert bestimmt sich gem. § 97 Abs. 1 GNotKG nach dem Wert der Sacheinlage (Verkehrswert des Grundbesitzes).

Die Werte der verschiedenen Beurkundungsgegenstände (Kapitalerhöhungsbeschluss, Einbringungsvertrag) sind gem. § 35 Abs. 1 GNotKG zu addieren und bilden den Gesamtwert des Beurkundungsverfahrens.

Beschluss, Kapitalerhöhung – Geschäftswert, §§ 97 Abs. 1, 46, 108 Abs. 5 GNotKG (Höchstwert)	5.000.000,00 EUR
Einbringungsvertrag – Geschäftswert, §§ 97 Abs. 1, 46 GNotKG (Verkehrswert des eingebrachten Grundbesitzes)	6.000.000,00 EUR
Gesamtwert des Beurkundungsverfahrens, § 35 Abs. 1 GNotKG	11.000.000,00 EUR
hieraus 2,0-Gebühr gem. KV-Nr. 21100 GNotKG	23.970,00 EUR

Lösung Vollzugstätigkeit:

Siehe hierzu die Ausführungen bei Rdn 15.

Allerdings ist KV-Nr. 22113 GNotKG zu beachten, wonach die Vollzugsgebühr für jede Tätigkeit nach Vorbem. 2.2.1.1 Abs. 1 S. 2 Nr. 3 KV GNotKG auf 250,00 EUR begrenzt ist. Vom Notar sind zwei Listen zu fertigen, sodass diese Höchstgebühr pro erstellter Liste anfällt.

Geschäftswert, § 112 GNotKG	11.000.000,00 EUR
0,5-Gebühr nach KV-Nr. 22110, 22113 GNotKG (2 Listen, Höchstgebühr daher 2 x 250,00 EUR)	500,00 EUR

Lösung Entwurfsverfahren – Handelsregisteranmeldung:

Siehe hierzu die Ausführungen bei Rdn 15.

Zu beachten ist jedoch, dass

- nach § 106 GNotKG der für Registeranmeldungen anzunehmende Geschäftswert in jedem Fall höchstens 1 Mio. EUR beträgt;
- die für das Erzeugen von XML-Strukturdaten zu erhebende Vollzugsgebühr nach KV-Nr. 22114 GNotKG auf höchstens 125,00 EUR begrenzt ist.

Handelsregisteranmeldung – Geschäftswert, §§ 119 Abs. 1, 105 Abs. 1 S. 1 Nr. 3 u. 106 GNotKG (Höchstwert)	1.000.000,00 EUR
0,5-Gebühr gem. KV-Nr. 24102 GNotKG	867,50 EUR
0,2-Vollzugsgebühr nach KV-Nr. 22114 GNotKG (aus dem Wert des Entwurfsverfahrens, § 112 GNotKG; Höchstgebühr)	125,00 EUR

D. Gesellschaftsrecht – GmbH und UG (haftungsgeschränkt) (Folien)

GmbH - Gründung

Notarkasse
Anstalt des öffentlichen Rechts

17

Gründung

- Gründung durch notariell beurkundeten Gesellschaftsvertrag (§ 2 Abs. 1 GmbHG, §§ 8 ff. BeurkG)
- Daneben sind der oder die ersten Geschäftsführer zu bestellen, das erfolgt meist in der Gründungsurkunde, kann aber auch durch einen gesonderten (schriftlich dokumentierten, nicht beurkundeten) Beschluss erfolgen
- Gründer können sein (i) natürliche Personen, (ii) Kapitalgesellschaften (GmbH, AG, Vereine, Genossenschaften, auch Gesellschaften „in Gründung"), (iii) Personenhandelsgesellschaften (KG, OHG), (iv) Gesellschaften bürgerlichen Rechts
- Gründung mit Vollmachten möglich, Vollmachten bedürfen der notariellen Beglaubigung, § 2 Abs. 2 GmbHG
- Gründung „vorbehaltlich Genehmigung" ist möglich, aber nicht bei der Ein-Personen-GmbH
- Vor der Beurkundung sind die geldwäscherechtlichen Identifizierungspflichten zu erfüllen und die Feststellungen zu wirtschaftlich Berechtigten zu erheben (§§ 2, 10, 11 GwG)

Mindestinhalt der Satzung (§ 3 Abs. 1 GmbHG)

- Firma (ggf. Firmenzulässigkeit selber durch Registerrecherche klären, vgl. § 30 HGB, keine Verwendung von Familiennamen, wenn keine Person dieses Namens beteiligt ist, IHK Anfrage zur Firmenzulässigkeit im Übrigen)
- Sitz (muss als Satzungssitz im Inland bestimmt werden, § 4a GmbHG, der faktische Verwaltungssitz kann sich im Ausland befinden, die inländische Geschäftsanschrift muss sich **nicht** am Ort des Satzungssitzes befinden (anders bei der KG!))
- Betrag des Stammkapitals (Summe, ganze EUR, mindestens 25.000,00 EUR)
- Einteilung in Geschäftsanteile (Nummerierung muss nicht zwingend in der Satzung erfolgen, wird aber praktisch immer gemacht) und Zuordnung zu den Gründern
- Zeitliche Beschränkung und Nebenpflichten (nur soweit einschlägig)

DeutscherNotarVerlag

Vollrath

GmbH - Gründung

Weitere Satzungsinhalte in Kleinstsatzungen

- Praktisch immer sind abstrakte Vertretungsregelungen für das Vertreten der Geschäftsführer getroffen, die von der gesetzlichen Regelung abweichen (Gesamtvertretung aller Geschäftsführer, § 35 Abs. 2 S. 1 GmbHG)
- Häufigste Regelung: „Ist nur ein GF bestellt, vertritt er allein. Sind mehrere bestellt, so wird die GmbH durch zwei GF gemeinschaftlich vertreten, oder einen GF mit einem Prokuristen."
- Befreiungsmöglichkeit von § 181 BGB – ist diese Möglichkeit nicht in der Satzung angelegt, kann ein Befreiungsbeschluss nicht gefasst werden
- Kostenübernahmeregelung der Gründungskosten durch die Gesellschaft (das sind dann die einzigen Beträge, um die das Stammkapital im Zeitpunkt der Eintragung der GmbH gemindert sein darf, andernfalls entstehen Nachschusspflichten der Gründer) – Faustformel: eine Kostenübernahme bis zu 10% des Stammkapitals wird vom Gericht nicht hinterfragt

Zusätzliche Satzungsinhalte in größeren Satzungen

- Beschlussfähigkeitsregelungen, Mehrheitsregelungen, Teilnahme von Vertretern an Gesellschafterversammlungen, Möglichkeit der Abhaltung virtueller Versammlungen
- Beschränkungen der Abtretungsmöglichkeit von Geschäftsanteilen (vgl. § 15 Abs. 5 GmbHG)
- Einziehungsregelungen für verschiedene Fälle (zum Beispiel: Pfändung des Anteils, Verstoß gegen Wettbewerbsverbote, Beendigung der Mitarbeit im Unternehmen, Einziehung nach Kündigung, Versterben eines Gesellschafters)
- Kündigungsmöglichkeiten für einen einzelnen Gesellschafter (meist nach Ablauf einer Mindestfrist) mit der Folge, dass die Gesellschaft aufgelöst wird, wenn nicht die anderen die Fortsetzung beschließen und den Anteil des Kündigenden einziehen

DeutscherNotarVerlag

Vollrath

GmbH - Gründung

- Abfindungsregelungen für den Fall, dass ein Anteil eingezogen wird (unterschiedliche Abfindungshöhen für verschiedene Fälle, für die Einziehung nach Tod ist sogar ein Ausschluss möglich)
- Tod: Beschränkungen der Vererblichkeit können nicht wirksam vereinbart werden (daher die oben erwähnten Einziehungsklauseln), Anforderungen können an den Erbnachweis gestellt werden („entsprechend § 35 GBO"), Testamentsvollstreckung muss gesondert zugelassen werden
- Wettbewerbsverbote/Kundenschutzklauseln, zum Teil auch für die Zeit nach dem Ausscheiden eines Gesellschafters

Gründung durch Musterprotokoll

- § 2 Abs. 1a GmbHG – vereinfachtes Verfahren bei maximal drei Gesellschaftern und einem GF
- Musterprotokoll macht gesonderte Gesellschafterliste entbehrlich (§ 2 Abs. 1a S. 4 GmbHG), die GF Bestellung wird gebührenrechtlich nicht als Beschluss erfasst
- Im Übrigen nur Nachteile des Musterprotokolls, weil wesentliche Regelungen der typischen Satzungsbestandteile schon aus den Kleinstsatzungen fehlen (abstrakte Vertretungsregelung, § 181 BGB Befreiungsmöglichkeit, Kostenübernahme) und meist schon bei der Bestellung eines neuen/weiteren Geschäftsführers die Satzung nachgebessert werden muss
- Gründung per Musterprotokoll kann nur als Bargründung erfolgen, nicht als Sachgründung.

DeutscherNotarVerlag

Vollrath

GmbH - Gründung

Fallstrick Sachgründung / verdeckte Sachgründung

- Bei einer normalen Gründung (nicht Musterprotokoll) können die Gründer regeln, dass die Einlagen auf bestimmte (auch auf alle) Geschäftsanteile durch Sachleistungen erfolgen, § 5 GmbHG, die Gesellschafter müssen dann in einem Sachgründungsbericht begründen, warum die eingebrachten Sachwerte den Wert der Stammeinlagen erreichen
- Eine Sachgründung ist im Verfahren komplizierter, weil ein externer Sachverständiger bestätigen muss (und dafür haftet), dass die Sacheinlagen den Wert der Stammeinlagen erreichen, § 8 Abs. 1 S. 5 GmbHG
- Als Sachgründung wird auch ein Vorgehen behandelt, bei dem zwar Bareinlagen geleistet werden, diese aber im Zusammenhang mit der Gründung wieder an Gründer zurückfließen (etwa durch den Abkauf vorher angeschaffter Wirtschaftsgüter)
- Wird das dem Notar verschwiegen (oder übersieht das Notariat Anzeichen für diesen Plan in der Anbahnung), riskiert der Geschäftsführer, sich strafbar zu machen, weil seine Versicherung nach § 8 Abs. 2 GmbHG falsch ist. Außerdem haften die Gesellschafter ggf. weiter nach § 19 Abs. 4 GmbHG.

DeutscherNotarVerlag

Vollrath

GmbH i.Gr.

„GmbH i.Gr."

Mit der Beurkundung (ordnungsgemäße Vertretung aller Gründer vorausgesetzt) ist die Gesellschaft gegründet → „GmbH i.Gr."

- Die Gesellschaft kann ab sofort im Rechtsverkehr auftreten, zum Beispiel als Käufer bei einem Grundstückskaufvertrag.
- Ein Vertretungsnachweis aus dem Handelsregister ist in diesem Zeitpunkt noch nicht möglich → als Vertretungsnachweis muss die Ausfertigung der Gründungsurkunde und des GF-Bestellungsbeschlusses vorgelegt werden (diese Unterlagen genießen aber keinen guten Glauben)
- Für den Vertragspartner der „GmbH i.Gr." besteht das Risiko, dass die Gründer die Eintragung nicht betreiben → Vormerkungen zugunsten einer GmbH i.Gr. als Käufer sollten solange zurückgehalten werden, bis die GmbH im HR eingetragen ist, sicherheitshalber sollte eine im Kaufvertrag enthaltene „Schubladenlöschung" erneut bewilligt werden (oder auflösend bedingte Vormerkung)
- Für die Gründer der „GmbH i.Gr." besteht das Risiko, dass eingegangene Rechtsgeschäfte das Vermögen der GmbH mindern, so dass sie persönlich nachschusspflichtig werden
- Für die Geschäftsführer der „GmbH i.Gr." besteht dasselbe Risiko, erhöht dadurch, dass ihre (strafbewehrte) Versicherung nach § 8 Abs. 2 GmbHG unrichtig ist und sie strafbar werden.

→ Höchste Vorsicht bei Aussagen des Notariats dazu, ob Verträge unter Beteiligung der GmbH i.Gr. „in Ordnung" sind.

DeutscherNotarVerlag

Vollrath

GmbH-Anmeldung/Checkliste

Checkliste Einreichen der GmbH-Anmeldung

- Sind alle Vollmachten/Genehmigungen vertretener Gründer da?
- Sind Registerbescheinigungen erstellt, wenn juristische Personen Gründer sind und das zuständige Handelsregister nicht das Handelsregister der gegründeten GmbH ist?
- Liegt eine Anweisung der GF vor, die bereits bei Gründung unterzeichnete Registeranmeldung einzureichen? (Das ist besser, als wenn das Notariat selber prüft, ob der Einzahlungsbeleg korrekt ist)
- Falls Einzahlungsbeleg – Auffälligkeiten? → Abbuchung von Ausgaben, die erkennbar keine satzungsmäßig gedeckten Gründungskosten sind darstellen, →„Verwendungszweck Darlehen" → Hat jeder ein Viertel eingezahlt? → in Summe mindestens 12.500,00 EUR?
- Wenn die Einzahlungsbestätigung älter als drei Monate ist, bestehen die Gerichte häufig darauf, dass die Versicherungen durch die GF erneut abgegeben werden.
- Bei ausländischen Geschäftsführern – wer ist in der Anmeldung als derjenige benannt, der den ausländischen GF belehrt hat? (vgl. § 8 Abs. 3 S. 2 GmbHG)

GmbH – Besonderheiten der UG

UG (haftungsbeschränkt)

- § 5a GmbHG – kleine GmbH
- Gründung erfolgt häufig nach Musterprotokoll (§ 2 Abs. 1a GmbHG), kann aber auch als ordentliche Gründung erfolgen
- Wird mit Satzung gegründet, dürfen die übernommenen Gründungskosten auch mehr als 10% des Stammkapitals betragen (müssen nur belegt sein)
- Volleinzahlung zwingend erforderlich – häufig haben Gründer die Fehlvorstellung, sie dürften das Stammkapital nicht ausgeben, das ist aber falsch (es darf nur nicht an die Gesellschafter zurückfließen) → wer in der nächsten Zeit mit Geschäftsausgaben von 12.500,00 EUR rechnet, kann gleich eine GmbH gründen
- Zwingende Rücklagenbildung nach § 5a Abs. 3 GmbHG

GmbH/UG – Geschäftsführung  **Notarkasse**
Anstalt des öffentlichen Rechts

Vertretung durch Geschäftsführer

* Gesetzliche Vertretungsregelung § 35 Abs. 2 S. 2 GmbHG (diese würde greifen, wenn nach einer Gründung mit Musterprotokoll später weitere GF bestellt werden)
* Durch Satzungsregelung mit abstrakten Vertretungsregelungen wird § 35 Abs. 2 S. 2 GmbHG in aller Regel verdrängt.
* Die Vertretungsmacht ist nach außen (Dritten gegenüber) unbeschränkbar (§ 37 Abs. 2 GmbHG)
* Die Befreiung vom § 181 BGB kann durch Beschluss nur erteilt werden, wenn eine entsprechende Ermächtigung in der Satzung enthalten ist. Die Befreiung kann differenziert für beide Fälle des § 181 BGB oder auch nur für den Fall des § 181 2. Alt BGB (Mehrfachvertretung, also keine Befreiung für ein Insichgeschäft) erteilt werden.
* Geschäftsführer vertreten die GmbH nicht bei „gesellschaftsbezogenen Geschäften", d.h. (i) gegenüber Gesellschaftern/Dritten bei der Übernahme von Geschäftsanteilen im Rahmen von Kapitalerhöhungen, (ii) gegenüber Geschäftsführern bei Abschluss der Anstellungsverträge – dort wird die Gesellschaft durch „die Gesellschafter" (= alle Gesellschafter) vertreten
* Hat die Gesellschaft keinen Geschäftsführer, so ist jeder Gesellschafter „passiv vertretungsbefugt", d.h. ihm gegenüber können Erklärungen abgegeben werden, § 35 Abs. 1 S. 2 GmbHG

Beginn / Ende des Geschäftsführeramtes

* Beginn mit Bestellung – die Gesellschafter müssen einen Beschluss gefasst haben, das Ergebnis muss dem bestellten GF mitgeteilt worden sein und er muss das Amt angenommen haben
* Ende mit Tod
* Ende mit Abberufung

DeutscherNotarVerlag

Vollrath

GmbH/UG - Geschäftsführung  **Notarkasse**
Anstalt des öffentlichen Rechts

* Ende mit Niederlegung (Erklärung mindestens einem Gesellschafter gegenüber, jeder einzelne Gesellschafter ist insoweit passiv vertretungsberechtigt für die Gesellschaft)
* Beachte Unterschied Organstellung/Anstellungsverhältnis
* Veränderungen sind zum Handelsregister anzumelden (§ 39 GmbHG), ein neu bestellter GF muss wiederum die einschlägigen Versicherungen abgeben (§ 39 Abs. 3 GmbHG)

Checkliste Vorbereitung Anmeldung GF-Wechsel

* Welche Vorgaben enthält die Satzung für den Bestellungs-/Abberufungsakt? → zur Vorbereitung ist also immer die Satzung aus dem HR zu ziehen.
* Wer kann anmelden? Der neue GF darf sich selbst anmelden (die Eintragung ist ja nicht konstitutiv), ein Prokurist darf mit anmelden, wenn der mit anmeldende GF konkret befugt ist, mit einem ppa zu vertreten.
* Was liegt als Beschlussdokumentation vor – nur ein Sammelsurium von Stimmabgaben (Regelfall)? Dann müssen für das Gericht Vertretungsnachweise geführt werden und es muss im Vorfeld die Gesellschafterliste abgerufen werden, damit die „richtigen" Gesellschafter unterschrieben haben.
* Oder liegt eine Beschlussniederschrift vor? Welche Anforderungen stellt die Satzung an Beschlussniederschriften?
* Passt der Beschluss inhaltlich? Hält sich die konkrete Vertretungsregelung im Rahmen des satzungsmäßig Zugelassenen? Ist insbesondere eine Befreiungsmöglichkeit vom § 181 BGB vorgesehen?
* Ist der Beschluss nach seinem Inhalt schon wirksam geworden (Zeitpunkt der Bestellung)?

DeutscherNotarVerlag

Vollrath

GmbH/UG - Beschlüsse

Satzungsändernde Beschlüsse

- § 53 Abs. 2 GmbHG, notariell beurkundet
- Beschluss in einer Versammlung als Regelfall (§ 48 Abs. 1 GmbHG)
- Beurkundung einer Versammlung nach §§ 8 ff. BeurkG (verlesen) oder nach § 36 BeurkG (Wahrnehmungen)
- Wenn es sich nicht um eine Vollversammlung handelt, sollten die Gesellschafter einen Versammlungsleiter bestellen und diesen mit den nötigen Feststellungen betrauen – die Feststellungen zu (i) Einberufung, Frist und mitgeteilter Tagesordnung, (ii) Anwesenheit, (iii) ordnungsgemäßer Vertretung, (iv) Aufruf zur Abstimmung im Rahmen der Tagesordnung, (v) Abstimmungsergebnissen und (vi) Verkündung des Beschlossenen sollten dann in der Niederschrift des Notars dokumentiert sein – andernfalls verlangt das Gericht weitere Nachweise, dass der Beschluss in einem satzungs- und gesetzeskonformen Verfahren zustande kam.
- Mehrheitserfordernis = 75 % der abgegebenen Stimmen (prüfen, ob in der Satzung höhere Mehrheiten oder weitere Zustimmungserfordernisse vorgesehen sind)
- Notarielle Satzungsbescheinigung (§ 54 Abs. 1 S. 2 GmbHG)
- Anmeldung
- Eintragung = erst mit der Eintragung wird die Satzungsänderung wirksam.

DeutscherNotarVerlag

Vollrath

GmbH/UG - Beschlüsse

Kapitalerhöhung - Beschlussinhalt

- Beschlussmehrheitserfordernisse wie bei Satzungsänderung
- Beschlussinhalt I – Kapitalerhöhung, also (a) Erhöhungsbetrag, (b) Ausgabe neuer oder Aufstockung bestehender Anteile, (c) zu erbringende Leistungen
- Beschlussinhalt II – Auswahl der Teilnahmeberechtigten an der Kapitalerhöhung → die Auswahl, wer an einer Kapitalerhöhung teilnehmen darf, trifft nur die Gesellschafterversammlung, es gibt kein automatisches Bestimmungsrecht/Auswahlrecht der Geschäftsführung
- Beschlussinhalt III – mögliche Delegation von Entscheidungen auf die Geschäftsführung (ggf. mit Zustimmung eines Beirats), z.B. exakte Höhe der zu erbringenden Leistung (Aufgelder), Auswahl der Zeichner (ggf. erst nach Nichtausübung von Bezugsrechten)
- Beschlussinhalt IV – Satzungsanpassung (d.h. zumindest Anpassung der Stammkapitalziffer)

Kapitalerhöhung - weiterer Urkundeninhalt

- Ausdrücklicher Bezugsrechtsverzicht (häufig implizit in Beschlussinhalt mit Zeichnerauswahl enthalten)
- Ausdrücklicher Anfechtungsverzicht
- Übernahmeerklärung (Achtung: Gebührenfolge bei Mitbeurkundung – daher häufig gesonderte Übernahmeerklärung)
- Bei Sachkapitalerhöhungen: Abschluss des Einbringungsvertrages
- Vorsicht bei Beurkundung nach § 36 BeurkG: Rechtsgeschäftliche Erklärungen in einem Zeugnisprotokoll scheiden aus - allenfalls kann der Notar mündlich abgegebene Erklärungen dokumentieren, diese Dokumentation erfüllt in einem Zeugnisprotokoll nach § 36 BeurkG aber kein Formerfordernis

DeutscherNotarVerlag

Vollrath

GmbH/UG - Beschlüsse

Notarkasse
Anstalt des öffentlichen Rechts

Kapitalerhöhung - Registeranmeldung

- Anmeldepflichtig sind ALLE Geschäftsführer (... die im Zeitpunkt des Eingangs der Registeranmeldung GF sind ...)
- Unterzeichnung der Anmeldung vor Leistung der Einlage - treuhänderische Verwahrung der Anmeldung durch den Notar
- Einzahlungsversicherung („endgültig zur freien Verfügung") - Bankbestätigung nicht erforderlich, aber Vereinbarung mit dem Notariat, wodurch die treuhänderisch verwahrte Registeranmeldung freigegeben werden soll
- Achtung bei Einzahlungen vor Beschlussfassung
- Bei Geldverwendung vor Eingang der Registeranmeldung bei Gericht zu verfahren - Anpassen des Textes in der Anmeldung („ich versichere, dass die eingezahlten Beträge zur endgültig freien Verfügung der Geschäftsführung standen und im ordentlichen Geschäftsgang verwendet wurden")
- Übernehmerliste - notarbescheinigt Gesellschafterliste erst nach Eintragung der Kapitalerhöhung im HR!

Kapitalerhöhung UG auf 25.000,00 EUR

- Im Grundsatz ist das ein normaler Kapitalerhöhungsvorgang.
- Barkapitalerhöhung möglich, aber nicht zwingend (Verbot lautet nur auf Sachgründung – nicht auf Sachkapitalerhöhung) – sollen angesparte Rücklagen nach § 5a Abs. 3 GmbHG umgewandelt werden, ist das sogar zwingend eine Sachkapitalerhöhung (§§ 57c ff. GmbHG)
- Volleinzahlung nicht nötig, nach § 57 Abs. 2 GmbHG genügt die Vierteleinzahlung von Bareinlagen, mindestens müssen aber (über den Wortlaut des § 57 Abs. 2 GmbHG hinaus in Verbindung mit den bisher geleisteten Einlagen 12.500,00 EUR an Einzahlungen auf das Stammkapital erreicht werden)
- Satzungsänderung nötig im Punkt Stammkapital und Firma, häufig spätestens hier Aufrüsten zu einer ausgefeilteren Satzung

DeutscherNotarVerlag

Vollrath

GmbH/UG - Beschlüsse

Notarkasse
Anstalt des öffentlichen Rechts

Kapitalerhöhung - Sonderfälle

- Sachkapitalerhöhung § 56 GmbHG - Werthaltigkeitsnachweis
- Barkapitalerhöhung mit Sachaufgeld (= Nominalbetrag in bar einzubezahlen, zusätzlich aber Sacheinlage) → Nachweis, dass Sachaufgeld nicht negativ
- Schaffung genehmigten Kapitals durch Satzungsänderung, § 55a GmbHG (= Ermächtigung an Geschäftsführung, maximal für 5 Jahre, maximal 50% des im Zeitpunkt der Eintragung bestehenden Stammkapitals)
- Ausschöpfung genehmigten Kapitals (= GF Beschluss mit Änderung der Satzung durch GF (nicht beurkundet), Übernahmeerklärungen, Übernehmerliste, Registeranmeldung, Eintragung)
- Kapitalerhöhung aus Gesellschaftsmitteln (§§ 57c ff GmbHG)

Kapitalherabsetzung

- Ordentliche Kapitalherabsetzung § 58 GmbHG – Ziel Rückzahlung von Stammkapital oder „Vernichtung" eigener Anteile → zwingend einzuhaltendes Sperrjahr nach Gläubigeraufruf Bundesanzeiger
- Vereinfachte Kapitalherabsetzung § 58a GmbHG - Voraussetzung Ausgleich von Bilanzverlusten, Sperrjahr nicht erforderlich, sofortige Eintragung möglich
- Beschlussinhalt (a) Herabsetzungsbetrag, (b) Zweck der Kapitalherabsetzung, (c) Technik der Durchführung
- Registeranmeldung durch ALLE GF.

DeutscherNotarVerlag

Vollrath

GmbH/UG – Liquidation

Liquidation

- Liquidation durch Auflösungsbeschluss (Regelfall, Mehrheitserfordernisse der Satzung beachten, kein Beurkundungserfordernis für den Beschluss)
- Die Liquidation lässt die GmbH existent und vollwirksam – ihr Geschäftszweck wird nur auf „Abwicklung" (= Beendigung schwebender Geschäfte, Erfüllung von Verbindlichkeiten, Versilberung des Sachvermögens) geändert → „GmbH i.L."
- Enthält die Satzung keine Sonderregelung und trifft der Auflösungsbeschluss keine weitere Bestimmung, so sind die vormaligen Geschäftsführer Liquidatoren („geborene Liquidatoren"), also organschaftliche Vertreter der GmbH i.L. Aufgepasst werden muss, ob die Satzung Vertretungsregelungen für die Liquidatoren enthält – andernfalls greift die Regelung des § 68 Abs. 1 S. 2 GmbHG, gemeinsame Vertretung. Abweichender Beschluss der Vertretung möglich, auch ohne satzungsmäßige Ermächtigung. Nur für Ein-Personen-GmbH wird satzungsmäßige Ermächtigung für § 181 BGB verlangt.
- Der Beschluss (oder die Satzung) können auch andere Personen als Liquidatoren bestimmen.
- Liquidatoren sind anzumelden (auch die geborenen Liquidatoren; § 67 GmbHG).
- Gelöscht werden kann die GmbH frühestens nach Ablauf eines „Sperrjahres" (§ 73 GmbHG), das Sperrjahr beginnt mit dem „Gläubigeraufruf", den das Notariat übernehmen kann (aber nicht muss). Vor Ablauf des Sperrjahres darf die GmbH keine Werte an die Gesellschafter auskehren.

DeutscherNotarVerlag

Vollrath

GmbH/UG – Liquidation

- Auch wenn das Sperrjahr vorbei ist, kann die Gesellschaft noch nicht gelöscht werden, wenn die Liquidation noch nicht beendet ist (in der Praxis häufig: Widerspruch des Finanzamtes, welches durch das HR angehört wird, weil noch Steuerverbindlichkeiten oder auch nur Steuererklärungen offen sind).
- Erst wenn das Sperrjahr vorbei ist und die Liquidation abgeschlossen ist, darf das Ende der Liquidation angemeldet werden. Dann wird die Gesellschaft gelöscht. Anzugeben ist in der Anmeldung, wer die Bücher und Schriften verwahrt (§ 74 GmbHG).
- Stellt sich nach Löschung der GmbH heraus, dass noch Vermögen vorhanden ist (die GmbH also in Wahrheit nicht erloschen ist), ist Wiedereintragung der GmbH (Rückgängigmachen der Löschung) möglich, meist wird aber nur ein „Nachtragsliquidator" bestellt.

DeutscherNotarVerlag

Vollrath

GmbH/UG - Geschäftsanteil

Der erste Umfang eines Geschäftsanteils und seine Inhaberschaft wird durch die Gründungssatzung bestimmt (vgl. § 3 Abs. 1 Nr. 4 GmbHG, Ziffer 3 der Musterprotokolle). Er muss auf volle EUR lauten. Veränderungen können sich ergeben durch

- Abtretung (vgl. § 15 Abs. 1, Abs. 3 bis 5 GmbHG)
- Vererbung (vgl. § 15 Abs. 1 GmbHG)
- Teilung (vgl. § 46 Nr. 4 GmbHG)
- Zusammenlegung (vgl. § 46 Nr. 4 GmbHG)
- Einziehung (vgl. § 46 Nr. 4 GmbHG)
- Aufstockung im Rahmen einer Kapitalerhöhung
- Herabsetzung des Nominalbetrages im Rahmen einer Kapitalherabsetzung

Gesellschafterliste
- Die Vorgaben für die Gestaltung der Gesellschafterliste (Nummerierung, Darstellung von Veränderungen) finden sich in der „Verordnung zur Ausgestaltung der Gesellschafterliste" (GesLV)
- § 40 Abs. 1 GmbHG – bei Veränderungen „in den Personen der Gesellschafter oder des Umfangs ihrer Beteiligung" müssen die GF eine neue Liste zum Handelsregister einreichen
- § 40 Abs. 2 GmbHG – hat der Notar an einer solchen Veränderung mitgewirkt, muss er anstelle des Geschäftsführers die Liste erstellen und einreichen
- Nummerierungsregeln § 1 GesLV – eine Neunummerierung von Anteilen ist möglich, § 1 Abs. 4 GesLG („Bereinigungsliste")
- In der Veränderungsspalte ist der Veränderungsgrund abstrakt anzugeben (z.B. „Abtretung", „Teilung" – bei der Teilung ist aber darzulegen, durch Teilung welcher Anteile der betreffende Anteil entstanden ist)

Übernehmerliste
- Die Übernehmerliste muss aus Anlass einer Kapitalerhöhung eingereicht werden, sie ist immer von den Geschäft... zu unterzeichnen, Nummerierungen sind dort nicht zwingend vorzunehmen, § 57 Abs. 3 Nr. 2 GmbHG

DeutscherNotarVerlag

Vollrath

GmbH/UG - Anteilsabtretung

Sowohl das schuldrechtliche Geschäft (Kauf, Schenkungsvertrag, Treuhandvertrag, Einbringung, § 15 Abs. 4 GmbHG) als auch das vollziehende, dingliche Geschäft (die Abtretung, § 15 Abs. 3 GmbHG) bedürfen der notariellen Beurkundung.

Checkliste für die Vorbereitung einer Geschäftsanteilsabtretung:
- Sachverhaltsermittlung – Klärung der Herkunft des Anteils, mögliche Fehlerquellen in vorliegenden Gesellschafterlisten
- Wie geht man mit nicht voll eingezahlten Anteilen um? Nicht voll eingezahlte Anteile von Mitgesellschaftern? Soll vorher voll einbezahlt werden? Sind sich die Beteiligten der Weiterhaftung bewusst?
- Der Kaufpreis wird fällig, wenn sämtliche rechtlichen Hindernisse für die Anteilsübertragung beseitigt sind (Vinkulierungen, Kartellfreigaben) und auch wirtschaftlich der gewünschte Zustand hergestellt ist (z.B. Volleinzahlungen von Geschäftsanteilen, Rückführung von Darlehen).
- Der Anteil geht über, wenn der Kaufpreis bezahlt ist und der Käufer weitere vereinbarte Gegenleistungen erbracht hat (z.B. die Entlassung des Verkäufers aus persönlichen Haftungen bewerkstelligt hat).
- Sicherungen bei „gestreckter" Kaufpreiszahlung: auflösende Bedingung der Anteilsübertragung, Rückverpfändung des Anteils
- Sind Gewährleistungen gewünscht, die über die bloße Rechtsinhaberschaft und Lastenfreiheit hinausgehen?

DeutscherNotarVerlag

Vollrath

GmbH/UG - Anteilsabtretung

Verantwortlichkeiten des Notars bei der Gestaltung der Abtretung und im Rahmen der Erstellung und Bescheinigung der Gesellschafterliste

- Gibt es den in der betreffenden Abtretung benannten Anteil („die Gesellschafterliste ist kein Grundbuch")?
- Gibt es den Verfügenden und den Verfügungsempfänger (Existenznachweis)?
- Sind beide richtig vertreten?
- Welchen ehegüterrechtlichen Verfügungsbeschränkungen unterliegt der Verfügende?
- Sind die vertraglich vereinbarten Bedingungen der Abtretung eingetreten?
- Sind satzungsmäßige Vinkulierungsregeln eingehalten? (Prüfung von zustimmenden Gesellschafterbeschlüssen!)
- Passt die wirksam gewordene Abtretung noch zur im Zeitpunkt der Bescheinigung abrufbaren aktuellen Gesellschafterliste?
- Abschließende Vollzugskontrolle

DeutscherNotarVerlag

Vollrath

GmbH/UG - Anteilsabtretung

Insbesondere: Vinkulierungen (§ 15 Abs. 5 GmbHG)

- Vinkulierung durch Zustimmungserfordernis „der Gesellschaft"
- Vinkulierung durch Zustimmungserfordernis „der Gesellschafterversammlung"
- Vinkulierung durch Zustimmungserfordernis „der Gesellschafter"
- Satzungsmäßige Ausnahmen von Vinkulierungen (Abtretung an Mitgesellschafter, Abtretung an Gesellschaften, die von Gesellschaftern gehalten werden)
- Vorkaufsrechte können, anders als im Grundstücksrecht, nicht als „dingliche Belastung eines Geschäftsanteils" umgesetzt werden – die Vinkulierung dient daher häufig der Durchsetzung von Vorerwerbsrechten der Mitgesellschafter. In der Satzung findet sich dann sinngemäß folgender Mechanismus: „Üben die Mitgesellschafter ihr satzungsmäßiges Vorkaufsrecht nicht hinsichtlich aller zum Verkauf gestellter Anteile eines Gesellschafters aus, so sind sie verpflichtet, der gewünschten Veräußerung zuzustimmen."

DeutscherNotarVerlag

Vollrath

GmbH/UG - Einziehung

Übersicht zur Einziehung

- Einziehungsgründe
- Nur voll eingezahlte Anteile können eingezogen werden.
- Einziehungsbeschluss – nicht beurkundungspflichtig!
- Mitteilung des Beschlusses an Gesellschafter
- Einziehung löst Abfindungsanspruch aus, soweit dieser nicht in der Satzung zulässigerweise ausgeschlossen ist.
- Einziehung unwirksam bei „schlechter Bilanzlage" (= es steht im Zeitpunkt der Beschlussfassung fest, dass die Abfindung nicht aus freiem Vermögen geleistet werden kann)
- Persönliche Haftung der Mitgesellschafter (pro rata) für die Abfindungszahlung, dafür wird die Einziehung sofort wirksam
- Als Folge der Einziehung „verschwindet" der Anteil, die Summe der Geschäftsanteile entspricht also nicht mehr der Stammkapitalziffer
- Alternativregelung de Satzung: Abtretungsverpflichtung

DeutscherNotarVerlag

Vollrath

E.   Registeranmeldungen (Folien)

18

Registeranmeldungen

Allgemeines

Anmeldungen zu Registern (z.B. Vereins-, Genossenschafts- Handelsregister) sind stets gleich aufgebaut: URNr. mit Datum, ggf. Az/Sb, Angaben zum zuständigen Gericht, Angaben zum jeweiligen Rechtssubjekt (Name, Reg.Nr., ggf. Adresse), Hinweis auf beigefügte Dokumente, Inhalt der Anmeldung, Vollmacht, Unterschrift der zeichnungsberechtigten Personen, Unterschriftsbeglaubigung durch Notar. Es gibt anmeldepflichtige (z.B. Geschäftsführerwechsel GmbH) und anmeldefähige (z.B. Haftungsausschluss nach § 25 Abs. 2 HGB) Tatsachen. Zudem kann man zwischen deklaratorischen (Vorgang bereits außerhalb Register wirksam, z.B. Geschäftsführerbestellung) und konstitutiven (erst mit Eintragung im Register wirksam, z.B. Satzungsänderung einer GmbH) Vorgängen unterscheiden. Es ist im Einzelfall zu prüfen, welche (alle oder nur in ausreichender Zahl) vertretungsberechtigten Personen die Anmeldung unterzeichnen müssen. Grundsätzlich ist eine Vertretung aufgrund öffentlich beglaubigter Vollmacht möglich. Notare gelten als ermächtigt, Registeranmeldungen vorzunehmen, die aufgrund Urkunden, die sie selbst beurkundet oder beglaubigt haben, erforderlich werden (§ 378 Abs. 2 FamFG).

Vereinsregisteranmeldungen

Anmeldungen sind von den Vorständen in vertretungsberechtigter Zahl (§ 77 BGB) beim Amtsgericht am Vereinssitz vorzunehmen. Die Unterschriften sind zu beglaubigen. Die Anmeldung kann in Urschrift oder beglaubigter Abschrift eingereicht werden. Stellvertretung ist zulässig, wobei Vollmachten der öffentlichen Beglaubigung bedürfen. Bei Veränderungen (z.B. Satzungsänderung, Vorstandswechsel) ist das Protokoll der Hauptversammlung vorzulegen (Abschrift ausreichend), welches vom Protokollführer unterzeichnet ist.

DeutscherNotarVerlag

Heringer

Registeranmeldungen

Notarkasse
Anstalt des öffentlichen Rechts

Anmeldung Vereinsgründung: Die Gründung eines Vereins bedarf sieben Mitglieder (§ 56 BGB). Mitglieder können natürliche und juristische Personen sein. Minderjährige werden durch die gesetzlichen Vertreter vertreten. Sind die Eltern selbst bei der Gründung beteiligt, ist ein Ergänzungspfleger zu bestellen. Die Satzung muss den Zweck (kein wirtschaftlicher, da sonst staatliche Verleihung nötig), den Namen und den Sitz des Vereins enthalten und ergeben, dass der Verein eingetragen werden soll. Der Name soll sich von den Namen der an demselben Ort oder in derselben Gemeinde bestehenden eingetragenen Vereine deutlich unterscheiden. Die Satzung muss ferner Bestimmungen über den Eintritt und Austritt der Mitglieder, darüber, ob und welche Beiträge von den Mitgliedern zu leisten sind, über die Bildung des Vorstands, über die Voraussetzungen, unter denen die Mitgliederversammlung zu berufen ist sowie über die Form der Berufung und über die Beurkundung der Beschlüsse enthalten. Für die Erstanmeldung müssen sämtliche von der Satzung vorgegebenen zwingenden Vorstandsposten besetzt sein. Vorstände sind zu wählen und müssen die Wahl angenommen haben. Inhaltlich soll die Anmeldung Name, Sitz und Anschrift des Vereins, Tag der Errichtung der Satzung sowie Mitglieder des Vorstands und deren Vertretungsmacht enthalten. Ausdrücklich anzumelden ist die allgemeine Vertretungsregelung. Zur Eintragung sind vorzulegen: 1) Satzung (einfache Abschrift), unterschrieben von mindestens sieben Mitgliedern unter Nennung des Errichtungsdatums 2) Gründungsprotokoll (einfache Abschrift), welches Gründungsakt und Vorstandswahl enthält, unterschrieben vom Protokollführer 3) Anmeldung der Gründung, Unterzeichnung Vorstand in vertretungsberechtigter Zahl

Anmeldung Vorstandswechsel: Wechselt der Vorstand im Verein, ist dies anzumelden (nicht die Wiederwahl). Die Eintragung ist zwar nicht konstitutiv, jedoch erforderlich, damit der alte Vorstand nicht mit einem gutgläubigen Dritten zu Lasten des Vereins Geschäfte tätigen kann. Der neue Vorstand muss die wirksame Wahl (ordnungsgemäße Ladung + Beschlussfassung) angenommen haben (konkludent durch persönliche Anmeldung). Vorstände müssen nicht zwingend Vereinsmitglieder sein. Zur Eintragung sind vorzulegen: 1) Versammlungsprotokoll (einfache Abschrift), unterschrieben vom Protokollführer 2) Anmeldung des Vorstandswechsels, Unterzeichnung neuer Vorstand in vertretungsberechtigter Zahl

DeutscherNotarVerlag

Heringer

Registeranmeldungen

Notarkasse
Anstalt des öffentlichen Rechts

Anmeldung Satzungsänderung: Satzungsänderungen werden erst mit Eintragung wirksam (konstitutive Eintragung). Grundsätzlich bedarf der Beschluss einer ¾-Mehrheit (Besonderheiten bei Änderung des Vereinszwecks). Zur Eintragung sind vorzulegen: 1) Versammlungsprotokoll (einfache Abschrift), unterschrieben vom Protokollführer 2) Anmeldung der Satzungsänderung, Unterzeichnung Vorstand in vertretungsberechtigter Zahl 3) Komplette neue Satzung (einfache Abschrift)

Anmeldung Auflösung und Erlöschen: Grundsätzlich bedarf der Auflösungsbeschluss einer ¾-Mehrheit (§ 41 BGB). Die Auflösung ist durch die Liquidatoren (= Vorstand, sofern nicht anders bestimmt) bekannt zu machen. Erst nach einem Jahr darf das Vermögen an die Anfallsberechtigten ausgekehrt werden. Nach Beendigung der Liquidation, frühestens nach Ablauf eines Jahres, § 51 BGB, kann der Verein dann gelöscht werden und dies unter Vorlage der Veröffentlichung der Auflösung angemeldet werden. Die Anmeldung der Auflösung erfolgt nach h.M. durch den Vorstand. Zur Eintragung der Auflösung sind vorzulegen: 1) Versammlungsprotokoll (einfache Abschrift), unterschrieben vom Protokollführer, mind. ¾-Mehrheit der anwesenden Mitglieder 2) Anmeldung der Auflösung des Vereins und der Liquidatoren (§§ 74, 76 BGB)

Genossenschaftsregisteranmeldungen

Zuständig ist das AG am Sitz der Genossenschaft. Anmeldungen sind stets von den Vorständen in vertretungsberechtigter Zahl anzumelden (Umkehrschluss aus § 157 GenG), die Erstanmeldung jedoch von allen Mitgliedern des Vorstands. Anmeldungen erfolgen elektronisch, die Vorstände können sich hierbei nicht vertreten lassen. Bei Veränderungen (z.B. Satzungsänderung, Vorstandswechsel) ist das Protokoll der Hauptversammlung vorzulegen (Abschrift ausreichend), welches vom Protokollführer unterzeichnet ist.

DeutscherNotarVerlag

Heringer

Registeranmeldungen

Notarkasse
Anstalt des öffentlichen Rechts

Anmeldung Genossenschaftsgründung: Die Gründung einer Genossenschaft bedarf dreier Mitglieder (§ 4 GenG). Mitglieder können natürliche und juristische Personen sein. Minderjährige werden durch die gesetzlichen Vertreter vertreten. Sind die Eltern selbst bei der Gründung beteiligt, ist ein Ergänzungspfleger zu bestellen. Die Satzung muss schriftlich abgefasst sein (§ 5 GenG) und Firma, Sitz (Sitz und Postadresse müssen nicht übereinstimmen), Gegenstand des Unternehmens sowie Bestimmungen darüber, ob eine Nachschusspflicht (unbeschränkt, beschränkt auf Haftsumme, gar nicht) besteht und über Formerfordernisse (Einberufung Generalversammlung, Beschlüsse, Vorsitz, Bekanntmachungen) enthalten. Die Satzung muss ferner Bestimmungen über den Geschäftsanteil der Mitglieder und die Bildung einer gesetzlichen Rücklage enthalten. Die Genossenschaft muss eine Vorstand und einen Aufsichtsrat haben. Für die Erstanmeldung müssen sämtliche von der Satzung vorgegebenen Vorstands- und Aufsichtsratsposten besetzt sein. Vorstände und Aufsichtsräte (müssen Mitglieder der Genossenschaft sein) sind zu wählen und müssen die Wahl angenommen haben. In der Anmeldung, welche von sämtlichen Vorständen zu unterzeichnen ist, ist anzugeben, welche Vertretungsbefugnis die Vorstandsmitglieder haben. Zur Eintragung sind vorzulegen: 1) Satzung (einfache Abschrift), unterschrieben von sämtlichen Mitgliedern 2) Gründungsprotokoll (einfache Abschrift), welches Gründungsakt und Vorstands-/Aufsichtsratswahl enthält, unterschrieben vom Protokollführer 3) Bescheinigung und gutachterliche Äußerung eines Prüfverbandes

Anmeldung Vorstandswechsel: Wechselt der Vorstand oder deren Vertretungsmacht, ist dies anzumelden (nicht die Wiederwahl). Die Eintragung ist zwar nicht konstitutiv, jedoch erforderlich, damit der alte Vorstand nicht mit einem gutgläubigen Dritten zu Lasten der Genossenschaft Geschäfte tätigen kann (§ 29 GenG). Der Vorstand muss die wirksame Wahl (ordnungsgemäße Ladung + Beschlussfassung durch Generalversammlung) angenommen haben (konkludent durch persönliche Anmeldung). Zur Eintragung sind vorzulegen: 1) Versammlungsprotokoll (einfache Abschrift), unterschrieben vom Protokollführer 2) Anmeldung des Vorstandswechsels, Unterzeichnung neuer Vorstand in vertretungsberechtigter Zahl

DeutscherNotarVerlag

Heringer

Registeranmeldungen

Notarkasse
Anstalt des öffentlichen Rechts

Anmeldung Satzungsänderung: Satzungsänderungen werden erst mit Eintragung wirksam (konstitutive Eintragung). Grundsätzlich bedarf der Beschluss einer ¾-Mehrheit. Zur Eintragung sind vorzulegen: 1) Versammlungsprotokoll (einfache Abschrift), unterschrieben vom Protokollführer 2) Anmeldung der Satzungsänderung, Unterzeichnung Vorstand in vertretungsberechtigter Zahl 3) Komplette neue Satzung (einfache Abschrift), Erklärung nach § 16 Abs. 5 GenG („Satzungsbescheinigung")

Anmeldung Auflösung und Erlöschen: Grundsätzlich bedarf der Auflösungsbeschluss einer ¾-Mehrheit (§ 78 GenG). Die Auflösung ist durch die Liquidatoren (= Vorstand, sofern nicht anders bestimmt) bekannt zu machen. Mit der Auflösung fällt das Vermögen an die Mitglieder (§ 91 GenG). Nach Beendigung der Liquidation, frühestens nach Ablauf eines Jahres (§ 90 GenG), kann die Genossenschaft gelöscht werden und dies unter Vorlage der Veröffentlichung der Auflösung angemeldet werden. Die Anmeldung der Auflösung erfolgt nach h.M. durch den Vorstand. Zur Eintragung der Auflösung sind vorzulegen: 1) Versammlungsprotokoll (einfache Abschrift), unterschrieben vom Protokollführer, mind. ¾-Mehrheit der anwesenden Mitglieder 2) Anmeldung der Auflösung und der Liquidatoren nebst Vertretungsmacht (§§ 78 Abs. 2, 83 GenG)

Der eingetragene Kaufmann (e.K.)

Der eingetragene Kaufmann ist eine natürliche Person, die ein Handelsgewerbe (jeder Gewerbebetrieb, es sei denn das Unternehmen bedarf nach Art oder Umfang keinen in kaufmännischer Weise eingerichteten Geschäftsbetrieb) betreibt. Ein Gewerbe liegt in der Regel vor, wenn die Unternehmung nach außen gerichtet, selbständig und auf Dauer angelegt ist, mit Gewinnerzielungsabsicht erfolgt und keine freiberufliche Tätigkeit ausgeübt wird. Ein Gewerbetreibender, der einen in kaufmännischer Weise eingerichteten Geschäftsbetrieb hat oder haben müsste, ist sog. Muss-Kaufmann. Ein Kleingewerbebetrieb, der sich freiwillig ins Handelsregister eintragen lässt, ist sog. Kann-Kaufmann. Bestimmte Unternehmungen (z.B. GmbH, AG) sind kraft Organisationsform sog. Formkaufleute. Kaufleute haften unbeschränkt für Verbindlichkeiten der Unternehmung.

DeutscherNotarVerlag

Heringer

Registeranmeldungen

Anmeldung eines Kaufmanns: Kaufleute, die ein Handelsgewerbe betreiben, müssen Firma, Ort der Handelsniederlassung und inländische Geschäftsanschrift zur Eintragung ins Handelsregister anmelden (§ 29 HGB). Sitz und Geschäftsanschrift müssen übereinstimmen. Der Gegenstand des Unternehmens soll angegeben werden (§ 24 Abs. 4 HRV). Die Firma muss zur Kennzeichnung des Kaufmanns geeignet sein und Unterscheidungskraft besitzen und darf nicht irreführend sein (§ 18 HGB; hierzu kann das Registergericht die IHK anhören, § 380 FamFG).

Änderung/Erlöschen/Tod/Übernahme beim eingetragenen Kaufmann: 1) Sollten sich beim eingetragenen Kaufmann Firma, Sitz des Unternehmens oder die Geschäftsanschrift ändern, ist dies zum Handelsregister anzumelden (§ 31 HGB). 2) Der eingetragene Kaufmann kann im Handelsregister auch wieder gelöscht werden. Dies kommt in Betracht, wenn die Tätigkeit eingestellt wird, nur noch ein Kleingewerbe betrieben wird oder bei Versterben des Kaufmanns ohne Unternehmensfortführung. Denkbar ist auch, dass das Unternehmen künftig als GmbH fortgeführt wird und der e.K. gelöscht wird. 3) Im Todesfall kann das Unternehmen eingestellt (dann Löschung) oder durch den/die Erben unter alter (dann ggf. Haftungsausschluss)/neuer Firma fortgeführt werden. Die Fortführung kann auch durch eine Erbengemeinschaft ohne zeitliche Begrenzung erfolgen. 4) Auch die Übertragung (z.B. durch Kauf, Pacht, Nießbrauch, Einbringung) des Unternehmens ist anzumelden. Es ist anzugeben, ob der Nachfolger für Verbindlichkeiten des Veräußerers haftet (§ 25 Abs. 2 HGB). Eine Haftung kommt nur bei Fortführung der Firma (= Name der Unternehmung) in Betracht. Bei Übernahme ohne Firma sind die alte Firma zur Löschung und die neue Firma als Neueintragung anzumelden.

Prokura: Gewerbetreibende können einer natürlichen Person Prokura erteilen (§ 49 HGB). Sie berechtigt zu allen Arten von gerichtlichen und außergerichtlichen Geschäften und Rechtshandlungen, die der Betrieb eines Handelsgewerbes mit sich bringt (Veräußerung/Belastung von Grundstücken nur bei besonderer Ermächtigung). Die Prokura und etwaige Änderungen sind zum Handelsregister anzumelden (rein deklaratorisch). Ein Prokurist kann selbst keine Prokura erteilen (§ 52 Abs. 2 HGB) oder seine eigene Prokura anmelden. Es wird unterschieden zwischen Einzelvertretung (Prokurist kann alleine unterzeichnen), echter Gesamtvertretung (Prokurist vertritt mit anderem Prokuristen) und unechter Gesamtvertretung (Prokurist vertritt mit Geschäftsführer).

DeutscherNotarVerlag

Heringer

Registeranmeldungen

Die Offene Handelsgesellschaft (OHG)

Eine OHG liegt vor, wenn sich zwei oder mehrere natürliche oder juristische Personen zu einer Gesellschaft zusammenschließen, die ein Handelsgewerbe betreibt und sämtliche Gesellschafter voll haften. Registeranmeldungen sind stets von allen Gesellschaftern zu unterzeichnen, außer es ändert sich nur die inländische Geschäftsanschrift (§ 108 HGB).

Ersteintragung: Die Registeranmeldung ist durch alle Gesellschafter unter Angabe von Vor- und Nachnamen, Geburtsdatum, Wohnort und Vertretungsmacht (abstrakte und konkrete Vertretungsregelung) einzureichen. Ferner sind Firma, Geschäftszweck sowie Sitz und Geschäftsanschrift (müssen bei Personengesellschaften übereinstimmen) anzugeben. Der Gesellschaftsvertrag muss nicht vorgelegt werden.

Änderungen: Auch Änderungen wie Gesellschafterwechsel, Sitzverlegung, Änderungen des Gegenstands der OHG sind durch sämtliche Gesellschafter anzumelden. Ebenso ist die formale Liquidation oder Liquidation durch Austritt und Anwachsung (auf den verbleibenden Gesellschafter) anzumelden. Stirbt ein Gesellschafter, scheidet er aus der Gesellschaft aus, der bzw. die Erben (Singularsukzession) treten in die Gesellschaft ein. Die beiden Vorgänge sind anzumelden.

Die Kommanditgesellschaft (KG)

Die KG gleicht im Prinzip der OHG. Der einzige Unterschied ist, dass mindestens ein Gesellschafter lediglich mit seiner Einlage (Kommanditist) und mindestens ein Gesellschafter (Komplementär) voll haftet. Im KG-Vertrag sollte geregelt werden, dass der Kommanditist erst mit der Eintragung Gesellschafter wird, da er andernfalls bis zu diesem Zeitpunkt voll haftet (§ 176 HGB).

DeutscherNotarVerlag

Heringer

Registeranmeldungen

Ersteintragung/Änderungen: 1) Zusätzlich zu den Angaben bei der OHG ist die Haftsumme des Kommanditisten in vollen Euros anzumelden (§ 162 Abs. 1 S. 1 HGB). 2) Änderungen und Liquidation verlaufen entsprechend wie bei der OHG und sind anzumelden. Stirbt ein Kommanditist scheidet er aus der Gesellschaft aus, der bzw. die Erben (Singularsukzession mit jeweiliger Quote) treten in die Gesellschaft ein. Die beiden Vorgänge sind anzumelden.

Partnerschaftsgesellschaft mit/ohne beschränkter Berufshaftung

Angehörige freier Berufe können keine OHG oder KG gründen oder sich als eingetragener Kaufmann eintragen lassen, sich aber in einer Partnerschaft zusammenschließen (§ 1 PartGG). Berufsrechtliche Vorschriften, z.B. Zusammenschlussverbote, sind einzuhalten. Der Partnerschaftsvertrag bedarf der Schriftform und muss die in § 3 Abs. 2 PartGG vorgegeben Angaben zu enthalten. Bei Vorliegen einer vorgeschriebenen Berufshaftpflichtversicherung kann als Partnerschaftsgesellschaft mit beschränkter Berufshaftung firmiert werden. Die Voraussetzungen für die Anmeldung/Eintragung (§ 4 PartGG) sind fast identisch mit denen für handelsrechtliche Personengesellschaften, insbesondere ist die Vertretungsberechtigung der Partner anzugeben. Die Ersteintragung ist konstitutiv, spätere Änderungen wirken hingegen nur deklaratorisch.

Gesellschaft mit beschränkter Haftung (GmbH)

Die GmbH ist eine Kapitalgesellschaft (juristische Person). Sie kann aus einem oder mehreren Gesellschaftern bestehen und betreibt stets ein Handelsgewerbe (Formkaufmann). Die Haftung der Gesellschafter ist auf die Stammeinlage beschränkt (Mindestkapital 25.000,00 EUR, das zur Hälfte einzuzahlen ist, ¼ je Geschäftsanteil; bei UG mindestens 1,00 EUR). Die GmbH hat einen oder mehrere Geschäftsführer, die nicht Gesellschafter sein müssen. Der Gesellschaftsvertrag bedarf der notariellen Beurkundung. Ferner muss stets eine Liste der aktuellen Gesellschafter zum Handelsregister eingereicht werden. War ein Notar an Veränderungen beteiligt, hat er die Liste einzureichen.

DeutscherNotarVerlag

Heringer

Registeranmeldungen

Anmeldungen zum Handelsregister sind von den Geschäftsführern in vertretungsberechtigter Zahl anzumelden, wenn das Gesetz nicht die Unterschriften sämtlicher Geschäftsführer fordert (z.B. Kapitalerhöhung). Geschäftsführer können sich durch notariell beglaubigte Vollmacht vertreten lassen (nicht bei höchstpersönlichen Geschäften, z.B. Abgabe der Versicherung nach § 6 Abs. 2 GmbHG).

Anmeldung GmbH-Gründung: Der Gründungsvorgang besteht aus drei Akten: Vertrag über die Gründung samt Satzung (notarielle Beurkundung), Beschluss über die Bestellung der ersten Geschäftsführung (Schriftform), erste Gesellschafterliste (unterzeichnet von Geschäftsführern in vertretungsberechtigter Zahl). Die Anmeldung erfolgt durch sämtliche Geschäftsführer. Diese müssen versichern, dass keine Umstände vorliegen, die einer Bestellung entgegenstehen und dass sie über ihre unbeschränkte Auskunftspflicht gegenüber dem Gericht belehrt wurden. Zudem ist zu versichern, dass die Einlagen bewirkt wurden und sich der Gegenstand der Leistungen endgültig in der freien Verfügung der Geschäftsführer befindet (Vorbelastung nur durch Gründungskosten). In der Anmeldung ist die Geschäftsanschrift anzugeben. Abstrakte und konkrete Vertretungsmacht der Geschäftsführer werden aufgenommen. Zur Eintragung sind vorzulegen: 1) Gesellschaftsvertrag (= Satzung), ggf. Vollmachten von Vertretern 2) Gesellschafterbeschluss über Geschäftsführerbestellung (falls Bestellung nicht im Gesellschaftsvertrag) 3) Liste der Gesellschafter

Anmeldung Änderungen der Geschäftsführung: Änderungen bei den Geschäftsführern (Änderung Vertretungsmacht, Wechsel Geschäftsführung) sind von den Geschäftsführern in vertretungsberechtigter Zahl anzumelden. Mit Gesellschafterbeschluss können einer oder mehrere neue Geschäftsführer bestellt werden. Ein Geschäftsführer kann abtreten wegen Todes (Sterbeurkunde beifügen), wegen Abberufung durch Beschluss (Beschluss beifügen) oder wegen Niederlegung durch den Geschäftsführer selbst (Niederlegung darf nicht zur Unzeit erfolgen, Geschäftsführer darf nicht alleiniger Gesellschafter sein; der Zugang der Niederlegung bei der Gesellschaft ist dem Registergericht nachzuweisen). Der abtretende Geschäftsführer kann bei der Anmeldung mitwirken, wenn Abberufung bzw. Niederlegung erst zum Zeitpunkt der Löschung aus dem Register erfolgen sollen.

DeutscherNotarVerlag

Heringer

Registeranmeldungen

Anmeldung Satzungsänderungen (ohne Kapitalmaßnahmen): Satzungsänderungen bedürfen eines notariell beurkundeten Gesellschafterbeschlusses mit ¾-Mehrheit. Der Beschluss kann als Beurkundung von Willenserklärungen (§ 8 ff. BeurkG) oder Tatsachenbeurkundung (§ 36 ff. BeurkG, dann keine Verlesungspflicht der Satzung) beurkundet werden. Die zu ändernde Satzungsbestimmung und der künftige Satzungstext müssen im Beschluss enthalten sein. In der Anmeldung ist ausdrücklich anzugeben, ob Satzungsbestandteile geändert wurden, die im Register ausdrücklich verlautbart werden (§ 10 GmbHG: Firma, Sitz, Gegenstand, Stammkapital). Der Anmeldung ist beizufügen:
1) Beschluss über die Satzungsänderung in beglaubigter Abschrift 2) Neue Satzung mit Satzungsbescheinigung des Notars

Anmeldung Kapitalerhöhung: Der Gesellschafterbeschluss über die Erhöhung des Stammkapitals bedarf der notariellen Beurkundung. Es muss auch geregelt werden, wer zur Zeichnung der neuen Einlagen zugelassen wird. Die zeichnungsberechtigten Personen müssen ihre Zustimmung zur Zeichnung notariell beglaubigen lassen. Danach müssen die Zeichner die Gegenleistung an die Gesellschaft erbringen. Nach Einzahlung der Kapitalerhöhungsbeträge müssen sämtliche Geschäftsführer die Kapitalerhöhung anmelden. Die neue Satzung nebst Satzungsbescheinigung ist neben Beschluss und Übernahmeerklärungen beizufügen. Ebenso eine von den Geschäftsführern unterzeichnete Liste der Übernehmer. Spätestens nach der Registereintragung muss der Notar die neue Gesellschafterliste samt Notarbescheinigung einreichen.

Anmeldung Liquidation: § 60 GmbHG sieht verschiedene Auflösungsgründe vor. In der Praxis ist vor allem die Auflösung durch Auflösungsbeschluss mit ¾-Mehrheit relevant, welcher der Schriftform bedarf. Es sind die Liquidatoren anzugeben und deren Vertretungsmacht. Werden keine Liquidatoren genannte, sind die bisherigen Geschäftsführer Liquidatoren. Die Auflösung ist von den Liquidatoren in vertretungsberechtigter Zahl unter Beifügung des Beschlusses anzumelden. Der Auflösungsbeschluss ist in den Gesellschaftsblättern bekanntzugeben (§ 65 Abs. 2 GmbHG).

DeutscherNotarVerlag

Heringer

Registeranmeldungen

Die Liquidatoren geben (wie Geschäftsführer) die Versicherung nach § 6 Abs. 2 GmbHG ab. Die Anmeldung ist der Körperschaftsteuerstelle zu melden (§ 54 EStDV). Nach Anmeldung der Auflösung muss die Gesellschaft das Sperrjahr einhalten (§ 73 GmbHG). Sind sämtliche Verbindlichkeiten getilgt und die steuerliche Veranlagung abgeschlossen, kann die Löschung der GmbH durch die Liquidatoren in vertretungsberechtigter Zahl angemeldet werden. Ein Belegexemplar der Veröffentlichung der Auflösung im Gesellschaftsblatt ist beizufügen. Nach Beendigung der Liquidation sind Bücher und Schriften der Gesellschaft für zehn Jahre einem Gesellschafter oder Dritten in Verwahrung zu geben.

Die Unternehmergesellschaft (haftungsbeschränkt) (Musterprotokoll): Will man die Gründungskosten gering halten (und zudem nur ein geringes Stammkapital aufbringen), besteht die Möglichkeit der Gründung mittels Musterprotokoll. Der Text des Musterprotokolls darf nicht verändert werden. Das Musterprotokoll ist Satzung und Liste in einem. Es kann stets nur ein Geschäftsführer bestellt werden, der immer von § 181 BGB befreit ist; eines gesonderten Beschlusses hierfür bedarf es nicht. Das Stammkapital ist stets in voller Höhe einzuzahlen. Auch die Handelsregisteranmeldung ist kostenmäßig privilegiert. Der Anmeldung sind keine Liste und Satzung beizufügen, weil diese durch das Musterprotokoll ersetzt werden.

Die Aktiengesellschaft (AG)

Die AG ist eine juristische Person und Formkaufmann. Sie hat mindestens drei Organe: Hauptversammlung (Aktionäre), Aufsichtsrat und Vorstand. Eine 1-Mann-AG ist zulässig. Die Gesellschafterbeteiligung (Grundkapital) erfolgt durch Aktien (Inhaber- und Namensaktien; Stück- und Nennbetragsaktien; Stamm- oder Vorzugsaktien).

DeutscherNotarVerlag

Heringer

Registeranmeldungen

 **Notarkasse**
Anstalt des öffentlichen Rechts

Gründung einer AG: Der Gründungsakt (Errichtung der Gesellschaft, Festlegung der Satzung, Übernahme der Aktien durch die Gründer, Bestellung des 1. Aufsichtsrats) bedarf der notariellen Beurkundung (§ 30 Abs. 1 S. 2 AktG). Der erste Aufsichtsrat beruft den ersten Vorstand. Es ist ein Gründungsbericht vorzulegen, der von Vorstand und Aufsichtsrat geprüft wird (ggf. Gründungsprüfer bei Sachgründung); dieser Bericht ist ebenfalls einzureichen. Die Gründung ist von den Gründern, Mitgliedern des Aufsichtsrats sowie den Mitgliedern des Vorstands zum Registergericht anzumelden (§ 36 AktG). Der Inhalt der Anmeldung (§ 37 AktG) ist der Anmeldung einer GmbH sehr ähnlich.

Wechsel im Vorstand: Eine AG muss mindestens einen Vorstand haben. Dieser wird vom Aufsichtsrat auf höchstens fünf Jahre ernannt. Der Vorstand vertritt grundsätzlich gemeinschaftlich, außer in der Satzung ist etwas anderes geregelt bzw. diese enthält eine entsprechende Ermächtigung des Aufsichtsrates. Der Vorstand kann lediglich vom Verbot der Mehrfachvertretung befreit werden. Änderungen des Vorstands oder der Vertretungsbefugnis sind durch den Vorstand in vertretungsberechtigter Zahl anzumelden. Das vom Vorsitzenden des Aufsichtsrates unterzeichnete Protokoll der Aufsichtsratssitzung ist beizufügen. Die neuen Vorstandsmitglieder haben zu versichern, dass keine Umstände vorliegen, die ihrer Bestellung entgegenstehen und dass sie über ihre unbeschränkte Auskunftspflicht gegenüber dem Gericht belehrt wurden. Die Eintragung im Handelsregister ist rein deklaratorisch.

Wechsel im Aufsichtsrat: Die Mitglieder des Aufsichtsrats werden von der Hauptversammlung mit einfacher Mehrheit für längstens vier Jahre gewählt. Der Aufsichtsrat besteht aus mindestens drei Mitgliedern (§ 95 S. 1 AktG). Aufsichtsratsmitglieder dürfen grundsätzlich nicht auch Vorstand oder Prokurist des jeweiligen Unternehmens sein (§ 105 AktG). Der Vorstand hat bei Änderungen unverzüglich eine von ihm in vertretungsberechtigter Zahl unterschriebene (keine Beglaubigung erforderlich) Liste der Mitglieder des Aufsichtsrats einzureichen. Ändert sich die Person des Vorsitzenden bzw. dessen Stellvertreter ist die zusätzlich anzumelden. Die Einreichung der Liste und die Anmeldung des Vorsitzenden/stellv. Vorsitzenden sind rein deklaratorisch.

DeutscherNotarVerlag

Heringer

F. Handelsrechtliche Vorgänge – Kostenrecht (Folien)

Bewertung einer Gesellschaftsgründung

 **Notarkasse**
Anstalt des öffentlichen Rechts

19

Geschäftswert (allgemein)

Der Geschäftswert eines Gesellschaftsvertrages bestimmt sich gem. § 97 Abs. 1 GNotKG nach dem Wert der Einlagen aller Gesellschafter. Hierbei ist es unerheblich, ob die zu erbringenden Einlagen sofort oder später geleistet werden.

Geschäftswert - Sachgründung

Werden bei der Gründung/Errichtung einer Gesellschaft die zu erbringenden Einlagen ganz oder teilweise durch Sachleistung (z.B. durch Einbringung von Grundbesitz, eines Handelsgeschäfts oder von Beteiligungen an anderen Unternehmen), sind diese bei der Geschäftswertbestimmung mit ihrem kostenrechtlichen Wert (z.B. Verkehrswert des eingebrachten Grundbesitzes, Aktivwert des eingebrachten Handelsgeschäfts) zu berücksichtigen.

Werden zusammen mit der Gesellschaftsgründung zugleich rechtsgeschäftliche Vereinbarungen zur Erfüllung der Einlagepflicht mitbeurkundet (Einbringungsvertrag, Auflassung, dingliche Abtretung), betreffen diese gem. § 109 Abs. 1 GNotKG denselben Beurkundungsgegenstand. Ist für den Gesellschaftsvertrag/die Gesellschaftsgründung der nachgenannte Höchstwert maßgebend, so wird hierdurch gem. § 109 Abs. 1 S. 5 GNotKG auch der Wert der Einbringungsvereinbarung begrenzt.

Mindestwert - Höchstwert

Zu beachten ist § 107 Abs. 1 S. 1 GNotKG, wonach der Geschäftswert von Gesellschaftsverträgen/Satzungen zum einen mit mindestens 30.000,00 EUR und zum anderen mit höchstens 10 Mio. EUR anzunehmen ist; der hier festgelegte Mindestwert gilt gem. § 107 Abs. 1 S. 2 GNotKG jedoch nicht bei der Gründung einer GmbH oder UG (haftungsbeschränkt) im vereinfachten Verfahren nach § 2 Abs. 1a GmbHG (Gründung mittels Musterprotokoll).

DeutscherNotarVerlag

Heitzer

Bewertung einer Gesellschaftsgründung

Gebühren

a) Beurkundungsverfahren

Die Beurkundung eines Gesellschaftsvertrages (Errichtung einer Kapital- oder Personengesellschaft durch zwei oder mehr Personen) löst eine 2,0-Gebühr nach KV-Nr. 21100 GNotKG aus.

Wird eine GmbH oder AG nur durch eine Person errichtet (sog. „Ein-Personen-GmbH" oder „-AG"), liegt kostenrechtlich eine einseitige Erklärung vor, welche lediglich eine 1,0-Gebühr nach KV-Nr. 21200 GNotKG auslöst.

Bei diesem Gebührensatz verbleibt es, wenn die Einlage des Gründers nicht in bar, sondern durch Sachleistung erbracht wird, aber keinerlei Einbringungsvereinbarungen mitbeurkundet werden.

Demgegenüber ist bei einer Mitbeurkundung vertraglicher Vereinbarungen zwischen dem Gründer und der in Gründung befindlichen GmbH oder AG zur Bewirkung der Sacheinlage (Einbringungsvertrag) anstelle der 1,0-Gebühr nach KV-Nr. 21200 GNotKG eine 2,0-Gebühr nach KV-Nr. 21100 GNotKG zu erheben.

Erfolgt bei Gründung einer GmbH die Bestellung des Geschäftsführers (oder bei Gründung einer AG die Bestellung des Aufsichtsrats) durch mitbeurkundeten Beschluss der Gesellschafterversammlung, liegt gem. § 110 Nr. 1 GNotKG ein verschiedener Beurkundungsgegenstand vor. Die Beurkundung eines Beschlusses löst, auch wenn das Beschlussorgan lediglich aus einer Person besteht, stets eine 2,0-Gebühr nach KV-Nr. 21100 GNotKG aus. Die Einzelwerte (zur Geschäftswertbestimmung für Beschlüsse wird auf die nachstehenden Ausführungen verwiesen) sind gem. § 35 Abs. 1 GNotKG zu addieren und bilden so den (Gesamt-)Wert des Beurkundungsverfahrens.

Unterliegen die Gesellschaftsgründung und der Beschluss demselben Gebührensatz, ist die maßgebende Gebühr (2,0 nach KV-Nr. 21100 GNotKG) nur einmal aus dem (Gesamt-)Wert des Beurkundungsverfahrens zu erheben.

DeutscherNotarVerlag

Heitzer

Bewertung einer Gesellschaftsgründung

Findet für die Gesellschaftsgründung ein abweichender Gebührensatz Anwendung (Gründung einer Kapitalgesellschaft durch eine Person, somit Ansatz einer 1,0-Gebühr nach KV-Nr. 21200 GNotKG), hat eine Vergleichsberechnung nach § 94 Abs. 1 GNotKG zu erfolgen (getrennte Bewertung, höchstens jedoch Ansatz einer 2,0-Gebühr aus dem Gesamtwert der verschiedenen Beurkundungsgegenstände).

b) Vollzugstätigkeiten

Wird der Notar beauftragt, zum Gründungsvorgang Vollzugstätigkeiten nach KV Vorbem. 2.2.1.1 Abs. 1 S. 2 Nr. 1 bis 11 GNotKG auszuführen (z.B. Einholen privatrechtlicher Zustimmungserklärungen oder Vollmachtsbestätigungen; Fertigen der Gesellschafterliste) so fällt hierfür eine Vollzugsgebühr nach KV-Nr. 22110 ff. GNotKG aus dem Wert des Beurkundungsverfahrens (§ 112 GNotKG) an.

Setzt sich der Wert des Beurkundungsverfahrens aus den Werten verschiedener Beurkundungsgegenstände (Gründungsvorgang und mitbeurkundeter Beschluss) zusammen, so bildet die Summe dieser Werte den Geschäftswert der Vollzugsgebühr.

Die Vollzugsgebühr beträgt 0,5 (nach KV-Nr. 22110 GNotKG), wenn der Gebührensatz für das Beurkundungsverfahren 2,0 beträgt. Löst das Beurkundungsverfahren einen geringeren Gebührensatz aus (Gründung durch eine Person, ohne Beschlussfassung) beträgt die Vollzugsgebühr gem. KV-Nr. 22111 GNotKG lediglich 0,3. Kommen innerhalb des Beurkundungsverfahrens unterschiedliche Gebührensätze zur Anwendung (Gründung durch eine Person mit Beschlussfassung) richtet sich der Gebührensatz für die Vollzugsgebühr nach dem höchsten Gebührensatz bei der Bewertung des Beurkundungsverfahrens.

Beschränkt sich die Tätigkeit des Notars auf sog. einfache Vollzugstätigkeiten nach KV Vorbem. 2.2.1.1 Abs. 1 S. 2 Nr. 1 - 3, ist die Gebührenbegrenzung nach KV-Nr. 22112 GNotKG (höchstens 50,00 EUR pro Tätigkeit) bzw. KV-Nr. 22113 GNotKG (Gesellschafterliste, höchstens 250,00 EUR) zu beachten.

DeutscherNotarVerlag

Heitzer

Bewertung von Beschlüssen eines Gesellschaftsorgans

Geschäftswert – grundsätzliche Unterscheidung

Bei Beschlüssen von Gesellschaftsorganen wird unterschieden nach Beschlüssen mit bestimmtem Geldwert und Beschlüssen ohne bestimmten Geldwert.

Beschlüsse mit bestimmtem Geldwert sind solche, die sich mit einem bestimmten oder ohne weitere Berechnung bestimmbaren Wert befassen (z.B. Kapitalerhöhungsbeschlüsse, Beschlüsse nach dem Umwandlungsgesetz, Zustimmungsbeschlüsse zu rechtsgeschäftlichen Vorgängen).

Beschlüsse ohne bestimmten Geldwert sind demgegenüber Beschlussfassungen, deren Gegenstand keinen bestimmten Geldwert betrifft (z.B. die Bestellung und/oder Abberufung von Vertretungs- oder sonstigen Gesellschaftsorganen; Änderungen/Ergänzungen des Gesellschaftsvertrages/der Satzung, soweit diese keinen bestimmten Geldwert betreffen).

Geschäftswert – Beschlüsse mit bestimmtem Geldwert

Der hierfür anzunehmende Geschäftswert bestimmt sich gem. § 97 Abs. 1 GNotKG nach dem bestimmten oder ohne weitere Berechnung bestimmbaren Wert des Beschlussgegenstandes.

Sonderregelungen hierzu enthält

➢ § 108 Abs. 2 GNotKG für Zustimmungsbeschlüsse; hier ist der Geschäftswert nach dem Wert des Rechtsgeschäfts zu bestimmen, auf das sich der Zustimmungsbeschluss bezieht.

➢ § 108 Abs. 3 GNotKG für Beschlüsse nach dem Umwandlungsgesetz; hier ist der Wert des übertragenen bzw. übergehenden (Aktiv-)Vermögens maßgebend, bei einem Formwechsel das (Aktiv-)Vermögen des formwechselnden Rechtsträgers.

DeutscherNotarVerlag

Heitzer

Bewertung von Beschlüssen eines Gesellschaftsorgans

Geschäftswert – Beschlüsse ohne bestimmten Geldwert

Der für derartige Beschlüsse anzunehmende Geschäftswert ist nach § 108 Abs. 1 S. 1 GNotKG zu bestimmen. Durch den darin enthaltenen Verweis auf § 105 Abs. 4 GNotKG ist die Wertbestimmung in gleicher Weise vorzunehmen, wie für (spätere) Registeranmeldungen ohne bestimmten Geldwert. So ist bspw. bei Beschlussfassungen durch das Gesellschaftsorgan einer Kapitalgesellschaft § 105 Abs. 4 Nr. 1 GNotKG anzuwenden; maßgebend ist danach 1 % des im Handelsregister eingetragenen Grund- oder Stammkapitals, mindestens jedoch ein Betrag von 30.000,00 EUR.

Geschäftswert – Mindestwert, Höchstwert

Für Beschlüsse mit bestimmtem Geldwert verweist § 108 Abs. 1 S. 2 GNotKG insoweit auf § 105 Abs. 1 S. 2 GNotKG, sodass sich auch für derartige Beschlüsse ein Mindestwert von 30.000,00 EUR ergibt.

Für Beschlüsse ohne bestimmten Geldwert führt der oben genannte Verweis auf die Bestimmungen des § 105 Abs. 4 GNotKG ebenfalls zu einem Wertansatz von mindestens 30.000,00 EUR.

Der nach § 108 Abs. 5 GNotKG für Beschlüsse beider Arten zu beachtende Höchstwert beträgt 5 Mio. EUR. Dieser Höchstwert findet sowohl für einzelne Beschlüsse Anwendung, wie auch für den anzunehmenden Gesamtgeschäftswert bei Zusammenbeurkundung mehrerer Beschlüsse mit verschiedenem Gegenstand.

DeutscherNotarVerlag

Heitzer

Bewertung von Beschlüssen
eines Gesellschaftsorgans

Mehrere Beschlüsse in einer Niederschrift

Werden durch die protokollierte Gesellschafterversammlung mehrere Beschlüsse gefasst, betreffen diese grundsätzlich verschiedene Beurkundungsgegenstände i.S.v. § 86 Abs. 2 GNotKG. Die Werte mehrerer, zueinander gegenstandsverschiedener Beschlüsse sind nach § 35 Abs. 1 GNotKG zu addieren und bilden den Gesamtwert des Beurkundungsverfahrens, wobei auch für den Gesamt-Geschäftswert der in § 108 Abs. 5 GNotKG festgelegte Höchstwert zu beachten ist.

Ausnahmen von dem vorstehenden Grundsatz sind in § 109 Abs. 2 Nr. 4 a) bis g) GNotKG ausdrücklich geregelt. In den dort genannten Fällen ist aufgrund der gesetzlichen Festlegung von demselben Beurkundungsgegenstand auszugehen. Die dortigen Regelungen sind abschließend und können darüber hinaus nicht analog angewandt werden.

Derselbe Beurkundungsgegenstand liegt danach bspw. vor bei

– einer Kapitalerhöhung und den damit zusammenhängenden weiteren Beschlüssen (Zulassung zur Übernahme neuer Geschäftsanteile, Regelungen zur Ausgabe der neuen Geschäftsanteile, Änderung der betreffenden Satzungsbestimmung; § 109 Abs. 2 Nr. 4 a) und b);
– mehreren Wahlen (Neubestellung und/oder Abberufung von Verwaltungsträgern), soweit keine Einzelwahlen stattfinden (§ 109 Abs. 2 Nr. 4 d);
– mehrere Satzungsänderungen, wenn deren Gegenstand keinen bestimmten Geldwert hat (auch eine komplette Satzungsneufassung; § 109 Abs. 2 Nr. 4 c).

DeutscherNotarVerlag

Bewertung von Beschlüssen
eines Gesellschaftsorgans

Gebühr

Die Beurkundung einer Gesellschafterversammlung löst stets eine 2,0-Gebühr nach KV-Nr. 21100 GNotKG aus; dies gilt selbst dann, wenn das Beschlussorgan lediglich aus einer Person besteht (bei einer Ein-Personen-GmbH oder einer Ein-Personen-AG).

Treffen Beschlüsse mit rechtsgeschäftlichen Erklärungen in einer Urkunde zusammen, liegt gem. § 110 Nr. 1 GNotKG im Verhältnis zueinander stets ein verschiedener Beurkundungsgegenstand vor. Die Einzelwerte sind gem. § 35 Abs. 1 GNotKG zu addieren und bilden so den (Gesamt-)Wert des Beurkundungsverfahrens.

Unterliegen die mitbeurkundeten rechtsgeschäftlichen Erklärungen demselben Gebührensatz wie die protokollierten Beschlüsse, ist die maßgebende Gebühr (2,0 nach KV-Nr. 21100 GNotKG) nur einmal aus dem Wert des Beurkundungsverfahrens zu erheben.

Findet für die rechtsgeschäftlichen Erklärungen ein abweichender Gebührensatz Anwendung, bspw.

– bei der Gründung einer Kapitalgesellschaft durch eine Person, welche lediglich die 1,0-Gebühr nach KV-Nr. 21200 GNotKG auslöst, oder
– bei der Mitbeurkundung rechtsgeschäftlicher Übernahmeerklärungen (welche als einseitige Erklärung ebenfalls dem Gebührenansatz nach KV-Nr. 21200 GNotKG unterliegen) neben dem Kapitalerhöhungsbeschluss der Gesellschafterversammlung einer GmbH,

hat eine Vergleichsberechnung nach § 94 Abs. 1 GNotKG zu erfolgen (getrennte Bewertung, höchstens jedoch Ansatz einer 2,0-Gebühr aus dem Gesamtwert der verschiedenen Beurkundungsgegenstände).

DeutscherNotarVerlag

Bewertung von Beschlüssen eines Gesellschaftsorgans

 **Notarkasse**
Anstalt des öffentlichen Rechts

Führt der Notar auftragsgemäß Vollzugstätigkeiten nach KV Vorbem. 2.2.1.1 Abs. 1 GNotKG aus, wie z.B. das Fertigen der Übernehmerliste sowie der Gesellschafterliste im Zusammenhang mit einem Kapitalerhöhungsbeschluss, fällt hierfür eine Vollzugsgebühr nach KV-Nr. 22110 ff. GNotKG aus dem Wert des Beurkundungsverfahrens (§ 112 GNotKG) an.

Setzt sich der Wert des Beurkundungsverfahrens aus den Werten verschiedener Beurkundungsgegenstände zusammen (bspw. Kapitalerhöhungsbeschluss und Übernahmeerklärung oder Einbringungsvertrag bei einer Sachkapitalerhöhung), bildet die Summe dieser Werte den Geschäftswert der Vollzugsgebühr.

Die Vollzugsgebühr beträgt 0,5 (nach KV-Nr. 22110 GNotKG). Beschränkt sich die Tätigkeit des Notars auf das Fertigen von Gesellschafterlisten (Übernehmerliste, Gesellschafterliste bei der Kapitalerhöhung einer GmbH) nach KV Vorbem. 2.2.1.1 Abs. 1 S. 2 Nr. 3, ist die Gebührenbegrenzung nach KV-Nr. 22113 GNotKG (höchstens 250,00 EUR pro Liste) zu beachten.

DeutscherNotarVerlag

Heitzer

Bewertung von Registeranmeldungen

 **Notarkasse**
Anstalt des öffentlichen Rechts

Geschäftswert - Allgemein, Unterscheidung

Einschlägige Wertvorschrift für Anmeldungen zum Handels-, Partnerschafts- und Genossenschaftsregister ist § 105 GNotKG. Hierbei wird unterschieden nach

- Handelsregisteranmeldungen mit bestimmten Geldwert (§ 105 Abs. 1 GNotKG);
- sonstigen Anmeldungen zum Handelsregister (ohne bestimmten Geldwert), ebenso Anmeldungen zum Partnerschafts- und Genossenschaftsregister (§ 105 Abs. 2 GNotKG), wobei diesbezüglich unterschieden wird nach Erstanmeldungen (§ 105 Abs. 3 GNotKG) und späteren Anmeldungen (§ 105 Abs. 4 GNotKG);
- Anmeldungen ohne wirtschaftliche Bedeutung (§ 105 Abs. 5 GNotKG);
- privilegierten Anmeldungen für bestimmte Gesellschaften (§ 105 Abs. 6 GNotKG).

Geschäftswert - Handelsregisteranmeldungen mit bestimmtem Geldwert

§ 105 Abs. 1 GNotKG enthält abschließende Regelungen für alle Handelsregisteranmeldungen mit bestimmtem Geldwert. Für diese Anmeldungen ist charakteristisch, dass hierbei im Handelsregister Geldbeträge eingetragen, gelöscht oder verändert werden. Der jeweils maßgebende Geschäftswert bestimmt sich daher nach dem im Handelsregister einzutragenden bzw. zu löschenden Geldbetrag, bei Änderung bereits eingetragener Geldbeträge nach dem Unterschiedsbetrag.

Für alle Anmeldungen, die einen bestimmten Geldbetrag betreffen, gilt ein Mindestwert von 30.000,00 EUR (§ 105 Abs. 1 Satz 2 GNotKG). So ist beispielsweise auch für die Anmeldung einer Kapitalerhöhung von nominal 1.000,00 EUR nicht der einzutragende Unterschiedsbetrag (= 1.000,00 EUR) maßgebend, sondern der Mindestwert von 30.000,00 EUR.

DeutscherNotarVerlag

Heitzer

Bewertung von Registeranmeldungen

Geschäftswert – Sonstige Anmeldungen, Anmeldungen ohne bestimmten Geldwert

§ 105 Abs. 2 GNotKG regelt, dass sich bei sonstigen Anmeldungen zum Handelsregister sowie bei Anmeldungen zum Partnerschafts- und Genossenschaftsregister der Geschäftswert nach den Absätzen 3 bis 5 bestimmt. Hierbei wird folgendermaßen unterschieden:

a) Erstanmeldungen (ohne bestimmten Geldwert)

§ 105 Abs. 3 GNotKG regelt die Geschäftswerte für folgende Erstanmeldungen:

- Nr. 1: eines Einzelkaufmanns, Geschäftswert 30.000,00 EUR;
- Nr. 2: einer OHG (bei zwei Gesellschaftern Geschäftswert 45.000,00 EUR, bei mehr als zwei Gesellschaftern Geschäftswert 45.000,00 EUR zzgl. jew. 15.000,00 EUR für jeden weiteren Gesellschafter);
- Nr. 3: einer Genossenschaft oder einer juristischen Person (§ 33 HGB), Geschäftswert 60.000,00 EUR.

b) Spätere Anmeldungen (ohne bestimmten Geldwert)

§ 105 Abs. 4 GNotKG regelt die Geschäftswerte für folgende späteren Anmeldungen:

- Nr. 1: Anmeldung, betreffend eine Kapitalgesellschaft, Geschäftswert 1% des im Handelsregister eingetragenen Grund- oder Stammkapitals, mindestens 30.000,00 EUR;
- Nr. 2: Anmeldung, betreffend einen VVaG, Geschäftswert 60.000,00 EUR;
- Nr. 3: Anmeldung, betreffend eine Personenhandels- oder Partnerschaftsgesellschaft, Geschäftswert 30.000,00 EUR, bei Eintritt oder Ausscheiden von mehr als zwei persönlich haftenden Gesellschaftern jeweils 15.000,00 EUR für jeden eintretenden oder ausscheidenden Gesellschafter;
- Nr. 4: Anmeldung, betreffend einen Einzelkaufmann, eine Genossenschaft oder eine juristische Person (§ 33 HGB), Geschäftswert 30.000,00 EUR.

DeutscherNotarVerlag

Heitzer

Bewertung von Registeranmeldungen

Mehrere Anmeldungen

a) Allgemein

Nach den Grundsätzen der §§ 86 Abs. 2 und 111 Nr. 3 GNotKG stellt jede gesondert anzumeldende Tatsache einen besonderen Gegenstand dar, auch wenn sie sich auf denselben Rechtsträger beziehen. Die Werte mehrerer Gegenstände sind gem. § 35 Abs. 1 GNotKG zu addieren.

Jedoch ist in einigen Fällen davon auszugehen, dass die Anmeldungen ein und dieselbe Tatsache betreffen und damit auch nur ein Gegenstand i.S.v. § 86 Abs. 1 GNotKG vorliegt.

Erfolgen mehrere Registeranmeldungen in einem einheitlichen Anmeldevorgang, ist der Anwendungsbereich des § 109 GNotKG nicht eröffnet; vielmehr muss im Einzelfall geprüft werden, ob eine aus mehreren Teilen bestehende Tatsache, somit ein Rechtsverhältnis iSv § 86 Abs. 1 GNotKG vorliegt oder ob verschiedene Rechtsverhältnisse/anzumeldende Tatsachen vorliegen. Dabei ist nicht auf ein in § 109 Abs. 1 GNotKG beschriebenes Abhängigkeitsverhältnis abzustellen, sondern allein auf den inneren Zusammenhang der mehreren Tatsachen.

b) Eine Registertatsache und damit ein Rechtsverhältnis

Ein typisches Beispiel für die Annahme *einer einzigen Anmeldung* trotz Anmeldung mehrerer Tatsachen stellt die Anmeldung einer neu errichteten GmbH, des Geschäftsführers, seiner konkreten Vertretungsberechtigung und der abstrakt geregelten Vertretungsbefugnis dar. Der Grund für die Annahme nur einer Anmeldung besteht nicht nur darin, dass die eine Anmeldung ohne die andere keinen Sinn macht, vielmehr ist die Anmeldung des Geschäftsführers überhaupt nicht möglich ohne die Anmeldung der GmbH. Gleiches gilt für die anderen Anmeldetatbestände. Diese Zusammengehörigkeit macht sie zu einem einheitlichen Rechtsverhältnis.

DeutscherNotarVerlag

Heitzer

Bewertung von Registeranmeldungen

Außerhalb der Anmeldung der Neugründung einer GmbH können nur noch wenige Anmeldungen mehrerer Registertatsachen als ein einheitliches Rechtsverhältnis angesehen werden. § 111 Nr. 3 GNotKG gibt hierzu wenig Spielraum. Beispielsweise werden folgende weitere Fälle als *eine* Anmeldung angesehen:

- Anmeldung einer Satzungsänderung in mehreren Punkten (nur Änderungen ohne bestimmten Geldwert) oder der kompletten Neufassung der Satzung;
- Anmeldung einer Kapitalmaßnahme einschließlich der entsprechenden Satzungsänderung (das in der Satzung bezifferte Stammkapital betreffend);
- Anmeldung der Auflösung der GmbH, der Beendigung der Geschäftsführerbefugnis und Bestellung der bisherigen Geschäftsführer zu Liquidatoren, einschließlich der konkreten und abstrakten Vertretungsbefugnis (insoweit jedoch anders, wenn ein Dritter zum Liquidator bestellt wird).

c) Mehrere Registertatsachen und damit mehrere Rechtsverhältnisse

Mehrere Tatsachen liegen insbesondere vor, wenn Anmeldungen zu verschiedenen Personen (Verwaltungsträgern) erfolgen, da es hier nicht um die Organschaft selbst geht, sondern ausschließlich um die in der betreffenden Person liegenden Änderungen. Um mehrere Tatsachen i.S.v. § 111 Nr. 3 GNotKG handelt es sich demnach beispielsweise bei der Bestellung und/oder Abberufung mehrerer Mitglieder eines Vertretungsorgans, wie z.B. der Bestellung mehrerer Geschäftsführer (oder auch Prokuristen), auch wenn diese nur gemeinschaftlich zur Vertretung befugt sind. Ebenso liegen mehrere zu bewertende Anmeldungen vor bei Anmeldung einer neu gegründeten GmbH und gleichzeitiger Anmeldung eines Prokuristen oder bei der Anmeldung der Auflösung einer GmbH und Anmeldung eines Dritten (der bisher nicht als Geschäftsführer bestellt war) als Liquidator.

DeutscherNotarVerlag

Heitzer

Bewertung von Registeranmeldungen

Höchstwert

Gem. § 106 GNotKG beträgt der Höchstwert für Registeranmeldungen 1 Mio. EUR. Dieser Höchstwert gilt für alle Anmeldungen zum Handelsregister, zum Genossenschaftsregister, zum Partnerschaftsregister und zum Vereinsregister. Der Höchstwert gilt einerseits für die jeweilige angemeldete Tatsache, andererseits auch, wenn mehrere anzumeldende Tatsachen (i.S.v. § 111 Nr. 3 GNotKG) in einem Entwurf/einer Anmeldung zusammengefasst werden, für die Registeranmeldung insgesamt.

Gebühr

- Gemäß KV-Nr. 21201 Nr. 5 GNotKG ist für die Beurkundung einer Anmeldung zum Handels-, Partnerschafts-, Genossenschafts- oder Vereinsregister eine 0,5-Gebühr zu erheben.
- Gleiches gilt bei (vollständiger) Entwurfsfertigung mit Unterschriftsbeglaubigung (KV-Nr. 24102 i. V. m. § 92 Abs. 2 GNotKG). Die erste Unterschriftsbeglaubigung ist gem. KV Vorbem. 2.4.1 Abs. 2 GNotKG gebührenfrei, gesonderte Unterschriftsbeglaubigungen sind gebührenpflichtig nach KV-Nr. 25100 GNotKG.
- Bei einer Unterschriftsbeglaubigung ohne Entwurf fällt eine 0,2-Gebühr nach KV-Nr. 25100 GNotKG an (mindestens 20,00 EUR, höchstens 70,00 EUR).

DeutscherNotarVerlag

Heitzer

GmbH-Gründung mittels Musterprotokoll

Notarkasse
Anstalt des öffentlichen Rechts

Besonderheiten bei der Errichtung einer GmbH oder UG (haftungsbeschränkt) mittels Musterprotokoll

Neben der GmbH-Gründung im herkömmlichen Verfahren kann die Gründung einer GmbH auch im vereinfachten Verfahren gem. § 2 Abs. 1a GmbHG unter Verwendung des gesetzlich vorgeschriebenen Musterprotokolls erfolgen. Dieses Musterprotokoll fasst die Gründungserklärungen, den Gesellschaftsvertrag (Satzung), die Geschäftsführerbestellung (samt Befreiung von den Beschränkungen des § 181 BGB) wie auch die Gesellschafterliste in einer einheitlichen Urkunde zusammen. Gleiches gilt für eine mittels Musterprotokoll gegründete Unternehmergesellschaft - UG – (haftungsbeschränkt) mit einem Stammkapital von weniger als 25.000,00 EUR (§ 5a Abs. 1 GmbHG).

Die Besonderheit gegenüber „üblichen" Gründungsvorgängen besteht also darin, dass die Geschäftsführerbestellung als gegenstandsgleicher Bestandteil eines einheitlichen Gründungsvorgangs anzusehen und nicht gesondert zu bewerten ist. Gleiches gilt für die Gesellschafterliste; einer eigens gefertigten (und damit eine Vollzugsgebühr auslösenden) Gesellschafterliste bedarf es hier also nicht.

Bei Beurkundung der Neugründung einer GmbH oder UG (haftungsbeschränkt) mittels Musterprotokoll ist § 107 Abs. 1 S. 2 GNotKG zu beachten. Der Mindestwert nach § 107 Abs. 1 S. 1 GNotKG (30.000,00 EUR) für Gesellschaftsverträge findet hier keine Anwendung. Damit verbleibt es beim Wertansatz in Höhe des nominalen Stammkapitals (bei der GmbH: 25.000,00 EUR, bei der UG ggf. 1,00 EUR) für die Errichtung der Gesellschaft.

Erfolgt die Gründung mittels Musterprotokoll durch eine Person, liegt eine einseitige Erklärung vor, die eine 1,0-Gebühr nach KV-Nr. 21200 GNotKG (mind. 60,00 EUR) auslöst. Bei Gründung durch zwei oder drei Personen ist eine 2,0-Gebühr nach KV-Nr. 21100 GNotKG (mind. 120,00 EUR) zu erheben.

Für die Anmeldung zum Handelsregister ist § 105 Abs. 6 GNotKG zu beachten, wonach der in § 105 Abs. 1 S. 2 GNotKG festgelegte Mindestwert für die Anmeldung einer mittels Musterprotokoll neugegründeten GmbH oder UG keine Anwendung findet. Der für die Anmeldung anzunehmende Geschäftswert bestimmt sich daher nach dem im Handelsregister einzutragenden Nennbetrag des Stammkapitals.

DeutscherNotarVerlag

§ 5 Familienrecht einschließlich Überlassungen

A. Eheliche Vermögensbeziehungen

Frage 1: 1

In Ihrer Kanzlei erscheint Frau Huber. Ihr Mann hat seinen Arbeitsplatz verloren. Sie vermutet, dass er ohne ihr Wissen in den letzten Monaten „einige zehntausend Euro" Schulden aufgenommen hat. Sie möchte wissen,

1. Ob sie befürchten muss, für die Schulden ihres Mannes in Anspruch genommen zu werden,
2. Ob es sonst Gründe gebe, dass sie „für ihren Mann zahlen müsse",
3. Ob auf der Eigentumswohnung, in der beide zusammenwohnen, die ihm aber allein gehört, „Schulden eingetragen" sind sowie
4. Ob sie von ihrem Mann die sofortige Übertragung der halben Immobilie verlangen kann – man sei ja schließlich eine „Gemeinschaft".

Auf Ihre Nachfrage teilt Frau Huber mit, dass das Ehepaar keinen Ehevertrag abgeschlossen habe. Man sei ausschließlich deutscher Staatsbürger und habe immer schon und ausschließlich in Deutschland gelebt.

Antwort:

Zu 1. Die Eheleute sind im gesetzlichen Güterstand der Zugewinngemeinschaft des BGB verheiratet. Eine Vergemeinschaftung von Vermögen sieht dieser Güterstand nicht vor. Für Schulden eines Ehegatten haftet der andere also nicht mit. Etwas anderes gilt nur, wenn ein Ehegatte für die Schulden des anderen auf vertraglicher Basis einstehen muss, etwa weil er eine Bürgschaft übernommen hat oder einen Schuldbeitritt erklärt hat. Solange so etwas nicht passiert ist, haftet der Ehepartner nicht.

(Zum Nachlesen: *Ziegert/Vollrath*, Familienrecht, § 2 Rn 295)

Zu 2. Kann ein Ehegatte sich nicht selbst „unterhalten" (also die erforderlichen Mittel zur Finanzierung des ehelichen Lebensstandards nicht selbst aufbringen), muss ihm der andere diese Mittel gewähren. Während laufender Ehe bedeutet das aber keine Pflicht, dem anderen (über ein Taschengeld hinaus) Geld zu bezahlen, der Unterhalt wird „in natura" erbracht.

(Zum Nachlesen: *Ziegert/Vollrath*, Familienrecht, § 2 Rn 347 ff.)

Zu 3. Der in Zugewinngemeinschaft verheiratete Ehegatte hat vor dem Hintergrund des § 1365 BGB ein Einsichtsrecht in das Grundbuch (mehr zum § 1365 BGB im nächsten Fall). Anders wäre das bei laufender Ehe im Fall der Gütertrennung. Wenn allerdings ein Ehegatte Bar-Unterhaltsansprüche gegen den anderen Ehegatten hat, ist ihm ein Einsichtsrecht wie jedem anderen Gläubiger einzuräumen.

(Zum Nachlesen: *Pelikan*, Grundbuch lesen und verstehen § 1 Rn 53 ff.)

Zu 4. Bei der Zugewinngemeinschaft entsteht (wie oben ausgeführt) kein gemeinschaftliches Vermögen. Erst dann, wenn der Güterstand endet, entstehen Ansprüche. Diese sind allerdings immer auf einen baren Ausgleich (Zahlungsanspruch) gerichtet – ein Ehegatte kann (ohne entsprechende vertragliche Grundlage) vom anderen niemals die Übertragung eines konkreten Vermögensgegenstandes verlangen.

(Zum Nachlesen: *Ziegert/Vollrath*, Familienrecht, § 2 Rn 295 ff.)

Frage 2: 2

Wie Frage 1 (Rdn 1) – Sie haben Frau Huber Grundbucheinsicht gewährt.

1. Was müssen Sie dokumentieren?

Die Grundbucheinsicht ergibt, dass keine Belastungen eingetragen sind. Frau Huber berichtet, dass das Darlehen zum Kauf der vollfinanzierten Wohnung aus den gemeinsamen Ersparnissen abbezahlt wurde (wobei ihr Mann den deutlich größeren Teil getilgt habe) und fragt:

2. Ob sie verhindern könne, dass ihr Mann die Eigentumswohnung ohne ihre Zustimmung verkaufe,

3. Ob sie verhindern könne, dass ihr Mann die Eigentumswohnung ohne ihre Zustimmung „bis zur Dachtraufe" mit Schulden belastet,

4. Ob sie sich wirklich erst scheiden lassen müsse damit sie „zu ihrem Geld komme".

Antwort:

Zu 1. Die (isolierte) Grundbucheinsicht ist nach § 133a Abs. 3 GBO zu protokollieren.

(Zum Nachlesen: *Pelikan*, Grundbuch lesen und verstehen, § 1 Rn 56 ff.)

Zu 2. § 1365 BGB regelt, dass ein Ehegatte sich nicht zur Verfügung über „sein Vermögen im Ganzen" verpflichten kann – diese Vorschrift wird auch angewendet, wenn es um Verfügungen über einzelne Vermögensgegenstände (Bruttowert) geht, die rund 85 (kleine Vermögen) oder 90% (große Vermögen) des Vermögens (Nettowert) eines Ehegatten ausmachen. Zusätzlich wird aber vorausgesetzt, dass der Geschäftspartner weiß, dass der betroffene Vermögensgegenstand so wesentlich ist. Aussicht auf effektiven Schutz hat Frau Huber also nur dann, wenn sie alle möglichen Käufer „bösgläubig" macht – diesen müsste also bekannt sein, dass der Ehemann über einen wesentlichen Vermögensgegenstand verfügt. Auch das Grundbuchamt darf nicht einfach „ins Blaue hinein" den Nachweis verlangen, eine Verfügung werde nicht von § 1365 BGB erfasst.

(Zum Nachlesen: *Ziegert/Vollrath*, Familienrecht, § 2 Rn 304 ff.; *Falkner*, Kaufvertrag, § 2 Rn 74 ff.; *Sikora*, Vollmachten, Genehmigungen, Zustimmungen, Beglaubigungen, § 2 Rn 122 ff.)

Zu 3. Bessere Aussichten auf Schutz hat Frau Huber im Verhältnis zu Banken – Banken werden im Rahmen einer Kreditvergabe an den Eigentümer regelmäßig dessen Vermögensverhältnisse prüfen und damit „bösgläubig" sein, wenn der Eigentümer sein Grundstück in kritischer Höhe belastet; für diese Prüfung ist der Nominalbetrag des Grundpfandrechts zuzüglich eingetragener Grundschuldzinsen für zweieinhalb Jahre heranzuziehen.

(Zum Nachlesen: *Sikora*, Vollmachten, Genehmigungen, Zustimmungen, Beglaubigungen, § 2 Rn 122 ff.; *Gutfried*, Grundschulden, § 2 Rn 82)

Zu 4. Ein Anspruch auf Zugewinnausgleich entsteht nicht nur bei Scheidung. Er entsteht bei jedem Ende des Güterstands, also auch beim Tod eines Ehegatten (allerdings nur beim Tod des Ehegatten mit dem höheren Zugewinn (vgl. § 1371 Abs. 1 und Abs. 2 BGB), die nur vom überlebenden Ehegatten als Zugewinnausgleichsberechtigtem reden).

Außer bei Scheidung (oder Eheauflösung) und bei Tod entsteht der Zugewinnausgleichsanspruch noch

a) aufgrund eines Ehevertrages, der einen anderen Güterstand vereinbart – die vertragsmäßige Vereinbarung von Gütertrennung führt also dazu, dass ein Anspruch auf Ausgleich des bis dahin entstandenen Mehrzugewinns entsteht und

b) als sogenannter „vorzeitiger Zugewinnausgleich" (§§ 1385 f. BGB).

Könnte Frau Huber darlegen, dass die Gefahr eines heimlichen Verkaufs besteht (und dass dieser § 1365 BGB zuwiderläuft), würde ihr § 1385 Nr. 2 BGB den Weg zu einem vorzeitigen Zugewinnausgleich eröffnen.

(Zum Nachlesen: *Ziegert/Vollrath*, Familienrecht, § 2 Rn 297)

Wenn Frau Huber Schulden getilgt hat, zu deren Tilgung sie nicht verpflichtet war, kann ihr unter Umständen ein sogenannter „Bereicherungsanspruch" zustehen – verlassen darauf kann sie sich jedoch nicht, so dass jedem zu raten ist, fremde Schulden nur auf Basis einer ausdrücklichen vertraglichen Absprache zu treffen.

(Zum Nachlesen: *Ziegert/Vollrath*, Familienrecht, § 2 Rn 488 ff.)

Frage 3: **3**

Wie Fall 2 (Rdn 2). Frau Huber hat weiter zu den Vermögensverhältnissen ihres Mannes „ermittelt". Frau Huber fragt Sie, was es für einen Unterschied in der Zugewinnausgleichsberechnung mache, wenn

1. die Tilgung des Darlehens (mit welchem die nunmehr schuldenfreie Eigentumswohnung im Verlauf der Ehe angeschafft und abbezahlt wurde) i.H.v. 100.000,00 EUR aus dem elterlichen Erbe des Ehemannes stamme – sonst sei kein Vermögen zu berücksichtigen, oder
2. Herr Huber mit 70.000,00 EUR Schulden in die Ehe gestartet sei und diese in den ersten Ehejahren zurückbezahlt habe, oder
3. Herr Huber im letzten halben Jahr Spekulationsverluste an der Börse erlitten habe, und 100.000,00 EUR, die er als Kredit für den Kauf von Aktienoptionen aufgenommen habe, jetzt nicht mehr zurückzahlen könne, weil alle gekauften Aktienoptionen komplett wertlos seien, oder
4. Herr Huber sich morgen dazu entschließe, die Hälfte der Immobilie an die gemeinsamen Kinder zu übertragen und sich einen Nießbrauch daran vorzubehalten.

Sie fragt weiter, ob sich etwas verbessere,
5. wenn sie sofort aus der gemeinsamen Wohnung ausziehe und zu ihrer Mutter übersiedele.

Antwort:

Zu 1. Herr Huber hält die während der Ehe gekaufte Immobilie zu Alleineigentum, Schulden bestehen nicht. Er hat also einen Zugewinn in Höhe des aktuellen Immobilienwertes erzielt. Frau Huber hat kein Vermögen und keinen Zugewinnausgleich erzielt. Stehen Frau Huber Frau wegen ihres Beitrags zur Schuldentilgung Ersatzansprüche gegen den Ehemann zu, so mindern diese den Zugewinn des Ehemannes – und sie mindern die Differenz zwischen den beiden Zugewinnen. Auszugleichen ist die Hälfte der Differenz zwischen den beiden Zugewinnen.

(Zum Nachlesen: *Ziegert/Vollrath*, Familienrecht, § 2 Rn 299).

Hat Herr Huber 100.000,00 EUR geerbt und zur Schuldentilgung eingesetzt, so werden diese 100.000,00 EUR seinem Anfangsvermögen zugeschlagen (§ 1374 Abs. 2 BGB) – also so, als hätte er diesen Betrag bereits bei Beginn der Ehe besessen. Wertsteigerungen auf den Anteil der Immobilie, der den 100.000,00 EUR entspricht, sind ausgleichspflichtiger Zugewinn.

(Zum Nachlesen: *Ziegert/Vollrath*, Familienrecht, § 2 Rn 298)

Zu 2. Ist Herr Huber mit 70.000,00 EUR Schulden in die Ehe „gestartet" und hat diese abbezahlt, so führt auch die Schuldentilgung zu einem Zugewinn – er hätte dann also vorliegend einen Zugewinn in Höhe des Immobilienwertes **plus** der getilgten Schulden erzielt (§ 1374 Abs. 3 BGB). Um zu vermeiden, dass der Ausgleichspflichtige etwas abgeben muss, was er gar nicht hat, regelt aber § 1378 Abs. 2 BGB eine Grenze für die Ausgleichsforderung: sie darf nicht höher sein als das tatsächliche Vermögen (tilgt Herr Huber also 500.000,00 EUR voreheliche Schulden und bezahlt dann noch eine Wohnung im heutigen Wert von 250.000,00 EUR, muss er nicht 375.000,00 EUR ausgleichen, sondern nur 250.000,00 EUR).

(Zum Nachlesen: *Ziegert/Vollrath*, Familienrecht, § 2 Rn 302)

Zu 3. Die Spekulationsverluste (besser gesagt, das Darlehen von 100.000,00 EUR, dem keine Vermögenswerte gegenüberstehen) schlagen voll auf den Zugewinnausgleich durch – das Endvermögen fällt um 100.000,00 EUR geringer aus, als wenn Herr Huber der Börse ferngeblieben wäre. Maßgeblich für die Berechnung des Zugewinnausgleichs ist also nicht das Vermögen, welches jemand „mal hatte", sondern das Vermögen, welches er im maßgeblichen Berechnungszeitpunkt hat.

(Zum Nachlesen: *Ziegert/Vollrath*, Familienrecht, § 2 Rn 299)

Zu 4. Die Übertragung an die Kinder (mögliche Pflichtteilsansprüche der Ehefrau müssen hier außer Betracht bleiben, weil es ja nicht darum geht, dass Herr Huber stirbt!) dürfte dazu führen, dass § 1375 Abs. 2 Nr. 1 BGB einschlägig ist – § 1375 BGB soll verhindern, dass der ausgleichspflichtige Ehegatte sich durch bestimmte Handlungen künstlich „arm" macht. Das betreffende Vermögen wird dem für die Ausgleichsberechnung maßgeblichen Endvermögen einfach zugeschlagen, so dass der Zugewinnausgleich u.U. aus einem fiktiven Vermögen zu berechnen ist. Zu beachten ist § 1375 Abs. 3 BGB – eine Hinzurechnung zum Endvermögen unterbleibt also, wenn der Ehegatte zugestimmt hat.

(Zum Nachlesen: *Ziegert/Vollrath*, Familienrecht, § 2 Rn 300)

Zu 5. Wenn Frau Huber sofort auszieht, hilft das für sich genommen nichts – Berechnungszeitpunkt für einen Zugewinnausgleich aufgrund Ehescheidung ist der Tag der Rechtshängigkeit des Scheidungsantrags (§ 1384 BGB). Sie müsste also verfrühten (wegen fehlenden Ablauf des Trennungsjahres) Scheidungsantrag stellen und hoffen, dass der Ehemann sich darauf einlässt – wird die Ehe aufgrund eines verführten Scheidungsantrags später geschieden, bleibt der Zeitpunkt der Rechtshängigkeit für die Berechnung des Zugewinnausgleichs maßgeblich. Verlassen darauf, dass die Ehe aufgrund des verfrühten Antrags geschieden wird, kann sie sich aber nicht – richtigerweise müsste sie versuchen, Anspruch auf vorzeitigen Zugewinnausgleich geltend zu machen, dessen Voraussetzungen in § 1385 BGB genannt sind.

(Zum Nachlesen: *Ziegert/Vollrath*, Familienrecht, § 2 Rn 281, 422 ff.)

4 Frage 4:

Es kommt wie es kommen muss – einige Tage später sitzt Herr Huber bei Ihnen und möchte den Verkauf seiner Immobilie „anleiern". Der Käufer kommt aus einem anderen Teil der Republik und weiß nichts über die Verhältnisse der Hubers – er möchte den Kaufpreis voll finanzieren, über den vereinbarten Kaufpreis von 350.000,00 EUR ein Bankdarlehen aufnehmen und eine Grundschuld an der Wohnung in derselben Höhe eintragen zu lassen. Er ist ebenfalls ohne Ehevertrag nach deutschem Recht verheiratet. Er ist nicht daran interessiert, die Wohnung selbst zu nutzen, Herr Huber soll sich einfach verpflichten, für jeden Monat nach Kaufpreiszahlung 1.200,00 EUR zzgl. Nebenkosten zu bezahlen.

1. Dürfen Sie Herrn Huber über die Gespräche mit Frau Huber in den letzten Tagen / Wochen informieren? Dürfen/müssen Sie den Käufer informieren?
2. Kommt Herr Huber mit dem Kaufvertrag gegenüber dem Grundbuch durch? Hilft es, wenn Frau Huber in ihrer Not einen vorbeugenden Warnbrief an das Grundbuchamt geschickt hat, man möge bitte ja nichts im Grundbuch eintragen, weil dadurch ihre Lebensgrundlage gefährdet würde?
3. Falls der Kaufvertrag beim Grundbuchamt durchgehen sollte – wird die Eintragung der Finanzierungsgrundschuld Probleme bereiten?

Antwort:

Zu 1. Die notarielle Verschwiegenheitspflicht verbietet es Ihnen, gegenüber Herrn Huber oder dem Käufer auch nur ein Wort über Ihre Gespräche mit Frau Huber zu verlieren – Sie dürfen nicht einmal erwähnen, dass Frau Huber die Kanzlei aufgesucht hat. Was § 1365 BGB angeht, so wird Ihr Urkundenentwurf die Erklärung von Herrn Huber enthalten, er verfüge mit dem Geschäft nicht über wesentliches Vermögen – wenn Herr Huber hier (und in der Beurkundung) nicht „zuckt", so verbietet es die Verschwiegenheitspflicht Ihnen (und dem beurkundenden Notar), den Käufer bösgläubig zu machen, was die Vermögenssituation des Verkäufers angeht. Auch § 4 BeurkG (das Verbot an den Notar, an Rechtsgeschäften mitzuwirken, bei denen erkennbar unerlaubte oder unredliche Zwecke verfolgt werden) ist nicht einschlägig – die Vorschrift würde erst dann greifen, wenn Ihnen positiv bekannt ist, dass der Käufer die Vermögensverhältnisse des Verkäufers kennt.

(Zum Nachlesen: *Bosch/Strauß*, Berufs- und Beurkundungsrecht, § 2 Rn 137 ff.)

Zu 2. Das Grundbuchamt darf nicht ins Blaue hinein den Nachweis verlangen, dass es sich **nicht** um einen Fall des § 1365 BGB handelt. Auch eine „Schutzschrift" der Ehefrau ändert daran nichts: Maßgeblicher Zeitpunkt für die Frage, ob der Vertragspartner Kenntnis von der

„Gesamtvermögenseigenschaft" des Geschäfts hatte, ist der Vertragsschluss. Auch wenn Ihnen im Rahmen der Grundakteneinsicht eine solche „Schutzschrift" der Ehefrau bekannt würde, dürften Sie diese nicht dem Käufer bekanntgeben – für den Grundbuchstand ist diese Information unwesentlich.

(Zum Nachlesen: *Ziegert/Vollrath*, Familienrecht, § 2 Rn 304 ff., *Falkner*, Kaufvertrag, § 2 Rn 74 ff., *Sikora*, Vollmachten, Genehmigungen, Zustimmungen und Beglaubigungen, § 2 Rn 122 ff.)

Zu 3. Bei der Grundschuld gilt Folgendes: „Maßgebliche Ehe" für die Prüfung, ob ein Fall des § 1365 BGB vorliegt, ist die Ehe des Verkäufers – (nur) er ist im Zeitpunkt der Grundschuldbestellung Verfügender. Auf die Gesamtvermögenseigenschaft beim Käufer kommt es also nicht an (das ist auch sinnvoll – denn andernfalls könnte ein im gesetzlichen Güterstand verheirateter Käufer vielfach niemals ein Objekt vollfinanziert erwerben, er dürfte nämlich allein kaufen, aber nicht allein beleihen – außerdem könnte man eine solche Auffassung leicht umschiffen, indem der Verkäufer vorab eine nicht valutierte Grundschuld bestellt, die der Käufer dann zur weiteren Duldung und Valutierung für Kaufpreiszwecke übernimmt). Anders als bei einem Darlehen, welches der Verkäufer selbst aufnimmt, wird der finanzierenden Bank der Vermögensstatus des Sicherungsgebers (also des Verkäufers) regelmäßig unbekannt sein – sie interessiert sich für die Bonität ihres Kreditnehmers, also des Käufers. Betreffend den Verkäufer ist ihr nur die Rangstelle wichtig.

(Zum Nachlesen: *Gutfried*, Grundschulden, § 2 Rn 82)

Frage 5: 5

Frau Huber ist entnervt – sie will die Scheidung und zieht zu ihrer Mutter. Die beiden Kinder der Hubers (15 und 16 Jahre alt) wollen beim Vater wohnen bleiben (bei der Oma ist auch gar kein Platz). Frau Huber möchte („ohne dass ich Sie auf den letzten Euro festnagele") von Ihnen wissen, wie sich die Unterhaltssituation in den nächsten Monaten und Jahren darstellt.

1. (Wann) kann Frau Huber die Scheidung erzwingen?
2. Geben Sie eine grobe Übersicht über mögliche Unterhaltssituationen (wer könnte unterhaltsberechtigt sein? Wer müsste zahlen?) – unterstellen Sie, dass Herr Huber momentan außer Arbeitslosengeld keine laufenden Einkünfte hat – Frau Huber verdient 3.500,00 EUR netto (also nach Abzügen von Steuer und Sozialversicherung, aber vor allen sonstigen Ausgaben), die bisher dem Haushalt (ausgenommen 700,00 EUR, die sie monatlich in einen Fondssparplan gegeben hat) zur Verfügung standen.

Antwort:

Zu 1. Die Voraussetzungen einer Ehescheidung ergeben sich aus §§ 1564 ff. BGB. Unterhalb eines Jahres Getrenntlebens (was das ist, ist in § 1567 BGB näher definiert – auch innerhalb der eigenen vier Wände kann ein Paar getrennt leben) kann die Ehe nur bei besonderen Gründen geschieden werden. Bei einem Getrenntleben zwischen einem und drei Jahren bedarf es eines gemeinsamen Antrags (oder zumindest der Zustimmung zur Scheidung durch den anderen Ehegatten, § 1566 Abs. 1 BGB [„einverständliche Scheidung"]), andernfalls muss der die Scheidung beantragende Ehegatte das Scheitern der Ehe (vgl. § 1565 Abs. 1 S. 2 BGB) vor Gericht beweisen (der andere Ehegatte könnte also vortragen, die Ehe sei in Wahrheit gar nicht gescheitert, weil die eheliche Lebensgemeinschaft nicht aufgehoben sei oder weil eine Wiederherstellung erwartet werden könne. Das nennt man dann „streitige Scheidung". (Zum Nachlesen: *Ziegert/Vollrath*, Familienrecht, § 2 Rn 281, Rn 422 ff.)

Zu 2. Was Unterhaltsansprüche angeht, so ist zu unterscheiden:
- Einmal Unterhaltsansprüche der Ehegatten untereinander. Der besserverdienende Ehegatte muss dem schlechter verdienenden Ehegatten also Teile seines Einkommens abgeben. Frau Huber muss also damit rechnen, dass sie ihrem Mann zunächst Unterhalt zahlen muss.
  Zum Berechnungsschema vgl. zunächst *Ziegert/Vollrath*, Familienrecht, § 2 Rn 365. Einzelheiten der Unterhaltsberechnung müssen Sie nicht kennen („spannend" sind im Fall

die Fragen, ob von dem für Unterhaltszwecke relevanten Einkommen („eheprägendes Einkommen") von Frau Huber der monatliche feste Sparbetrag abzuziehen ist (ja), ob bei Herrn Huber das Arbeitslosengeld als eigenes Einkommen zu berücksichtigen ist (ja) und ob der Umstand, dass Herr Huber in einer abbezahlten Wohnung mietfrei wohnt, unterhaltsrechtlich zu berücksichtigen ist (ja, der Wohnvorteil wird als Einkommen gewertet). Weiter wird sich Herr Huber auch wieder darum bemühen müssen, einen Arbeitsplatz zu finden (er hat ja bisher auch gearbeitet), andernfalls riskiert er sogar, dass ihm fiktive Einkünfte unterstellt werden.

■ Zu unterscheiden sind **Trennungsunterhaltsansprüche** (§ 1361 BGB) und **nacheheliche Unterhaltsansprüche** (§ 1569 ff. BGB). Besteht die Arbeitslosigkeit im Zeitpunkt der Ehescheidung fort, so kann eine Unterhaltsberechtigung nach Maßgabe von § 1573 BGB bestehen.

■ Unterhaltsansprüche der Kinder gegen ihre Eltern: Beide Kinder sind minderjährig, so dass nach § 1612 Abs. 2 S. 2 BGB die Eltern bestimmen können, wie sie Unterhalt leisten (regelmäßig also durch Unterhalt in natura, also Mitwohnen-Lassen, Verpflegung, also „Hotel Mama"). Zieht die Mutter aus, ohne dass die Kinder bei ihr wohnen, riskiert sie allerdings, nach § 1612a BGB barunterhaltspflichtig zu werden, so dass sie (zu Händen von Herrn Huber) die nach der Düsseldorfer Tabelle ermittelten Beträge bezahlen müsste! Sie müsste zur Vermeidung eines solchen Ergebnisses also bis zur Volljährigkeit des jüngsten Kindes in der gemeinsamen Wohnung getrennt leben.

■ Unterhaltsansprüche der Eltern gegen ihre Kinder: Sollte Herr Huber langfristig und nachhaltig nicht in der Lage sein, wieder Arbeit zu finden und sich selbst zu unterhalten, würden unter Umständen die Kinder unterhaltspflichtig: § 1601 BGB regelt, dass Verwandte „in gerader Linie" einander unterhaltspflichtig sind. Das gilt von oben nach unten und von unten nach oben. Zum Glück für die Kinder regelt aber § 1608 BGB, dass der Ehegatte des Bedürftigen vor den Verwandten haftet. Für die Zeit nach der Ehescheidung trifft § 1584 BGB eine inhaltsgleiche Regelung.

(Zum Nachlesen: *Ziegert/Vollrath*, Familienrecht, § 2 Rn 349 ff., Rn 379 ff.)

B. Eheverträge

6 **Frage 6:**

Die Eheleute Maier erscheinen bei Notarin Sonnenschein und wünschen die Aufsetzung eines Ehevertrags. Die Eltern des Ehemanns beabsichtigen, ihrem Sohn ein großes Mietshaus schenkweise zu übertragen. Im Falle einer Scheidung soll die Ehefrau hierdurch keinerlei Vorteile erhalten. Was wird die Notarin den Beteiligten raten?

Antwort:

Nach der Regelung des § 1374 Abs. 2 BGB ist Vermögen, welches ein Ehegatte nach Eintritt des Güterstandes durch Schenkung erwirbt, nach Abzug der Verbindlichkeiten dem Anfangsvermögen des betreffenden Ehegatten hinzuzurechnen. Diese Art des Vermögenserwerbs wird also so behandelt, als hätte es der betreffende Ehegatte von Anfang an gehabt. Wertsteigerungen dieses Vermögens führen zu einem ausgleichspflichtigen Zugewinn, wenn der beschenkte Ehegatte den höheren Zugewinn erzielt hat und mindern den Zugewinnausgleichsanspruch des beschenkten Ehegatten, wenn er den geringeren Zugewinn erzielt hat.

Die Notarin wird daher dazu raten, das Grundstück (samt Wertsteigerungen) vom lebzeitigen Zugewinnausgleich auszunehmen, so dass es weder bei der Bestimmung des Anfangs- noch des Endvermögens Berücksichtigung findet (Gegenstandsbezogene Modifizierung der Zugewinngemeinschaft).

(Zum Nachlesen: *Ziegert/Vollrath*, Familienrecht, § 2 Rn 314 ff.)

7 **Frage 7:**

Die Eheleute Vogel erscheinen bei Notar Naumann und wünschen die Aufsetzung eines Ehevertrags. Die beiden sind über 50 Jahre alt und haben keine Kinder. Beide finden es ungerecht, dass ein Ehegatte das wirtschaftliche Ergebnis seines beruflichen Erfolgs mit dem anderen nach einer Trennung teilen müsste. Was wird der Notar den Beteiligten raten?

Antwort:

Die Eheleute können den Zugewinn, beschränkt auf den Scheidungsfall und vergleichbare Situationen (z.B. Eheauflösung), durch vertragliche Vereinbarung ausschließen (Anlassbezogene Modifizierung der Zugewinngemeinschaft).

(Zum Nachlesen: *Ziegert/Vollrath*, Familienrecht, § 2 Rn 309 ff.)

Frage 8:   8

Die Eheleute Huber wollen einen umfassenden Ehevertrag schließen, der Regelungen zu Güterstand, Unterhalt, Versorgungsausgleich sowie einen Erb- bzw. Pflichtteilsverzicht enthält. Am Ende des Beratungsgesprächs fragen sie, ob eine notarielle Beurkundung wirklich erforderlich ist. Sie würden den Vertrag lieber privatschriftlich abschließen und sich den erneuten Gang zum Notar sparen.

Antwort:

Der Abschluss eines Ehevertrages bedarf der notariellen Form

- wenn Aspekte des Güterstandes betroffen sind (§§ 1408, 1410 BGB),
- wenn Aspekte des ehelichen Unterhaltsbetroffen sind (§ 1585c BGB; Regelungen über nachehelichen Unterhalt, die vor Rechtskraft der Ehescheidung getroffen werden),
- wenn Vereinbarungen über den Versorgungsausgleich vor Rechtskraft der Ehescheidung getroffen werden,
- ergänzend bei Aufnahme von Erb-/Pflichtteilsverzichten (§ 2348 BGB).

Es ist daher ein weiterer Beurkundungstermin erforderlich.

(Zum Nachlesen: *Ziegert/Vollrath*, Familienrecht, § 2 Rn 307 ff.)

Frage 9:   9

Ausgangsfall wie bei Rdn 8. Die Beteiligten haben zwischenzeitlich einen Beurkundungstermin vereinbart. Kurz vor dem Termin teilt der Ehemann Markus Huber mit, dass er sich beruflich für einige Wochen in einer anderen Stadt aufhalte, weshalb er den Termin schlecht wahrnehmen könne. Für ihn stelle sich die Frage, ob man den Vertrag nicht aufspalten und jeder Ehegatte gesondert zum Notar gehen könne. Alternativ könnte sein Vater, dem er eine Generalvollmacht erteilt habe, den Termin für ihn wahrnehmen.

Antwort:

Der Ehevertrag muss bei gleichzeitiger Anwesenheit beider Teile zur Niederschrift eines Notars geschlossen werden (§ 1410 BGB). Eine Aufspaltung in Angebot und Annahme ist deshalb nicht möglich. Die Vertretung der Vertragsteile ist hingegen gesetzlich nicht ausgeschlossen. Insbesondere um die ausreichende Belehrung beider Vertragsteile sicherzustellen, wird der Notar aber auf ein gemeinsames Erscheinen zum Beurkundungstermin hinwirken.

Frage 10:   10

Ausgangsfall wie bei Rdn 8 und Rdn 9. Die Beteiligten haben schließlich doch einen gemeinsamen Beurkundungstermin wahrgenommen. Die Akte liegt nun dem Sachbearbeiter Bauer zum Vollzug vor. Herr Bauer fragt sich, ob eine Mitteilung an das Zentrale Testamentsregister erforderlich ist.

Antwort:

Der Notar hat erbfolgerelevante Urkunden dem ZTR zu melden (§ 34a Abs. 1 BeurkG, § 78d Abs. 2 BNotO). Der Abschluss von Eheverträgen kann Auswirkungen auf die Erbfolge haben (z.B. Vereinbarung einer Gütertrennung, Erbverzicht) und ist dann auch meldepflichtig.

11 **Frage 11:**

Andreas Auer erscheint zu einer ehevertraglichen Beratung bei Notarin Mitterer. Hochzeitstermin sei schon nächste Woche und er wolle noch schnell davor einen Ehevertrag schließen. Seine koreanische Freundin Jung-sook Lee, eine Austauschstudentin, spreche nicht so gut deutsch und sei schwanger, weshalb sie auch nicht mit zum Beratungstermin gekommen sei. Er stehe als Unternehmer voll im Berufsleben und wolle im Falle einer Scheidung nicht für seine Partnerin verantwortlich sein und deshalb Zugewinn, Versorgungsausgleich und Unterhalt möglichst komplett ausschließen. Welche Auskunft wird die Notarin erteilen?

Antwort:

Grundsätzlich gilt auch für Eheverträge Vertragsfreiheit. Allerdings sind ehevertragliche Regelungen nur wirksam, wenn sie einer Inhalts- und Ausübungskontrolle durch die Gerichte standhalten. Hierbei wird vor allem geprüft, ob es zu einer einseitigen Lastenverteilung in der Ehe kommt, ohne dass diese Nachteile durch anderweitige Vorteile ausgeglichen werden und ob die Situation in „verwerflicher" Weise herbeigeführt worden ist. Dies wird vor allem bejaht, wenn sich der Vertrag als Ausnutzung einer Zwangslage, sozialer oder wirtschaftlicher Abhängigkeit oder intellektueller Unterlegenheit darstellt. Eine unzumutbare Lastenverteilung ist umso eher gegeben, je mehr in den Kernbereich des gesetzlichen Scheidungsfolgenrechts eingegriffen wird (sog. Kernbereichslehre).

Ein Vertrag, wie Herr Auer ihn sich vorstellt, wäre wohl sittenwidrig (§ 138 BGB). Es soll komplett von den gesetzlichen Regelungen abgewichen werden, es besteht ein situatives Ungleichgewicht/Zwangslage zwischen den Partnern und die Partnerin soll nicht in die Vorbereitungsphase der Beurkundung einbezogen werden. Die Notarin wird Herrn Auer erklären, dass sie den gewünschten Ehevertrag so nicht entwerfen und beurkunden wird.

(Zum Nachlesen: *Ziegert/Vollrath*, Familienrecht, § 2 Rn 288 ff.)

C. Trennungsvereinbarungen

12 **Frage 12:**

ÜF und ÜM wollen sich scheiden lassen. 2009 haben sie direkt nach der Eheschließung ein Reihenhaus je hälftig erworben und hierfür gemeinsam Schulden von 600.000,00 EUR aufgenommen. Der Kredit ist bis auf 180.000,00 EUR von beiden gleichmäßig getilgt worden. In die Tilgung ist allerdings per Sondertilgung (i) mit 150.000,00 EUR das Erbe von ÜF nach ihren 2018 verstorbenen Eltern sowie (ii) mit 50.000,00 EUR ein Bonus eingeflossen, den ÜF von ihrem Arbeitgeber erhalten hatte. Der Kaufpreis für das Haus betrug 2009 750.000,00 EUR. Das Haus hat aktuell einen Wert von 1,5 Mio. EUR.

Weitere berücksichtigenswerte Vermögensgegenstände (eingeschlossen Schulden) gab und gibt es nicht.
1. Berechnen Sie überschlägig den Zugewinnausgleichsanspruch
2. ÜF möchte das Haus übernehmen, ÜM möchte nicht mehr für die Schulden haften – welche Sicherungen sind im Vertrag vorzusehen?
3. Angenommen, die beiden lassen sich 2021 scheiden und wollen die notarielle Vermögensauseinandersetzung bis 2024 zurückstellen – ÜM weiß dass er dann einen Posten in Asien antreten wird, bis dahin werde man es schon noch unter einem Dach aushalten. Was ist den beiden zu raten?

Antwort:
Zu 1. Überschlägige Berechnung des Zugewinnausgleichs
■ Endvermögen Ehemann Aktiva: 750.000,00 EUR (halbes Haus)
■ Endvermögen Ehemann Passiva: 90.000,00 EUR (halbe Schulden) – dazu kommt noch die halbe Sondertilgung der Ehefrau für den Ehemann von 100.000,00 EUR
■ Anfangsvermögen Ehemann: 75.000,00 EUR (halbes Eigenkapital beim Kauf)
■ Zugewinn Ehemann: 750.000,00 EUR – 90.000,00 EUR – 100.000,00 EUR – 75.000,00 EUR = 485.000,00 EUR

- Endvermögen Ehefrau Aktiva: 750.000,00 EUR (halbes Haus) – dazu kommt der Rückzahlungsanspruch gegen den Ehemann aus der hälftigen Sondertilgung für diesen i.H.v. 100.000,00 EUR
- Endvermögen Ehefrau Passiva: 90.000,00 EUR (halbe Schulden)
- Anfangsvermögen Ehefrau: 75.000,00 EUR (halbes Eigenkapital beim Kauf) – dazu kommt die Erhöhung des Anfangsvermögens nach § 1374 Abs. 2 BGB um die geerbten 150.000,00 EUR
- Zugewinn Ehefrau: 750.000,00 EUR + 100.000,00 EUR − 90.000,00 EUR − 75.000,00 EUR − 150.000,00 EUR = 535.000,00 EUR

Überschuss Zugewinn ÜF über ÜM 50.000,00 EUR → Ausgleichsanspruch 25.000,00 EUR.

Im Ergebnis also ein Zugewinnausgleichsanspruch des Ehemannes von 25.000 EUR – ÜF steht ein Rückzahlungsanspruch über die 100.000,00 EUR zu, die sie für UM im Rahmen der Sondertilgung getilgt hat.

Zu 2. vertragliche Sicherungen

Es ist Gütertrennung zu vereinbaren, um das Entstehen weiteren Zugewinns zu vermeiden – bis jetzt hat sich der Zugewinn zwar bei beiden parallel entwickelt (die 25.000,00 EUR Ausgleich stellen die Teilhabe von ÜM am Bonus von ÜF dar), das kann sich aber ändern; daher soll der Vermögensstand typischerweise eingefroren werden.

Wenn ÜM an ÜF überträgt, muss folgendes gesichert werden:
- ÜM will den Wert des übertragenen Eigentums kompensiert sehen – also 1,5 Mio. EUR aktueller Wert minus aktuelle Schulden 180.000,00 EUR = 1.320.000,00 EUR Nettowert, hiervon die Hälfte sind 660.000,00 EUR.
- Dazu will er den Zugewinnausgleichsanspruch von 25.000,00 EUR
- Abzuziehen sind die 100.000,00 EUR Verbindlichkeit aus der Sondertilgung, es verbleibt also eine Zahllast zulasten ÜF von 585.000,00 EUR.
- ÜM will von den Schulden freigestellt werden – das Eigentum kann aus seiner Sicht erst umgeschrieben werden, wenn er aus den Schulden entlassen ist.
- ÜF will erst zahlen, wenn eine Vormerkung eingetragen ist und sichergestellt ist, dass (i) die eingetragene Grundschuld wirklich nur für die übernommenen Verbindlichkeiten valutiert und (ii) die Schuldübernahme genehmigt wird (andernfalls müsste sie befürchten, trotz Zahlung nicht Eigentümerin zu werden, vgl. den vorherigen Aufzählungspunkt.
- ÜF wird eine Finanzierungsvollmacht benötigen um für die 585.000,00 EUR (gegebenenfalls auch für den zur künftigen Alleinschuld übernommenen Schuldenbetrag von 180.000,00 EUR) Sicherheiten am Objekt stellen zu können. Eventuell wird sie die eingetragene Grundschuld verwenden können.

Zu 3. Zuwarten mit der Übertragung bis 2024?

Den Beteiligten ist davon abzuraten, mit der Beurkundung bis 2024 zuzuwarten: Steigt der Wert der Immobilie weiter, so steigt auch der für den Netto-Wert der Immobilie zu bezahlende Betrag. Würden die Beteiligten in 2024 einen Vertrag zu den jetzt mündlich vereinbarten Konditionen schließen, würde die Differenz zwischen dem jetzt mündlich vereinbarten Wert und dem künftig gestiegenen Verkehrswert zivilrechtlich und steuerlich als Schenkung erfasst werden – nach erfolgter Ehescheidung gibt es auch keinerlei erbschaftsteuerliche Privilegien mehr für das gemeinsam genutzte Haus.

(Zum Nachlesen: *Ziegert/Vollrath*, § 2 Rn 425 ff., Rn 430 ff.)

Frage 13: **13**

A und B leben getrennt. Immobilien besitzen sie nicht. Sie sind beide vollzeitbeschäftigt. Ob sie sich scheiden lassen wollen, wissen sie nicht. A möchte von B die Sicherheit, dass B „von künftigen Gewinnen" nicht mehr profitiert. B ist bereit auf diesen Wunsch einzugehen, möchte aber Sicherheit haben, dass A für die gemeinsamen Kinder (13 und 15 Jahre) monatlich jeweils 1.000,00 EUR bezahlt und das komplette Studium der Kinder finanziert. Das möchte sie „schwarz auf weiß" sehen. Auf den Rest wolle B verzichten, auch das könne A schwarz auf weiß haben. Ach ja, Inflationsschutz wolle B auch.

1. Die beiden überlegen, ob man dazu überhaupt einen Notar braucht, wenn sie kein Immobilieneigentum haben. Gibt es die Option, das ohne Notar zu regeln?

2. Über welche Unterhaltsansprüche reden A und B miteinander – benennen Sie die verschiedenen Unterhaltstatbestände und beurteilen Sie, wo überhaupt vertragliche Verzichtsmöglichkeiten bestehen.

3. Erläutern Sie die Begriffe
   a) vollstreckbare Urkunde,
   b) dynamische Zahlungsverpflichtung und
   c) Abänderbarkeit
   am Beispiel der von A und B gewünschten Inhalte zum Kindesunterhalt.

Antwort:

Zu 1. Notariell beurkundungspflichtig ist einerseits die Änderung des ehelichen Güterstandes (§ 1410 BGB). Beurkundungspflichtig sind andererseits Regelungen zum nachehelichen Unterhalt, die vor Rechtskraft der Scheidung getroffen sind (§ 1585c BGB).

Nicht notariell beurkundungspflichtig sind Regelungen zum Unterhalt während der laufenden Ehe sowie Vereinbarungen zum Kindesunterhalt (vgl. jeweils nachfolgend **zu 2.**).

Die Rechtsfigur eines „Verzichts auf Zugewinnausgleich", ohne dass dabei gleichzeitig auch der Güterstand geändert würde, kennt das Gesetz nur ausnahmsweise, nämlich dann, wenn ein Scheidungsverfahren rechtshängig ist (vgl. § 1378 Abs. 3 Satz 2 BGB). Dort ist geregelt, dass außerhalb eines Scheidungsverfahrens ein „Verzicht auf Zugewinnausgleich" nicht isoliert erfolgen kann, es muss also immer zur Abänderung des Güterstandes nach §§ 1408, 1410 BGB gegriffen werden. Auch ein ausnahmsweise möglicher Verzicht auf Zugewinnausgleich müsste notariell beurkundet werden (vgl. § 1378 Abs. 3 BGB).

Zu 2. A und B diskutieren einerseits zwei verschiedene Unterhaltstatbestände der Ehegatten untereinander: einmal den Trennungsunterhalt (vgl. § 1361 BGB), zum anderen den nachehelichen Unterhalt (vgl. §§ 1569 ff. BGB). Auf Trennungsunterhalt kann nicht verzichtet werden, hier gilt die allgemeine Regelung des § 1614 BGB, dass man auf Unterhaltsansprüche im Voraus nicht verzichten kann (im Nachhinein schon). Als Ausnahme von § 1614 BGB sieht das Gesetz vor, dass auf nachehelichen Unterhalt auch im Voraus verzichtet werden kann (§ 1585 BGB).

A und B diskutieren andererseits Unterhaltsansprüche der Kinder. Nachdem auch auf diese Unterhaltsansprüche nicht verzichtet werden kann und nachdem die Kinder an der Vereinbarung nicht beteiligt sind, geht es aus Sicht von A und B um Unterhaltsansprüche zugunsten Dritter (nämlich ihrer Kinder), die in der Urkunde behandelt werden sollen.

Derartige Unterhaltsansprüche zugunsten der Kinder können immer nur unterhaltsverstärkenden oder unterhaltssichernden Charakter haben, niemals unterhaltsbegrenzenden Charakter. Den Kindern (für minderjährige Kinder dem diese vertretenden Elternteil, vgl. § 1629 Abs. 2 Satz 2 BGB) verbleibt also immer die Möglichkeit, trotz einer vertraglich getroffenen Regelung weitergehenden Unterhalt geltend zu machen.

Unterhaltsansprüche sind fast immer Barunterhaltsansprüche (vgl. § 1612 Abs. 1 BGB). Nur bei nicht verheirateten Kindern können die Eltern die Art der Unterhaltsgewährung abweichend bestimmen (§ 1612 Abs. 2 Satz 1 BGB). Das geht allerdings nicht, soweit ein minderjähriges Kind in einem anderen Haushalt als demjenigen des Unterhaltsverpflichteten lebt (§ 1612a Abs. 1 Satz 1 BGB): Dieses Kind hat immer einen Barunterhaltsanspruch gegen den in einem eigenen Haushalt lebenden Elternteil. Für den Elternteil, bei dem das Kind lebt, ist § 1606 Abs. 3 Satz 2 BGB wichtig – dieser ist einem minderjährigen Kind gegenüber nicht barunterhaltpflichtig.

Werden Zahlungsverpflichtungen im Wege eines Vertrages zugunsten der Kinder begründet, ist klarzustellen, ob diese nur für die Phase der Minderjährigkeit gelten sollen (das ist häufig gewünscht, weil auch § 1612a BGB nur Unterhaltsansprüche minderjähriger Kinder regelt – außerdem sind die Kinder mit Volljährigkeit selber in der Lage Ansprüche geltend zu machen – und außerdem greift die Regelung des § 1606 Abs. 3 Satz 2 BGB nicht mehr) oder darüber hinaus.

A und B reden weiter über eine Unterhaltsfreistellung: B möchte den Kindern gegenüber keine Unterhaltspflichten erfüllen müssen. Dies betrifft insbesondere die Phase der Volljährigkeit der Kinder (§ 1606 Abs. 3 Satz 2 BGB greift dort nicht mehr). Unterhaltsverzichte der Kinder oder zu Lasten der Kinder sind, wie ausgeführt, rechtlich nicht möglich (§ 1614 BGB). A kann aber B „freistellen", indem er verspricht (sich vertraglich verpflichtet), die komplette Bar-Unterhaltslast alleine zu übernehmen. Würde B dann gleichwohl von den Kindern auf Bar-Unterhalt in Anspruch genommen, könnte B Ersatz von A verlangen.

Zu 3.

a) Laufende Zahlungsverpflichtungen können Gegenstand einer vollstreckbaren notariellen Urkunde sein (§ 794 Abs. 1 Nr. 5 ZPO). Typischerweise werden in Unterhaltssachen vertragliche Zahlungsverpflichtungen in der Urkunde begründet und der Schuldner unterwirft sich hierwegen der Zwangsvollstreckung. Zu regeln ist, ob der Notar die vollstreckbare Ausfertigung ohne weiteren Nachweis erteilen darf oder ob es bestimmter Nachweise bedarf.

Wird eine vertragliche Zahlungsverpflichtung übernommen, so ist regelmäßig klarzustellen, dass diese in Ausprägung bestimmter gesetzlicher Unterhaltsverpflichtungen übernommen wird (und nicht zusätzlich zu gesetzlichen Ansprüchen) – und ob die Zahlungsverpflichtung bei Eintritt bestimmter Umstände erlöschen soll (etwa Erreichen der Volljährigkeit der Kinder).

b) Laufende Zahlungsverpflichtungen können „dynamisiert" werden, d.h. der Vollstreckungstitel ändert sich inhaltlich ohne weiteres Zutun der Beteiligten. Zu denken ist z.B. an Inflationsschutz – eine betragsmäßig bezifferte Zahlungsverpflichtung kann an die Entwicklung des vom Statistischen Bundesamt veröffentlichten Verbraucherpreisindex angeknüpft werden. Zu denken ist bei Unterhaltsverpflichtungen zugunsten minderjähriger Kinder einerseits an Veränderungen der Unterhaltshöhe durch den Wechsel in eine höhere Altersstufe, zum anderen an gesetzliche Veränderungen des in § 1612a BGB angesprochenen „steuerfreien sächlichen Existenzminimum des minderjährigen Kindes" und Festlegungen des Bundesjustizministeriums (§ 1612a Abs. 4 BGB). Unter allen drei Gesichtspunkten kann der notarielle Vollstreckungstitel so allgemein formuliert werden, dass sich der Zahlungspflichtige „in Höhe des jeweiligen Mindestunterhalts für das Kind X" der Vollstreckung unterwirft. Im späteren Vollstreckungsverfahren kann dann die exakte Höhe des titulierten Unterhalts ermittelt werden und zur Grundlage von Vollstreckungsmaßnahmen gemacht werden.

Will B auch im Hinblick auf die Freistellung durch A Sicherheit haben, müsste A pauschal ein Schuldanerkenntnis in Höhe eines zwischen den Beteiligten verhandelten (monatlich zu zahlenden) Betrages abgeben, welches B dann die Durchsetzung späterer Regressansprüche ermöglicht. Auch diese abstrakte Zahlungsverpflichtung kann vollstreckbar gestellt werden (§ 794 Abs. 1 Nr. 5 ZPO).

c) Notarielle Unterhaltstitel sind von Gesetzes wegen abänderbar (§ 239 FamFG). Die Kriterien der Abänderung nennt § 239 FamFG nicht – deswegen ist es wichtig, zu den Grundlagen für die Ermittlung von Zahlbeträgen Angaben in notariellen Urkunden zu machen – oder aber klarzustellen, dass bestimmte Umstände nicht zu einer Abänderung führen sollen.

(Zum Nachlesen: *Ziegert/Vollrath*, § 2 Rn 381 ff., Rn 434 ff.)

D. Verträge unter Beteiligung Minderjähriger

Frage 14: 14

Martha Müller möchte ihrem minderjährigen Sohn Sebastian ein Grundstück für die Hälfte seines eigentlichen Verkehrswertes verkaufen.

1. Können die Eltern ihr Kind vertreten?
2. Wenn nein, wer dann?
3. Ist eine familiengerichtliche Genehmigung erforderlich?

Antwort:

Zu 1. Die Eltern sind gemäß §§ 1629 Abs. 2, 1795 Abs. 1 Nr. 1, 181 BGB von der Vertretung ausgeschlossen. Die Mutter, weil sie selbst beteiligt ist, der Vater, weil seine Ehefrau beteiligt ist.

Zu 2. Es muss ein Ergänzungspfleger bestellt werden (§§ 1693, 1909 Abs. 1 S. 1 BGB).

Zu 3. Ergänzend ist eine familiengerichtliche Genehmigung erforderlich (§§ 1915 Abs. 1 S. 1, 1821 Abs. 1 Nr. 5 BGB).

(Zum Nachlesen: *Ziegert/Vollrath*, Familienrecht, § 2 Rn 120 ff.)

15 **Frage 15:**

Wie ist die Situation, wenn Frau Müller ihrem Sohn Sebastian das unbelastete und unvermietete Grundstück schenken möchte und Sebastian Müller
1. unter 7 Jahre alt ist?
2. über 7 Jahre alt ist?

Antwort:

Die Schenkung eines unbelasteten und unvermieteten Grundstücks ist für Sebastian Müller lediglich rechtlich vorteilhaft.

Zu 1. Damit findet der Ausschluss von der Vertretung nach §§ 1629 Abs. 2, 1795 Abs. 1 Nr. 1, 181 BGB keine Anwendung und auch eine familiengerichtliche Genehmigung ist nicht erforderlich. Die Eltern können ihr gemäß § 104 Nr. 1 BGB geschäftsunfähiges Kind vertreten.

Zu 2. Das gemäß § 106 BGB beschränkt geschäftsfähige Kind kann sogar selbst handeln, da es für das lediglich rechtlich vorteilhafte Rechtsgeschäft gemäß § 107 BGB keine Genehmigung seines gesetzlichen Vertreters braucht.

(Zum Nachlesen: *Ziegert/Vollrath*, Familienrecht, § 2 Rn 141 ff.)

16 **Frage 16:**

Es soll ein Vertrag unter Beteiligung eines Minderjährigen beurkundet werden, für den eine familienrechtliche Genehmigung erforderlich ist. Notar Norbert Nutzig bittet seine Angestellte, in den Vertrag noch eine sog. „Doppelvollmacht" zur Erleichterung des Vollzugs aufzunehmen. Was kann der Notar mit dieser Vollmacht tun?

Antwort:

Mit einer sog. „Doppelvollmacht" kann der Notar,
- die Genehmigung des Familiengerichts einholen,
- sie für den gesetzlichen Vertreter entgegennehmen,
- sie dem Vertragspartner mitteilen und
- für den Vertragspartner die Mitteilung entgegennehmen.

(Zum Nachlesen: *Ziegert/Vollrath*, Familienrecht, § 2 Rn 152 ff.)

E. Überlassungen

17 **Frage 17:**

ÜM ist deutscher Staatsangehöriger. Er ist seit dem Jahr 2000 verheiratet in vertragsloser Ehe mit ÜF, ebenfalls einer deutschen Staatsangehörigen, mit der er zwei gemeinsame volljährige Kinder K1 und K2 hat. ÜM ist Eigentümer eines vermieteten Mehrfamilienhauses, welches er 1995 von seinen Eltern geerbt hat. Das Grundbuch ist in Abteilung III lastenfrei.

ÜM möchte das Mehrfamilienhaus jetzt an seine beiden Kinder übertragen. Solange er oder seine Ehefrau ÜF leben, sollen ihnen die Mieteinnahmen zustehen. Außerdem möchte er davor geschützt sein, dass – solange er lebt – „das Haus in falsche Hände gerät". Schließlich möchte er wissen, ob er befürchten müsse, dass seine Ehefrau ÜF die Übertragung an die Kinder „nachträglich in Frage stellen könne".

Muss die Ehefrau ÜF am Überlassungsvertrag mitwirken? Zu welchen Rechtsgeschäften wird sie im Vertrag Erklärungen abgeben?

Antwort:

Die Rolle der Ehefrau ÜF ist unter fünf Gesichtspunkten zu beleuchten:

Erstens: Es ist denkbar, dass § 1365 BGB Anwendung findet. Wäre also das Mehrfamilienhaus der einzige Vermögensgegenstand von ÜM, so könnte er sich nicht wirksam verpflichten, ihn zu übertragen. Zwar fordert § 1365 BGB die Kenntnis des Vertragspartners über diesen Umstand, bei einer Übertragung an die Kinder liegt es aber nahe davon auszugehen, dass diese die Vermögenssituation des Vaters kennen – oder sich zumindest in einem Rechtsstreit schwertäten, eine entsprechende Behauptung der Mutter zu entkräften.

Zweitens: Soll für die Ehefrau ein Nießbrauch bestellt werden, so muss sie an dessen Einräumung mitwirken. § 873 BGB setzt für das Entstehen dinglicher Rechte eine Einigung voraus – die bloße Bewilligung genügt zwar für eine Grundbucheintragung, nicht aber für das materielle Entstehen des Rechts. Salopp drückt man das so aus: *„einen dinglichen Vertrag zugunsten Dritter gibt es nicht"*. ÜM könnte zwar einen Überlassungsvertrag mit den Kindern allein abschließen und dort einen Nießbrauch für ÜF bestellen; dieser würde auch eingetragen werden. Wenn ÜM und ÜF aber niemals eine Einigung über das Entstehen des Nießbrauchs erklärt haben, wäre die Grundbucheintragung folgenlos.

Bei der Einräumung des Nießbrauchs ist zu überlegen, ob ÜM den gleich bei der Schenkung an die Kinder mit sofortiger Wirkung einräumen will – dann würde er im Rahmen der Schenkung einen Nießbrauch für beide Elternteile als Gesamtberechtigte (als Berechtigungsverhältnis wird dabei meist das Berechtigungsverhältnis nach § 428 BGB angegeben) vorbehalten – damit lägen in der Überlassung letztlich drei Schenkungen: zweimal die Schenkung von Miteigentumsanteilen an die Kinder und einmal die Schenkung eines Nießbrauchs an die Ehefrau.

Alternativ kann der Nießbrauch auch „gestaffelt" eingeräumt werden; aufschiebend bedingt auf den Tod von ÜM (oder auf das Ende seines Nießbrauchs) würde man dann einen zweiten Nießbrauch für ÜF bestellen. Dieser würde erst dann greifen, wenn ÜM vor ÜF stirbt (oder aber er auf seinen Nießbrauch verzichtet hat).

In beiden Fällen ist zu überlegen, ob der Nießbrauch für ÜF entfallen soll, wenn die Ehe zwischen ÜF und ÜM geschieden wird – das lässt sich über eine auflösende Bedingung des Nießbrauchs erreichen.

Drittens: Den beschenkten Kindern gegenüber wird sich ÜM Rückforderungsrechte vorbehalten. Mindestens für den Fall, dass ein Kind versucht, den geschenkten Anteil zu verkaufen, zu verschenken oder zu beleihen. Meistens auch für den Fall, dass ein Kind vor dem Überlasser verstirbt. Und häufig auch für den Fall, dass ein Kind keinen Ehevertrag abschließt, der verhindert, dass Wertsteigerungen des geschenkten Objekts zugewinnausgleichspflichtig sind. Auch bei der Einräumung dieser Rückforderungsrechten kann

a) die Mutter ÜF sofort neben dem Vater berechtigt werden (Forderungsposition als Gesamtgläubiger nach § 428 BGB) oder

b) der Mutter ein Recht nach dem Vater eingeräumt werden, d.h. nur für den Fall, dass sie ihn überlebt.

Auch das Forderungsrecht der ÜF kann auflösend bedingt für den Fall eingeräumt werden, dass die Ehe zwischen ÜM und ÜF geschieden wird.

Viertens: Die Beteiligten können sich fragen, ob die Mutter ÜF Pflichtteilsansprüche gegen die Kinder hat. Allein dass sie an der Schenkung mitwirkt, heißt ja nicht, dass sie auf etwaige Pflichtteilsansprüche gegen die Kinder verzichtet. In jedem Fall ist anzusprechen, ob sich die Mutter die Schenkung an sie (die in der Einräumung des Nießbrauchs liegt) auf ihren Pflichtteil anrechnen lassen muss. Soll den Kindern die Sicherheit gegeben werden, dass ihre Mutter die Schenkung nicht „entwertet", indem sie nach dem Tod des Vaters Pflichtteilsansprüche gegen die Kinder erhebt, müsste sie einen Pflichtteilsverzicht (zumindest einen gegenständlich beschränkten Pflichtteilsverzicht) abgeben – zumeist wird sie das tun, indem sie an der Urkunde mitwirkt. Wenn Pflichtteilsansprüche eine Rolle spielen, dann verlieren diese ihre Bedeutung nicht etwas nach zehn Jahren – die Frist des § 2325 BGB läuft gar nicht erst an, weil sich der Vater ja den Nießbrauch vorbehalten hat, das Geschenk also nicht vollständig aus der Hand gegeben hat.

Fünftens: ÜF hat aber nicht nur eine pflichtteilsrechtliche Position, sie hat darüber hinaus auch Rechte als Ehefrau – und zwar solche auf einen Zugewinnausgleich. Zu einem Zugewinnausgleich kommt es nicht während laufender Ehe, sondern erst nach Eheende.

Die Ehe endet außer durch Ehescheidung auch durch Tod. Kann die Ehefrau nach dem Tod des Ehemannes argumentieren, dass ihr Zugewinnausgleich verkürzt worden sei durch eine Schenkung an die Kinder? Ja, sie kann; § 1375 BGB führt zu Hinzurechnungen zum ausgleichspflichtigen Endvermögen, wenn der Ausgleichspflichtige sich durch Schenkungen ärmer gemacht hat, als er ohne diese Schenkungen wäre. Zum Glück gibt es aber § 1375 Abs. 2 BGB; durch ihn wird die Hinzurechnung einer Schenkung zum Endvermögen verhindert, wenn der Ehegatte ihr zugestimmt hat.

(Zum Nachlesen: *Junk*, Erbrecht, § 2 Rn 214 ff.; *Neie*, Überlassungsvertrag, § 2 Rn 18 ff.; *Ziegert/Vollrath*, Familienrecht, § 2 Rn 300)

18 **Frage 18:**

ÜM ist Alleineigentümer eines vermieteten Zweifamilienhauses. Die eingetragene Grundschuld für die B-Bank valutiert nicht mehr. Nunmehr möchte er das Eigentum hieran vollständig an seine Ehefrau ÜF überlassen.

Wichtig ist es ihm aber
1. die Einnahmen je hälftig gemeinsam mit ÜF zu erzielen,
2. über Vermietungen aber allein entscheiden zu können und ÜF nicht mit der Organisation der laufenden Unterhaltung zu belasten,
3. die Freiheit zu behalten, das Haus abzureißen und einen Neubau darauf zu errichten,
4. die eingetragene Grundschuld zu verwenden, um einen Kredit für diese Baumaßnahme aufzunehmen. Seine Ehefrau soll umgekehrt nicht in der Lage sein, die Grundschuld für eigene Zwecke zu verwenden.

Schließlich fragt er sich,
5. ob seine Kinder aus erster Ehe (die also nicht die Kinder von ÜF sind) diese Vermögensübertragung „torpedieren" können.

Welche Vorkehrungen sind zu 1.–4. im Vertrag zu treffen? Was ist zu 5. zu antworten?

Antwort:
Zu 1. Vollständige Überlassung bei Einnahmenteilung

ÜM möchte sich einen „teilweisen" Nießbrauch vorbehalten. Er kann dies tun, indem er entweder an einem ideellen Miteigentumsanteil einen Nießbrauch vorbehält, oder indem er sich an der gesamten Immobilie einen Quotennießbrauch vorbehält. Anders als bei Hypotheken und Grundschulden (§ 1114 BGB) kann ein Nießbrauch auch an einem nicht verselbständigten Miteigentumsanteil eingeräumt werden. Der praktische Unterschied zwischen den beiden Wegen ist gering, beide Wege können gewählt werden. In beiden Fällen entsteht zwischen dem Eigentümer (also ÜF) und dem Bruchteils- oder Quotennießbraucher (also ÜM) ein Gemeinschaftsverhältnis nach §§ 741 ff. BGB, was die Verwaltung der Immobilie betrifft.

(Zum Nachlesen: *Kell*, Grundbuchrecht – Rechte in Abt. II, § 2 Rn 274, *Neie*, Überlassungsvertrag, § 2 Rn 16)

Zu 2. Alleinentscheidungsrecht von ÜM über Vermietungen und die Unterhaltung

Der Voll-Nießbraucher hat gegenüber dem Eigentümer ohne weiteres das Alleinentscheidungsrecht über Vermietungen (oder die sonstige Nutzung z.B. Eigennutzung). Was die Unterhaltung angeht, so hat er nach den §§ 1036 ff. BGB weitgehend das Alleinentscheidungsrecht; zu grundlegenden Umgestaltungen ist er allerdings nicht berechtigt (§ 1037 Abs. 1 BGB).

Will der Bruchteils- oder Quotennießbraucher die Alleinentscheidungsbefugnis erhalten, so müssen Regelungen auf Ebene der §§ 741 ff. BGB getroffen werden. Getroffen werden muss also eine Verwaltungsregelung, die dem Nießbraucher das Alleinentscheidungsrecht überträgt. Nachdem der Eigentümer aber die wirtschaftlichen Folgen dieser Entscheidungen anteilig mittragen muss, wird man dieses Entscheidungsrecht nicht unbegrenzt einräumen können, sondern auf das begrenzen müssen, was im Rahmen des Nießbrauchs zulässigerweise vereinbart werden kann.

Besteht das Risiko, dass der Eigentümer das Eigentum ohne Abstimmung mit dem Nießbraucher überträgt (behält sich ÜM also kein Rückforderungsrecht für den Fall vor, dass das Eigentum ohne seine Zustimmung an einen Dritten übertragen wird), so ist an eine dingliche Absicherung dieser Verwaltungsregelung zu denken.

Zu 3. Errichtung eines Neubaus

Abriss und Neubau führen dazu, dass der Nießbrauch erlischt; das kann auch nicht abweichend bei der Begründung des Nießbrauchs vereinbart werden. Soll der Nießbraucher berechtigt sein, auch Abriss und Neubau allein zu betreiben, so handelt es sich um eine zusätzliche vertragliche Absprache **neben** dem Nießbrauch (man formuliert „*schuldrechtlich wird vereinbart, dass* ..."). Nach dem Neubau müsste der Nießbrauch also wieder begründet werden – und zwar an dem neu errichteten Objekt. Zivilrechtlich kann die Absicherung eines solchen Anspruchs durch Eintragung einer Vormerkung auf Einräumung eines Nießbrauchs am neu errichteten Haus erfolgen. Der Gestalter wird hier anregen, dass die Beteiligten steuerlichen Rat einholen. Der Steuerberater muss die Frage beantworten, ob der nach dem Neubau eingeräumte Nießbrauch immer noch die steuerlichen Vorzüge eines „Vorbehaltsnießbrauchs" genießt, oder ob es sich um einen „Zuwendungsnießbrauch" handelt. Dieser führt dazu, dass weder der Nießbraucher noch der Eigentümer den vom Nießbraucher beanspruchten Teil der Aufwendungen steuerlich verwerten können.

Zu 4. Wiederverwendung der Grundschuld/Neubelastung des Grundstücks

Eine Grundschuld wird „wiederverwendet" oder „neu valutiert", indem mit der eingetragenen B-Bank (oder einem anderen Institut, an welches die B-Bank die Grundschuld abgetreten hat) ein Sicherungsvertrag geschlossen wird, der die Grundschuld zur Sicherheit für einen bestimmten anderen Kredit macht.

Auf Grundstücksseite abschlussberechtigt für den Sicherungsvertrag ist der Eigentümer, nicht der Nießbraucher. Lediglich dann, wenn der Nießbraucher früher einmal (als er also noch Alleineigentümer war) einen „weiten" Sicherungsvertrag abgeschlossen hat, also einen solchen, durch den alle (!) seine gegenwärtigen und künftigen Verbindlichkeiten gegenüber der B-Bank durch die eingetragene Grundschuld besichert sein sollen, kann die Situation anders sein: Dann würde auch ein Darlehen, welches der Nießbraucher aufnimmt, nachdem er das Eigentum schon verloren hat, in den Sicherungszweck der Grundschuld einbezogen.

Aus diesem Grund ist der Valutierung von Grundschulden bei Überlassungsverträgen aus Sicht beider Vertragsteile Aufmerksamkeit zu schenken: der Beschenkte möchte vermeiden, dass ihn nachträglich die Inanspruchnahme des Grundstücks durch Gläubiger „überrascht"; der Schenker möchte vermeiden, dass sein Nießbrauch durch Vollstreckung einer vorrangigen Grundschuld gefährdet wird (zwar kann er nach § 268 Abs. 1 BGB ablösen, das zwingt ihn aber zur Bereitstellung von Mitteln, auf die er u.U. keinen Zugriff hat).

Interessengerecht ist daher regelmäßig der Abschluss einer dreiseitigen Sicherungsvereinbarung, an der neben der Bank sowohl der Überlasser als auch der Erwerber beteiligt sind und die sicherstellt, nach welchen Spielregeln eine Valutierung der eingetragenen Grundschuld erfolgen kann.

Parallel ist das Augenmerk zu legen darauf, wem „Rückgewähransprüche" hinsichtlich einer eingetragenen Grundschuld zustehen sollen:

Ist der Sicherungszweck im Zeitpunkt der Überlassung erledigt, stehen dem Überlasser bei Vertragsschluss Rückgewähransprüche zu. Er kann also verlangen (je nachdem was die Vereinbarung mit der Bank im Einzelfall hergibt), dass die Grundschuld gelöscht wird oder an ihn übertragen wird. Das ist aber nicht gleichbedeutend mit dem Recht zur Neuvalutierung. Entstehen Rückgewähransprüche erst nach Abschluss des Überlassungsvertrages, so stehen sie ebenfalls dem Überlasser zu; er hat ja den ursprünglichen Sicherungsvertrag abgeschlossen. Würde die Bank mit dem Erwerber als neuen Eigentümer einen Vertrag über die Neuvalutierung der eingetragenen Grundschuld abschließen, so würde sie „vertragsbrüchig" aus dem ursprünglichen Sicherungsvertrag – eben weil sie Rückgewähransprüche des Überlassers ignoriert. Typischerweise werden Rückgewähransprüche daher aufschiebend bedingt auf die Beendigung des Nießbrauchs an den Erwerber abgetreten. Als Unsicherheit dabei verbleibt aber

a) ob dem Überlasser überhaupt Rückgewähransprüche zustehen (wenn er eine „weite" Sicherungszweckvereinbarung abgeschlossen hat, entstehen solche Rückgewähransprüche erst dann, wenn die Bankbeziehung zwischen ÜM und B-Bank vollständig beendet sind)
→ Risiko für den Erwerber, der vor eine Neuvalutierung nicht geschützt ist sowie

b) ob Rückgewähransprüche gegebenenfalls bereits verjährt sind (so dass es nichts werthaltig Abzutretendes gibt)
→ Risiko für den Überlasser, der dann vor einer Neuvalutierung durch den Erwerber nicht wirksam geschützt ist.

Der Schwerpunkt der Absicherung liegt also im Abschluss einer dreiseitigen Sicherungsabrede/Zweckvereinbarung bei der Grundschuld. Beim Überlassungsvertrag verhält es sich also letztlich nicht anders als beim Kaufvertrag, bei dem eine auf dem Kaufgegenstand bereits eingetragene Grundschuld für Finanzierungszwecke des Käufers neu verwendet werden soll: Hier wird einerseits der Kaufpreis erst dann fällig, wenn die Bank (an Stelle der Löschungsunterlagen) eine „Nichtvalutierungserklärung" abgegeben hat (= Käuferschutz). Andererseits wird der Zweck einer Neuvalutierung durch den Käufer so beschränkt, dass er bis zur vollständigen Kaufpreiszahlung nur zur Absicherung von Mitteln dienen darf, die die Käuferbank an den Verkäufer (zur Kaufpreiszahlung) ausgereicht hat (= Verkäuferschutz). Mit dieser Gestaltung wird beim Kaufvertrag eine dreiseitige Sicherungsabrede erzeugt.

(Zum Nachlesen: *Neie*, Überlassungsvertrag, § 2 Rn 63 ff.)

Zu 5. Können die Kinder aus erster Ehe den Vertrag „torpedieren"?

Gemeint ist mit dieser Frage, ob die Kinder des ÜM Pflichtteilsansprüche gegen die Erben des ÜM oder aber gegen ÜF als Beschenkte geltend machen können. § 2325 BGB führt dazu, dass der Pflichtteilsberechnung letztlich ein fiktiver Nachlass zugrunde gelegt wird, indem der Nachlass um den Wert von Schenkungen aus der Zeit vor dem Tod des Erblassers erhöht wird. Zwar gilt hier eine 10-jährige Abschmelzungsfrist – der Pflichtteilsberechtigte profitiert also normalerweise nicht von Schenkungen, die mehr als 10 Jahre vor dem Tod des Erblassers ausgeführt wurden.

§ 2325 BGB enthält aber zwei gewichtige Ausnahmen:

Zum einen (ungeschriebene Ausnahme) muss der Erblasser sich wirklich vom Schenkungsgegenstand getrennt haben: schädlich ist dabei ein Nießbrauch den er sich vorbehalten hat, dann beginnt die Abschmelzphase erst mit Ende des Nießbrauchs.

Das ist vorliegend aber nicht entscheidend:

Für Schenkungen unter Ehegatten ordnet § 2325 Abs. 3 S. 3 BGB zum anderen nämlich an, dass die Abschmelzphase bei Schenkungen an den Ehegatten erst mit Eheende beginnt. Zugunsten der Kinder des ÜF würde also der Wert der Schenkung (das ist der Zeitwert des Objektes im Zeitpunkt der Schenkung, gemindert um den Wert des Nießbrauchs, den sich ÜM bei der Schenkung vorbehalten hat) dem Nachlass für Zwecke der Pflichtteilsberechnung der Kinder des ÜM hinzugerechnet. Vermeiden lässt sich dieses Ergebnis nur, indem ÜM einen gegenständlich beschränkten Pflichtteilsverzicht mit seinen Kindern vereinbart.

(Zum Nachlesen: *Junk*, Erbrecht, § 2 Rn 228 ff.)

Frage 19: 19

ÜM ist Alleineigentümer eines Mehrfamilienhauses. Er hat das Objekt vor 20 Jahren von seiner mittlerweile 90-jährigen Mutter erhalten. Diese hatte sich seinerzeit vorbehalten

a) ein durch Vormerkung gesichertes Rückforderungsrecht lediglich für die Fälle, dass (i) ihr Sohn vor ihr verstirbt oder (ii) ihr Sohn keinen Ehevertrag über eine modifizierte Zugewinngemeinschaft abschließt sowie

b) das lebenslange Wohnungsrecht an der im ersten Obergeschoss rechts gelegenen Wohnung. Die alte Frau lebt seit zwei Jahren in einem Pflegeheim, sie ist nicht mehr geschäftsfähig.

ÜM möchte

a) das Haus nunmehr teilweise seinen volljährigen Kindern gegen Nießbrauchvorbehalt überlassen und

b) energetisch sanieren – dazu muss er einen Kredit aufnehmen, der dinglich besichert werden soll. Weiteren Immobilienbesitz hat ÜM nicht.

Aus Anlass der Überlassung vor 20 Jahren hatte die Mutter eine notariell beglaubigte Vorsorgevollmacht erteilt, das Original hat ÜM im Besitz.

1. Was ist im Überlassungsvertrag an die Kinder des ÜM im Hinblick auf die eingetragene Vormerkung und das Wohnungsrecht zugunsten der Mutter zu vereinbaren?

2. Die finanzierende Bank verlangt selbstverständlich eine erstrangige Besicherung ihres Kredits – gibt es im Hinblick auf das Wohnungsrecht Alternativen zu einem Rangrücktritt des Wohnungsrechts hinter eine Grundschuld für die Bank?

3. Wie wäre es, wenn das Original der Vollmacht nicht auffindbar wäre? Macht es einen Unterschied, ob die Vollmacht seinerzeit nur beglaubigt oder ob sie beurkundet wurde? Wie wäre es bei einer gesondert schriftlich erteilten Vollmacht, deren Original vorliegt?

Antwort:
Zu 1. – „Übernahme von Vormerkung und Wohnungsrecht"

Beim **Wohnungsrecht** handelt es sich um einen gesetzlich geregelten Unterfall der beschränkten persönlichen Dienstbarkeit (§ 1093 BGB), bei dem Einzelaspekte in Anlehnung an das Recht des Nießbrauchs gesetzlich typisierend vorgegeben sind (vgl. die Hinweise in § 1093 Abs. 1 BGB). Dieses dingliche Recht kann im Rahmen einer Eigentumsübertragung, sei es wie hier durch Überlassung an die Kinder, sei es im Rahmen eines Verkaufs, vom Erwerber übernommen werden. Dieser duldet dann den Fortbestand des Rechts, aufgrund der Verdinglichung des Inhalts geht die verdinglichte Pflichtenposition des Eigentümers mit der Eigentumsumschreibung auf ihn über.

Bei der **Rückauflassungsvormerkung** für die Mutter des ÜM ist das anders: Eine Vormerkung ist kein dingliches Recht, die „Übernahme" der Vormerkung allein bewirkt kein Entstehen von Pflichten in der Person des neuen Eigentümers. Sollen Verpflichtungen des bisherigen Eigentümers beim neuen Eigentümer entstehen, so müssen sie entweder durch Schuldübernahme oder durch Neubegründung auf ihn „übergeleitet" werden. Eine befreiende Schuldübernahme setzt ebenso wie eine Neubegründung von Pflichten einen Vertrag mit dem Gläubiger der Verpflichtung, vorliegend also einen Vertrag mit der Inhaberin des Rückauflassungsanspruches voraus.

Vorliegend könnte ÜM mit den Kindern also vereinbaren, dass diese seine bedingte Rückübertragungsverpflichtung als eigene Übertragungsverpflichtung übernehmen. Eine befreiende Übernahme von Verpflichtungen wäre das nur, wenn die Mutter dieser befreienden

Übernahme zustimmen würde – andernfalls wären nunmehr beide Vertragsteile (also Überlasser und Erwerber) der Mutter gegenüber verpflichtet. Ist es also sinnvoll, ÜM in Ausübung der ihm erteilten Vorsorgevollmacht einer befreienden Übernahme der Verpflichtung zustimmen zu lassen? Meiner Einschätzung nach nicht – denn ÜM wird sich im Überlassungsvertrag an die Kinder ja eigene Rückübertragungsansprüche vorbehalten. Daher besteht die Möglichkeit, dass das an die Kinder Übertragene eines Tages an ihn zurückfällt – und dann müsste er der Mutter ja wiederum selbst verpflichtet sein.

Aus der Sicht der Mutter könnte natürlich überlegt werden, ob sie den alten Rückübertragungsanspruch und die alte Vormerkung noch benötigt – oder ob sie vielmehr aus Anlass der Übertragung auf ihre Enkel abgesichert werden soll für den Fall, dass die Enkel bestimmte Rückübertragungsgründe verwirklichen. Das wäre aber ein völlig neuer Gedanke – in diesem Fall würden die Enkel nicht etwa bedingte Verpflichtungen ihres Vaters übernehmen, sondern würden ein eigenes Übertragungsversprechen an die Großmutter (und nach ihr an den Vater) abgeben.

Zur bereits eingetragenen Vormerkung ist zu beachten, dass
- Vormerkungen bestimmte Ansprüche in einem bestimmten Zweipersonenverhältnis sichern und dass
- im Zeitpunkt der Bewilligung und der Eintragung dieses Zweipersonenverhältnis identisch sein muss mit Eigentümer und Vormerkungsberechtigtem.

Wenn die Enkel die Verpflichtungen des Vaters gegenüber der Mutter übernehmen sollen, wäre grundsätzlich also eine neue Vormerkung durch die Enkel zu bewilligen. Die Rechtsprechung macht hiervon nur für den Fall eine Ausnahme, dass eine Verpflichtung „aufschiebend bedingt auf den Eigentumsübergang" übernommen wird – in diesem Fall wandert die Vormerkung auf der Passivseite (also auf Seiten des Verpflichteten) mit. Ob das gewünscht und sinnvoll ist, muss im Einzelfall erörtert werden – die Vormerkung zur Sicherung des Anspruchs gegen den Vater ÜM wäre dann auf jeden Fall erst einmal „weg".

Soll hingegen ein neuer Anspruch begründet werden – sollen also die Enkel zur Übertragung des Eigentums an die Großmutter verpflichtet werden für den Fall, dass sie selber vor der Großmutter versterben oder keinen Ehevertrag über eine modifizierte Zugewinngemeinschaft abschließen – so wäre dieser Anspruch nicht mehr über die alte Vormerkung absicherbar. Auch nach den Grundsätzen des „Wiederaufladens" von Vormerkungen ginge das nicht; das Umwidmen von Vormerkungen ist nur innerhalb des ursprünglichen Zweipersonen-Verhältnisses möglich.

Zu 2. Alternative zum Rangrücktritt mit dem Wohnungsrecht

Soll ein Rangrücktritt des Wohnungsrechts hinter die für die energetische Sanierung benötigte Grundschuld vermieden werden, so kann in zwei Richtungen überlegt werden:
- Zum einen könnte man über die Ablösung des Wohnungsrechts nachdenken.
- Zum anderen über eine Aufteilung des Mehrfamilienhauses nach dem WEG unter gleichzeitiger Beschränkung des Wohnungsrechts auf eine einzelne Sondereigentumseinheit; das Grundpfandrecht könnte dann auf den anderen Sondereigentumseinheiten im Rang vor dem Wohnungsrecht eingetragen werden.

Die Ablösung eines Wohnungsrechts kann der Eigentümer nicht erzwingen. Das Wohnungsrecht erlischt nicht einfach, auch wenn der Wohnungsberechtigte auszieht und es „klar" ist, dass er nicht wieder einziehen können wird. Stellt sich eine solche Frage, ist auch immer ein Blick ins örtliche Landesrecht zu werfen – bspw. ordnet Art. 18 BayAGBGB an, dass der Berechtigte (!) bei einem dauerhaften Auszug vom Eigentümer eine Geldrente verlangen kann. Dass der Eigentümer aber seinerseits eine Aufgabe des Wohnungsrechts verlangen könnte, ist auch dort nicht geregelt.

Wenn – wie vorliegend – die Mutter eine Vorsorgevollmacht erteilt hat, könnte in Ausübung der Vorsorgevollmacht gegebenenfalls ein Ablösevertrag geschlossen werden. Der Bevollmächtigte ist dabei natürlich aber den Interessen des Vollmachtgebers verpflichtet (auch dann wenn er vom § 181 BGB befreit ist!). Von notarieller Seite wird man keinen Rat formulieren können, welcher Ablösebetrag fair ist um den Bevollmächtigten vor einem späteren Vorwurf des Vollmachtmissbrauchs zu schützen.

Abhilfe kann vor diesem Hintergrund die Teilung des Grundstücks nach WEG bilden unter gleichzeitiger Beschränkung des Belastungsgegenstandes auf die Wohnung, deren Bewohnen bei der Begründung des Wohnungsrechts vorbehalten war.

(Zum Nachlesen: *Kell*, Grundbuchrecht – Rechte in Abt. II, § 2 Rn 232 ff.)

Zu 3. Verlust der Vollmacht

Hatte die Mutter gar keine Vollmacht erteilt, so wären sowohl für die Aufgabe des Wohnungsrechts als auch für einen Rangrücktritt mit Rechten hinter ein Finanzierungsrecht der Bank eine zumindest punktuelle Betreuerbestellung erforderlich (§ 1896 BGB). Über §§ 1902, 1908i Abs. 1 BGB greifen die Vorschriften des § 1821 BGB, so dass für beide Rechtshandlungen eine betreuungsgerichtliche Genehmigung erforderlich wäre („Verfügung über ein Grundstück oder ein Recht an einem Grundstück", § 1821 Nr. 1 BGB). Die Einzelheiten des gerichtlichen Verfahrens und der Zuständigkeit sind in den §§ 271 ff. FamFG geregelt. Lediglich bei der Lösung über die WEG-Teilung ist es denkbar, ohne Betreuung auszukommen. Dies setzt aber voraus, dass die Wohnung bei der Bestellung des Wohnungsrechts so bezeichnet war, dass das Grundbuchamt ohne weiteres die Identität dieser Wohnung mit der betreffenden in der WEG-Teilung begründeten Wohnung nachvollziehen kann. Für Erklärungen betreffend die für die Mutter eingetragene Rückübertragungsvormerkung wäre natürlich ebenfalls die Einschaltung eines Betreuers erforderlich.

Ist die Vollmacht nicht auffindbar, so ist sie für Grundbuchzwecke nicht existent. Liegt eine schriftliche Vollmacht im Original vor, so wäre der Bevollmächtigte in der Lage, materiell wirksam Erklärungen abzugeben (die Vollmacht bedarf nach materiellem Recht nicht der Form des Rechtsgeschäfts, § 167 Abs. 2 BGB); bei der Umsetzung im Grundbuch würde er aber am § 29 GBO scheitern.

Die Kopie einer notariell beglaubigten Vollmacht ist nicht mehr als ein Indiz, dass der Vollmachtgeber einmal eine Vollmacht mit dem Inhalt der Kopie erteilt hat. Ein tauglicher Nachweis dafür, dass eine Vollmacht jetzt besteht, ist sie nicht. Das Recht eine Ausfertigung einer beurkundeten Vollmacht zu verlangen, steht nur dem Erklärenden zu (§ 51 Abs. 1 BeurkG) – es sei denn, in der beurkundeten Vollmacht ist ausdrücklich angeordnet, dass auch der Bevollmächtigte weitere Ausfertigungen verlangen kann (§ 51 Abs. 2 BeurkG). Hat der Vollmachtgeber eine schriftliche Vollmacht erteilt, kann deren Original dazu verwendet werden, um als Vertreter des Erklärenden dessen Recht nach § 51 Abs. 1 BeurkG geltend zu machen).

(Zum Nachlesen: *Sikora*, Vollmachten, Genehmigungen, Zustimmungen und Beglaubigungen, § 2 Rn 136 ff., *Kersten*, Büroorganisation, § 2 Rn 325 ff.)

Frage 20: **20**

ÜM hatte 2005 sein Zweifamilienhaus an seine Kinder S und T überlassen. Ein Nießbrauch war nicht vereinbart worden, lediglich für den Fall des Vorversterbens eines Kindes waren Rückforderungsrechte vorbehalten worden. Zur Absicherung der Rückforderungsrechte waren am Anteil des S und am Anteil der T je eine Vormerkung zugunsten des ÜM eingetragen worden. Jede Vormerkung war auf Lebenszeit des ÜM bestellt worden und durch seinen Tod auflösend befristet (Eintragungstext im Grundbuch „Vormerkung – bedingt und befristet"). Jeder Erwerber hatte ÜM für den Fall seines, des Erwerbers, Vorversterbens bevollmächtigt, „alle erforderlichen Erklärungen abzugeben, die zur Rückübertragung des Eigentums auf ÜM erforderlich oder zweckdienlich sind".

S verstarb 2018. Er hinterließ als testamentarische Alleinerbin seine Ehefrau SF.

ÜM teilte SF schriftlich mit, sie dürfe das Haus nicht behalten. Noch bevor weiteres veranlasst worden war, verstarb ÜM 2019. Alleinerbin wurde seine Ehefrau ÜF aufgrund eröffneten Erbvertrags. ÜM und ÜF hatten sich jeweils wechselseitig sowie S und T jeweils einzeln Vorsorgevollmacht „über den Tod hinaus" erteilt. ÜF lebt im Pflegeheim und ist nicht handlungsfähig.

T möchte das Zweifamilienhaus nun verkaufen. Was ist im Vertrag vorzusehen?

Antwort:

Im Grundbuch eingetragen sind S und T als Eigentümer. In Abteilung II ist eingetragen je eine Rückauflassungsvormerkung zugunsten ÜM an den Anteilen von S und T.

Im Rahmen der Kaufvertragsabwicklung ist die eingetragene Vormerkung am Anteil T zu löschen, richtigerweise ist diese Löschung Voraussetzung für das Fälligwerden des Kaufpreises. In der Praxis begegnen Ihnen drei Konstellationen – Sie müssen also immer den Überlassungsvertrag beiziehen, um abschätzen zu können, ob die Löschung einer Rückauflassungsvormerkung Schwierigkeiten in der Kaufvertragsabwicklung machen wird oder nicht:

- Idealerweise ist – wie hier – das Sicherungsrecht „Rückauflassungsvormerkung" auflösend befristet. D.h., dass das Recht nur unter Vorlage der Sterbeurkunde gelöscht werden kann – weder ist ein Erbnachweis zu führen, noch ist eine Vollmacht zu präsentieren. Wählt man diese Lösung im Überlassungsvertrag, so ist der Überlasser darauf hinzuweisen, dass die Sicherung für das Rückforderungsrecht erlöschen kann, obwohl der Anspruch entstanden ist (vgl. unten zum Anteil S).

- Ist dies im Überlassungsvertrag nicht vereinbart worden, so hat u.U. der Überlasser den Erwerber im Überlassungsvertrag bevollmächtigt, die zu seinen Gunsten eingetragene Vormerkung löschen zu lassen nur unter Vorlage einer Sterbeurkunde.

- In älteren Überlassungsverträgen findet sich – teils auch im Grundbuch so eingetragen – eine „Löschungserleichterungsklausel" nach § 23 Abs. 2 GBO. Eine solche Löschungserleichterungsklausel ist rechtlich aber unzulässig (ihre Eintragung im Grundbuch wäre folgenlos) – die Rechtsprechung hat schon vor längerer Zeit entschieden, dass eine Auflassungsvormerkung kein „rückstandsfähiges Recht" i.S.d. § 23 GBO ist, dass damit aber auch eine Löschungserleichterungsklausel unzulässig sei. In diesen Fällen müsste der Erbe des Vormerkungsberechtigten die Löschung bewilligen – notfalls ist also ein Erbnachweis zu führen. Im Fall ist die Lage nicht kompliziert: Erbin ist aufgrund eröffneten Erbvertrags ÜF, T hat eine Vorsorgevollmacht für ÜF, so dass sie die Rückübertragungsvormerkung an ihrem Anteil zur Löschung bringen kann.

Im Rahmen der Kaufvertragsabwicklung ist weiter für den Anteil S der „richtige Grundbuchstand" herzustellen. S ist verstorben. ÜM hatte das Rückforderungsrecht geltend gemacht. Auch wenn das Rückforderungsrecht mit dem Tod des Überlassers enden soll, so ist ein vor dem Tod des Überlassers entstandenes Rückforderungsrecht in aller Regel vererblich. Häufig wird das Entstehen des Rückforderungsrechts im Überlassungsvertrag daran geknüpft, dass der Überlasser das Rückforderungsverlangen auch tatsächlich gestellt hat. Für die Vererblichkeit wird man dann auch das Geltendmachen des Rückforderungsrechts verlangen müssen. Auch unter diesem Gesichtspunkt ist es also wichtig, bei der Vorbereitung des Kaufvertrags den Überlassungsvertrag mit beizuziehen.

Vorliegend müssen Sie also davon ausgehen, dass das Rückforderungsrecht des ÜM gegenüber der Schwiegertochter SF Teil des Nachlasses geworden ist. Somit wäre das Rückforderungsrecht auf ÜF übergegangen. T wäre als Vorsorgebevollmächtigte berechtigt, die Rückabwicklung von SF auf ÜF im Namen der ÜF zu vereinbaren.

Fragen werden Sie sich an dieser Stelle, ob SF überhaupt mitwirken muss an der notariellen Urkunde. Hätte ÜM zu Lebzeiten die Rückabwicklung noch betrieben, so hätte er die dinglichen Erklärungen aufgrund der Vollmacht, die S ihm im Überlassungsvertrag für die Rückabwicklung erteilt hatte, ohne Mitwirkung der SF abgeben können. Er hätte also die Rückübertragung auf sich allein bewerkstelligen können.

Nun ist aber auch ÜM verstorben – geht seine Bevollmächtigten-Position auf seine Erbin ÜF über? §§ 168, 673 BGB legen nahe, dass die Vollmacht durch den Tod des Bevollmächtigten erlischt. Die Mitwirkung der SF wird also erforderlich sein. Vor Abschluss des Kaufvertrages ist die Rückabwicklung unter Beteiligung von SF durchzuführen – und zwar als Übertragung von SF auf ÜF (vertreten durch ihre Tochter).

(Zum Nachlesen: *Neie*, Überlassungsvertrag, § 2 Rn 120 ff.)

Frage 21: 21

ÜM möchte seiner Ehefrau ÜF die Hälfte der des eigengenutzten Wohnhauses übertragen – das Haus hat er 2017 gekauft und zu Eigentum erworben. Angesichts der Größe des Objektes sind zwei Wohnungen im Haus seit 2019 vermietet. Er hat zu Ehegattenschenkungen ein bisschen im Internet recherchiert und fragt Sie Folgendes:

1. Bedarf es im Schenkungsvertrag eines Rückforderungsrechtes? Im Scheidungsfall würde seiner Ehefrau doch sowieso die Hälfte des Hauses gehören!
2. Sollte man das Ganze nicht mit einem Ehevertrag kombinieren?

Er habe zwei Kinder aus früherer Ehe – und wenn man nun den Güterstand beende, dann hätten die Kinder doch keinen Pflichtteil, oder? Außerdem habe ÜF ihm ohnehin mit 100.000,00 EUR im Rahmen der Ehescheidung von seiner ersten Ehefrau geholfen, so dass man das verrechnen könne. Wie sehen Sie das?

Antwort:

Zu 1. Notwendigkeit von Rückforderungsrechten

Die Grundannahme von ÜM, im Scheidungsfall werde seiner Ehefrau sowieso die Hälfte des Hauses gehören, ist (natürlich) falsch. Auch wenn die beiden in Zugewinngemeinschaft verheiratet sind, bedeutet das weder automatisches gemeinschaftliches Eigentum (das würde nur bei einer Gütergemeinschaft entstehen) – noch bedeutet es, dass er im Scheidungsfall die Hälfte des Hauses an seine Ehefrau übertragen muss. Der Zugewinnausgleich ist ein rein finanzieller Ausgleich, der richtet sich also nur auf die Zahlung eines Geldbetrages – also genau wie beim Pflichtteil.

Auch dass er den halben Wert des Hauses an seine Ehefrau im Rahmen eines etwaigen Zugewinnausgleichs bezahlen müsste, wäre nicht richtig formuliert: Für den Zugewinnausgleichsanspruch sind die Zugewinne beider Ehegatten zu ermitteln, also Wert des Endvermögens eines Ehegatten minus den Wert seines Anfangsvermögens. Das ergibt dann für jeden Ehegatten eine Zahl, den Zugewinn. Wer den höheren Zugewinn erzielt hat, muss die Hälfte seines Mehr-Zugewinns an den anderen bezahlen.

Nur dann also, wenn der Wert des Hauses exakt den Zugewinn von ÜM darstellen würde (er also bspw. ein Anfangsvermögen von „Null" hatte und das Haus jetzt seinen einzigen Endvermögensgegenstand darstellt) und zusätzlich ÜF keinen Zugewinn erzielt hätte (weil ihr Endvermögen genauso hoch ist wie ihr Anfangsvermögen), wäre der Betrag des Mehrzugewinns identisch mit dem Wert des Hauses – dann müsste ÜM die Hälfte des Hauswertes an ÜF bezahlen.

Wäre er aber im Beispiel des vorherigen Absatzes mit einem höheren Anfangsvermögen als „Null" in die Ehe gegangen (hätte also bspw. eine Wohnung im Wert von 500.000,00 EUR gehabt, die er dann für den Kauf des Hauses versilbert hätte), fiele sein Zugewinn kleiner aus – und er müsste nur die Differenz zwischen dem jetzigen Wert des Hauses und seinem Anfangsvermögen (das wären die genannten 500.000,00 EUR, zum Ausgleich des Kaufkraftschwundes inflationsbereinigt um die Verbraucherpreisindex-Entwicklung seit Eheschließung auf [angenommen] 525.000,00 EUR hochgerechnet) hälftig ausgleichen.

Wenn der Wert der Schenkung sich im Rahmen des Volumens bewegt, welches der (spätere) Zugewinnausgleichsanspruch hat, kann man die Schenkung als vorweggenommenen Zugewinnausgleich verstehen:

Gefühlt liegt für ÜF kein Geschenk vor, weil sie ja im Rahmen eines Zugewinnausgleichs zumindest den Wert der Schenkung ohnehin bekäme. Zivilrechtlich (und steuerrechtlich) ist dieses gefühlte Verständnis aber nicht richtig. Das Zivilrecht und das Steuerrecht kommen dem gefühlten Verständnis zwar insoweit entgegen, als diese Art von Übertragung häufig als „unbenannte Zuwendung" bezeichnet wird. Aus der Perspektive des Pflichtteilsberechtigten z.B. bleibt die Übertragung aber eine notfalls nach § 2325 BGB dem Pflichtteilsergänzungsanspruch unterliegende Weggabe von Vermögen. Auch das Schenkungssteuerrecht behandelt derartige Zuwendungen nicht als „vorweggenommenen Zugewinnausgleich".

Diese Sichtweise ist – gemessen am gesetzlichen Konzept des Zugewinnausgleichs – konsequent:

Der Zugewinnausgleichsanspruch ist kein laufender Anspruch, am Vermögen des Ehegatten während der Ehe beteiligt zu sein, sondern er manifestiert sich nur bei einer Beendigung des Güterstandes, als da sind

- Ehescheidung,
- Tod,
- vorzeitiger Zugewinnausgleich bei Anspruchsgefährdung und
- vertragliche Beendigung des Güterstands durch Güterstandswechsel, z.B. in die Gütertrennung des BGB.

Auch hat der Ehegatte ja keine gesetzliche Garantie, dass der spätere Zugewinnausgleichsanspruch tatsächlich so hoch ausfällt wie der Wert der heutigen Vermögensübertragung. Wenn der Ehegatte während der Ehe einmal „reich" ist, bei Beendigung des Güterstandes aber „arm", dann fällt der Anspruch geringer aus als der Wert des heute Übertragenen.

Für die Vertragsgestaltung bei Überlassungen während laufender Ehe bedeutet das:

- Auf die beschränkte Anrechnungswirkung des § 1380 BGB ist deutlich hinzuweisen – wer „aus dem Anfangsvermögen" verschenkt (wer als mehr Wert verschenkt, als sich später nach Maßgabe des Zugewinnausgleichs als geschuldeter Betrag herausstellt), riskiert „zuviel" übertragen zu haben.
- Ein Rückforderungsrecht für den schenkenden Ehegatten kann sinnvoll sein, um genau die beschriebene Überraschung später zu vermeiden. Sinnvollerweise erstreckt man das Rückforderungsrecht auch auf den Fall, dass der Beschenkte vor dem Schenker verstirbt: Einerseits ist der zuerst Verstorbene nicht zugewinnausgleichsberechtigt, andererseits sollte vermieden werden, dass der Schenker das Geschenkte als Erbe zurückerhält; dann müsste er das Geschenkte u.U. noch versteuern.
- Wenn die Ehegatten sicher sind, dass das Geschenkte dem Beschenkten bei Ehescheidung endgültig verbleiben soll, müssen sie sich aber trotzdem mit § 1380 BGB auseinandersetzen: Für den Zugewinnausgleichsberechtigten als Beschenkten bedeutet die Anrechnung ja, dass er (wirtschaftlich betrachtet) vom Geschenk wieder „etwas zurückgeben" muss (d.h. sein andernfalls bestehender Zugewinnausgleichsanspruch gekürzt wird). Wenn das vermieden werden soll, dann wollen die Ehegatten u.U. eine ehevertragliche Vereinbarung treffen, mit der das geschenkte Objekt aus der Zugewinnbetrachtung komplett herausgenommen wird.

Zu 2. Vermögensübertragung aufgrund Ehevertrag

Würden die Ehegatten Gütertrennung vereinbaren, so würden sie ihren Güterstand einvernehmlich beenden – und damit eine Zugewinnausgleichsberechnung auslösen (§§ 1372 ff. BGB). Ergibt die Zugewinnausgleichsberechnung, dass ÜF einen Zugewinnausgleichsanspruch i.H.v. 50 % des Hauswertes hat, dann könnte ÜM in der Tat davon ausgehen, dass diese Vermögensübertragung nicht pflichtteilsrelevant ist. Zwar sind Güterstandsregelungen nicht per se pflichtteilsfest (ein Vermögensübergang nach Vereinbarung von Gütergemeinschaft bspw. dürfte pflichtteilsrelevant sein); die Vereinbarung von Gütertrennung als schuldrechtliche Basis für Vermögensübertragungen dürfte aber ausreichende und anerkennenswerte außer-pflichtteilsrechtliche Grundlagen haben, um auch gegenüber Pflichtteilsberechtigten Bestand zu haben.

Zu beachten ist dreierlei:

- Die Frage, wie hoch exakt der Zugewinnausgleichsanspruch ist, wird der Notar nicht verantwortlich begleiten oder gar entscheiden können – hier sollte der Steuerberater beigezogen werden – die Rechnung der Beteiligten muss ja auch notfalls einer steuerlichen Überprüfung standhalten.

■ Steuerlich ist zudem zu bedenken, dass diese Transaktionen nicht nur eine erbschaft- und schenkungsteuerliche Seite haben, sondern auch – Stichwort Spekulationssteuer – eine einkommensteuerliche Seite. Der Erwerb zum Ausgleich des durch Ehevertrag entstandenen Zugewinnausgleichsanspruchs ist entgeltlicher Erwerb. Er stellt also aus der Sicht des Abgebenden einen „Veräußerungsvorgang" (und wenn der Notar aus dem Grundbuch bei einer entgeltlichen Transaktion ersieht, dass die Anschaffung weniger als zehn Jahre zurückliegt, muss er aus Haftungsgründen darauf hinweisen – an dieser Stelle kann sich der Notar also nicht darauf zurückziehen, dass er steuerlich nicht berät!) dar, aus der Sicht des Erwerbenden einen „Anschaffungsvorgang" (für ihn beginnt also eine neue 10-Jahres-Frist). Nur dann, wenn der Steuerberater auch die einkommensteuerliche Seite geprüft und freigegeben hat, sollte der Zugewinnausgleichsanspruch durch die Übertragung von Immobilienvermögen erfüllt werden.

■ Schließlich ist die Frage zu stellen, wie mit Abweichungen zwischen dem errechneten Zugewinnausgleichsanspruch und dem Wert des Übertragenen umgegangen werden soll. Ist der Brutto-Wert des Schenkungsgegenstandes höher als der errechnete Zugewinnausgleichsanspruch, ist u.U. die Quote des übertragenen Anteils zu verringern, ein Nießbrauch vorzubehalten oder aber eine Verrechnung mit (tatsächlich und nachweisbar erbrachten!) Leistungen des Beschenkten vorzunehmen. Ist der Wert des Schenkungsgegenstandes niedriger als der errechnete Zugewinnausgleichsanspruch, so ist klarzustellen, wie mit dem restlichen Zugewinnausgleichsanspruch zu verfahren ist – für diesen läuft eine dreijährige Verjährungsfrist ab Entstehung.

(Zum Nachlesen: *Ziegert/Vollrath*, Familienrecht, § 2 Rn 451 ff., Rn 462 ff., Rn 467 ff.)

F. Kosten: Überlassungen/Übergaben

Frage 22: 22

Max Huber überlässt an seine Tochter Erna ein unbelastetes Grundstück. Der Wert des Vertragsgrundstücks wird von den Beteiligten mit 100.000,00 EUR angegeben.

Gegenleistungen sind von der Erwerberin nicht zu erbringen.

Lösung Beurkundungsverfahren:

Hat der Erwerber keine Gegenleistungen zu erbringen, ist der Geschäftswert für den Überlassungsvertrag nach §§ 97 Abs. 1, 46 GNotKG zu bestimmen.

Maßgeblich ist der Verkehrswert (§ 46 Abs. 1 GNotKG) des übertragenen Grundstücks. Die Wertangaben der Beteiligten stellen dabei einen zulässigen und verwendbaren Anhaltspunkt für die Wertbestimmung dar.

(Zum Nachlesen bzgl. der Ermittlung des Verkehrswerts von Grundstücken: *Tiedtke*, Notarkosten § 2 Rn 12).

Geschäftswert, §§ 97 Abs. 1, 46 GNotKG (Verkehrswert des überlassenen Grundstücks)	100.000,00 EUR
2,0-Gebühr gem. KV-Nr. 21100 GNotKG	546,00 EUR

Frage 23: 23

Anton Huber überlässt an seinen Sohn Hans das bebaute Grundstück Fl.Nr. 205/9 (mit einer Größe von 500 m²).

Gegenleistungen sind vom Erwerber nicht zu erbringen.

Das Grundstück ist mit einer Grundschuld zu 100.000,00 EUR zugunsten der Sparkasse belastet. Die Grundschuld sichert keine Forderungen mehr und soll im Grundbuch gelöscht werden. Der Veräußerer stimmt der Löschung dieser Grundschuld zu und beantragt den

Vollzug der Löschung im Grundbuch. Der Notar wird beauftragt, die Löschungsbewilligung der Sparkasse (mit Entwurf) einzuholen.

Wertangaben:

Anhand der von den Beteiligten vorgelegten Brandversicherungsunterlagen wurde ein Wert des mitübertragenen Gebäudes von 200.000,00 EUR errechnet.

Die für die Wertbestimmung des Grund und Bodens herangezogene Richtwerttabelle des Gutachterausschusses weist einen Durchschnittswert von 250,00 EUR pro Quadratmeter aus.

Lösung Beurkundungsverfahren:

Der für den Überlassungsvertrag maßgebende Geschäftswert bestimmt sich nach dem Verkehrswert des übertragenen Grundstücks samt Gebäude (§§ 97 Abs. 1, 46 GNotKG). Zur Bestimmung des Bodenwertes können auch amtlich bekannte Tatsachen oder Vergleichswerte (z.B. Bodenrichtwert des Gutachterausschusses, vergleichbare Grundstücksverkäufe etc.) herangezogen werden. Die Bewertung von Gebäuden kann zudem unter Zuhilfenahme von Versicherungswerten aus Brandversicherungsunterlagen erfolgen, wenn die Beteiligten entsprechende Unterlagen vorlegen (zum Nachlesen: *Tiedtke*, Notarkosten § 2 Rn 12). Die Summe der ermittelten Werte für den Grund und Boden sowie das aufstehende Gebäude bildet den Verkehrswert des überlassenen Grundstücks.

Die in die Urkunde mitaufgenommenen Löschungserklärungen des Eigentümers (Zustimmung zur Löschung der Grundschuld, Antrag auf Vollzug der Löschung im Grundbuch) dienen der Lastenfreistellung des Vertragsgrundstücks und somit der Durchführung des Überlassungsvertrages. Die Löschungserklärungen sind daher gegenstandsgleich zur Überlassung nach § 109 Abs. 1 GNotKG und nicht zu bewerten.

Geschäftswert, §§ 97 Abs. 1, 46 GNotKG (Verkehrswert des überlassenen Grundstücks: Bodenrichtwert zu 250,00 EUR/m² x 500 m² = 125.000,00 EUR zuzüglich Gebäudewert mit 200.000,00 EUR, somit)	325.000,00 EUR
2,0-Gebühr gem. KV-Nr. 21100 GNotKG	1.370,00 EUR

Lösung Vollzugstätigkeit:

Das auftragsgemäße Einholen der Löschungsbewilligung des Grundschuldgläubigers ist Vollzugstätigkeit nach Vorbem. 2.2.1.1 Abs. 1 S. 2 Nr. 9 KV GNotKG und löst aus dem Wert des Beurkundungsverfahrens (§ 112 GNotKG) eine 0,5-Gebühr nach KV-Nr. 22110 GNotKG aus.

Geschäftswert, § 112 GNotKG	325.000,00 EUR
0,5-Gebühr nach KV-Nr. 22110 GNotKG	342,50 EUR

24 **Frage 24:**

Die Eheleute Fritz (60 Jahre alt) und Maria (49 Jahre alt) Ziegler überlassen an ihren Sohn Stefan ein Wohnhausgrundstück.

Folgende Gegenleistungen werden vereinbart:
- Die Veräußerer erhalten als Gesamtberechtigte gem. § 428 BGB ein lebenslanges Wohnungs- und Nutzungsrecht an sämtlichen Räumen im Erdgeschoss des Wohnhauses. Die Kosten für Strom, Wasser, Heizung sowie sonstige Nebenkosten sind vom Erwerber zu tragen.
- Der Erwerber hat an seine Schwester Klara zum Zwecke der Gleichstellung einen sofort fälligen Betrag (Ausgleichszahlung) i.H.v. 45.000,00 EUR zu zahlen.
- Der Erwerber verzichtet mit Rücksicht auf die Überlassung (vollumfänglich) auf sein gesetzliches Pflichtteilsrecht am jeweiligen Nachlass der Veräußerer.

■ Die Schwester Klara, welche zur Beurkundung miterscheint, verzichtet in derselben Urkunde mit Rücksicht auf die vorstehende Ausgleichszahlung ebenfalls (vollumfänglich) auf ihr gesetzliches Pflichtteilsrecht am jeweiligen Nachlass der Veräußerer.

Das Grundstück ist mit einer Grundschuld zu 160.000,00 EUR zugunsten der VR-Bank belastet. Die Grundschuld sichert keine Forderungen mehr und soll im Grundbuch gelöscht werden. Die Veräußerer stimmen der Löschung dieser Grundschuld zu und beantragen den Vollzug der Löschung im Grundbuch. Der Notar wird beauftragt, die Löschungsbewilligung der VR-Bank (mit Entwurf) einzuholen.

Wertangaben, sonstige Angaben:

Der Verkehrswert des Vertragsgrundbesitzes wird von den Beteiligten übereinstimmend mit 380.000,00 EUR angegeben.

Der an der ortsüblichen Kaltmiete orientierte Nutzungswert für die dem Wohnungsrecht unterliegenden Räume im Vertragsanwesen beträgt mtl. 400,00 EUR; die vom Erwerber zu tragenden Nebenkosten belaufen sich auf 120,00 EUR.

Das übrige Vermögen (Restvermögen; beiderseitiges modifiziertes Reinvermögen) der Ehegatten Ziegler beläuft sich auf 180.000,00 EUR. Die Eheleute Ziegler leben im Güterstand der Gütertrennung; weitere Kinder, neben dem Erwerber und seiner Schwester, haben sie nicht.

Lösung Beurkundungsverfahren:

Hat der Erwerber Gegenleistungen zu erbringen, liegt ein Austauschvertrag nach § 97 Abs. 3 GNotKG vor. Für die Geschäftswertbestimmung zum Überlassungsvertrag sind demnach die Leistungen der Vertragsbeteiligten gegenüberzustellen; der höhere Wert ist maßgebend.

Der Wert der Veräußererleistung bemisst sich nach dem Verkehrswert des Vertragsgrundbesitzes (samt Gebäude), ermittelt nach § 46 GNotKG.

Der Wert der Erwerberleistungen setzt sich zusammen aus
a) dem nach § 52 Abs. 1 u. 4 GNotKG zu kapitalisierenden Wert des Wohnungsrechts. Hierbei kann für die Bestimmungen des Jahreswerts der Nutzung die ortsübliche Vergleichsmiete (Kaltmiete) herangezogen werden. Hat der Erwerber die im Rahmen der Nutzung entstehenden Nebenkosten anstelle des/der Berechtigten zu tragen, sind diese bei der Bewertung des Nutzungsrechts mit zu berücksichtigen. Wird das Nutzungsrecht mehreren Berechtigten in der Weise eingeräumt, dass das Nutzungsrecht erst mit Ableben des Längerlebenden erlischt, richtet sich der nach § 52 Abs. 4 GNotKG maßgebende Vervielfältiger nach dem Lebensalter des jüngsten Berechtigten (im Zeitpunkt der Rechtseinräumung). Maßgebend ist daher im vorliegenden Fall der auf die ersten 15 Jahre entfallende Nutzungswert.
(Zur Wertbestimmung für wiederkehrende Nutzungen und Leistungen siehe ergänzend *Tiedtke*, Notarkosten § 2 Rn 20 ff.).
b) dem an die Schwester des Erwerbers zu zahlenden Ausgleichsbetrag.
c) dem Verzicht des Erwerbers auf sein gesetzliches Pflichtteilsrecht am jeweiligen Nachlass der Veräußerer. Der hierfür maßgebende Geschäftswert ist nach § 102 Abs. 4 GNotKG zu bestimmen. Maßgebend ist der in Höhe der Pflichtteilsquote anzunehmende Bruchteil des Verzichtenden (hier: $\frac{1}{6}$ nach §§ 2303 Abs. 1 S. 2, 1931 Abs. 4 BGB) am modifizierten Reinvermögen (Restvermögen) der Erblasser.

Bei dem mitbeurkundeten Pflichtteilsverzicht der Schwester des Erwerbers handelt es sich im Verhältnis zur Überlassung um einen verschiedenen Beurkundungsgegenstand i.S.v. § 86 Abs. 2 GNotKG. Wird der Pflichtteilsverzicht (wie im vorliegenden Fall) mit Rücksicht auf einen noch zu leistenden Abfindungs- bzw. Ausgleichsbetrag erklärt, liegt auch insoweit ein Austauschverhältnis nach § 97 Abs. 3 GNotKG vor. Für die Geschäftswertbestimmung ist daher dem nach § 102 Abs. 4 GNotKG ermittelten Wert des (vollumfänglichen) Pflichtteilsverzichts der Schwester der Nominalbetrag der Ausgleichszahlung gegenüberzustellen; der höhere Wert ist maßgebend.

Die Werte der verschiedenen Beurkundungsgegenstände sind gem. § 35 Abs. 1 GNotKG zu addieren und bilden so den Gesamtwert des Beurkundungsverfahrens.

Überlassung – Geschäftswert, § 97 Abs. 3 GNotKG	
Leistung des Veräußerers § 46 GNotKG, Verkehrswert des überlassenen Grundbesitzes	380.000,00 EUR
Leistungen des Erwerbers *Wohnungsrecht* – § 52 Abs. 1 u. 4 GNotKG (Nutzungswert 400,00 EUR + Nebenkosten 120,00 EUR x 12 = Jahreswert x 15 = Mulitplikator nach dem Lebensalter des jüngsten Berechtigten)	93.600,00 EUR
Ausgleichszahlung an Schwester	45.000,00 EUR
Pflichtteilsverzicht – § 102 Abs. 4 GNotKG (Restvermögen, mod. Reinvermögen, der Veräußerer = 180.000,00 EUR, davon $^1/_6$ = Pflichtteilsquote des Verzichtenden)	30.000,00 EUR
maßgebender Wertansatz für die Überlassung somit	380.000,00 EUR
Pflichtteilsverzicht Schwester – Geschäftswert, §§ 102 Abs. 4, 97 Abs. 3 GNotKG (Wertvergleich: Pflichtteilsverzicht, $^1/_6$ vom Restvermögen (mod. Reinvermögen) der Veräußerer = 30.000,00 EUR; Ausgleichsbetrag = 45.000,00 EUR; Wertansatz daher)	45.000,00 EUR
Gesamtwert des Beurkundungsverfahrens, § 35 Abs. 1 GNotKG	425.000,00 EUR
hieraus 2,0-Gebühr gem. KV-Nr. 21100 GNotKG	1.670,00 EUR

Lösung Vollzugstätigkeit:

Bei der Einholung der Löschungsbewilligung der VR-Bank handelt es sich um eine Vollzugstätigkeit gem. Vorbem. 2.2.1.1 Abs. 1 S. 2 Nr. 9 KV GNotKG. Hierfür fällt eine ungedeckelte Vollzugsgebühr nach KV-Nr. 22110 GNotKG an.

Als Geschäftswert für die Vollzugsgebühr ist gem. § 112 GNotKG der Wert des Beurkundungsverfahrens anzunehmen.

Geschäftswert, § 112 GNotKG	425.000,00 EUR
0,5-Gebühr nach KV-Nr. 22110 GNotKG	417,50 EUR

25 **Frage 25:**

Armin Schmidt (verwitwet, 71 Jahre alt) überlässt an seinen Sohn Harald ein (lastenfreies) Wohnhausgrundstück.

Folgende Gegenleistungen werden vereinbart:

- Der Veräußerer erhält ein lebenslanges Wohnungs- und Nutzungsrecht an der im Vertragsanwesen befindlichen Einliegerwohnung. Die Kosten für Strom, Wasser, Heizung sowie sonstige Nebenkosten sind vom Erwerber zu tragen.
- Der Erwerber hat an den Veräußerer eine einmalige Zahlung i.H.v. 100.000,00 EUR zu leisten, zahlbar in vier Jahresraten zu je 25.000,00 EUR (jew. fällig zum 31.12. eines jeden Jahres).
- Der Erwerber verzichtet mit Rücksicht auf die Überlassung (vollumfänglich) auf sein gesetzliches Pflichtteilsrecht am Nachlass des Veräußerers.
- Die Schwester Britta, welche zur Beurkundung miterscheint, verzichtet in derselben Urkunde auf ihre gesetzlichen Pflichtteilsansprüche am Nachlass des Veräußerers, gegenständlich beschränkt auf das Vertragsobjekt.

Wertangaben, sonstige Angaben:

Der Verkehrswert des Vertragsgrundbesitzes wird von den Beteiligten übereinstimmend mit 420.000,00 EUR angegeben.

Der an der ortsüblichen Kaltmiete orientierte Nutzungswert für die dem Wohnungsrecht unterliegenden Räume im Vertragsanwesen beträgt mtl. 600,00 EUR; die vom Erwerber zu tragenden Nebenkosten belaufen sich auf 150,00 EUR.

Das übrige Vermögen (Restvermögen; modifiziertes Reinvermögen) des Veräußerers beläuft sich auf 200.000,00 EUR. Dieser hat, neben dem Erwerber und seiner Schwester, keine weiteren Kinder.

Lösung Beurkundungsverfahren:

Hat der Erwerber Gegenleistungen zu erbringen, liegt ein Austauschvertrag nach § 97 Abs. 3 GNotKG vor. Für die Geschäftswertbestimmung zum Überlassungsvertrag sind demnach die Leistungen der Vertragsbeteiligten gegenüberzustellen; der höhere Wert ist maßgebend.

Der Wert der Veräußererleistung bemisst sich nach dem Verkehrswert des Vertragsgrundbesitzes (samt Gebäude), ermittelt nach § 46 GNotKG.

Der Wert der Erwerberleistungen setzt sich zusammen aus

a) dem nach § 52 Abs. 1 u. 4 GNotKG zu kapitalisierenden Wert des Wohnungsrechts. Hierbei kann für die Bestimmungen des Jahreswerts der Nutzung die ortsübliche Vergleichsmiete (Kaltmiete) herangezogen werden. Hat der Erwerber die im Rahmen der Nutzung entstehenden Nebenkosten anstelle des/der Berechtigten zu tragen, sind diese bei der Bewertung des Nutzungsrechts mit zu berücksichtigen. Maßgebend ist im vorliegenden Fall der auf die ersten fünf Jahre entfallende Nutzungswert.

b) dem (vollumfänglichen) Verzicht des Erwerbers auf sein gesetzliches Pflichtteilsrecht am Nachlass des Veräußerers. Der hierfür maßgebende Geschäftswert ist nach § 102 Abs. 4 GNotKG zu bestimmen. Maßgebend ist der in Höhe der Pflichtteilsquote anzunehmende Bruchteil des Verzichtenden (hier: $^1/_4$ nach §§ 2303 Abs. 1 S. 2, 1924 Abs. 4 BGB) am modifizierten Reinvermögen (Restvermögen) des Erblassers.

Bei dem mitbeurkundeten Pflichtteilsverzicht der Schwester des Erwerbers handelt es sich im Verhältnis zur Überlassung um einen verschiedenen Beurkundungsgegenstand i.S.v. § 86 Abs. 2 GNotKG. Beschränkt sich der Verzicht auf Pflichtteilsergänzungs-ansprüche der Schwester des Erwerbers bzgl. des Vertragsobjekts (gegenständlich beschränkter Pflichtteilsverzicht), ist der Geschäftswert zwar ebenfalls nach der Pflichtteilsquote der Verzichtenden zu bemessen, allerdings wird hier nicht das Restvermögen des Erblassers von der Verzichtserklärung betroffen, sondern der überlassene Vermögensgegenstand. Ausgangswert für die Wertbestimmung ist daher der Wert des betroffenen Gegenstandes, abzgl. darauf lastender Verbindlichkeiten (max. bis zur Hälfte des Gegenstandswertes; § 102 Abs. 4 i.V.m. Abs. 3 u. 1 GNotKG). Zu den abzugsfähigen Verbindlichkeiten gehören auch diejenigen, die erst im Überlassungsvertrag begründet wurden (= Gegenleistungen des Erwerbers).

Überlassung – Geschäftswert, § 97 Abs. 3 GNotKG	
Leistung des Veräußerers § 46 GNotKG, Verkehrswert des überlassenen Grundbesitzes	420.000,00 EUR
Leistungen des Erwerbers *Wohnungsrecht* – § 52 Abs. 1 u. 4 GNotKG (Nutzungswert 600,00 EUR + Nebenkosten 150,00 EUR x 12 = Jahreswert x 5 = Multiplikator nach dem Lebensalter des Berechtigten)	45.000,00 EUR
Zahlungsverpflichtung	100.000,00 EUR
Pflichtteilsverzicht – § 102 Abs. 4 GNotKG (Restvermögen, mod. Reinvermögen des Veräußerers = 200.000,00 EUR, davon $^1/_4$ = Pflichtteilsquote des Verzichtenden)	50.000,00 EUR
maßgebender Wertansatz für die Überlassung somit	420.000,00 EUR

Pflichtteilsverzicht Schwester (gegenständlich beschränkt) – Geschäftswert, §§ 102 Abs. 4, 3 u. 1 GNotKG (Ausgangswert: Wert des Vertragsobjekts = 420.000,00 EUR, abzgl. darauf lastender Verbindlichkeiten = Summe der Gegenleistungen mit 195.000,00 EUR, somit 225.000,00 EUR, hiervon $^{1}/_{4}$ = Pflichtteilsquote der Verzichtenden; Wertansatz daher)	56.250,00 EUR
Gesamtwert des Beurkundungsverfahrens, § 35 Abs. 1 GNotKG	476.250,00 EUR
hieraus 2,0-Gebühr gem. KV-Nr. 21100 GNotKG	1.870,00 EUR

26 **Frage 26:**

Erwin Maier überlässt an seine Tochter Brigitte eine Eigentumswohnung.

Die Erwerberin übernimmt die in Abt. III des Grundbuchs für die Sparkasse eingetragene Grundschuld zu 100.000,00 EUR zur weiteren dinglichen Haftung. Ebenso übernimmt sie in schuldbefreiender Weise die durch die Grundschuld gesicherten Verbindlichkeiten des Veräußerers i.H.v. 70.000,00 EUR.

Zugleich gibt die Erwerberin gegenüber dem Grundschuldgläubiger in Höhe des Nominalbetrages der Grundschuld ein abstraktes Schuldanerkenntnis ab und unterwirft sich diesbezüglich der Zwangsvollstreckung.

Der Notar wird beauftragt, die Zustimmung der Sparkasse zur vereinbarten Schuldübernahme einzuholen (mit Entwurf der betreffenden Erklärung).

Wertangaben:

Der Verkehrswert der Eigentumswohnung wird von den Beteiligten übereinstimmend mit 250.000,00 EUR angegeben.

Lösung Beurkundungsverfahren:

Es liegt ein Austauschvertrag nach § 97 Abs. 3 GNotKG vor.

Der in Höhe des Verkehrswertes (§ 46 GNotKG) der Eigentumswohnung anzunehmenden Veräußererleistung ist die von der Erwerberin zu erbringende Gegenleistung gegenüberzustellen. Der höhere Wert bildet den Geschäftswert der Überlassung.

Bei der Bewertung der Erwerberleistung (hier: Schuldübernahme) ist nicht auf den Nominalbetrag der (lediglich zur weiteren dinglichen Haftung übernommenen) Grundschuld abzustellen, sondern auf den Betrag der tatsächlich übernommenen Verbindlichkeiten (hier: 70.000,00 EUR). Gleiches gilt, wenn sich der Erwerber anstelle einer echten Schuldübernahme verpflichtet, den Veräußerer aus bestehenden Verbindlichkeiten freizustellen.

Gibt der Erwerber im Zusammenhang mit der vereinbarten Schuldübernahme gegenüber dem Grundpfandrechtsgläubiger persönliche Erklärungen ab (hier: abstraktes Schuldanerkenntnis, mit oder ohne Zwangsvollstreckungsunterwerfung), stellen diese Erklärungen aufgrund der Regelung in § 110 Nr. 2. a) GNotKG im Verhältnis zur Überlassung einen verschiedenen Beurkundungsgegenstand dar.

Neben der 2,0-Gebühr für den Veräußerungsvertrag (Überlassung) ist daher eine 1,0-Gebühr nach KV-Nr. 21200 GNotKG aus dem Wert des Schuldanerkenntnisses (hier: Nominalbetrag der Grundschuld; § 97 Abs. 1 GNotKG) zu erheben. Da unterschiedliche Gebührensätze zur Anwendung kommen ist § 94 Abs. 1 GNotKG zu beachten und eine Vergleichsberechnung durchzuführen.

Überlassung – Geschäftswert, §§ 97 Abs. 1 u. 3, 46 GNotKG, (maßgebend ist die Leistung des Veräußerers = Verkehrswert der überlassenen Eigentumswohnung; die in Höhe der übernommenen Verbindlichkeiten anzunehmende Erwerberleistung bleibt dahinter zurück)	250.000,00 EUR
2,0-Gebühr gem. KV-Nr. 21100 GNotKG	1.070,00 EUR

Abstraktes Schuldanerkenntnis gegenüber dem Gläubiger – Geschäftswert, § 97 Abs. 1 GNotKG, Betrag des Schuldanerkenntnisses, hier: Nominalbetrag der Grundschuld	100.000,00 EUR
1,0-Gebühr gem. KV-Nr. 21200 GNotKG	273,00 EUR
Vergleichsberechnung gem. § 94 Abs. 1 GNotKG	
2,0-Gebühr gem. KV-Nr. 21100 GNotKG (höchster in Betracht kommenden Gebührensatz) aus den zusammengerechneten Werten der verschiedenen Beurkundungsgegenstände (= 350.000 EUR)	1.370,00 EUR

Ergebnis: Die getrennte Berechnung ist kostengünstiger und daher maßgebend.

Lösung Vollzugstätigkeit:

Bei der Einholung der Zustimmung des Grundpfandrechtsgläubigers zur vereinbarten Schuldübernahme handelt es sich um eine Vollzugstätigkeit gem. Vorbem. 2.2.1.1 Abs. 1 S. 2 Nr. 8 KV GNotKG.

Als Geschäftswert für die Vollzugsgebühr ist gem. § 112 GNotKG der Wert des Beurkundungsverfahrens (= Summe der Wertansätze für die verschiedenen Beurkundungsgegenstände) anzunehmen.

Bewertung:

Geschäftswert, § 112 GNotKG (250.000,00 EUR + 100.000,00 EUR)	350.000,00 EUR
0,5-Gebühr nach KV-Nr. 22110 GNotKG	342,50 EUR

Frage 27: 27

Kurt Maurer überlässt an sein einziges Kind das mit Betriebsgebäuden bebaute Grundstück Fl.Nr. 108, aus dem danebenliegenden Grundstück Fl.Nr. 110/2 eine amtlich erst noch zu vermessende Teilfläche im Ausmaß von ca. 320 qm (zur Schaffung von Parkplätzen), sowie die auf Fl.Nr. 108 betriebene Schreinerei (mit allen Aktiven und Passiven). Das Betriebsgrundstück ist mit einer Grundschuld zu 140.000,00 EUR zugunsten der VR-Bank belastet. Die Grundschuld dient zur Absicherung der vorhandenen betrieblichen Verbindlichkeiten (= 100.000,00 EUR), welche im Zuge der Betriebsübergabe auf den Erwerber übergehen bzw. von diesem schuldbefreiend übernommen werden. Hierzu erforderliche Erklärungen der Bank werden die Beteiligten selbst einholen.

Die Grundschuld wird vom Erwerber zur weiteren dinglichen Haftung übernommen. Ein abstraktes Schuldversprechen des Erwerbers wird vom Gläubiger nicht verlangt.

Sonstige Gegenleistungen sind vom Erwerber nicht zu erbringen.

Der Notar wird beauftragt, die Vermessung der überlassenen Teilfläche beim Vermessungsamt im ordentlichen Geschäftsgang zu beantragen. Die Kosten der Vermessung hat der Erwerber zu tragen.

Wertangaben:

Der Verkehrswert des überlassenen Grundbesitzes samt Gebäuden wird von den Beteiligten mit 280.000,00 EUR angegeben, der Wert der überlassenen Teilfläche mit 53.000,00 EUR.

Zu dem übergebenen Gewerbebetrieb legen die Beteiligten die Bilanz des Einzelunternehmens zum 31.12.20... vor, welche ein Aktivvermögen von insgesamt 430.000,00 EUR (darin enthaltener Buchwert für den betrieblichen Grundbesitz = 140.000,00 EUR) ausweist.

Lösung Beurkundungsverfahren:

Der für die Überlassung maßgebende Geschäftswert bestimmt sich gem. § 97 Abs. 1 u. 3 GNotKG nach der Summe der Veräußererleistungen, bestehend aus

a) dem nach § 46 GNotKG zu ermittelnden Verkehrswert des Vertragsgrundbesitzes samt Gebäuden, hier angegeben mit (280.000,00 EUR + 53.000,00 EUR =) 333.000,00 EUR; sowie

b) dem kostenrechtlichen Wert des überlassenen Gewerbebetriebes (Einzelunternehmen/ Handelsgeschäft). Maßgebend ist hierbei das in der vorgelegten Bilanz ausgewiesene Aktivvermögen, gem. § 38 GNotKG ohne Abzug von Verbindlichkeiten. Der in der Bilanz für den betrieblichen Grundbesitz (samt Gebäuden) ausgewiesene Buchwert ist hier abzuziehen, da der betreffende Grundbesitz bereits mit seinem Verkehrswert in Ansatz gebracht wurde (ansonsten würde der Grundbesitz bei der Bewertung doppelt erfasst). Wertansatz für den Gewerbebetrieb gem. § 97 Abs. 1 GNotKG somit (430.000,00 EUR abzgl. 140.000,00 EUR =) 290.000,00 EUR.

Die Leistungen des Erwerbers (Entlassung des Veräußerers aus der Haftung für die betrieblichen Verbindlichkeiten, Übernahme der Vermessungskosten) bleiben dahinter zurück.

Geschäftswert, § 97 Abs. 1 u. 3, § 46 GNotKG, Verkehrswert des überlassenen Grundbesitzes samt Gebäuden = 333.000,00 EUR, Gewerbebetrieb = 290.000,00 EUR, Gesamtgeschäftswert somit	623.000,00 EUR
2,0-Gebühr gem. KV-Nr. 21100 GNotKG	2.350,00 EUR

Lösung Vollzugstätigkeit:

Wird der Notar beauftragt, für die Beteiligten die Vermessung des Vertragsgrundbesitzes zu beantragen, liegt eine Vollzugstätigkeit nach Vorbem. 2.2.1.1 Abs. 1 S. 2 Nr. 11 KV GNotKG vor, welche aus dem Wert des Beurkundungsverfahrens (§ 112 GNotKG) eine 0,5-Gebühr nach KV-Nr. 22110 GNotKG auslöst.

Geschäftswert, § 112 GNotKG	623.000,00 EUR
0,5-Gebühr nach KV-Nr. 22110 GNotKG	587,50 EUR

28 **Frage 28:**

Robert Bauer (verwitwet; 66 Jahre alt, zwei Kinder) übergibt den vorhandenen landwirtschaftlichen Betrieb (Nebenerwerbsbetrieb; eigenbewirtschaftete Fläche: 10 ha) samt Hofstelle an seinen Sohn Manfred; der Erwerber wird den Betrieb weiterführen.

Folgende Gegenleistungen werden vereinbart:
- Übernahme der betrieblichen Verbindlichkeiten bei der VR-Bank zu 35.000,00 EUR samt Übernahme der zur Sicherung dieser Verbindlichkeiten im Grundbuch eingetragenen Grundschuld zu 100.000,00 EUR zur weiteren dinglichen Haftung. Persönliche Erklärungen gegenüber dem Gläubiger (Schuldanerkenntnis etc.) werden nicht abgegeben.
- Übernahme der Kosten für eine standesgemäße Beerdigung des Veräußerers sowie Verpflichtung zur Grabpflege.
- Verpflichtung zu Wart und Pflege bei Krankheit und Gebrechlichkeit.
- Der Erwerber verzichtet mit Rücksicht auf die Überlassung (vollumfänglich) auf sein gesetzliches Pflichtteilsrecht am Nachlass des Veräußerers.
- Max Bauer, der zur Beurkundung miterschienene Bruder des Erwerbers, verzichtet in derselben Urkunde auf sein gesetzliches Pflichtteilsrecht am Nachlass des Veräußerers, gegenständlich beschränkt auf das Vertragsobjekt.

Der Notar wird beauftragt, die erforderliche Genehmigung nach dem GrdstVG einzuholen.

Wertangaben:
- landwirtschaftlicher Nebenerwerbsbetrieb (samt Hofstelle): Einheitswert (lt. vorgelegtem Bescheid des Finanzamts) 12.000,00 EUR; Verkehrswert 480.000,00 EUR;
- (modifiziertes) Restvermögen des Veräußerers: 120.000,00 EUR.

Lösung Beurkundungsverfahren:

Ist ein land- oder forstwirtschaftlicher Betrieb Gegenstand der Übergabe, so ist für die Bewertung der Veräußererleistung die Sonderbestimmung des § 48 Abs. 1 GNotKG zu beachten, soweit die erforderlichen Voraussetzungen gegeben sind (Hofstelle mit Wohngebäude, Mindestgröße, Fortführung durch den Erwerber selbst; zum Nachlesen: *Tiedtke*, Notarkosten § 2 Rn 13).

Liegen alle notwendigen Voraussetzungen vor, ist der land- oder forstwirtschaftliche Betrieb anstelle des Verkehrswertes nach § 46 GNotKG mit dem 4-fachen des zuletzt festgestellten Einheitswertes (= steuerlicher Wert, welcher von den Finanzbehörden auf der Grundlage des Bewertungsgesetzes [BewG] festgestellt wird).

Der Gesamtwert der Erwerberleistungen setzt sich zusammen aus

a) der Übernahme der betrieblichen Verbindlichkeiten, welche mit dem Nominalbetrag der tatsächlich übernommenen Schuld anzunehmen ist. Übernimmt der Erwerber die zur Sicherung der Verbindlichkeiten im Grundbuch eingetragene Grundschuld (Übernahme zur weiteren dinglichen Haftung), bleibt dies als unselbständige Vertragsabrede unbewertet.

b) dem (vollumfänglichen) Verzicht des Erwerbers auf sein gesetzliches Pflichtteilsrecht am Nachlass des Veräußerers. Der hierfür maßgebende Geschäftswert ist nach § 102 Abs. 4 u. 1 GNotKG zu bestimmen. Maßgebend ist der in Höhe der Pflichtteilsquote anzunehmende Bruchteil des Verzichtenden (hier: $^1/_4$ nach §§ 2303 Abs. 1 S. 2, 1924 Abs. 4 BGB) am modifizierten Reinvermögen (Restvermögen) des Erblassers.

c) der Übernahme der Begräbniskosten und der Grabpflege. Der hierfür anzunehmende Wert ist gem. § 36 Abs. 1 GNotKG nach billigem Ermessen zu bestimmen. Als angemessen erscheint ein Wertansatz von ca. 5.000,00 EUR bis 10.000,00 EUR.

d) der Verpflichtung zu Wart und Pflege im Falle von Krankheit und Gebrechlichkeit des Veräußerers. Der hierfür anzunehmende Wert ist nach § 52 Abs. 4 u. 6 GNotKG zu bestimmen. Der zugrunde zu legende Jahreswert der wiederkehrenden Leistung kann anhand des Pflegegeldes nach SGB XI bei Pflegegrad 2 (mtl. 316,00 EUR) bemessen werden. Der ermittelte Jahreswert ist entsprechend dem nach § 52 Abs. 4 maßgebenden Multiplikator zu vervielfältigen; da jedoch nicht feststeht, ob und ab welchem Zeitpunkt vom Erwerber entsprechende Leistungen zu erbringen sind, erscheint gem. § 52 Abs. 6 GNotKG ein angemessener Wertabschlag veranlasst.

Der mitbeurkundete Pflichtteilsverzicht des Bruders des Erwerbers stellt einen verschiedenen Beurkundungsgegenstand i.S.v. § 86 Abs. 2 GNotKG dar. Beschränkt sich der Verzicht weichender Erben auf Pflichtteilsergänzungsansprüche (gegenständlich beschränkter Pflichtteilsverzicht), bestimmt sich der Geschäftswert nach der Pflichtteilsquote des Verzichtenden, bezogen auf den Wert des betroffenen Gegenstandes, abzüglich darauf lastender Verbindlichkeiten (max. bis zur Hälfte des Gegenstandswertes; § 102 Abs. 4 i.V.m. Abs. 3 u. 1 GNotKG). Zu den abzugsfähigen Verbindlichkeiten gehören auch die im Überlassungsvertrag vereinbarten Gegen-leistungen des Erwerbers. Bezieht sich die Verzichtserklärung auf einen nach § 48 Abs. 1 GNotKG zu bewertenden land- oder forstwirtschaftlichen Betrieb, sind die betrieblichen Verbindlichkeiten und die vereinbarten Gegenleistungen des Erwerbers allerdings nur in dem Verhältnis abzuziehen, das dem Verhältnis des 4-fachen Einheitswertes zum Verkehrswert des Betriebes entspricht.

Die Werte der verschiedenen Beurkundungsgegenstände sind gem. § 35 Abs. 1 GNotKG zu addieren. Die Summe der Werte bildet den Wert des Beurkundungsverfahrens.

Übergabe – Geschäftswert, § 97 Abs. 3 GNotKG	
Leistung des Veräußerers § 48 Abs. 1 GNotKG, 4-facher Einheitswert des landwirtschaftlichen Betriebes (EW 12.000,00 EUR x 4)	48.000,00 EUR
Leistungen des Erwerbers *Übernahme der betrieblichen Verbindlichkeiten*	35.000,00 EUR
Pflichtteilsverzicht – § 102 Abs. 4 GNotKG (Restvermögen, mod. Reinvermögen, des Veräußerers = 120.000,00 EUR, davon $^1/_4$ = Pflichtteilsquote des Verzichtenden)	30.000,00 EUR

Wart und Pflege – § 52 Abs. 4 u. 6 GNotKG (angenommene mtl. Leistung zu 316,00 EUR x 12 x 10 = 37.920,00 EUR, davon Abschlag 30 %)	26.544,00 EUR
Übernahme Beerdigungskosten, Grabpflege – § 36 Abs. 1 GNotKG (geschätzt)	10.000,00 EUR
maßgebender Wertansatz für die Übergabe (bemessen nach den höherwertigen Erwerberleistungen)	101.544,00 EUR
Pflichtteilsverzicht Bruder (gegenständlich beschränkt) – Geschäftswert, §§ 102 Abs. 4, 3 u. 1 GNotKG (Ausgangswert = 4-facher Einheitswert des Vertragsgegenstandes, abzüglich Verbindlichkeiten und Gegenleistungen im Verhältnis des 4-fachen Einheitswertes zum Verkehrswert, hier: 10 %; Wertansatz daher 48.000,00 EUR abzüglich 10.154,40 EUR = 37.845,60 EUR, davon $^{1}/_{4}$)	9.461,40 EUR
Gesamtwert des Beurkundungsverfahrens, § 35 Abs. 1 GNotKG	111.005,40 EUR
hieraus 2,0-Gebühr gem. KV-Nr. 21100 GNotKG	600,00 EUR

Lösung Vollzugstätigkeit:

Bei der Einholung der Genehmigung nach dem GrdstVG handelt es sich um eine (einfache) Vollzugtätigkeit gem. Vorbem. 2.2.1.1 Abs. 1 S. 2 Nr. 1 KV GNotKG. Hierfür fällt eine 0,5-Vollzugsgebühr nach KV-Nr. 22110 GNotKG an, welche durch KV-Nr. 22112 GNotKG auf 50,00 EUR begrenzt wird.

Als Geschäftswert für die Vollzugsgebühr ist gem. § 112 GNotKG der Wert des Beurkundungsverfahrens anzunehmen.

Geschäftswert, § 112 GNotKG	111.005,40 EUR
0,5-Gebühr nach KV-Nr. 22110, 22112 GNotKG	50,00 EUR

29 **Frage 29:**

Die Eheleute Hans und Greta Müller (in Gütergemeinschaft lebend) überlassen an ihre beiden Kinder Sarah und Theresa zum Miteigentum je zur Hälfte ein mit einem Zweifamilienhaus bebautes Grundstück.

Gegenleistungen werden nicht vereinbart.

- Die Erwerber untereinander treffen mit Rücksicht auf die künftig bestehende Miteigentümergemeinschaft folgende Vereinbarungen:
- Benutzungsregelung dergestalt, dass Sarah die alleinige und ausschließliche Nutzung der Wohnung im Erdgeschoss des Vertragsanwesens (samt Terrasse) zusteht, sowie Theresa die alleinige und ausschließliche Nutzung der Wohnung im Obergeschoss des Vertragsanwesens. Alle übrigen Räumlichkeiten und Einrichtungen im Vertragsanwesen, ebenso das Grundstück selbst, werden von den Miteigentümern gemeinschaftlich genutzt.
- Das Recht, die Aufhebung der Gemeinschaft zu verlangen, wird auf die Dauer von 25 Jahren ausgeschlossen.
- Sarah und Theresa räumen sich gegenseitig, am jeweils erworbenen Miteigentumsanteil, ein Vorkaufsrecht ein (für alle Verkaufsfälle, je zugunsten des Inhabers des anderen Miteigentumsanteils).
- Die Eintragung der getroffenen Miteigentümerregelungen im Grundbuch (als Belastung eines jeden Miteigentumsanteils; § 1010 BGB) wird bewilligt und beantragt, ebenso die Eintragung der eingeräumten Vorkaufsrechte.
- Greta Müller wird bei Beurkundung aufgrund mündlich erteilter Vollmacht von ihrem Ehemann Hans vertreten; der Notar wird beauftragt, die zum Grundbuchvollzug erforderliche Vollmachtsbestätigung (mit Entwurf) einzuholen.

Wertangaben:

Der Verkehrswert des überlassenen Grundbesitzes samt Gebäude wird von den Beteiligten mit 360.000,00 EUR angegeben.

Lösung Beurkundungsverfahren:

Die zwischen den Erwerbern getroffenen Miteigentümerregelungen (Benutzungsregelung, Aufhebungsschluss, gegenseitige Vorkaufsrechtseinräumung) stellen sowohl im Verhältnis zur Überlassung, wie auch im Verhältnis zueinander verschiedene Beurkundungsgegenstände i.S.v. § 86 Abs. 2 GNotKG dar.

Der für die Benutzungsregelung und auch für den Aufhebungsausschluss jeweils anzunehmende Geschäftswert ist gem. § 51 Abs. 2 GNotKG mit 30 % des von der Vereinbarung betroffenen Gegenstandes (= Vertragsobjekt) anzunehmen.

Die gegenseitigen Vorkaufsrechte stehen in einem Austauschverhältnis nach § 97 Abs. 3 GNotKG. Anzusetzen ist daher nur der Wert eines Vorkaufsrechts. Bei unterschied-licher Wertigkeit, ist das höherwertigere Vorkaufsrecht zu bewerten. Der für die jeweilige Vorkaufsrechtseinräumung anzunehmende Geschäftswert ist nach § 51 Abs. 1 Satz 2 GNotKG zu bestimmen; somit maßgebender Wertansatz: 50 % vom Wert des jeweils betroffenen Miteigentumsanteils.

Die Werte der verschiedenen Beurkundungsgegenstände sind gem. § 35 Abs. 1 GNotKG zu addieren. Die Summe der Werte bildet den Wert des Beurkundungsverfahrens.

Überlassung – Geschäftswert, §§ 97 Abs. 1, 46 GNotKG (Verkehrswert des überlassenen Grundbesitzes mit Gebäude)	360.000,00 EUR
Benutzungsregelung – Geschäftswert, §§ 97 Abs. 1, 52 Abs. 1 GNotKG (Ausgangswert = Verkehrswert des Vertragsobjekts mit 360.000,00 EUR, davon 30 %)	108.000,00 EUR
Aufhebungsausschluss – Geschäftswert, §§ 97 Abs. 1, 52 Abs. 1 GNotKG (Ausgangswert = Verkehrswert des Vertragsobjekts mit 360.000,00 EUR, davon 30 %)	108.000,00 EUR
Gegenseitige Vorkaufsrechtseinräumung – Geschäftswert, §§ 97 Abs. 1 u. 3, 51 Abs. 1 Satz 2 GNotKG (Ausgangswert = Wert eines Hälfte-Miteigentumsanteils mit 180.000,00 EUR, davon 50 %)	90.000,00 EUR
Gesamtwert des Beurkundungsverfahrens, § 35 Abs. 1 GNotKG	666.000,00 EUR
hieraus 2,0-Gebühr gem. KV-Nr. 21100 GNotKG	2.510,00 EUR

Lösung Vollzugstätigkeit:

Holt der Notar auftragsgemäß eine Vollmachtsbestätigung ein, liegt eine Vollzugs-tätigkeit gem. Vorbem. 2.2.1.1 Abs. 1 S. 2 Nr. 5 KV GNotKG vor. Hierfür fällt eine (ungedeckte) 0,5-Vollzugsgebühr nach KV-Nr. 22110 GNotKG aus dem Wert des Beurkundungsverfahrens (§ 112 GNotKG) an.

Bewertung:

Geschäftswert, § 112 GNotKG	666.000,00 EUR
0,5-Gebühr nach KV-Nr. 22110 GNotKG	627,50 EUR

Ergänzung

Eine Woche nach Beurkundung der Überlassung unterzeichnet Greta Müller bei demjenigen Notar, der die Überlassung beurkundet hat, die im Entwurf übersandte Vollmachtsbestätigung. Der Notar beglaubigt deren Unterschrift.

Lösung weitere Tätigkeit:

Obwohl der Notar den Entwurf der Vollmachtsbestätigung gefertigt hat, ist die (erste) Beglaubigung der Unterschrift kostenpflichtig. Die Fertigung der Erklärung durch den Notar ist nicht als Entwurf bewertet worden, sondern als Vollzugstätigkeit zum Überlassungsvertrag; Vorbem. 2.4.1 Abs. 2 KV GNotKG ist daher nicht einschlägig.

Der für die Unterschriftsbeglaubigung maßgebende Geschäftswert bestimmt sich gem. §§ 121, 98 Abs. 1 u. 2 GNotKG nach dem Anteil von Greta Müller an demjenigen Geschäft, auf das sich die Vollmachtsbestätigung bezieht. Bei Gesamthandsverhältnissen (hier: Gütergemeinschaft) bemisst sich dieser Anteil nach der Beteiligung am Gesamthandsvermögen (hier: 1/2). Da sich die Vollmachtsbestätigung ausschließlich auf die Überlassung bezieht (nicht aber auf die hierzu gegenstandsverschiedenen Miteigentümerregelungen der Erwerber untereinander), ergibt sich ein anzunehmender Geschäftswert von 180.000,00 EUR.

Die Beglaubigung der Unterschrift löst eine 0,2-Gebühr nach KV-Nr. 25100 GNotKG (mit mindestens 20,00 EUR und höchstens 70,00 EUR) aus.

Unterschriftsbeglaubigung – Geschäftswert, §§ 121, 98 Abs. 1 u. 2 GNotKG	180.000,00 EUR
0,2-Gebühr nach KV-Nr. 25100 GNotKG (hier Höchstgebühr)	70,00 EUR

30 **Frage 30:**

Emil Stein überlässt an seine Tochter Gunda einen Miteigentumsanteil zu 40/100 an seinem (mit einem Zweifamilienhaus bebauten) Grundstück. Mit Vollzug der Überlassung werden somit Emil Stein zu 60/100 und dessen Tochter Gunda zu 40/100 Eigentümer des betreffenden Grundstücks sein.

Gegenleistungen werden nicht vereinbart.

Die Beteiligten treffen mit Rücksicht auf die künftig bestehende Miteigentümergemeinschaft folgende Vereinbarungen:
- Benutzungsregelung dergestalt, dass Emil die alleinige und ausschließliche Nutzung der Wohnung im Erdgeschoss des Vertragsanwesens sowie der vorhandenen Doppelgarage zusteht, sowie Gunda die alleinige und ausschließliche Nutzung der Wohnung im Obergeschoss des Vertragsanwesens sowie des vorhandenen Carports. Alle übrigen Räumlichkeiten und Einrichtungen im Vertragsanwesen, ebenso das Grundstück selbst, werden von den Miteigentümern gemeinschaftlich genutzt.
- Nur für den Inhaber des von Gunda erworbenen Miteigentumsanteils (40/100) wird das Recht, die Aufhebung der Gemeinschaft zu verlangen, auf die Lebensdauer von Emil Stein ausgeschlossen.
- Die Eintragung der getroffenen Miteigentümerregelungen im Grundbuch (als Belastung des jeweils betroffenen Miteigentumsanteils; § 1010 BGB) wird bewilligt und beantragt.

Wertangaben:

Der Verkehrswert des Vertragsobjekts wird von den Beteiligten mit 480.000,00 EUR angegeben.

Lösung Beurkundungsverfahren:

Auch wenn der Veräußerer Miteigentümer des Vertragsobjekts bleibt, stellen die zwischen den Beteiligten mit Rücksicht auf die künftige Miteigentümergemeinschaft getroffenen Regelungen (Benutzungsregelung, Aufhebungsschluss) im Verhältnis zur Überlassung, wie auch im Verhältnis zueinander verschiedene Beurkundungsgegenstände i.S.v. § 86 Abs. 2 GNotKG dar.

Der für die Benutzungsregelung wie auch für den Aufhebungsausschluss anzunehmende Geschäftswert ist gem. § 51 Abs. 2 GNotKG jeweils mit 30 % des von der jeweiligen Vereinbarung (Beschränkung) betroffenen Gegenstandes anzunehmen.

Die Benutzungsregelung betrifft zweifelsohne das Vertragsobjekt insgesamt, so dass sich hierfür ein Wertansatz von (480.000,00 EUR, davon 30 % =) 144.000,00 EUR ergibt.

Fraglich ist, ob sich für den Aufhebungsausschluss mit Rücksicht darauf, dass das Recht, die Aufhebung der Bruchteilsgemeinschaft zu verlangen, allein für den Inhaber des von der

Tochter Gunda erworbenen Miteigentumsanteils vereinbart wird, ein abweichender Bezugswert ergibt. Der Wortlaut des § 51 Abs. 2 GNotKG stellt jedoch für die Wertbestimmung auf den Wert des „von der Beschränkung betroffenen Gegenstands" ab. Dies ist auch hier der (künftig) gemeinschaftliche Grundbesitz. Wertansatz für den Aufhebungsausschluss somit ebenfalls 144.000,00 EUR.

Die Werte der verschiedenen Beurkundungsgegenstände sind gem. § 35 Abs. 1 GNotKG zu addieren. Die Summe der Werte bildet den Wert des Beurkundungsverfahrens.

Überlassung – Geschäftswert, §§ 97 Abs. 1, 46 GNotKG (Verkehrswert des überlassenen Grundbesitzes mit Gebäude)	480.000,00 EUR
Benutzungsregelung – Geschäftswert, §§ 97 Abs. 1, 52 Abs. 1 GNotKG (Ausgangswert = Verkehrswert des Vertragsobjekts mit 480.000,00 EUR, davon 30 %)	144.000,00 EUR
Aufhebungsausschluss – Geschäftswert, §§ 97 Abs. 1, 52 Abs. 1 GNotKG (Ausgangswert = Verkehrswert des Vertragsobjekts mit 480.000,00 EUR, davon 30 %)	144.000,00 EUR
Gesamtwert des Beurkundungsverfahrens, § 35 Abs. 1 GNotKG	768.000,00 EUR
hieraus 2,0-Gebühr gem. KV-Nr. 21100 GNotKG	2.830,00 EUR

G. Adoption, Vaterschaft, Sorgerecht

Frage 31: 31

Angela Assmann und Berthold Burer erscheinen zu einem Beratungstermin über eine Adoption. Frau Assmann will Herrn Burer adoptieren, der bereits volljährig ist. Die beiden wollen wissen, ob es einen Unterschied zwischen der Volljährigen- und der Minderjährigenadoption gibt und ob ein Volljähriger auch mit den Wirkungen einer Minderjährigenadoption angenommen werden kann.

Antwort:

Durch die Minderjährigenadoption erlöschen die Verwandtschaftsverhältnisse zu den bisherigen Verwandten des Kindes, § 1755 BGB, und es wird eine Verwandtschaft zur Familie des Annehmenden begründet, § 1754 BGB. Die Volljährigenadoption hat diese Wirkungen nicht, § 1770 BGB. Auf Antrag des Annehmenden und des Anzunehmenden und unter den Voraussetzungen des § 1772 BGB kann ein Volljähriger jedoch auch mit den Wirkungen einer Minderjährigenadoption angenommen werden.

(Zum Nachlesen: *Ziegert/Vollrath*, Familienrecht, § 2 Rn 71 ff.)

Frage 32: 32

Wann bedarf es eines Vaterschaftsanerkenntnisses und Sorgeerklärung? Gibt es hierfür Formvorschriften?

Antwort:

Das Vaterschaftsanerkenntnis wird notwendig, wenn ein Kind gem. § 1592 Nr. 1 BGB keinen Vater hat, weil seine Eltern nicht verheiratet sind, oder die Vaterschaft des Ehemannes der Mutter durch diejenige eines anderen Mannes ersetzt werden soll. § 1594 BGB regelt, welche Voraussetzungen erfüllt sein müssen, damit eine Vaterschaftsanerkennung wirksam wird: Die Vaterschaftsanerkennung und alle Zustimmungen müssen öffentlich beurkundet werden (§ 1596 Abs. 1 BGB).

Die Sorgeerklärung wird notwendig, wenn die Eltern nicht verheiratet sind. Voraussetzung ist, dass die Elternschaft von Vater und Mutter feststeht (ggf. erst Anerkennung/gerichtliche Feststellung der Vaterschaft) Die Sorgeerklärung muss öffentlich beurkundet werden (§ 1626d Abs. 1 BGB).

(Zum Nachlesen: *Ziegert/Vollrath*, Familienrecht, § 2 Rn 14 ff., Rn 56 ff.)

H. Internationales Güterrecht

33 Frage 33:

Nach mehrjähriger Tätigkeit bei Notar M haben Sie frisch Ihre Stelle bei Notarin N angetreten. Vorzubereiten ist ein Immobilienkaufvertrag. Der Makler benennt Frau A und Herrn B als Käufer. Sie ist Italienerin, er ist Deutscher.

Sie telefonieren, um den richtigen Güterstand ermitteln, damit Sie das Erwerbsverhältnis der beiden (§ 47 Abs. 1 GBO) richtig bei der Bewilligung der Auflassungsvormerkung und der Auflassung in der Urkunde (und der ihr folgenden Eintragung im Grundbuch) korrekt angeben können.

Ihre Zimmernachbarin verfolgt Ihr Telefonat kopfschüttelnd und erklärt Ihnen, dass man in dieser Kanzlei das Grundbuchamt und die Urkunde überhaupt nicht mit Informationen zum Güterstand „überfrachte" – Notarin N habe angeordnet, dass a) bei den Beteiligtenangaben in der Urkunde zwar routinemäßig angegeben werde, ob jemand verheiratet sei, nicht aber in welchem Güterstand er verheiratet sei und weiter b) gemeinsam kaufende Ehegatten „immer" in Bruchteilsgemeinschaft erwerben würden.

1. Bestehen Bedenken gegen diese Praxis?
2. Notarin N dokumentiert in der Nebenakte, also außerhalb der Urkunde, gleichwohl in Form eines kleinen Gutachtens, ihre Meinung zum Güterstand des Ehepaares. Warum?

Antwort:

Zu 1. Die Praxis der Notarin N ist nicht zu beanstanden – soweit es um güterrechtliche Fragestellungen auf Erwerberseite geht (zu den güterrechtlichen Fragestellungen auf Veräußerseite sehen Sie bitte Fall 24). Für Ehen, die vor dem 29.01.2019 geschlossen wurden („Alt-Ehen"), gilt güterrechtlich eine andere Anknüpfungslogik als für später geschlossene Ehen („Neu-Ehen").

Für Alt-Ehen wendet man Art. 15 EGBGB in der zwischenzeitlich aufgehobenen Fassung an:

- Für Alt-Ehen sieht Art. 15 EGBGB a.F. vor, dass das anwendbare Güterrecht sich primär nach der gemeinsamen Staatsangehörigkeit richtet.
- Handelt es sich dabei um die deutsche Staatsangehörigkeit, ist die Prüfung beendet, wir landen im deutschen „Sachrecht", also dem Familienrecht des BGB.
- Handelt es sich dabei nicht um die deutsche Staatsangehörigkeit, verweist Art. 15 EGBGB a.F. ins Ausland. Bevor wir auf das dortige „Sachrecht", also das Familienrecht, springen, müssen wir ins dortige Internationale Privatrecht schauen, also die dem Art. 15 EGBGB vergleichbaren ausländischen Normen.
- Nehmen auch diese die Regelanknüpfung nach der gemeinsamen Staatsangehörigkeit vor, so „nimmt das ausländische Recht die Verweisung an", wir gehen also tatsächlich ins ausländische Sachrecht und beurteilen danach den ausländischen Güterstand (und mit ihm die selbständigen Erwerbsmöglichkeiten jedes Ehegatten).
- Nimmt das ausländische IPR die Verweisung nicht an (formuliert es also bspw. eine Regelanknüpfung an den Ort der Eheschließung) und zeigt wieder auf das deutsche Recht zurück, so nennt man das eine „Rückverweisung" – welche unser deutsches IPR „annimmt", uns also wiederum ins eigene Sachrecht verweist.
- Es gibt Fälle, in denen das ausländische Recht nicht ein für alle Mal entscheidet, wonach sich die Anknüpfung richtet – es gibt auch „wandelbare" Anknüpfungen, bei denen sich das anwendbare Güterrecht zum Beispiel nach dem jeweils aktuellen Lebensmittelpunkt des Paares richtet.

Bei Neu-Ehen ist die Lage etwas einfacher geworden:

- Für Neu-Ehen richtet sich die Anknüpfung primär nach dem ersten gemeinsamen gewöhnlichen Aufenthalt nach der Eheschließung (Art. 26 Abs. 1 EuGüVO).
- Diese Verweisung ist immer eine Sachnormverweisung, wir müssen also – anders als früher – zunächst einmal nicht in das Internationale Privatrecht des ausländischen Staates schauen – und zwar egal ob dieser ein an der EuGüVO teilnehmender Staat ist oder nicht (vgl. Art. 32 EuGüVO).

Für uns als Rechtsanwender ist damit das Risiko verbunden, dass wir das anwendbare Recht falsch ermitteln. Sei es, dass wir bei Alt-Ehen das ausländische IPR nicht richtig anwenden, sei es, dass wir (bei Alt-Ehen oder bei Neu-Ehen) den Inhalt des ausländischen Sachrechts nicht richtig verstehen.

In dieser Situation hilft folgende Faustformel (die für Auflassungen an Ehegatten gedacht ist, bei denen sich nachträglich herausstellt, dass man von einem falschen Güterstand ausgegangen ist): *„Die Auflassung zu Bruchteilen ist immer richtig."* Wird an zwei Personen aufgelassen, die in Wahrheit in Gütergemeinschaft verheiratet sind (obwohl sie angegeben haben, in Zugewinngemeinschaft verheiratet zu sein), so erwirbt jeder von beiden seinen Bruchteil – unmittelbar anschließend vereinigen sich die beiden Bruchteile wieder zu einem Ganzen wegen der Gütergemeinschaft. Die Auflassung wird also als wirksam behandelt – lediglich das Grundbuch ist unrichtig, soweit es die Angabe des Erwerbsverhältnisses geht. Umgekehrt wäre das nicht der Fall – eine Auflassung, die an zwei Personen als „Berechtigte in Gütergemeinschaft" erklärt wird (obwohl diese in Wahrheit nicht in Gütergemeinschaft miteinander verheiratet sind), wird als unwirksam erachtet.

Vor diesem Hintergrund kann man dem Grundbuchamt die Würdigung des Gemeinschaftsverhältnisses „ersparen", indem zu den für die internationalprivatrechtliche Anknüpfung maßgeblichen Tatsachen in der Urkunde nichts gesagt wird.

Im Rahmen des § 47 GBO ist das Grundbuchamt an die Angaben der Beteiligten gebunden – es sei denn das Grundbuchamt weiß positiv, dass diese widersprüchlich oder falsch sind. Eine Diskussion darüber, welches der „wahre" Güterstand der Erwerber sei, müssen wir mit dem Grundbuchamt aber regelmäßig nicht führen.

Zu 2. Dokumentation in der Nebenakte

Von notarieller Seite aus muss der Notar sich jedoch (anders als das Grundbuchamt) mit dem „wahren" Güterstand der Erwerber befassen, wenn entweder
- die Erwerber ein von der hälftigen Beteiligung abweichendes Erwerbsverhältnis (also bspw. einen Bruchteilserwerb 70:30) vereinbaren wollen – dann muss der Notar sicher sein, dass das auch wirklich klappt,
- oder ein Alleinerwerber sicher sein möchte, dass er das zu Alleineigentum Erworbene auch wirklich zu Alleineigentum erwerben kann – und nicht etwa erst im Rahmen einer kurze Zeit später stattfindenden Veräußerung erfahren muss, dass er zur Veräußerung der Zustimmung des Ehegatten bedarf (dazu Fall 24)

Nur insoweit ist der Notar – und dann nicht dem Grundbuchamt gegenüber, sondern dem Erwerber gegenüber im Rahmen des § 17 BeurkG (Tragweitenbelehrung) – verpflichtet, den „wahren" Güterstand zu ermitteln. Spielen diese beiden Fragen keine Rolle, so kann sich der Notar mit einer außerhalb der Urkunde dokumentierten Belehrung begnügen, derzufolge er den anwendbaren Güterstand nicht sicher beurteilen kann.

Um das anwendbare Güterrecht und den geltenden Güterstand korrekt zu ermitteln, müssen folgende Fragen gestellt werden:
- Haben die Ehegatten jemals eine vertragliche Regelung zu dem zwischen ihnen geltenden Güterstand getroffen? Wenn ja, müssen die Ehegatten Ihnen vorab eine Kopie der Regelung überlassen.
- Eine güterrechtliche Regelung kann auch Teil eines Immobilienkaufvertrages sein, den die Ehegatten früher schon einmal geschlossen haben – falls sie den Vertrag nicht zur Hand haben und allein oder gemeinsam Immobilieneigentum besitzen, lassen Sie sich bitte die Grundbuchstelle benennen und recherchieren dort.
- Wann haben die Eheleute geheiratet? Für eine Eheschließung vor dem 29.01.2019 gelten andere Regeln als für Eheschließungen seit diesem Datum.
- Welche Staatsangehörigkeiten besaßen die Eheleute im Zeitpunkt der Eheschließung?
- Wo befand sich der Lebensmittelpunkt jedes Ehegatten im Zeitpunkt der Eheschließung?
- Wann und wo befand sich der erste gemeinsame Lebensmittelpunkt der Ehegatten nach der Eheschließung?

Am besten hält jede Kanzlei einen Fragebogen vor, anhand dessen diese Fragen abgearbeitet werden können und welches gleich einen standardisierten Belehrungsvermerk enthält.

(Zum Nachlesen: *Falkner*, Kaufvertrag, § 2 Rn 34 ff., *Ziegert/Vollrath*, Familienrecht, § 2 Rn 520 ff.)

34 **Frage 34:**

Der bosnische Alleineigentümer B möchte eine Eigentumswohnung verkaufen, als deren Alleineigentümer er seit 2015 eingetragen ist. Seine Ehefrau ist ebenfalls Staatsangehörige von Bosnien und Herzegowina. Die beiden haben in Deutschland geheiratet und sowohl vor als auch seit der Eheschließung in Deutschland gelebt und dort zusammengewohnt.

1. Bedarf es für den Verkauf der Zustimmung der Ehefrau, wenn die beiden 2018 geheiratet haben?
2. Wie sieht es aus, wenn die Eheschließung 2020 war?
3. Was gilt, wenn der Verkäufer behauptet nicht verheiratet zu sein – und sich erst nach Eigentumsumschreibung herausstellt, dass er verheiratet war?

Antwort:

Zu 1. Eheschließung 2018

Es handelt sich um eine Alt-Ehe (i.S.d. zu Fall 23 verwendeten Terminologie). Nach Art. 15 EGBGB in der aufgehobenen Fassung wäre daher das gemeinsame Heimatrecht anzuwenden. Diese Verweisung nimmt das Recht von Bosnien und Herzegowina an (das würde „im Ernstfall" natürlich die Notarin oder der Notar persönlich ermitteln, indem er in der DNotI-Gutachtendatenbank sucht …), weil auch das dortige Recht primär an die Staatsangehörigkeit anknüpft. Damit wäre man im Familienrecht von Bosnien und Herzegowina. Dieses Familienrecht sieht als Regelgüterstand die Errungenschaftsgemeinschaft vor – voreheliche Vermögensgegenstände fallen aber möglicherweise (!) nicht in diese Errungenschaftsgemeinschaft hinein. Das „möglicherweise" deswegen, weil ein Gutachten zu genau dieser Frage vom DNotI noch nicht untersucht wurde. Praktikerlösung daher: Die Ehefrau mit erscheinen lassen und „unter jedem denkbaren rechtlichen Gesichtspunkt" zustimmen lassen – „schlimmstenfalls" verfügt der Verkäufer als Nichtberechtigter und die Zustimmung seiner Ehefrau macht die Verfügung wirksam …

Zu 2. Eheschließung 2020

Da beide in Deutschland leben, greift die neue Regelanknüpfung des Art. 26 Abs. 1 Buchstabe a EuGüVO – wir landen direkt im deutschen Güterrecht. Die Ehegattenzustimmung kann hier nach § 1365 BGB erforderlich sein. Auch hier ist es also nicht verkehrt, die Ehefrau zum Termin mit dazu zu bitten.

Zu 3. Verschwiegene Eheschließung

Verschweigt der Veräußerer, dass er verheiratet ist, so greift zugunsten des Erwerbers § 892 BGB ein: er darf nicht nur darauf vertrauen, dass der eingetragene Verkäufer Alleineigentümer ist, sondern auch darauf, dass er keinen Verfügungsbeschränkungen unterliegt.

(Zum Nachlesen: *Falkner*, Kaufvertrag, § 2 Rn 34 ff.)

I. Kosten: Familienrechtliche Angelegenheiten

35 **Frage 35:**

Die Eheleute Max und Gerda Huber schließen einen Ehevertrag, mit dem sie den gesetzlichen Güterstand der Zugewinngemeinschaft aufheben und für die fernere Ehedauer Gütertrennung vereinbaren.

Auf den Ausgleich eines etwaigen Zugewinns wird gegenseitig verzichtet.

Wertangaben:

Der Ehemann besitzt Vermögenswerte im Gesamtwert von 300.000,00 EUR; seine Verbindlichkeiten belaufen sich auf 120.000,00 EUR.

Das Vermögen der Ehefrau besteht aus einem Grundstück im Wert von 200.000,00 EUR, welches mit Verbindlichkeiten i.H.v. 160.000,00 EUR belastet ist, sowie aus weiteren Vermögensgegenständen mit einem Gesamtwert von 40.000,00 EUR.

Lösung Beurkundungsverfahren:

Der Geschäftswert für den Ehevertrag bestimmt sich nach § 100 Abs. 1 GNotKG. Maßgeblich ist das jeweilige Aktivvermögen abzüglich der Verbindlichkeiten. Der Abzug ist aber nur bis max. zum halben Vermögenswert möglich. Die Verbindlichkeiten jedes Ehegatten dürfen nur von seinem Vermögen abgezogen werden.

(Zum Nachlesen: *Tiedtke*, Notarkosten § 2 Rn 34).

Der gegenseitige Verzicht auf Zugewinnausgleich ist Teil des Ehevertrages und nicht gesondert zu bewerten.

Geschäftswert, § 100 Abs. 1 GNotKG	
modifiziertes Reinvermögen des Ehemannes (300.000,00 EUR abzüglich 120.000,00 EUR)	180.000,00 EUR
modifiziertes Reinvermögen der Ehefrau (240.000,00 EUR abzüglich 160.000,00 EUR = 80.000,00 EUR; Schuldenabzug jedoch max. bis zur Hälfte des Aktivvermögens) Wert daher	120.000,00 EUR
Summe der Werte	300.000,00 EUR
2,0-Gebühr gem. KV-Nr. 21100 GNotKG	1.270,00 EUR

Frage 36: 36

Die bislang im gesetzlichen Güterstand lebenden Eheleute Karl und Elfriede Herbst treffen folgende Vereinbarungen:
- Sie vereinbaren für die fernere Ehedauer den Güterstand der Gütertrennung.
- Zum Ausgleich des bisher entstandenen Zugewinns wird Folgendes vereinbart:
   Der Ehemann überträgt an die Ehefrau eine Eigentumswohnung im Wert von 160.000,00 EUR; im Gegenzug verpflichtet sich die Ehefrau zur Zahlung eines sofort fälligen Betrages i.H.v. 60.000,00 EUR an den Ehemann.

Die Auflassung bzgl. der Eigentumswohnung ist erklärt. Der Notar wird ermächtigt und beauftragt, die Eintragung der Auflassung im Grundbuch zu bewilligen und zu veranlassen, sobald die Zahlung des vorgenannten Betrages nachgewiesen wurde.

Zusätzliche Wertangaben:

Beiderseitiges modifiziertes Reinvermögen der Ehegatten Herbst: 420.000,00 EUR (zur Berechnung des modifizierten Reinvermögens s. Rdn 34).

Lösung Beurkundungsverfahren:

Zugewinnausgleichsregelungen sind Teil des Ehevertrages, wenn der Zugewinn in Geld auszugleichen ist. Erfolgt jedoch der Ausgleich dadurch, dass einem Ehegatten – wie hier – eine Eigentumswohnung überlassen wird, liegt gem. § 111 Nr. 2 GNotKG ein neben dem Ehevertrag gesondert zu bewertendes Rechtsverhältnis vor (Eheverträge i.S.v. § 1408 BGB sind stets besondere Beurkundungsgegenstände).

(Zum Nachlesen: *Tiedtke*, Notarkosten § 1 Rn 238 u. § 2 Rn 38).

Bei den Vereinbarungen zur Übertragung der Eigentumswohnung liegt ein Austauschvertrag vor. Die Leistungen des Ehemannes (Eigentumswohnung mit Verkehrswert 160.000,00 EUR) sind den Leistungen der Ehefrau (Zahlung eines Betrags von 60.000,00 EUR) gegenüberzustellen. Der höhere Wert ist als Geschäftswert maßgebend (§ 97 Abs. 3 GNotKG).

Die Werte sind gem. § 35 Abs. 1 GNotKG zu addieren. Die Summe der Werte bildet den Wert des Beurkundungsverfahrens.

Ehevertrag – Geschäftswert, § 100 Abs. 1 GNotKG (beiderseitiges modifiziertes Reinvermögen)	420.000,00 EUR
Übertragung Eigentumswohnung – Geschäftswert, §§ 97 Abs. 1 u. 3, 46 GNotKG (Austausch, höherwertiger ist die Leistung des Ehemannes)	160.000,00 EUR
Gesamtwert des Beurkundungsverfahrens, § 35 Abs. 1 GNotKG	580.000,00 EUR
hieraus 2,0-Gebühr gem. KV-Nr. 21100 GNotKG	2.190,00 EUR

Lösung Betreuungstätigkeit:

Eine Betreuungsgebühr fällt nach KV-Nr. 22200 Nr. 3 GNotKG für die Vorlageanweisung zum Vollzug der Auflassung an. Der Geschäftswert für die Betreuungsgebühr ist gem. § 113 Abs. 1 GNotKG der Wert des Beurkundungsverfahrens.

Geschäftswert, § 113 Abs. 1 GNotKG	580.000,00 EUR
0,5-Gebühr nach KV-Nr. 22200 GNotKG	547,50 EUR

37 **Frage 37:**

Die Eheleute Ziegler leben im gesetzlichen Güterstand. Sie treffen durch Ehevertrag folgende Vereinbarungen:

Der gesetzliche Güterstand der Zugewinngemeinschaft wird beibehalten, jedoch dahingehend modifiziert, dass

- der Zugewinnausgleich für den Fall der Beendigung der Ehe auf andere Weise als durch den Tod eines Ehegatten ausgeschlossen wird.
- die Verfügungsbeschränkungen der §§ 1365, 1369 BGB abbedungen werden.

Wertangaben:

Der Ehemann besitzt Vermögenswerte im Gesamtwert von 400.000,00 EUR; seine Verbindlichkeiten belaufen sich auf 220.000,00 EUR.

Das Vermögen der Ehefrau beläuft sich auf 120.000,00 EUR (keine Verbindlichkeiten).

(zur Berechnung des modifizierten Reinvermögens s. Rdn 34).

Lösung Beurkundungsverfahren:

Das modifizierte Reinvermögen der Ehegatten ist nicht nur bei der Vereinbarung eines anderen Güterstandes maßgebend, sondern nach § 100 Abs. 1 S. 1 Nr. 1 GNotKG bei allen ehevertraglichen Vereinbarungen gem. § 1408 BGB.

Auch die Modifikation des gesetzlichen Güterstands der Zugewinngemeinschaft erfolgt durch Ehevertrag nach § 1408 BGB, so dass auch in diesem Fall der Geschäftswert mit dem beiderseitigen modifizierten Reinvermögen der Ehegatten anzunehmen ist. Wird der gesetzliche Güterstand in mehrfacher Hinsicht modifiziert, liegt ein einheitlicher Ehevertrag vor; es verbleibt beim (einmaligen) Wertansatz nach § 100 Abs. 1 GNotKG.

Geschäftswert, § 100 Abs. 1 GNotKG (beiderseitiges modifiziertes Reinvermögen)	320.000,00 EUR
2,0-Gebühr gem. KV-Nr. 21100 GNotKG	1.270,00 EUR

38 **Frage 38:**

Ausgangsfall wie bei Rdn 37; allerdings wird als einzige Modifikation des gesetzlichen Güterstandes vereinbart, dass die Verfügungsbeschränkungen der §§ 1365, 1369 BGB abbedungen werden.

Lösung Beurkundungsverfahren:

Werden nur die Verfügungsbeschränkungen der §§ 1365, 1369 BGB ausgeschlossen, findet für diese Modifikation des gesetzlichen Güterstandes § 100 Abs. 1 GNotKG keine Anwendung. Vorrangig ist hierfür § 51 Abs. 2 GNotKG als Spezialvorschrift zu beachten.

Der Geschäftswert ist in diesem Fall daher mit 30 % vom (Aktiv-)Wert des betroffenen Vermögens (ohne Abzug von Verbindlichkeiten) anzunehmen.

Geschäftswert, § 51 Abs. 2 GNotKG (beiderseitiges Aktivvermögen = 520.000,00 EUR, davon 30 %)	156.000,00 EUR
2,0-Gebühr gem. KV-Nr. 21100 GNotKG	762,00 EUR

Frage 39: 39

Herr Anton Siegel und Frau Berta Schnor beabsichtigen zu heiraten. Sie vereinbaren ehevertraglich, was folgt:

- Für ihre Ehe soll der gesetzliche Güterstand der Zugewinngemeinschaft gelten mit der Modifikation, dass ein Zugewinnausgleich im Scheidungsfall nicht stattfindet.
- Des Weiteren wird festgestellt, dass die Ehefrau in wenigen Wochen von ihren Eltern im Wege der vorweggenommenen Erbfolge eine (unbelastete, in der Urkunde näher bezeichnete) Eigentumswohnung erhalten wird. Hierzu wird schon jetzt vereinbart, dass die Eigentumswohnung für die Berechnung des Zugewinns weder beim Anfangs- noch beim Endvermögen Berücksichtigung finden soll.

Wertangaben:

Anton Siegel besitzt Vermögenswerte im Gesamtwert von 350.000,00 EUR, seine Verbindlichkeiten belaufen sich auf 100.000,00 EUR.

Das vorhandene Vermögen von Berta Schnor beträgt 130.000,00 EUR; ihre Verbindlichkeiten belaufen sich auf 20.000,00 EUR. Der Wert der von den Eltern noch zuzuwendenden Eigentumswohnung beträgt 120.000,00 EUR.

(zur Berechnung des modifizierten Reinvermögens s. Rdn 34).

Lösung Beurkundungsverfahren:

Betrifft der Ehevertrag Vermögenswerte, die im Zeitpunkt der Beurkundung noch nicht zum Vermögen eines Ehegatten gehören, so werden diese gem. § 100 Abs. 3 GNotKG mit 30 % ihres Wertes bei der Geschäftswertbestimmung für den Ehevertrag mitberücksichtigt. Voraussetzung ist jedoch, dass diese Vermögenswerte im Ehevertrag konkret bezeichnet sind.

(Zum Nachlesen: *Tiedtke*, Notarkosten § 2 Rn 37).

Zu beachten ist, dass der entsprechende Bruchteil des künftigen Vermögens dabei erst nach der Berechnung des modifizierten Reinvermögens zugerechnet wird.

Geschäftswert, § 100 Abs. 1 und 3 GNotKG (beiderseitiges mod. Reinvermögen der Beteiligten = 360.000,00 EUR; zuzüglich 30 % von 120.000,00 EUR = 36.000,00 EUR)	396.000,00 EUR
2,0-Gebühr gem. KV-Nr. 21100 GNotKG	1.570,00 EUR

Frage 40: 40

Die in Gütergemeinschaft lebenden Landwirtseheleute Huber treffen folgende Vereinbarungen:

- Der Güterstand der Gütergemeinschaft wird aufgehoben; für die fernere Ehedauer wird der Güterstand der Gütertrennung vereinbart.
- Zur Auseinandersetzung des Gesamtguts werden folgende Regelungen getroffen:
  - Den vorhandenen landwirtschaftlichen Betrieb (Nebenerwerbsbetrieb; eigenbewirtschaftete Fläche: 10 ha) samt Hofstelle übernimmt und erhält der Ehemann zum Alleineigentum; der Ehemann führt den Betrieb fort. Zugleich übernimmt der Ehemann

die vorhandenen betrieblichen Verbindlichkeiten als künftiger Alleinschuldner und verpflichtet sich, die Ehefrau insoweit von jeglicher Inanspruchnahme durch die Gläubiger dieser Verbindlichkeiten freizustellen.

– Die derzeit vom Sohn der Eheleute Huber genutzte Eigentumswohnung erhält die Ehefrau zum Alleineigentum.

– Die an der Eigentumswohnung lastende, nicht mehr valutierte Grundschuld soll gelöscht werden. Die Beteiligten stimmen dieser Löschung mit dem Antrag auf Vollzug im Grundbuch zu.

Der Notar wird beauftragt, die Bewilligung des Grundschuldgläubigers einzuholen, ebenso die erforderliche Genehmigung nach dem GrdstVG.

Bzgl. des übrigen Vermögens (Bargeld etc.) haben sich die Beteiligten bereits außerhalb der Urkunde auseinandergesetzt.

Wertangaben:

■ landwirtschaftlicher Betrieb (samt Hofstelle): Einheitswert 21.000,00 EUR; Verkehrswert 480.000 EUR; betriebliche Verbindlichkeiten 40.000,00 EUR;

■ Eigentumswohnung: Verkehrswert 220.000,00 EUR;

■ sonstiges Vermögen: 130.000,00 EUR;

■ sonstige Verbindlichkeiten: keine.

Lösung Beurkundungsverfahren:

Der für den Ehevertrag maßgebende Geschäftswert ist nach § 100 Abs. 1 GNotKG zu bestimmen; bei der Ermittlung des beiderseitigen modifizierten Reinvermögens ist der vorhandene landwirtschaftliche Betrieb mit seinem nach § 46 GNotKG zu ermittelnden Verkehrswert zu berücksichtigen; eine Anwendung der Sonderbestimmung des § 48 Abs. 1 GNotKG scheidet aus, da eine ehevertragliche (güterrechtliche) Vereinbarung keine „Zuwendung" i.S.v. § 48 Abs. 1 GNotKG darstellt.

Setzen sich die Ehegatten zugleich über bisher zum Gesamtgut der Gütergemeinschaft gehörende Vermögenswerte auseinander, liegt gem. § 111 Nr. 2 GNotKG ein zum Ehevertrag gegenstandsverschiedenes Rechtsverhältnis vor (Eheverträge sind stets besondere Beurkundungsgegenstände).

Der für die Auseinandersetzung maßgebende Wert bestimmt sich gem. § 97 Abs. 1 GNotKG nach dem Gesamtwert der hiervon betroffenen Vermögensgegenstände (gem. § 38 GNotKG ohne Schuldenabzug). Allerdings ist für die dabei vorgenommene Übertragung des landwirtschaftlichen Betriebes, soweit die erforderlichen Voraus-setzungen (Hofstelle mit Wohnhaus, Mindestgröße, Fortführung durch den Erwerber) gegeben sind, § 48 Abs. 1 GNotKG zu beachten und anzuwenden.

Die Regelung bzgl. der betrieblichen Verbindlichkeiten ist Teil der Auseinandersetzungsvereinbarung.

Die Werte sind gem. § 35 Abs. 1 GNotKG zu addieren. Die Summe der Werte bildet den Wert des Beurkundungsverfahrens.

Ehevertrag – Geschäftswert, § 100 Abs. 1 GNotKG (beiderseitiges modifiziertes Reinvermögen: 480.000,00 EUR + 220.000,00 EUR + 130.000,00 EUR – 40.000,00 EUR)	790.000,00 EUR
Auseinandersetzung – Geschäftswert, §§ 97 Abs. 1, 46, 48 Abs. 1 GNotKG (Verkehrswert Eigentumswohnung + 4-facher Einheitswert des landwirtschaftlichen Betriebs)	304.000,00 EUR
Gesamtwert des Beurkundungsverfahrens, § 35 Abs. 1 GNotKG	1.094.000,00 EUR
hieraus 2,0-Gebühr gem. KV-Nr. 21100 GNotKG	3.790,00 EUR

Lösung Vollzugstätigkeit:

Bei der Einholung der Genehmigung nach dem GrdstVG sowie der Löschungsbewilligung des Grundpfandrechtsgläubigers handelt es sich um Vollzugstätigkeiten gem. Vorbem. 2.2.1.1 Abs. 1 S. 2 Nr. 1 u. Nr. 9 KV GNotKG. Da sich die Tätigkeit nicht auf die einfache Vollzugstätigkeit nach Vorbem. 2.2.1.1 Abs. 1 S. 2 Nr. 1 KV GNotKG beschränkt, fällt eine ungedeckte Vollzugsgebühr nach KV-Nr. 22110 GNotKG an. Auch wenn der Notar auftragsgemäß mehrere Vollzugstätigkeiten durchführt, entsteht die Vollzugsgebühr nur einmal (§ 93 Abs. 1 GNotKG).

Als Geschäftswert für die Vollzugsgebühr ist gem. § 112 GNotKG der Wert des Beurkundungsverfahrens anzunehmen.

Geschäftswert, § 112 GNotKG	1.094.000,00 EUR
0,5-Gebühr nach KV-Nr. 22110 GNotKG	947,50 EUR

Frage 41: 41

Die Ehegatten Beisl (beide österreichische Staatsangehörige) leben seit drei Jahren in Deutschland.

Im Wege des Ehevertrages wählen sie zum einen für die güterrechtlichen Wirkungen ihrer Ehe nach Art. 22 EuGüVO deutsches Recht und vereinbaren zum anderen den Güterstand der Gütertrennung.

Wertangaben:

Vermögen des Ehemannes: Eigentumswohnung (Verkehrswert 240.000,00 EUR, darauf lasten Verbindlichkeiten i.H.v. 180.000,00 EUR), sonstiges Vermögen (Wohnungseinrichtung, Barvermögen etc.) 50.000,00 EUR.

Vermögen der Ehefrau: Baugrundstück (Verkehrswert 140.000,00 EUR, unbelastet); kein weiteres Vermögen.

(zur Berechnung des modifizierten Reinvermögens s. Frage 33).

Lösung Beurkundungsverfahren:

§ 111 Nr. 4 GNotKG bestimmt, dass Rechtswahlen nach dem internationalen Privatrecht stets einen besonderen Gegenstand darstellen.

Auch der Ehevertrag nach § 1408 BGB bildet nach § 111 Nr. 2 GNotKG stets einen besonderen Beurkundungsgegenstand.

Der Geschäftswert einer Rechtswahl für die güterrechtlichen Wirkungen der Ehe ist nach § 104 Abs. 1 GNotKG mit 30 % des Wertes anzunehmen, der sich in entsprechender Anwendung des § 100 GNotKG ergibt, hier demnach mit 30 % des beiderseitigen modifizierten Reinvermögens.

(Zum Nachlesen: *Tiedtke*, Notarkosten § 2 Rn 44, 45).

Die Werte der besonderen Beurkundungsgegenstände sind gem. § 35 Abs. 1 GNotKG zu addieren und bilden so den Gesamtwert des Beurkundungsverfahrens.

Rechtswahl – Geschäftswert, § 104 Abs. 1 GNotKG (beiderseitiges modifiziertes Reinvermögen = 285.000,00 EUR, davon 30 %)	85.500,00 EUR
Ehevertrag – Geschäftswert § 100 Abs. 1 GNotKG (beiderseitiges modifiziertes Reinvermögen)	285.000,00 EUR
Gesamtwert des Beurkundungsverfahrens, § 35 Abs. 1 GNotKG	370.500,00 EUR
hieraus 2,0-Gebühr gem. KV-Nr. 21100 GNotKG	1.470,00 EUR

42 **Frage 42:**

Die Ehegatten Müller (Ehemann 45 Jahre alt, Ehefrau 41 Jahre alt, keine Kinder) treffen die nachfolgenden Vereinbarungen und Regelungen für den Fall der Scheidung ihrer Ehe. Eine Scheidung ist derzeit jedoch nicht beabsichtigt.

- Die Ehegatten Müller heben den Güterstand der Zugewinngemeinschaft auf und vereinbaren den Güterstand der Gütertrennung. Auf Zugewinnausgleich für die Vergangenheit wird verzichtet.

- Der Ehemann verpflichtet sich, im Falle der Scheidung an seine Ehefrau auf die Dauer von 10 Jahren einen monatlichen Unterhalt von 650,00 EUR zu zahlen; hierzu wird eine Wertsicherungsklausel vereinbart. Die Zahlungspflicht endet in jedem Fall mit dem Ableben der Ehefrau.

- Die Ehegatten Müller haben Rentenanwartschaften erworben, wodurch jeder für sich ausreichend versorgt ist. Sie verzichten daher auf Durchführung des Versorgungsausgleichs. Die Kapitalwerte der Versorgungsanwartschaften, die während der Ehe erworben wurden, betragen: Ehefrau = 40.000,00 EUR, Ehemann = 120.000,00 EUR.

Zusätzliche Wertangaben:

Vermögen des Ehemannes: Eigentumswohnung (Verkehrswert 240.000,00 EUR, darauf lasten Verbindlichkeiten i.H.v. 100.000,00 EUR), sonstiges Vermögen (Wohnungseinrichtung, Barvermögen etc.) 50.000,00 EUR.

Vermögen der Ehefrau: Baugrundstück (Verkehrswert 140.000,00 EUR, unbelastet); sonstiges Vermögen 20.000,00 EUR.

(zur Berechnung des modifizierten Reinvermögens s. Frage 33).

Lösung Beurkundungsverfahren:

Der für die güterrechtliche Regelung (Ehevertrag) maßgebende Geschäftswert ist nach § 100 Abs. 1 GNotKG zu bestimmen; maßgebend ist das beiderseitige modifizierte Reinvermögen der Ehegatten.

Eheverträge (nach § 1408 BGB) sind gem. § 111 Nr. 2 GNotKG ohnehin stets besondere Beurkundungsgegenstände. Die übrigen Vereinbarungen zum nachehelichen Unterhalt sowie zum Versorgungsausgleich stellen damit sowohl im Verhältnis zum Ehevertrag wie auch zueinander verschiedene Beurkundungsgegenstände dar.

Für die Berechnung des Geschäftswertes der Unterhaltsverpflichtungen gegenüber der Ehefrau ist § 52 Abs. 2 und 4 GNotKG maßgebend. Die Leistung wird hier auf eine bestimmte Dauer vereinbart (zehn Jahre). Der Multiplikator nach Abs. 4 GNotKG (15 bei Lebensalter 41 Jahre) wird dabei nicht überschritten (§ 52 Abs. 2 S. 3 GNotKG). Da der Beginn der Unterhaltspflicht nicht feststeht, ist § 52 Abs. 6 GNotKG zu beachten. Liegen keine Anhaltspunkte für einen Beginn vor, kann ein Abschlag bis zu 50 % vorgenommen werden. Die vereinbarte Wertsicherungsklausel bleibt gem. § 52 Abs. 7 GNotKG unberücksichtigt.

Bei den Vereinbarungen über den Versorgungsausgleich liegt ein Austauschvertrag nach § 97 Abs. 3 GNotKG vor. Da aufgrund des dabei vorherrschenden Halbteilungsprinzips (jeder Ehegatte hat die Hälfte seiner Ansprüche auf den anderen Ehegatten zu übertragen) bestimmt sich der Geschäftswert hier nach der Hälfte des Kapitalwertes der Versorgungsanwartschaften des Ehemannes ($^1/_2$ von 140.000,00 EUR).

Die Werte der besonderen Beurkundungsgegenstände sind gem. § 35 Abs. 1 GNotKG zu addieren und bilden so den Gesamtwert des Beurkundungsverfahrens.

Ehevertrag – Geschäftswert, § 100 Abs. 1 GNotKG (beiderseitiges modifiziertes Reinvermögen)	350.000,00 EUR
Unterhaltsregelung – Geschäftswert, § 52 Abs. 2, 4 u. 6 GNotKG (monatlicher Unterhalt = 650,00 EUR x 12 x 10 Jahre = 78.000,00 EUR, hiervon Abschlag 50 %)	39.000,00 EUR

Regelung zum Versorgungsausgleich – Geschäftswert, § 97 Abs. 3 GNotKG (höherwertige Versorgungsanwartschaften des Ehemannes, davon $^1/_2$)	70.000,00 EUR
Gesamtwert des Beurkundungsverfahrens, § 35 Abs. 1 GNotKG	459.000,00 EUR
hieraus 2,0-Gebühr gem. KV-Nr. 21100 GNotKG	1.770,00 EUR

Frage 43:   43

Beurkundet wird der Antrag des Johann Neureich beim zuständigen Familiengericht, die Annahme des minderjährigen Kindes (Thomas, 11 Jahre alt) seiner Ehefrau Klara Neureich mit der Wirkung auszusprechen, dass das angenommene Kind die rechtliche Stellung eines gemeinschaftlichen Kindes der Eheleute Neureich erlangt.

Zugleich willigt Klara Neureich sowohl als Mutter, als gesetzliche Vertreterin des anzunehmenden Kindes wie auch als Ehefrau des Antragstellers in die Adoption ein.

Lösung Beurkundungsverfahren:

Der Geschäftswert für den Antrag auf Ausspruch der Annahme als Kind beträgt bei der Adoption eines Minderjährigen stets 5.000,00 EUR (§ 101 GNotKG).

Für den Antrag auf Ausspruch der Adoption ist eine 1,0-Gebühr nach KV-Nr. 21200 GNotKG (Mindestgebühr: 60,00 EUR) zu erheben, gleichgültig, ob der Antrag durch eine Person oder durch Ehegatten gestellt wird.

Werden der Antrag auf Adoption und die hierzu erforderlichen Einwilligungserklärungen zusammen beurkundet, liegt derselbe Beurkundungsgegenstands i.S.v. § 109 Abs. 1 GNotKG vor; die Einwilligungserklärungen bleiben daher unbewertet.

(Zum Nachlesen: *Tiedtke*, Notarkosten § 2 Rn 46, 166).

Geschäftswert, § 101 GNotKG	5.000,00 EUR
1,0-Gebühr gem. KV-Nr. 21200 GNotKG (Mindestgebühr)	60,00 EUR

Frage 44:   44

Die Ausgangslage ist wie in Rdn 43; jedoch wird die Einwilligungserklärung der Klara Neureich gesondert beurkundet.

Lösung Beurkundungsverfahren:

Für gesondert beurkundete Einwilligungserklärungen im Zusammenhang mit der Adoption eines Minderjährigen ist der anzunehmende Geschäftswert nach § 98 Abs. 1 i.V.m. § 101 GNotKG zu bestimmen und beträgt somit 2.500,00 EUR.

Zu erheben ist eine 0,5-Gebühr nach KV-Nr. 21201 Nr. 8 GNotKG (Mindestgebühr: 30,00 EUR).

Geschäftswert, § 98 Abs. 1, § 101 GNotKG	2.500,00 EUR
0,5-Gebühr gem. KV-Nr. 21201 GNotKG (Mindestgebühr)	30,00 EUR

Frage 45:   45

Zu notarieller Urkunde beantragen die Witwe Maria Thann (57 Jahre alt) und der Volljährige Anton Frey (26 Jahre, verheiratet) beim zuständigen Familiengericht auszusprechen, dass Anton Frey von Maria Thann als Kind angenommen wird.

Zugleich willigt die Ehefrau des Anton Frey in die Adoption ein.

Wertangaben:

Das Reinvermögen der Maria Thann beläuft sich auf 450.000,00 EUR; ihre monatlichen Einkünfte betragen ca. 2.300,00 EUR.

Lösung Beurkundungsverfahren:

In Ermangelung einer ausdrücklichen Regelung ist der Geschäftswert für den Antrag auf Ausspruch der Annahme als Kind bei der Adoption eines Volljährigen nach § 36 Abs. 2 GNotKG (nichtvermögensrechtliche Angelegenheit) unter Berücksichtigung der Vermögens- und Einkommensverhältnisse des Annehmenden zu bestimmen. Als angemessen erscheint im Regelfall ein Wertansatz von 30–50 % des Reinvermögens des Annehmenden (höchstens 1 Mio. EUR, § 36 Abs. 2 letzter Halbs. GNotKG).

(Zum Nachlesen: *Tiedtke*, Notarkosten § 2 Rn 47).

Hieraus ist für den Antrag auf Ausspruch der Adoption, auch bei gleichzeitiger Antragstellung durch den Annehmenden und den Anzunehmenden, eine 1,0-Gebühr nach KV-Nr. 21200 GNotKG zu erheben.

Werden der Antrag auf Adoption und die hierzu erforderlichen Einwilligungserklärungen zusammen beurkundet, liegt derselbe Beurkundungsgegenstands i.S.v. § 109 Abs. 1 GNotKG vor; mitbeurkundete Einwilligungserklärungen bleiben auch hier unbewertet.

Geschäftswert, § 36 Abs. 2 GNotKG (30 % vom Reinvermögen der Annehmenden)	135.000,00 EUR
1,0-Gebühr gem. KV-Nr. 21200 GNotKG	327,00 EUR

J. Eheliche Vermögensbeziehungen – Grundlagen (Folien)

46 Vom Abdruck der Folien zum Kapitel „Eheliche Vermögensbeziehungen" haben wir abgesehen, diese sind nur im Downloadbereich verfügbar (URL s. § 1 Rdn 3).

K. Familienrecht – Eheverträge – Verträge unter Beteiligung Minderjähriger – Vaterschaftsanerkennung – Sorgeerklärung – Adoption (Folien)

47 Vom Abdruck der Folien zu den Kapiteln „Eheverträge", „Trennungsvereinbarungen" und „Verträge unter Beteiligung Minderjähriger" haben wir abgesehen, diese sind nur im Downloadbereich verfügbar (URL s. § 1 Rdn 3).

L. Ehegattenüberlassungen (Folien)

48 Vom Abdrucke der Folien zum Kapitel „Ehegattenüberlassungen" haben wir abgesehen; diese sind nur im Downloadbereich verfügbar (URL s. § 1 Rdn 3).

M. Trennungs- Scheidungsvereinbarungen (Folien)

49 Vom Abdrucke der Folien zum Kapitel „Trennungsvereinbarungen" haben wir abgesehen; diese sind nur im Downloadbereich verfügbar (URL s. § 1 Rdn 3).

N. Überlassungen

Überlassung - Vertragstypen

50

- **Reine Schenkung (§§ 516 ff. BGB):**
  nur Schenker leistet unentgeltlich, objektiv und subjektiv; das Gesetz knüpft hieran bestimmte Rechtsfolgen
  (z.B. → § 521 BGB: Schenker hat nur Vorsatz und grobe Fahrlässigkeit zu vertreten),
  → Widerruf bzw. Rückgabeverlangen wegen Verarmung (§ 528 BGB), groben Undanks (§ 530 ff. BGB),
  → Berücksichtigung bei der Pflichtteilsergänzung gem. § 2325 ff. BGB
- **Schenkung unter Auflage:**
  § 525 BGB, Leistungen (Tun oder Unterlassen) aus der Zuwendung selbst heraus. Auflage ist nicht Gegenleistung
  → das ganz Objekt bleibt „geschenkt"
  Rechtsfolgen: → Auflagen mindern den Wert bei Pflichtteilsberechnungen → Herausgabeanspruch des
  Schenkers bei Nichterfüllung der Auflage
- **Gemischte Schenkung:**
  Auch der Beschenkte erbringt eine eigenständige Gegenleistung aus eigenem Vermögen, die Brutto-Leistung des
  Schenkers ist höher als das Netto zugewendete, die Wertdifferenz ist geschenkt; objektiv und subjektiv
  Rechtsfolgen: → Rechtsfolgen der Schenkung gelten nur für unentgeltlichen Teil; kein Recht auf
  Rückübertragung - nur Geldersatz.
- **Ausstattung (§ 1624 Abs. 1 BGB):**
  *„Was einem Kind mit Rücksicht auf seine Verheiratung, auf seine Begründung einer Lebenspartnerschaft oder
  auf die Erlangung einer selbständigen Lebensstellung zur Begründung oder zur Erhaltung der Wirtschaft oder
  der Lebensstellung von dem Vater oder der Mutter zugewendet wird (Ausstattung), gilt, auch wenn eine
  Verpflichtung nicht besteht, nur insoweit als Schenkung, als die Ausstattung das den Umständen, insbesondere
  den Vermögensverhältnissen des Vaters oder der Mutter, entsprechende Maß übersteigt."* → Entscheidend ist
  die wertmäßige Angemessenheit der Zuwendung und der subjektive Wille.
  Rechtsfolgen: → Schenkungsrecht gilt für eine Ausstattung überwiegend nicht: z.B. keine gesetzliche
  Rückforderung wegen Verarmung, Ausgleichung § 2050 Abs. 3 BGB (+)

DeutscherNotarVerlag

Vollrath

Überlassung - Auflage Wohnungsrecht

Auflage
Das Wohnungsrecht nach § 1093 BGB ist ein Sonderfall der beschränkten persönlichen Dienstbarkeit (bpD) gem. §
1090 BGB
Unterschiede zur bpD:
- Wohnen als Hauptzweck, die Nutzung sonstiger Räumlichkeiten wie Garage, Werkstatt, Halle, darf nur
  Nebenzweck sein (→ kein „Wohnungsrecht" an einem TG-Stellplatz)
- Ausschluss des Eigentümers
- Verweis auf die Vorschriften aus dem Nießbrauchsrecht (§ 1093 Abs. 1 S. 2 BGB)
  (Instandhaltung/Lastentragung)

Duldungsauflage
§ 1093 Abs. 2 BGB: *„Der Berechtigte ist befugt, seine Familie sowie die zur standesmäßigen Bedienung und zur
Pflege erforderlichen Personen in die Wohnung aufzunehmen."*
- Der Begriff „Familie" wird weit ausgelegt und umfasst auch Personen, die abstammungsrechtlich eigentlich
  nicht verwandt sind (z.B. Stiefkinder)
- Pflegepersonen können sein: Pflegekraft, Haushälterin, Köchin, Gärtner, Butler
- Ein vollständiges Überlassen der Ausübung ist nicht zulässig, d.h. nur Mitbenutzung ist gestattet
- Vertraglicher Ausschluss dieser gesetzlichen Befugnis ist mit dinglicher Wirkung möglich, so dass der Berechtigte
  keine weiteren Personen aufnehmen darf.

DeutscherNotarVerlag

Vollrath

Überlassung – Auflage Wohnungsrecht

§ 1092 Abs. 1 BGB: „*Eine beschränkte persönliche Dienstbarkeit ist nicht übertragbar. Die Ausübung der Dienstbarkeit kann einem anderen überlassen werden, wenn die Überlassung gestattet ist.*"

- Mit „Überlassung der Ausübung" ist Leihe oder Miete gemeint
- Gilt auch für Wohnungsrecht
- Grundsätzlich ist die Überlassung der Ausübung also nicht gestattet, kann aber als Inhalt des Wohnungsrechts gestattet werden → ähnlich wie bei Nießbrauch → das Wohnungsrecht ist dann pfändbar (Argument, die Befugnisse Dritter müssen auch für dritte Gläubiger gelten)

Überlassung – Auflage Wohnungsrecht

Problem: Das Wohnungsrecht gewährt dem Berechtigten grds. nur das Recht zum Wohnen, der Eigentümer hat dieses Recht zu dulden. § 1041 BGB ist durch § 1093 Abs. 1 BGB für anwendbar erklärt, § 1047 BGB aber nicht.

Ohne entsprechende vertragliche Regelung trägt der Wohnungsberechtigte die Kosten für

- die gewöhnliche Instandhaltung (Entkalken, Reinigen, Schönheitsreparaturen),
- die laufenden verbrauchsabhängigen Kosten (Strom, Wasser, Heizung),

Ohne entsprechende vertragliche Regelung trägt der Eigentümer die Kosten für

- die verbrauchsunabhängigen Kosten (Müllabfuhr, Kaminkehrer, Straßenreinigung) – die Einzelheiten sind strittig,
- die außergewöhnliche Instandhaltung (Heizung, Dach, Fenster),
- gewöhnliche Lasten (Gebäudeversicherung, Grundsteuer, Zinsen),
- außergewöhnliche Lasten (Erschließungskosten)

Eine vertragliche Überwälzung von Kosten auf den Eigentümer erfolgt durch eine entsprechende Reallast; eine Überwälzung von Kosten auf den Wohnungsberechtigten wird dadurch geregelt, dass das Tragen dieser Kosten Bedingung der Ausübung des Wohnungsrechts ist.

Überlassung - Endes des Wohnungsrechts/Nießbrauch  **Notarkasse** Anstalt des öffentlichen Rechts

Ende des Wohnungsrechts

- Versterben des Berechtigten (§§ 1090 Abs. 2, 1061 BGB)
  → Rückstände an Leistungen möglich?
  → Löschungserleichterungsvermerk vorhanden?
  → Sonst Wartefrist ein Jahr (§ 23 Abs. 1 GBO)
- Eintritt einer auflösenden Bedingung/Befristung (Löschung im Grundbuch aufgrund Unrichtigkeitsnachweis aber nur möglich, wenn der Bedingungseintritt/Fristablauf für das Grundbuchamt offenkundig ist)
- Aufgabeerklärung des Berechtigten bzw. Löschung
- Erlöschen bei Zwangsversteigerung aus vorrangigem Verwertungsrecht
- Untergang der Wohnung (Unmöglichkeit)
- Keine automatische Beendigung und auch kein „Ersatzanspruch" des Wohnungsberechtigten in Geld, wenn er das Recht tatsächlich nicht ausübt oder nicht ausüben kann (Pflegeheim); vertraglich kann klargestellt werden, dass das Recht bei Nichtausübung ruht.
  Landesrechtlich (z.B. Art. 18 BayAGBGB) sind für „Leibgedingsverträge" (d.h. eine Zusammenfassung mehrerer vom Übergeber vorbehaltener Rechte) gesetzliche Ablösungsansprüche (Geldrente als Ersatzanspruch) vorgesehen.

Nießbrauch/Reallast

Vgl. zum Nießbrauch und zur Reallast die Folien zu Rechten in Abt. II.

DeutscherNotarVerlag

Vollrath

Überlassungsvertrag - Auflage Pflegeverpflichtung  **Notarkasse** Anstalt des öffentlichen Rechts

Pflegeverpflichtungen werden nicht nur im Rahmen landwirtschaftlicher Hofübergaben diskutiert - häufig werden diese Themen auch im Rahmen nichtlandwirtschaftlicher Überlassungen angesprochen, und sei es, um das „Netto-Volumen" der Schenkung zu mindern.

- Ist wirklich eine persönliche Pflegeleistung zu erbringen - oder geht es primär darum, Pflegeleistungen zu organisieren ? Und zu bezahlen?
- Meist wird die Pflicht zur Leistungserbringung auf das Familienheim bzw. Vertragsanwesen beschränkt - klarzustellen ist, ob die Leistungspflicht bei Übersiedlung in ein Pflegeheim erlöschen soll oder in einen Geldersatzanspruch gewandelt werden soll.
- Damit gesetzliche Ansprüche auf Pflegeleistungen trotz der Wart- u. Pflegeverpflichtung nicht entfallen, wird häufig vereinbart, dass „die Pflichten des Erwerbers ruhen, sofern und solange ein Anspruch auf entsprechende Leistungen nach dem Pflegeversicherungsgesetz besteht, es sei denn, der Erwerber erhält das Pflegegeld."
- Sicherung durch Reallast: Die Rechtsprechung bejaht die Bestimmbarkeit der Leistungen in großzügigster Weise - Stichwort: „Zumutbarkeit" (BGH, DNotZ 1996,93)

DeutscherNotarVerlag

Vollrath

Überlassungsvertrag – Auflage „Leibgeding"

Begrifflich vorausgesetzt in § 49 GBO → Dienstbarkeit plus Reallast werden „als" Leibgeding etc. eingetragen
*   Die Einzelrechte können an unterschiedlichen Grundstücken lasten und von mehreren Berechtigten in einem unterschiedlichen Gemeinschaftsverhältnis gehalten werden.
*   Der Rang der Einzelrechte kann unterschiedlich sein.
*   Jedes Einzelrecht muss aber vollständig und vollzugsfähig bestellt werden!

Vollstreckungsrechtliches Privileg (vgl. § 9 EGZVG):

(1) Soweit ... eine Dienstbarkeit oder eine Reallast als Leibgeding ... eingetragen ist, bleibt das Recht nach Maßgabe des Landesgesetzes von der Zwangsversteigerung unberührt, auch wenn es bei der Feststellung des geringsten Gebots nicht berücksichtigt ist.
(2) Das Erlöschen eines solchen Rechtes ist auf Verlangen eines Beteiligten als Versteigerungsbedingung zu bestimmen, wenn durch das Fortbestehen ein dem Rechte vorgehendes oder gleichstehendes Recht des Beteiligten beeinträchtigt werden würde; ...
*   Auch wenn das Leibgeding eigentlich nicht in das geringste Gebot fällt (es ist nachrangig eingetragen), kann es bestehen bleiben gem. Abs. 1.
*   Aber, die betreibende Gläubigerin beantragt gem. Abs. 2 das Erlöschen des Leibgedings, weil dadurch ein geringerer Erlös erzielt werden würde, dadurch kommt es zu einem Doppelausgebot, einmal mit und einmal ohne Leibeding. Das Leibgeding bleibt bestehen, wenn bei diesem zweiten Gebot mindestens der GS-Betrag zzgl. Zinsen und Nebenleistungen sowie die Verfahrenskosten gedeckt sind.

Landesrechtliche Sonderregelungen beachten (z.B. Art. 7 ff. BayAGBGB)

DeutscherNotarVerlag

Vollrath

Überlassungsvertrag – Grundschuldübernahme I

*   Wie beim Kaufvertrag kann der Erwerber akzeptieren, dass eine eingetragene Grundschuld auch nach Eigentumsumschreibung auf ihn im Grundbuch stehen bleibt (ohne dass er eine dadurch besicherte Schuld übernimmt).
*   Im Rahmen der Sachverhaltsermittlung ist zu klären, ob und wofür die Grundschuld valutiert – zu diesem Zweck muss man sich Sicherungsvereinbarungen/Zweckerklärungen vorlegen lassen.
*   Regelungsbedarf besteht dann, wenn die Grundschuld valutiert – vertraglich muss klargestellt werden, ob das ein Dauerzustand sein soll oder aber ob der Überlasser verpflichtet sein soll, die bisher besicherten Schulden durch Stellung anderer Sicherheiten abzusichern, so dass das übertragene Objekt nicht mehr für diese Schulden haftet.
*   Regelungsbedarf besteht aber auch dann, wenn die Grundschuld nicht valutiert – wie bei der Grundschuldübernahme im Kaufvertrag benötigt der Erwerber u.U. die Sicherheit, dass dies tatsächlich so ist. Beim Gläubiger muss dann eine sogenannte Nichtvalutierungserklärung angefordert werden.

DeutscherNotarVerlag

Vollrath

Überlassungsvertrag – Grundschuldübernahme II

Notarkasse
Anstalt des öffentlichen Rechts

- Wie ist bei Nießbrauch-/Wohnrechtsvorbehalt mit einem nicht valutierten Grundpfandrecht umzugehen? Das Stehenlassen birgt die Gefahr der Neuvalutierung durch den Erwerber. Umgekehrt ist für den Erwerber der Umfang des Sicherungszwecks regelmäßig nicht transparent; verbleiben Rückgewähransprüche beim Überlasser, Schutz gegen die Neuvalutierung bringt nur
- der sofortige Neuabschluss des Sicherungsvertrages über die Verwendung der Grundschuld unter Beteiligung der Bank, des Überlassers und des Erwerbers, so dass die Neuverwendung der Grundschuld nur im Einvernehmen beider Vertragsteile erfolgen kann – u.U. kann vereinbart werden, dass der Überlasser einen Anspruch auf Neuvalutierung für bestimmte Zwecke hat;
- eine Löschungsvormerkung, die die Gläubigerin des eingetragenen Rechts bewilligt (d.h. aber, dass sie sich verpflichtet hat, das Recht löschen zu lassen!) – die vom Eigentümer bewilligte Löschungsvormerkung zur Sicherung des Anspruchs, das Grundpfandrecht „bei Vereinigung des Rechts in seiner Person" löschen zu lassen, bringt **keinen** Schutz gegen eine Neuvalutierung;
- wohin die Rückgewähransprüche in welchem Zeitpunkt gehören, ist zu erörtern – wenn eine dreiseitige Sicherungsvereinbarung neu abgeschlossen wurde, ist es unter Sicherheitsaspekten letztlich gleich, wo sie liegen.

DeutscherNotarVerlag

Vollrath

Überlassungsvertrag – Schuldübernahme

Notarkasse
Anstalt des öffentlichen Rechts

- Schuldübernahme durch Vertrag zwischen Gläubiger und Übernehmer (§ 414 BGB)
- Schuldübernahme durch Vertrag zwischen Schuldner und Übernehmer (§ 415 BGB) → Zustimmung des Gläubigers erforderlich
- Anwendung der Regeln über Verbraucherdarlehensverträge auf Schuldübernahme → unsicher, Risiko!
- Bloße Erfüllungsübernahme im Innenverhältnis belässt Haftungsrisiken beim Überlasser → nicht ausreichend.
- Daher Erfüllungsübernahme mit sanktionierter Freistellungsverpflichtung → bei Nichterfüllung kein Eigentumswechsel
- Hat der Gläubiger noch keinen persönlichen Vollstreckungstitel gegen den Erwerber, muss der Erwerber sich in der Übertragungsurkunde noch der persönlichen Zwangsvollstreckung unterwerfen – nur der dingliche Titel wirkt weiter (§ 800 ZPO)
- Erfüllung der Freistellungsverpflichtung durch (a) Schuldübernahme nach § 414 BGB, (b) Umfinanzierung, also Neuaufnahme eines Darlehens durch Erwerber und Ablösung des alten Darlehens
- Wenn die zu übernehmende Schuld am übertragenen Objekt abgesichert ist → Abänderung der Zweckvereinbarung zum Schutz des Überlassers erforderlich
- Wenn die zu übernehmende Schuld an einem anderen Objekt des Überlassers abgesichert ist → Verpflichtung des Erwerbers, Sicherheit am Objekt zu stellen
- Zeitpunkt der Schuldübernahme – (a) sofort oder (b) bei vorbehaltenem Nießbrauch erst nach Ende des Nießbrauchs → also auch bei vorbehaltenem Nießbrauch an Möglichkeit der Schuldübernahme denken, andernfalls fällt die Schuld uU unbeabsichtigterweise in den Nachlass und ist vom Erben zu bedienen.

DeutscherNotarVerlag

Vollrath

Überlassungsvertrag – Verträge zugunsten Dritter

- Bei der Vereinbarung von Zahlungspflichten zugunsten Dritter, die nicht am Vertrag beteiligt sind → klare Regelung im Hinblick auf § 328 BGB, soll also dem Dritten ein unentziehbares eigenes Forderungsrecht zustehen? Oder sollen die Vertragsteile die Verpflichtung wieder aufheben können?
- Bedingte Zahlungspflichten sind möglich (Auszahlungsverpflichtung für den Fall, dass ein geschenktes Objekt innerhalb von zehn Jahren verkauft wird – Erlösbeteiligung weichender Geschwister)
- Bei anderen als Zahlungspflichten zugunsten Dritter (Bsp. Nießbrauch zugunsten des nicht schenkenden Elternteils, Wohnungsrecht zugunsten eines Geschwisterteils) → es gibt keinen dinglichen Vertrag zugunsten Dritter, die dingliche Einigung kann also nicht mit Wirkung für den Begünstigten erklärt werden; kann der Dritte aus gesundheitlichen Gründen nicht mitwirken, muss ihm ggf. nur der Anspruch auf Rechtserwerb eingeräumt werden und hierfür eine Vormerkung im Grundbuch eingetragen werden.
- Zu beachten ist immer das „Valutaverhältnis" – die Leistung an den Dritten stellt ja eine Schenkung des Überlassers an den (am Vertrag nicht beteiligten Dritten) dar. Sollen in diesem Verhältnis Pflichtteilsregelungen /Anrechnungsbestimmungen vorgenommen werden, muss der Dritte entweder doch am Vertrag beteiligt werden – oder aber der Abschluss eines Vertrages über die Pflichtteilsanrechnung/einen gegenständlich beschränkten Pflichtteilsverzicht wird zur Bedingung für den Vertrag zugunsten des Dritten gemacht.
- Beim Vertrag zugunsten Dritter ist immer die schenkungsteuerliche Anzeige auch im Verhältnis Schenker – Dritter zu erstatten.

DeutscherNotarVerlag

Vollrath

Überlassungsvertrag – Rückforderungsrechte I

Der Schenker will sich nicht auf gesetzliche Widerrufsrechte verlassen (bereicherungsrechtliche Rückabwicklung, § 531 Abs. 2 BGB), er will beim Eintritt unerwünschter Ereignisse vom Vertrag zurücktreten können (und dabei nicht völlig den Regelungen des § 346 BGB ausgeliefert sein):
- **Klassischer Rückforderungskatalog:** Vorversterben des Beschenkten, Zwangsvollstreckung in den geschenkten Gegenstand, Insolvenzeröffnung, Verfügungen über den geschenkten Gegenstand (Verkauf, Verschenken, Beleihung, Neuvalutierung bestehen bleibender Grundpfandrechte, Antrag auf Teilungsversteigerung)
- **Erweiterter Rückforderungskatalog:** Ehevertrag über modifizierte Zugewinngemeinschaft, gegenständlich beschränkter Pflichtteilsverzicht des Schwiegerkindes, Betreuungsanordnung beim Beschenkten, Sucht, Sekten
- Abbedingung von § 347 Abs. 2 BGB – kein Ersatz notwendiger Verwendungen.
- Hat der Beschenkte in geringerem Umfang Gegenleistungen erbracht (Schuldübernahme, Leistung an Geschwister), so sind ihm diese Leistungen im Rahmen der Rückabwicklung zu ersetzen.
- Hat der Beschenkte erhebliche Gegenleistungen erbracht, so ist ein Rückforderungsrecht an der Immobilie u.U. unzumutbar – dann kann es richtig sein, den Beschenkten im Fall des Rücktritts nur zu verpflichten, den Nettowert der Schenkung zu erstatten (grundbuchliches Sicherungsmittel ist dann nicht die Rückübertragungsvormerkung, sondern eine Sicherungshypothek)
- Klar zu regeln ist immer, dass der Rückübertragungsanspruch nur vererblich ist, wenn er zu Lebzeiten des Berechtigten geltend gemacht wurde, alles andere trägt Streit in die Familie. Lediglich bei der Schenkung durch nur einen Elternteil oder bei der Schenkung durch Großeltern an Enkel kann daran gedacht werden dem überlebenden Elternteil/einem Elternteil des Enkels ein aufschiebend bedingtes Forderungsrecht (das ist dann kein **Rück**forderungsrecht, weil der Forderungsberechtigte ja nicht geschenkt hat) einzuräumen.
- Ggf. kann in den Überlassungsvertrag eine „kleine Vorsorgevollmacht" integriert werden, mit der sich schenkende Ehegatten gegenseitig autorisieren, Rechte des anderen aufzugeben und im Grundbuch löschen zu lassen.

DeutscherNotarVerlag

Vollrath

Überlassungsvertrag – Rückforderungsrechte II

Notarkasse
Anstalt des öffentlichen Rechts

- Das potentielle Rückforderungsrecht wird im Grundbuch durch eine Rückauflassungsvormerkung gesichert, bedingter Anspruch (vgl. § 883 Abs. 1 Satz 2 BGB)
- Bei mehreren Berechtigten → Gemeinschaftsverhältnis meist § 428 BGB, auch wenn das eigentlich nicht interessengemäß (der Beschenkte soll zu Lebzeiten beider Eltern nicht entscheiden können, an wen er überträgt), daher Auffangregelung „Zu Lebzeiten beider Berechtigter hat eine Übertragung nur an einen Berechtigten keine Erfüllungswirkung."
- Löschungserleichterungsklausel (§ 23 GBO) kann bei einer Vormerkung nicht eingetragen werden → zur Vermeidung von Schwierigkeiten bei der Löschung kann die Vormerkung auflösend befristet werden
- Bei bedingtem Forderungsanspruch für den nicht schenkenden Elternteil – Vormerkung aufschiebend bedingt (nur für den Fall, dass der Schenkende vorverstirbt), auflösend bedingt (durch Scheidung der Schenker-Eltern) und auflösend befristet (Vormerkung erlischt mit Tod des Berechtigten)

DeutscherNotarVerlag

Überlassungsvertrag – mittelbare Grundstücksschenkung

Notarkasse
Anstalt des öffentlichen Rechts

- Häufig finanzieren Überlasser den Immobilienerwerb der Kinder – anstatt das Objekt selbst zu kaufen und anschließend zu verschenken, können sie im Wege der „mittelbaren Grundstücksschenkung" ein Geldgeschenk mit der Auflage verknüpfen, es zum Erwerb eines bestimmten Objekts (oder auch allgemein zum Erwerb einer Immobilie innerhalb bestimmter Fristen) zu verwenden.
- Im Rahmen dieser mittelbaren Grundstücksschenkung können sie sich dieselben Rechte vorbehalten (Wohnungsrecht, Nießbrauch, Zahlungspflichten, Forderungsrechte auf Übertragung der Immobilie, Rechte für den nicht schenkenden Ehegatten) wie bei der Grundstücksschenkung
- Die vorbehaltenen Rechte können erst eingetragen werden, wenn das beschenkte Kind Eigentümer der Immobilie geworden ist – das stellt eine potentielle Sicherheitslücke dar.
- Wenn der Finanzierungsbeitrag der Eltern nicht den ganzen Erwerb abdeckt, ist das Forderungsrecht auf Übertragung der Immobilie u.U. unfair → Sicherungsinstrument ist dann eine Hypothek zur Absicherung eines des bedingten Zahlungsanspruchs der Schenker.

DeutscherNotarVerlag

O. Überlassung – Kostenrecht (Folien)

51

Bewertung von Überlassungen

1. Allgemein

Erfolgt die Überlassung von Grundbesitz ohne Gegenleistungen des Erwerbers, bestimmt sich der Geschäftswert des Vertrages gem. § 97 Abs. 1 GNotKG nach dem nach § 46 GNotKG zu ermittelnden Wert des überlassenen Grundbesitzes. Bei Übergabe eines land- oder forstwirtschaftlichen Betriebes ist jedoch ggfs. die Sondervorschrift des § 48 GNotKG zu beachten.

Hat der Erwerber Gegenleistungen zu erbringen, liegt ein Austauschvertrag nach § 97 Abs. 3 GNotKG vor.
In diesem Fall ist der Geschäftswert des Übergabe- oder Überlassungsvertrages durch Gegenüberstellung der Leistung der Vertragsbeteiligten zu ermitteln; der höhere Wert ist maßgebend.

DeutscherNotarVerlag

Heitzer

Bewertung von Überlassungen

2. Leistung des Veräußerers

Verkehrswert (Definition)

Der Wert einer Sache (Verkehrswert) wird durch den Preis bestimmt, der im gewöhnlichen Geschäftsverkehr nach der Beschaffenheit der Sache unter Berücksichtigung aller den Preis beeinflussenden Umstände bei einer Veräußerung zu erzielen wäre (§ 46 Abs. 1 GNotKG).

Verkehrswert (Ermittlung)

Zu den im Rahmen des § 46 Abs. 2 und 3 GNotKG zugelassenen Möglichkeiten zur Wertermittlung gehören beispielsweise
- Angaben der Beteiligten,
- Grundstücksbelastungen (Abt. III);
- amtlich bekannte Tatsachen oder Vergleichswerte (z.B. Bodenrichtwert des Gutachterausschusses, Angaben aus den Grundakten, vergleichbare Grundstücksverkäufe etc.)
- Rückgriff auf Werte, die zum Zwecke der Steuererhebung festgesetzt wurden (insbesondere bei Erbschafts- oder Schenkungssteuer).

DeutscherNotarVerlag

Heitzer

Bewertung von Überlassungen

Verkehrswert (Ermittlung)

Die Bewertung von Gebäuden kann zudem unter Zuhilfenahme von Versicherungswerten aus Brandversicherungsunterlagen erfolgen, wenn die Beteiligten entsprechende Unterlagen vorlegen.

Werden zur Berechnung des Verkehrswertes die veröffentlichten Bodenrichtwerte (§ 193 Abs. 5 BauGB) und Daten aus der Kaufpreissammlung des Gutachterausschusses herangezogen, ist vom so ermittelten Wert bei Vorlage wertmindernder Umstände ein Abschlag bis max. 25 % vorzunehmen. Die Vornahme eines Abschlags kommt jedoch nur dann in Betracht, wenn zuverlässige Anhaltspunkte für wertmindernde Umstände im Einzelfall vorliegen.

Der Notar ist grundsätzlich verpflichtet, im Rahmen der Wertbestimmung alle verfügbaren Anhaltspunkte zur Wertfeststellung zu verwenden und zu nutzen.

Nach § 95 GNotKG sind die Beteiligten verpflichtet, bei der Wertermittlung mitzuwirken. Sie haben ihre Erklärungen über tatsächliche Umstände vollständig und wahrheitsgemäß abzugeben.

Weigern sich die Beteiligten, bei der Wertermittlung mitzuwirken und geeignete Bewertungsunterlagen beizubringen, ist der Notar nach § 95 S. 3 GNotKG ausdrücklich zu einer Wertschätzung berechtigt.

DeutscherNotarVerlag

Heitzer

Bewertung von Überlassungen

Übergabe land- und forstwirtschaftlicher Betrieb

Wird ein land- oder forstwirtschaftlicher Betrieb **mit Hofstelle** übergeben, ist für die Bewertung der Übergeberleistungen die Sonderbestimmung des § 48 Abs. 1 GNotKG zu beachten.

Danach ist das betroffene land- oder forstwirtschaftliche Vermögen (im Sinne des Bewertungsgesetzes - BewG -) mit dem 4-fachen des letzten, im Zeitpunkt der Gebührenfälligkeit (Beurkundung) bereits festgestellten Einheitswertes zu bewerten.

Zweck des § 48 Abs. 1 GNotKG ist die Erhaltung und Fortführung landwirtschaftlicher Betriebe in der Hand bäuerlicher Familien.

Mit Rücksicht darauf setzt eine Anwendung des § 48 Abs. 1 GNotKG **zwingend** Folgendes voraus:

- Gegenstand der Übergabe ist ein vorhandener Betrieb mit geeigneter Hofstelle (Grundstücke, Wohnhaus, Betriebsgebäude),
- Übergabe an eine od. mehrere natürliche Personen, welche den Betrieb unmittelbar nach der Übergabe selbst fortführen;
- der Betrieb muss ausreichend leistungsfähig sein (regelmäßig wird hierbei auf gewisse Mindestgrößen abgestellt; derzeit 8 ha für landwirtschaftliche Betriebe, bei reiner Forstwirtschaft 75 ha).

DeutscherNotarVerlag

Heitzer

Bewertung von Überlassungen

Übergabe eines Handelsgeschäfts/Gewerbebetriebs

Ist Gegenstand der Übergabe ein Handelsgeschäft oder Gewerbebetrieb ist für die Bewertung der **Aktivwert** des Unternehmens heranzuziehen, und zwar, wie bei Grundbesitz, **ohne** Abzug von Verbindlichkeiten (§ 38 GNotKG).

Für die Ermittlung des Geschäftswertes ist die dem Beurkundungstag am nächsten kommende Bilanz heranzuziehen. Gehört Grundbesitz zum betrieblichen Vermögen ist der dafür in der Bilanz enthaltene Buchwert dahingehend zu überprüfen, ob dieser dem Verkehrswert des Grundbesitzes entspricht.

Beispiel:
Aktivvermögen lt. vorgelegter Bilanz:
- Anlage-, Umlauf- und sonstiges Vermögen
  (inkl. Grundbesitz)   430.000 €
- abzüglich Buchwert Grundbesitz   . /.160.000 €
- zuzüglich ermittelter Verkehrswert
  Grundbesitz   + 280.000 €
Maßgebendes Aktivvermögen somit   550.000 €

DeutscherNotarVerlag

Heitzer

Bewertung von Überlassungen

3. Leistung(en) des Erwerbers

Als Erwerberleistungen kommen bspw. in Betracht:
- die Übernahme von Verbindlichkeiten des Veräußerers,
- wiederkehrende Leistungen, wie z.B. Nießbrauch, Wohnungsrecht, Leibrente/Taschengeld;
- die Hinauszahlung an Geschwister;
- die Übernahme von Beerdigungskosten, der Grabpflege;
- ein Pflichtteilsverzicht des Erwerbers.

a) Übernahme von Verbindlichkeiten
Hat der Erwerber Verbindlichkeiten des Veräußerers zu übernehmen, so richtet sich der hierfür anzunehmende Wert nach dem tatsächlich übernommenen Schuldbetrag. Gleiches gilt, wenn sich der Erwerber anstelle einer Schuldübernahme lediglich im Innenverhältnis verpflichtet, den Veräußerer von einer Inanspruchnahme durch den Gläubiger freizustellen.

b) Hinauszahlungen den Geschwister
Hat der Erwerber Zahlungen (Hinauszahlungen) an Geschwister zu leisten, so bestimmt sich der dafür anzunehmende Wert nach den vom Erwerber zu leistenden Beträgen.

DeutscherNotarVerlag

Heitzer

Bewertung von Überlassungen  **Notarkasse**
Anstalt des öffentlichen Rechts

c) Beerdigungskosten

Hat der Erwerber die Kosten der Beerdigung des Veräußerers sowie die Grabpflege zu übernehmen, ist der hierfür anzunehmende Wert nach § 36 Abs. 1 GNotKG zu schätzen; als angemessen erscheint ein Wertansatz von ca. 5.000 € bis 10.000 €.

d) Wiederkehrende Leistungen / dauernde Nutzung

Der Wert für die vom Erwerber zu erbringenden wiederkehrenden Leistungen (z.B. Taschengeld/Leibrente; Verköstigung; Wart und Pflege), ist nach § 52 Abs. 4 GNotKG auf der Grundlage des zu ermittelnden Jahreswertes der betreffenden Leistung zu bestimmen (z.B. mtl. Leibrente von 400 €; Jahreswert: 400 € x 12 = 4.800 €).

Gleiches gilt für die vom Erwerber eingeräumten oder zu gewährenden Nutzungsrechte (z.B. Nießbrauch, Wohnungsrecht).

Steht der Jahreswert nicht fest und liegen auch keine Anhaltspunkte für die Wertbestimmung vor (z.B. Vergleichsmiete bei Wohnungsrechten; Leistungen nach SGB XI für Wart und Pflege, bspw. mtl. 316 € bei Pflegegrad 1), ist dieser ggf. nach § 36 Abs. 1 GNotKG zu schätzen. Bei der Bewertung von Nutzungsrechten kann hilfsweise der Jahreswert nach § 52 Abs. 5 GNotKG mit 5 % des Wertes des betroffenen Nutzungsgegenstandes angenommen werden.

In aller Regel sind wiederkehrende oder dauernde Nutzungen bzw. Leistungen zugunsten des Veräußerers auf dessen Lebensdauer zu erbringen. In diesen Fällen ist der maßgebende Wert nach dem Lebensalter des Berechtigten im Zeitpunkt der Begründung des Rechts (Beurkundung des Übergabevertrages) nach der in § 52 Abs. 4 GNotKG enthaltenen Tabelle zu bestimmen. Bei mehreren Berechtigten ist das Lebensalter der jüngeren oder der älteren Person maßgebend, je nachdem, ob das Recht mit Ableben des zuerst oder des zuletzt Sterbenden erlischt.

Ferner ist § 52 Abs. 6 GNctKG zu beachten (durch angemessene Abschläge von dem nach § 52 Abs. 4 GNotKG kapitalisierten Wert), wenn nicht absehbar ist, ob und ab wann eine Leistung zu erbringen ist (z.B. Wart und Pflege, Verköstigung).

DeutscherNotarVerlag

Heitzer

Bewertung von Überlassungen  **Notarkasse**
Anstalt des öffentlichen Rechts

e) Pflichtteilsverzicht

Verzichtet der Erwerber mit Rücksicht auf die Überlassung bzw. Übergabe auf sein gesetzliches Pflichtteilsrecht nach dem Veräußerer, bestimmt sich der hierfür anzunehmende Wert nach § 102 Abs. 4 u. 1 GNotKG.

Für die Wertbestimmung ist von demjenigen Vermögen auszugehen, über das der Erblasser (Veräußerer) noch verfügen kann. Dies trifft auf das überlassene Vertragsobjekt nicht mehr zu, so dass nur noch das restliche (modifizierte Rein-)Vermögen des Veräußerers als Ausgangswert zugrunde zu legen ist. Der dem Pflichtteil des Verzichtenden entsprechende Bruchteil des Ausgangswerts ist als Geschäftswert der Verzichtserklärung anzunehmen.

DeutscherNotarVerlag

Heitzer

Bewertung von Überlassungen  **Notarkasse**
Anstalt des öffentlichen Rechts

4. Überlassung und weitere Vereinbarungen

a) Schuldanerkenntnis

Gibt der Erwerber im Zusammenhang mit der Übernahme von Verbindlichkeiten des Veräußerers oder auch mit der Übernahme einer nicht mehr valutierten Grundschuld für eigene Finanzierungszwecke persönliche Erklärungen gegenüber dem Grundpfandrechtsgläubiger ab (z.B. ein abstraktes Schuldanerkenntnis samt Zwangsvollstreckungsunterwerfung), entsteht hierfür aufgrund der in § 110 Nr. 2 a) GNotKG festgelegten Gegenstandsverschiedenheit zum Veräußerungsvertrag eine gesonderte 1,0-Gebühr nach KV-Nr. 21200 GNotKG aus dem Wert der abgegebenen Erklärung (in aller Regel aus dem Nominalbetrag der mit übernommenen Grundschuld).
§ 94 Abs. 1 GNotKG ist zu beachten (Vergleichsberechnung).

b) Miteigentümervereinbarungen (Benutzungsregelung, Aufhebungsausschluss)

Erfolgt die Überlassung an mehrere Erwerber zum Miteigentum nach Bruchteilen und treffen die Erwerber untereinander Vereinbarungen, welche die künftige Miteigentümergemeinschaft betreffen, wie z. B. Benutzungsregelungen bzgl. des Vertragsobjekts und/oder einen Ausschluss des Rechts, die Aufhebung der Gemeinschaft zu verlangen (Regelungen nach § 1010 BGB), so liegt im Verhältnis zur Überlassung jeweils ein verschiedener Beurkundungsgegenstand i.S.v. § 86 Abs. 2 GNotKG vor.

Der für Gemeinschaftsregelungen nach § 1010 BGB maßgebende Geschäftswert ist gem. § 51 Abs. 2 GNotKG mit 30 % vom Wert des betroffenen Gegenstandes anzunehmen. Werden mehrere Gemeinschaftsregelungen nebeneinander getroffen (Benutzungsregelung und Aufhebungsausschluss) liegen auch insoweit verschiedene Beurkundungsgegenstände vor. Der nach § 51 Abs. 2 GNotKG maßgebende Wert ist sodann mehrfach anzusetzen.

DeutscherNotarVerlag

Bewertung von Überlassungen  **Notarkasse**
Anstalt des öffentlichen Rechts

c) gegenseitige Erwerbsrechte

Erfolgt die Überlassung an mehrere Erwerber zum Miteigentum nach Bruchteilen und räumen sich die Erwerber untereinander am jeweils erworbenen Miteigentumsanteil gegenseitig Erwerbsrechte (zumeist Vorkaufsrechte) ein, so liegt im Verhältnis zur Überlassung ebenfalls ein verschiedener Beurkundungsgegenstand i.S.v. § 86 Abs. 2 GNotKG vor.

Bei gegenseitiger Einräumung von Vorkaufsrechten liegt ebenfalls ein Austauschverhältnis nach § 97 Abs. 3 GNotKG vor. Zur Ermittlung des Geschäftswertes sind die für die jeweilige Rechtseinräumung maßgebenden Wertansätze (halber Wert eines jeden Miteigentumsanteils gem. § 51 Abs. 1 S. 2 GNotKG) daher gegenüberzustellen. Bei Gleichwertigkeit der Rechtseinräumungen ist nur eine von beiden zu bewerten, bei unterschiedlicher Wertigkeit bildet die höherwertige Rechtseinräumung den Geschäftswert.

d) Pflichtteilsverzicht weichender Erben

Werden im Überlassungs-/Übergabevertrag Pflichtteilsverzichte weichender Geschwister des Erwerbers mitbeurkundet, sind diese als verschiedener Beurkundungsgegenstand (§ 86 Abs. 2 GNotKG) gesondert zu bewerten.

Wird der Pflichtteilsverzicht im Hinblick auf die Zahlung eines (regelmäßig vom Erwerber zu leistenden) Geldbetrages erklärt, liegt wiederum ein Austauschverhältnis nach § 97 Abs. 3 GNotKG vor. Dem Hinauszahlungbetrag ist der kostenrechtliche Wert des Pflichtteilsverzichts gegenüberzustellen; der höhere Wert ist maßgebend.

Der für die Verzichtserklärung anzunehmende Wert ist nach § 102 Abs. 4 u. 1 GNotKG zu bestimmen. Maßgebend ist danach die Pflichtteilsquote des Verzichtenden am betroffenen Vermögen.

Wird ein vollumfänglicher Verzicht erklärt, ist hierfür dasjenige Vermögen, über das der Erblasser (Veräußerer) noch verfügen kann, als Ausgangswert heranzuziehen. Der Verzicht bezieht sich damit auf das restliche (modifizierte) Reinvermögen des Erblassers. Das an den Erwerber überlassene Vertragsobjekt bleibt demnach außer Ansatz.

DeutscherNotarVerlag

Bewertung von Überlassungen  **Notarkasse**
Anstalt des öffentlichen Rechts

Beschränkt sich die Verzichtserklärung weichender Geschwister auf Pflichtteilsansprüche am Vertragsobjekt (gegenständlich beschränkter Pflichtteilsverzicht), so bildet der Vertragsgegenstand den Ausgangswert für die Geschäftswertbestimmung (in analoger Anwendung von § 102 Abs. 3 GNotKG), wobei darauf lastende Verbindlichkeiten (max. bis zur Hälfte des Gegenstandswertes) abzuziehen sind. Zu den abzugsfähigen Verbindlichkeiten gehören auch diejenigen, die erst im Überlassungsvertrag begründet wurden, somit der kostenrechtliche Wert aller Gegenleistungen des Erwerbers.

5. Vollzugstätigkeiten

Wird der Notar beauftragt, bzgl. des Überlassungs- oder Übergabevertrages Vollzugstätigkeiten nach KV Vorbem. 2.2.1.1 Abs. 1 S. 2 Nr. 1 bis 11 GNotKG auszuführen, so fällt hierfür neben der Gebühr für das Beurkundungsverfahren eine 0,5-Vollzugsgebühr nach KV-Nr. 22110 GNotKG aus dem Wert des Beurkundungsverfahrens (§ 112 GNotKG) an.

Setzt sich der Wert des Beurkundungsverfahrens aus den Werten verschiedener Beurkundungsgegenstände zusammen, so bildet die Summe dieser Werte den Geschäftswert der Vollzugsgebühr.

Beschränkt sich die Tätigkeit des Notars auf sog. einfache Vollzugstätigkeiten nach KV Vorbem. 2.2.1.1 Abs. 1 S. 2 Nr. 1 GNotKG, ist die Gebührenbegrenzung nach KV-Nr. 22112 GNotKG zu beachten (höchstens 50 EUR pro Tätigkeit).

DeutscherNotarVerlag

Heitzer

P. Internationales Güterrecht (Folien)

Q. Ehe- und Familienrecht – Kostenrecht (Folien)

§ 6 Erbrecht einschließlich Vorsorgevollmachten

A. Erbrecht

1   **Frage 1:**

Angelika und Benedikt Ackermann sind verheiratet und haben zwei Kinder Constantin und Doron. Wer sind die gesetzlichen Erben von Benedikt Ackermann und in welcher Höhe, wenn Angelika und Benedikt Ackermann

1. im gesetzlichen Güterstand der Zugewinngemeinschaft
2. in Gütertrennung
   verheiratet sind?

Antwort:

Im Fall 1. erben die Kinder zu je $^1/_4$ und der Ehegatte zu $^1/_2$. Im Fall 2. erben die Kinder und der Ehegatte je zu $^1/_3$.

Nach der Regelung des § 1924 Abs. 1 BGB sind die Kinder des B als seine Abkömmlinge Erben erster Ordnung; sie erben zu gleichen Teilen (§ 1924 Abs. 4 BGB). Neben Verwandten erster Ordnung erbt der überlebende Ehegatte zu $^1/_4$ (§ 1931 Abs. 1 BGB). Zudem erhält der im gesetzlichen Güterstand lebende Ehegatte den erbrechtlichen Zugewinnausgleich i.H. eines $^1/_4$-Anteils (§§ 1931 Abs. 3, 1371 Abs. 1 BGB). Bestand beim Erbfall Gütertrennung und sind als gesetzliche Erben neben dem überlebenden Ehegatten ein oder zwei Kinder des Erblassers berufen, so erben der überlebende Ehegatte und jedes Kind zu gleichen Teilen (§ 1931 Abs. 4 BGB).

(Zum Nachlesen: *Junk*, Erbrecht, § 2 Rn 5 ff.)

2   **Frage 2:**

Ausgangsfall wie bei Rdn 1. Constantin Ackermann hat zwei Kinder. Doron Ackermann hat drei Kinder. Constantin Ackermann ist vorverstorben. Wer sind die gesetzlichen Erben des Benedikt Ackermann?

Antwort:

Gesetzliche Erben sind neben der Ehefrau Doron Ackermann und die beiden Kinder von Constantin Ackermann. Die Kinder von Constantin Ackermann kommen zwar als Abkömmlinge von Benedikt Ackermann als Erben der ersten Ordnung in Betracht, allerdings schließt ein zur Zeit des Erbfalls lebender Abkömmling (= Doron Ackermann) die durch ihn mit dem Erblasser verwandten Abkömmlinge von der Erbfolge aus (§ 1924 Abs. 2 BGB). Im Fall des vorverstorbenen Constantin Ackermann treten an seine Stelle seine beiden Kinder (§ 1924 Abs. 3 BGB) zu gleichen Teilen. Je nachdem ob Angelika und Benedikt Ackermann im gesetzlichen Güterstand oder in Gütertrennung verheiratet sind, erben die Enkel je $^1/_8$ bzw. $^1/_6$.

3   **Frage 3:**

Erblasser Egon Eismann ist kinderlos verstorben. Er hat eine Schwester Sylvia. Sein Bruder Berthold ist vorverstorben. Berthold hat zwei Kinder Klaus und Kurt. Der Vater von Egon Eismann lebt noch, die Mutter ist vorverstorben. Wer sind die gesetzlichen Erben von Egon Eismann.

Antwort:

Gesetzliche Erben sind der Vater zu $^1/_2$, Sylvia zu $^1/_4$ und Klaus und Kurt zu jeweils $^1/_8$. Der Vater erbt als Elternteil des E $^1/_2$ (§ 1925 BGB). Die andere Hälfte wäre der Mutter zugestanden. An ihre Stelle treten ihre Abkömmlinge nach den für die Beerbung der ersten Ordnung geltenden Vorschriften (§ 1925 Abs. 3 BGB). Ihre Hälfte würde also auf Sylvia und Berthold zu je $^1/_4$ übergehen. Berthold ist vorverstorben, so dass sein Viertel zu gleichen Teilen an seine Kinder Klaus und Kurt übergeht.

Frage 4:   **4**

Albert und Anneliese Angerer sind ohne Ehevertrag verheiratet und haben zwei Kinder. Sie errichten ein sogenanntes Berliner Testament, in dem sie sich gegenseitig als Alleinerben und die Kinder zu Schlusserben einsetzen. Haben die Kinder beim Tod des Erstversterbenden Ansprüche gegen den überlebenden Elternteil?

Antwort:

Die Kinder haben nach dem Erstversterbenden einen Pflichtteilsanspruch, da sie im ersten Erbfall enterbt wurden. Nach der Vorschrift des § 2303 Abs. 1 BGB kann ein Abkömmling des Erblassers, der durch Verfügung von Todes wegen von der Erbfolge ausgeschlossen wurde, vom Erben den Pflichtteil verlangen. Der Pflichtteil besteht in Höhe der Hälfte des gesetzlichen Erbteils, im vorliegenden Fall als in Höhe von $^1/_8$.

Frage 5:   **5**

Ausgangsfall wie bei Rdn 4. Albert Angerer hat fünf Jahre vor seinem Tod eine Schenkung an seine Schwester vorgenommen und 13 Jahre vor seinem Tod eine Schenkung an Anneliese Angerer. Hat dies Auswirkungen auf die Ansprüche der Kinder?

Antwort:

Wegen der vorgenommenen Schenkungen bestehen möglicherweise Pflichtteilsergänzungsansprüche. Wenn der Erblasser innerhalb der letzten zehn Jahre vor seinem Tod eine Schenkung an eine andere Person vorgenommen hat, wird der Wert der Schenkung zugunsten des Pflichtteilsberechtigten bei der Pflichtteilsberechnung berücksichtigt (§ 2325 BGB). Die Schenkung wird innerhalb des ersten Jahres vor dem Erbfall in vollem Umfang, innerhalb jedes weiteren Jahres vor dem Erbfall um jeweils ein Zehntel weniger berücksichtigt. Das bedeutet, dass die Schenkung an die Schwester noch zu 5/10 berücksichtigt wird. Wurde die Schenkung an den Ehegatten des Erblassers bewirkt, beginnt der 10-Jahres-Zeitraum erst, wenn die Ehe aufgelöst wurde. Der Wert der Schenkung an B wird damit voll hinzugerechnet.

Frage 6:   **6**

Erich Ellman hinterlässt seine Ehefrau Frieda, mit der er im gesetzlichen Güterstand der Zugewinngemeinschaft lebte, seine Schwester Sabine und deren Abkömmling Norbert. In seinem Testament bestimmt er als Erben seine Ehefrau Frieda zu 1/10 und Norbert zu 9/10. Der Nachlass besteht aus 40.000,00 € Barvermögen. Welche Ansprüche hat Frieda?

Antwort:

Neben den Erben der 2. Ordnung (§ 1925 Abs. 1 BGB), erbt der Ehegatte als gesetzlicher Erbe zu $^3/_4$ ($^1/_2$ gemäß § 1931 Abs. 1 BGB Satz 1 BGB und zusätzlich $^1/_4$ gemäß §§ 1931 Abs. 3, 1371 Abs. 1 BGB). Hieraus ergibt sich eine Pflichtteilsquote von $^3/_8$ (§ 2303 Abs. 1 Satz 2). Frieda Ellman ist vorliegend nach §§ 2303 Abs. 2 Satz 2, 2305 BGB pflichtteilsberechtigt, da ihr ein Erbteil hinterlassen wurde, der geringer ist als die Hälfte des gesetzlichen Erbteils (4/40 < 15/40). Frieda Ellman kann damit neben dem Erbteil von 1/10 zusätzlich den Zusatzpflichtteil von 11/40 = 11.000,00 € verlangen.

Frage 7:   **7**

Der allein stehende Hubertus Huber stirbt an den Folgen eines Autounfalls. Er hinterlässt keine Kinder. Seine Eltern, seine Schwester und zwei Neffen leben noch.

Wer erbt und wie hoch sind die jeweiligen Erbanteile in Bruchteilen nach der gesetzlichen Erbfolge?

Antwort:

Eltern, Schwester und Neffen sind Erben 2. Ordnung (§ 1925 Abs. 1 BGB). Da E keine Abkömmlinge (= Erben 1. Ordnung, § 1924 BGB) hinterlässt, kommen die Erben 2. Ordnung zum Zug. Vorliegend erben Mutter und Vater je $^1/_2$ (§ 1925 Abs. 2 BGB). Da beide Eltern noch leben erben diese allein zu gleichen Teilen, wohingegen Schwester und Neffen nichts erben.

8 **Frage 8:**

Ausgangsfall wie bei Rdn 7. Allerdings hat Hubertus Huber ein Testament errichtet, in dem er drei Freunde als Alleinerben einsetzt. Er hinterlässt ein Vermögen in Höhe von 120.000,00 €. Können die Eltern Ansprüche geltend machen und falls ja in welcher Höhe?

Antwort:

Gemäß § 2303 Abs. 2 BGB steht den Eltern ein Pflichtteilsanspruch zu, weil sie durch Verfügung von Todes wegen von der Erbfolge ausgeschlossen wurden und gesetzliche Erben wären (§ 2309 BGB). Der Pflichtteil besteht in der Hälfte des Wertes des gesetzlichen Erbteils (§ 2303 Abs. 1 Satz 2 BGB), hier also je $^1/_4$. Damit steht den Eltern je ein Anspruch in Höhe von 30.000,- € zu.

9 **Frage 9:**

Der verwitwete Moritz Mauser hinterlässt seine Tochter Tessa und deren Ehemann Hans, seinen Sohn Samuel, seine Mutter Martha und seinen Bruder Balduin.
1. Wer sind die gesetzlichen Erben des Moritz Mauser?
2. Es stellt sich heraus, dass Moritz Mauser ein eigenhändiges Testament errichtet hatte, in dem er bestimmte, dass seine Tochter Tessa Alleinerbin werden und für die Dauer der ortsüblichen Liegezeit sein Grab pflegen soll. Seine Haushälterin Zola soll seine Briefmarkensammlung erhalten. Welche Hinterbliebenen können einen Pflichtteilsanspruch in welcher Höhe geltend machen?

Antwort:

Zu 1. Nach § 1924 Abs. 1 BGB sind die Kinder Tessa und Samuel als seine Abkömmlinge Erben 1. Ordnung. Nach § 1925 Abs. 1 BGB sind die Eltern des Erblassers und deren Abkömmlinge Erben 2. Ordnung, vorliegend Martha und Balduin. Nach § 1930 BGB erben Martha und Balduin als Erben der ferneren Ordnung nichts, weil Erben der näheren Ordnung vorhanden sind. Schwiegersohn Hans erbt nichts, weil er mit dem Erblasser nicht verwandt, sondern nach § 1590 BGB verschwägert ist. Nach § 1924 ABs. 4 BGB erben Kinder zu gleichen Teilen, somit erben Tessa und Samuel zu je $^1/_2$.

Zu 2. Samuel als Abkömmling des Erblassers ist pflichtteilsberechtigt nach § 2303 Abs. 1 Satz 1 BGB, weil er durch Verfügung von Todes wegen enterbt wurde. Tessa ist pflichtteilsberechtigt nach § 2306 BGB, wenn sie ihren Erbteil ausschlägt, weil sie als Erbe mit einem Vermächtnis und einer Auflage beschwert ist. Nach § 2303 Abs: 1 Satz 2 BGB beträgt der Pflichtteil die Hälfte des Wertes des gesetzlichen Erbteils, vorliegend also für Tessa und Samuel je $^1/_4$.

10 **Frage 10:**

Die sechzehnjährige Lisa Lustig kommt mit ihren Eltern zum Notar und möchte sich über Möglichkeiten informieren, ein Testament zu errichten. Kann Lisa selbst ein wirksames Testament errichten? Könnten ihre Eltern als gesetzliche Vertreter für Lisa ein Testament errichten?

Antwort:

Als Sechzehnjährige kann Lisa ein notarielles, jedoch kein handschriftliches Testament errichten (§§ 2229 Abs. 1, 2247 Abs. 4 BGB). Ein Testament kann nur vom Erblasser selbst errichtet werden; eine Bevollmächtigung oder Vertretung durch die Eltern als gesetzliche Vertreter ist ausgeschlossen (Grundsatz der Höchstpersönlichkeit).

11 **Frage 11:**

Anselm und Berta möchten einen Erbvertrag oder ein gemeinschaftliches Testament errichten. Welche Formvorschriften gibt es hier zu beachten?

Antwort:

Der Erbvertrag bedarf stets der notariellen Beurkundung und kann von beliebigen Personen errichtet werden. Die Vertragspartner müssen gleichzeitig anwesend sein; eine Aufspaltung in Angebot und Annahme ist nicht möglich. Ferner müssen die Vertragspartner persönlich anwesend sein; eine Vertretung ist unzulässig.

Ein gemeinschaftliches Testament kann nur von Ehegatten oder Partnern einer eingetragenen Lebenspartnerschaft errichtet werden. Es kann notariell oder privatschriftlich errichtet werden. Beim eigenhändigen gemeinschaftlichen Testament genügt es, wenn der eine Ehegatte den Text des Testaments eigenhändig verfasst und beide Ehegatten das Testament am Ende unterschreiben. Dabei soll jeder Ehegatte angeben, zu welcher Zeit und an welchem Ort er seine Unterschrift beigefügt hat.

Frage 12: 12

Was ist der Unterschied zwischen einseitigen und vertragsmäßigen Verfügungen beim Erbvertrag? Welche Verfügungen können nicht vertragsmäßig getroffen werden?

Antwort:

Einseitige Verfügungen sind solche Verfügungen, die der Erblasser jederzeit frei widerrufen kann. Die spezifische erbvertragliche Bindungswirkung tritt hier also gerade nicht ein. Vertragsmäßige Verfügungen können hingegen nicht ohne weiteres einseitig widerrufen werden und werden bereits mit Abschluss des Erbvertrags bindend. Teilungsanordnung, Anordnung der Testamentsvollstreckung einschließlich der Benennung eines Testamentsvollstreckers und sonstige familienrechtliche Anordnungen (Vormundbenennung, Pflegerbenennung, Entzug der Vermögenssorge) können nur einseitig, nicht vertragsmäßig bindend, getroffen werden. Jeder Erbvertrag muss mindestens eine vertragsmäßige Verfügung (z.B. Erbeinsetzung, Vermächtnis) enthalten.

Frage 13: 13

Gibt es Möglichkeiten, die Bindungswirkung vertragsmäßiger Verfügungen im Erbvertrag einzuschränken?

Antwort:

Die Beteiligten können einen Rücktrittsvorbehalt im Erbvertrag aufnehmen. Der Rücktrittsvorbehalt kann für den gesamten Erbvertrag oder einzelne vertragsmäßige Verfügungen vereinbart werden.

Es kann auch ein Änderungsvorbehalt aufgenommen werden, der z.B. regelt, dass der überlebende Ehegatte vertragsmäßige Verfügungen für den Fall seines Ablebens ganz oder teilweise abändern darf.

Frage 14: 14

Was ist unter wechselbezüglichen Verfügungen in einem gemeinschaftlichen Testament zu verstehen? Können alle Verfügungen wechselbezüglich getroffen werden?

Antwort:

Wechselbezüglich sind solche Verfügungen eines Ehegatten, die jeweils mit Rücksicht auf die des anderen getroffen sind und die miteinander stehen und fallen sollen. In ihrer Bindungswirkung entsprechen sie in weiten Teilen denen der vertragsmäßigen Verfügungen beim Erbvertrag. Mit dem Tod des Erstversterbenden werden die wechselbezüglichen Verfügungen bindend und können grundsätzlich nicht mehr durch den Längerlebenden widerrufen werden (§ 2271 Abs. 2 BGB). Wechselbezüglich können diejenigen Verfügungen sein, die auch erbvertraglich bindend vereinbart werden können. Damit können Teilungsanordnung, Anordnung der Testamentsvollstreckung sowie sonstige familienrechtliche Anordnungen nicht wechselbezüglich getroffen werden.

15 **Frage 15:**

Gibt es zu Lebzeiten beider Ehegatten die Möglichkeit, sich durch einseitigen Widerruf von wechselbezüglichen Verfügungen zu lösen?

Antwort:

Zu Lebzeiten beider ist ein Widerruf wechselbezüglicher Verfügungen jederzeit möglich, § 2271 BGB. Nach dieser Vorschrift muss die Widerrufserklärung notariell beurkundet und dem anderen Ehegatten zugestellt werden, § 2271 Abs. 1 S. 1 i.V.m. § 2296 Abs. 2 BGB. Die Besonderheit gegenüber dem Erbvertrag besteht darin, dass eine einseitige Widerrufsmöglichkeit beim gemeinschaftlichen Testament von Gesetzes wegen besteht, während sie beim Erbvertrag durch Aufnahme eines Rücktrittsrechts gesondert vereinbart werden muss.

16 **Frage 16:**

Was ist der Unterschied zwischen einer Erbeinsetzung und einer Vermächtnisanordnung?

Antwort:

Mit der Einsetzung eines Erben bestimmt der Erblasser, auf wen sein Vermögen in seiner Gesamtheit übergeht (Grundsatz der Gesamtrechtsnachfolge, § 1922 BGB). Im Wege des Vermächtnisses können einzelnen Personen bestimmte Vermögensvorteile zugewendet werden (§§ 1939, 2147 ff. BGB). Der Vermächtnisnehmer wird nicht automatisch mit Eintritt des Erbfalls Eigentümer des Vermächtnisgegenstandes, sondern erhält nur einen schuldrechtlichen Anspruch auf Erfüllung des Vermächtnisses gegen den Erben.

17 **Frage 17:**

Anselm Bauer ist das einzige Kind der Witwe Berta Bauer, die hoch verschuldet ist. Als Berta Bauer stirbt, überlegt Anselm Bauer, ob etwas zu veranlassen ist, wenn er das Erbe nicht annehmen möchte und ob es hierbei Fristen zu beachten gilt.

Antwort:

Anselm Bauer muss die Erbschaft ausschlagen. Die Ausschlagung erfolgt durch Erklärung gegenüber dem Nachlassgericht (§ 1945 BGB). Sie muss entweder in öffentlich beglaubigter Form erfolgen oder zur Niederschrift des Nachlassgerichts abgegeben werden (§ 1945 BGB). Die Ausschlagung muss innerhalb der Frist des § 1944 BGB dem Nachlassgericht zugehen. Im Regelfall beträgt die Frist sechs Wochen und beginnt mit dem Zeitpunkt, in dem der Erbe von dem Anfall der Erbschaft und dem Grunde der Berufung Kennntis erlangt hat.

18 **Frage 18:**

Nennen Sie abgesehen von Testament und Erbvertrag weitere erbfolgerelevante Urkunden, die im ZTR zu registrieren sind.

Antwort:

- Erbverzicht.
- Zuwendungsverzicht.
- Aufhebung einer letztwilligen Verfügung (insbesondere Widerrufstestament).
- Ehevertrag bei Erbfolgerelevanz (insbesondere bei Gütertrennung).
- Rechtswahl, soweit das Güterrechts- oder das Erbstatut betroffen ist.
- Rücknahme eines Erbvertrags aus der notariellen Verwahrung.
- Herausnahme eines Erbvertrags aus der notariellen Verwahrung.

19 **Frage 19:**

A möchte an B sein Grundstück verkaufen. Beim Blick ins Grundbuch sehen Sie in Abt. II einen Nacherbenvermerk, der wie folgt lautet: „*Nacherbfolge ist angeordnet. Nacherbin des VA ist TA, geboren am 21.04.2000; Ersatznacherbfolge ist angeordnet, Ersatznacherben sind die Abkömmlinge der TA. Die Nacherbfolge tritt ein mit dem Tod des Vorerben. Der Vorerbe ist befreit.*" A ist in Abt. I als Eigentümer eingetragen, als Rechtsgrund der Eigentumsumschreibung ist angegeben: „*Erbvertrag vom 21.04.2001, Az.: VII 10497/20 AG München*". VA ist der Vater von A und TA.

1. Welche Unterlagen benötigen Sie von A noch? Warum?
2. A fragt sie, was das mit der Nacherbschaft eigentlich auf sich hätte und was man darunter zu verstehen habe – ob Sie ihm das bitte in zwei Sätzen erklären könnten.
3. Auf Nachfrage erwähnt A, dass er und seine Schwester TA völlig verstritten seien, eine schriftliche Äußerung von ihr sei nicht zu erlangen. Sind Schwierigkeiten in der KV-Abwicklung zu erwarten?
4. Wie wäre es, wenn der Nacherbenvermerk jeweils nicht „Ersatznacherbfolge" verlautbaren würde, sondern „Nachnacherbfolge", d.h. dass TA ihrerseits wiederum nur Vorerbin würde, die Abkömmlinge der TA Nacherben nach TA?
5. Welche Möglichkeiten gibt es für einen Vorerben, die Problematik des Nacherbenvermerks bereits im Vorfeld einvernehmlich mit dem Nacherben zu lösen und mögliche Verzögerungen in der Abwicklung eines Kaufvertrages zu vermeiden?

Antwort:

Zu 1. Sie benötigen den Erbvertrag mit Eröffnungsniederschrift – entweder indem Ihnen A den noch liefert, oder aber, indem Sie ihn beim Nachlassgericht anfordern. Nur wenn Sie den Erbvertrag gesehen haben, können Sie beurteilen,

- in welchem Umfang genau der Vorerbe befreit ist,
- ob sich weitere Spielregeln für die Abwicklung ergeben, etwa weil A dieses Grundstück per Vorausvermächtnis zugedacht ist (dann würde es aus der normalen Nacherbenbindung herausfallen) oder weil der Erblasser Testamentsvollstreckung über die Nacherbenrechte angeordnet hat (dann müsste man den Nacherben u.U. gar nicht ansprechen, sondern der Nacherbentestamentsvollstrecker wäre Ansprechpartner).
- (Zum Nachlesen: *Junk*, Erbrecht, § 2 Rn. 97 ff.)

Zu 2. Mit Anordnung der Nacherbschaft bewirkt der Erblasser zweierlei:

- Er entzieht dem Vorerben das Recht zu bestimmen, wer die geerbten Gegenstände einmal erhält, wenn der Vorerbe verstorben ist – der Vorerbe hat also zwei Vermögensmassen, einmal sein eigenes Vermögen, zum anderen den geerbten Nachlass, der mit Eintritt des Nacherbfalles automatisch auf den vom Erblasser bestimmten Nacherben übergeht.
- Zwischen dem Vorerben und dem Nacherben entsteht ein Rechtsverhältnis ähnlich dem Rechtsverhältnis zwischen Eigentümer und Nießbraucher (die Stellung des Vorerben entspricht dabei der des Nießbrauchers) – der Vorerbe muss den Nachlass für den Nacherben gewissermaßen „konservieren" und darf ihn im gesetzlichen Grundmodell nur nutzen und Erträge („Früchte") verbrauchen.

(Zum Nachlesen: *Junk*, Erbrecht, § 2 Rn 100, 103)

Zu 3. Der Käufer will das Grundstück „lastenfrei", d.h. frei auch von dem im Grundbuch eingetragenen Nacherbenvermerk. Der Nacherbenvermerk bedeutet – wie die Auflassungsvormerkung – keine rechtliche Grundbuchsperre. Rechtsgeschäfte, die gegen die Nacherbenbindung verstoßen, sind dem Nacherben gegenüber aber unwirksam, was dieser mit Eintritt der Nacherbfalles geltend machen könnte.

Der Käufer möchte also sicher sein (nur dann wird er bereit sein, den Kaufpreis zu bezahlen, die Kaufpreisfälligkeit ist davon abhängig zu machen), dass

- das Grundstück nicht der Nacherbenbindung unterliegt und
- der Nacherbenvermerk gelöscht wird (andernfalls würde er bei späteren eigenen Verfügungen Schwierigkeiten begegnen).

Damit der Nacherbenvermerk gelöscht werden kann, muss eine von zwei Voraussetzungen vorliegen:

- Entweder der Nacherbe bewilligt die Löschung des Nacherbenvermerks. Dabei ist aber zu beachten, dass die bloße Löschungsbewilligung nicht bedeutet, dass das Grundstück aus der Nacherbenbindung auch tatsächlich ausscheidet (wenn es denn im Hinblick auf die Verfügung tatsächlich der Nacherbenbindung unterliegt, dazu sogleich) – der Nacherbe muss der betreffenden Verfügung auch tatsächlich zustimmen.

■ Oder aber dem Grundbuchamt gegenüber wird der Nachweis der Unrichtigkeit des Grundbuchs geführt – das Grundbuch muss also überzeugt sein, dass die Nacherbenbindung nicht besteht oder erloschen ist.

Verlautbart das Grundbuch „befreite" Vorerbschaft, so ist durch Einsicht in die Verfügung von Todes wegen (vgl. 1.) zu klären, wie weit die Befreiung reicht. Befreiung kann nach § 2136 BGB nicht nur von den Verfügungsbeschränkungen des §§ 2113–2115 BGB (ausgenommen jedoch das Schenkungsverbot, hiervon kann ausdrücklich keine Befreiung erteilt werden) erteilt werden, sondern auch von den Verpflichtungen, den Nachlass für den Nacherben zu konservieren (vgl. § 2134 BGB und die in § 2136 BGB angesprochene Befreiungsmöglichkeit und auch § 2137 Abs. 1 BGB).

Ergibt sich aus der Einsicht in die eröffnete Verfügung von Todes wegen, dass der Vorerbe tatsächlich vom Verfügungsverbot betreffend Grundstücke befreit ist, so muss im Rahmen der Vertragsgestaltung die Kaufpreiszahlung nicht davon abhängig gemacht werden, dass die Zustimmung des Nacherben zur Verfügung über das Grundstück vorliegt. Der Unrichtigkeitsnachweis hinsichtlich des Nacherbenvermerks kann dann auch anders geführt werden. Im Hinblick darauf, dass vom Verbot schenkweiser Verfügungen (§ 2113 Abs. 2 BGB) keine Befreiung erteilt werden kann (vgl. den Text des § 2136 BGB), muss natürlich der Notar einerseits, das Grundbuchamt andererseits, davon überzeugt sein, dass in dem Kaufvertrag keine Schenkung liegt. Bei einem gewöhnlichen Kaufvertrag mag das bei praktischer Betrachtungsweise ausgeschlossen sein – warum sollte ein Verkäufer einem Käufer etwas schenken wollen? Das mag anders sein, wenn zwischen Verkäufer und Käufer ein Näheverhältnis (z.B. A verkauft an einen persönlichen Freund, eine persönliche Freundin, zum „Vorzugspreis") besteht.

Die Grundbuchämter gehen zunehmend dazu über, die Verantwortung für die Prüfung, ob der betreffende Kaufvertrag tatsächlich zum Marktpreis abgeschlossen ist, nicht selbst zu übernehmen. Um den späteren Vorwurf zu vermeiden, sie hätten sehenden Auges an einer verkappten Schenkung mitgewirkt, hören sie den Nacherben an, bevor sie das Eigentum umschreiben. Der Nacherbe bekommt also die Möglichkeit zu artikulieren und Argumente vorzutragen (etwa ein Gutachten vorzulegen), dass das Geschäft in Wahrheit kein Verkehrsgeschäft gewesen sei.

Diese Anhörung kann die spätere Eigentumsumschreibung zumindest verzögern – ist nur ein namentlich bekannter Nacherbe anzuhören (zur Anhörung von Ersatzerben und Nachnacherben unter 4.), so wird sich diese Verzögerung aber in einem überschaubaren Rahmen bewegen.

Die Situation ist übrigens ähnlich der Situation beim Verkauf durch den Testamentsvollstrecker – auch hier hört das Grundbuchamt im Hinblick auf das Verbot unentgeltlicher Verfügungen (vgl. § 2205 Satz 2 BGB) regelmäßig die Erben an, um sich von der Vollentgeltlichkeit des Rechtsgeschäfts zu überzeugen.

(Zum Nachlesen: *Volmer*, Vollzug von Kaufverträgen, § 2 Rn 135 ff, *Junk*, Erbrecht, § 2 Rn 102)

Zu 4. „Ersatznacherbfolge" bedeutet, dass Nacherbe ein anderer wird, wenn der eingesetzte Nacherbe den Nacherbfall nicht erlebt. „Nachnacherbfolge" bedeutet, dass der eingesetzte Nacherbe seinerseits wiederum nur Vorerbe ist, also wiederum „seinen" Nacherben gegenüber den typischen Bindungen des Vorerben unterliegt.

Bei einem von § 2113 Abs. 1 BGB nicht befreiten Vorerben müssen eingesetzte Ersatznacherben einer Verfügung nicht zustimmen, um die Verfügung wirksam zu machen – die Zustimmung des Nacherben genügt, er erteilt die Zustimmung gewissermaßen auch mit Wirkung für die Ersatznacherben.

Anders verhält sich dies im Fall der Nachnacherbfolge – der Nacherbe ist in diesem Fall „seinen" Nacherben gegenüber wiederum nur Vorerbe, unterliegt also ebenfalls einer Nacherbenbindung – und ist daher nicht befugt, die Zustimmung gegenüber „seinem" Vorerben auch mit Wirkung für „seine" Nacherben zu erteilen.

Wer würde in einem solchen Fall die Nachnacherben-Zustimmung erteilen? Wenn diese bekannt sein sollten, diese selbst. Im Regelfall setzen Erblasser einen abstrakt bezeichneten Personenkreis ein („die Abkömmlinge von …"), dessen Zusammensetzung sich bis zum Eintritt des Nachnacherbfalles häufig typischerweise noch verändern wird. Für diesen Fall sieht das Gesetz die Möglichkeit einer Pflegerbestellung vor – für die unbekannten Personen wird also eine Amtsperson bestellt, die deren Rechte wahrnimmt. Geregelt ist das in § 1913 BGB.

Das Erfordernis einer Pflegerbestellung begegnet uns nun auch bei der befreiten Vorerbschaft: Im Rahmen der Anhörung des Grundbuchamtes zur Überzeugungsbildung in puncto Vollentgeltlichkeit muss das Grundbuchamt – getreu der Logik, nicht einfach angesichts der Überschrift „Kaufvertrag" zu unterstellen, es handele sich um ein vollentgeltliches Rechtsgeschäft – auch die unbekannten Nacherben anhören.

Wichtig zu sehen ist, dass diese Meinungsbildung des Grundbuchamtes nicht etwa bereits im Vorfeld im Rahmen der Eintragung der Auflassungsvormerkung erfolgt (diese stellt ja keine Verfügung über das Grundstück dar), und auch nicht bei Eintragung der Finanzierungsgrundschuld des Käufers (im Verhältnis zu Bank lässt das Grundbuchamt die Vermutung der Vollentgeltlichkeit gelten), sondern erst dann, wenn das Eigentum umgeschrieben werden soll und der Nacherbenvermerk gelöscht werden soll. Das Erfordernis der Pflegerbestellung kann hier zu einer mehrmonatigen Verzögerung führen.

Vermeiden lässt sich diese Verzögerung nicht – sie ließe sich allenfalls zeitlich verschieben, indem man die Bestellung eines Pflegers bereit selbst veranlasst und dessen Stellungnahme im Vorfeld einholt. Ob die Beteiligten das wünschen, ist mit ihnen zu erörtern – in jedem Fall ist der Käufer auf mögliche Verzögerungen bei der lastenfreien Eigentumsumschreibung hinzuweisen.

(Zum Nachlesen: *Junk*, Erbrecht, § 2 Rn 97 ff.)

Zu 5. Bezogen auf eine einzelne Veräußerung kann der Vorerbe versuchen, die Zustimmung des Nacherben zu einer Verfügung bereits im Vorfeld einzuholen („Einwilligung" – allerdings ist dann darauf zu achten, den Widerruf dieser Einwilligung auszuschließen, vgl. § 183 BGB). Ist Nachnacherbfolge angeordnet, so müsste die Einwilligung allerdings auch von dem Pfleger für die unbekannten Nachnacherben erteilt werden – praktisch ein aussichtsloses Unterfangen: im Fall der nicht befreiten Vorerbschaft wird der Pfleger keinen Grund sehen, zuzustimmen, im Fall der befreiten Vorerbschaft wird er keinen Grund sehen, vorzeitig die Einwilligung zu erteilen.

Weitergehend kann der Vorerbe versuchen, das Objekt aus der Nacherbenbindung gänzlich herauszunehmen. Die „Freigabe" eines einzelnen Nachlassgegenstandes ist möglich durch Vereinbarung zwischen Vorerben und Nacherben – es handelt sich um ein auflassungsähnliches Geschäft, eine dingliche Einigung ist also erforderlich, als deren Ergebnis der Nacherbenvermerk dann gelöscht wird (nochmal: die bloße Löschungsbewilligung des Nacherben bewirkt keine Freigabe aus der Nacherbenbindung!). Ist Nachnacherbschaft angeordnet, so ist die Zustimmung der Nach-Nacherben erforderlich. Bloße Ersatznacherbschaft macht keine Zustimmung erforderlich.

Geht es nicht darum, einen einzelnen Nachlassgegenstand aus der Nacherbenbindung zu lösen, sondern ist der Nacherbe bereit, seine Rechtsposition insgesamt aufzugeben, kann er sein Nacherbenanwartschaftsrecht auf den Vorerben übertragen – dadurch wird der Vorerbe zum Vollerben. Auch hier kann der Nacherbe nicht zulasten der Nachnacherben verfügen, deren Zustimmung wäre also erforderlich. Die Zustimmung von Ersatznacherben ist nicht erforderlich – allerdings wird deren Rechtsposition durch die Übertragung des Anwartschaftsrechts nicht geschmälert: tritt also später der Ersatznacherbfall sein, stellt sich heraus, dass der Vorerbe doch nicht Vollerbe geworden ist! Ein vertracktes Ergebnis, näher nachzulesen in DNotI-Report 2020, S. 139 ff.

(Zum Nachlesen: *Junk*, Erbrecht, § 2 Rn 97 ff.)

B.   Vorsorgevollmachten

20   **Frage 20:**

Die kinderlose alleinstehende Rentnerin Rita Rüstig erscheint zum Besprechungstermin bei der Notarfachangestellten Frieda Fröhlich. Sie möchte Vorsorge für den Fall treffen, dess es ihr gesundheitlich nicht mehr gut gehen sollte. Sie hat keinerlei Verwandte, allerdings setze sie großes Vertrauen in Frau Berta Bauer, die seit einigen Monaten bei ihr Reine macht und bereit sei, sich um ihre Angelegenheiten zu kümmern. Was wird Frieda Fröhlich antworten? Gehen Sie hierbei auf die Begriffe „Vorsorgevollmacht" und „Betreuungsverfügung" und etwaige Formvorschriften ein.

Antwort:

Eine Vorsorgevollmacht ist in der Regel eine Generalvollmacht in Vermögens- und Gesundheitsangelegenheiten. Sie wird für den Fall des geistigen und/oder körperlichen Gebrechens errichtet und soll eine Betreuung vermeiden. Wichtig ist die sorgfältige Auswahl des Bevollmächtigten, da Vollmachten ein großes Vertrauen voraussetzen. Der Begriff der Vorsorgevollmacht ist in der amtlichen Überschrift zu § 1901c BGB enthalten. Er wird in dieser Vorschrift jedoch nicht näher definiert. Gem. § 1901c BGB bedarf die Vorsorgevollmacht zumindest der Schriftform. Soll die Vollmacht verfahrensrechtlich für das Handelsregister (§ 12 HGB) oder das Grundbuch (§ 29 GBO) verwendet werden, ist mindestens eine Unterschriftsbeglaubigung erforderlich. Vorzugswürdig ist die notarielle Beurkundung. Sie vermittelt z.B. einen höheren Beweiswert, die Geschäftsfähigkeit kann verlässlicher festgestellt werden und insbesondere können den Bevollmächtigten Ausfertigungen erteilt werden.

Liegt keine Vorsorgevollmacht vor und besteht Betreuungsbedarf bestellt das Betreuungsgericht einen Betreuer (§§ 1896 ff. BGB). Dieser wird vom Gericht kontrolliert. Es ist möglich, die Person des Betreuers zu bestimmen oder zu bestimmen, dass bestimmte Personen nicht Betreuer werden dürfen sowie Wünsche zur Ausführung zu treffen (§ 1897 Abs. 4 BGB, § 1901 Abs. 3 BGB). Eine solche Betreuungsverfügung sollte zumindest schriftlich erfolgen, soweit sie nicht notariell errichtet wird.

Vorliegend wird Frieda Fröhlich darauf hinweisen, dass bei Vorsorgevollmachten eine großes Missbrauchspotential besteht und es sich bei Frau Bauer nicht um eine langjährige vertraute Person handelt. Wenn Frau Rüstig Frau Bauer einbinden möchte, sollte sie dies in Form einer Betreuungsverfügung tun.

(Zum Nachlesen: *Sikora*, Vollmachten, Genehmigungen, Zustimmungen, Beglaubigungen, § 2 Rn 136 ff.)

21   **Frage 21:**

Was versteht man unter einer Patientenverfügung? Bedarf diese einer besonderen Form?

Antwort:

§ 1901a Abs. 1 BGB definiert den Begriff der Patientenverfügung. Hierbei geht es darum, den Willen des Beteiligten für den Fall zu dokumentieren, dass seine Erkrankung oder sein Grundleiden einen irreversiblen und tödlichen Verlauf angenommen hat, bei dem jedoch der Tod mit medizintechnischen Maßnahmen noch hinausgezögert werden könnte. Oftmals wünschen die Beteiligten in diesen Fällen keine lebensverlängernden oder lebenserhaltenden Maßnahmen. Gem. § 1901a Abs. 1 BGB bedarf die Patientenverfügung der Schriftform.

(Zum Nachlesen: *Sikora*, Vollmachten, Genehmigungen, Zustimmungen, Beglaubigungen, § 2 Rn 148)

C. Internationales Erbrecht

Frage 22: 22

Vier Freunde (A, B, C und D), vier Arbeitskollegen, die seit Jahrzehnten hier im Amts-bereich Ihrer Kanzlei leben, kommen zu Ihnen. Jeder überlegt, ein notarielles Testament zu errichten. Alle vier sind frisch pensioniert und haben sich zu viert ein Haus in den Bergen in Österreich gekauft, möglicherweise werden sie ganzjährig dort leben. Alle vier haben Immo-bilienbesitz in Deutschland.

1. A ist deutscher Staatsangehöriger und hat vor Jahren ein notarielles Testament gemacht, am liebsten würde er gar nichts regeln.
2. B ist österreichischer Staatsangehöriger – am liebsten würde er das Testament seines Freundes abschreiben, der habe alles so schön übersichtlich geregelt und das deutsche Recht sei doch zu schön klar.
3. C ist russischer Staatsangehöriger – er würde am liebsten erreichen, dass alles nach öster-reichischem Recht läuft.
4. D ist Brite – er lebt seit drei Jahren in Deutschland und möchte nur verstehen „wie es läuft", regeln will er eigentlich gar nichts.

Was ist den Vieren zu raten?

Antwort:

Zu 1. Der von den Vieren geschilderte Wohnsitzwechsel („*ganzjährig ... in Österreich zu leben*") könnte dazu führen, dass das auf die Erbfolge nach A anwendbare Recht sich ändert. Maßgeblich für das auf die Rechtsnachfolge von Todes wegen anzuwendende Recht ist seit August 2015 nicht mehr die Staatsangehörigkeit (Art. 25 EGBGB a.F.), die jemand im To-deszeitpunkt besitzt, sondern das Recht am Ort des gewöhnlichen Aufenthalts (Art. 21 Abs. 1 EUErbVO). Würde der Hauskauf in Österreich und der häufige Aufenthalt dort dazu führen, dass A dort einen gewöhnlichen Aufenthalt begründet, so wäre österreichisches Erb-recht das auf die Erbfolge anwendbare Recht.

Im Einzelnen kann es schwierig sein (und ist letztlich auch nicht Aufgabe des Notars oder seiner Mitarbeiter) festzustellen, wo genau der gewöhnliche Aufenthalt einer Person sich be-findet – erkannt werden muss nur, dass die Bestimmung des gewöhnlichen Aufenthaltes un-ter Umständen nicht eindeutig ist.

Bestehen Zweifel daran, dass sich der Ort des gewöhnlichen Aufenthaltes in dem Land be-findet, dessen Recht auf die Rechtsnachfolge von Todes wegen anwendbar sein soll, ist die Möglichkeit einer vorsorgenden Rechtswahl zu prüfen. Art. 22 EUErbVO erlaubt es, das Recht der eigenen Staatsangehörigkeit zu wählen (und nur dieses Recht).

Überlegt werden muss also, ob A eine Rechtswahl ins deutsche Recht hinein zu empfehlen ist – als Absicherung für den Fall, dass die häufigen Auslandsaufenthalte in Österreich dazu führen, dass man dort seinen gewöhnlichen Aufenthalt im Todeszeitpunkt annimmt. Zu be-achten ist dabei, dass Art. 83 Abs. 4 der EUErbVO eine Rechtswahl unterstellt und fingiert, wenn jemand vor dem 17.8.2015 eine Verfügung von Todes wegen „*nach dem Recht ... er-richtet hat, welches er nach der Verordnung hätte wählen können*". Unterstellt man, dass A sein Testament unter Verwendung deutscher Begrifflichkeiten des BGB im Jahr 2005 errich-tet hat, würde dieser Umstand als Rechtswahl des deutschen Rechts gewertet – er müsste jetzt also in der Tat gar nichts unternehmen.

(Zum Nachlesen: *Döbereiner*, MittBayNot 2013, 358 ff. und 437 ff.)

Zu 2. Möchte B als Österreicher erreichen, dass er nach deutschem Recht beerbt wird, so muss er seinen gewöhnlichen Aufenthalt in Deutschland beibehalten; oder aber die deutsche Staatsangehörigkeit annehmen. Eine Rechtswahl ins deutsche Recht hinein ist nach Art. 22 EUErbVO nicht möglich; gewählt werden kann nur das Heimatrecht.

Vorsorglich sollte B aber prüfen lassen, ob denn ein Testament nach dem Vorbild der Ver-fügungen des A nach österreichischem Recht irgendwelchen Auslegungsschwierigkeiten begegnen würde und ob dort etwas geregelt ist, was nach österreichischem Recht nicht funktioniert. Häufig ist es so, dass die Formulierungen im Einzeltestament auch in der anderen Rechtsordnung gut funktionieren, so lange keine spezifisch deutschen erbrechtlichen Verfügungen (etwa Vor- und Nacherbfolge) getroffen sind. Erläutern lassen sollte sich B auch die verfahrensrechtlichen Aspekte des österreichischen Nachlassverfahrens (hier unterscheiden sich Deutschland und Österreich grundlegend).

(Zum Nachlesen: *Döbereiner*, MittBayNot 2013, 358 ff. und 437 ff.)

Zu 3. Bei C ist zu beachten, dass mit Russland (das gilt auch für alle Nachfolgestaaten der früheren Sowjetunion) ebenso wie mit der Türkei und mit Iran bilaterale Staatsverträge existieren, die für Erbfälle das anwendbare Recht abschließend regeln. Die EUErbVO lässt diesen Staatsverträgen Vorrang (Art. 75 Abs. 1 EUErbVO). Der Vertrag mit der früheren Sowjetunion trifft eine Sonderregelung für Immobilien, für diese gilt das Recht des Belegenheitsstaates. Eine Regelung (Anknüpfungsregelung) für den beweglichen Nachlass trifft der Vertrag nicht. Hierfür gilt (aus Sicht des Rechtsanwenders im Sitz in einem Mitgliedstaat der EUErbVO) die EUErbVO.

> *Tipp:*
>
> Was in dem deutsch-sowjetischen Konsularvertrag steht, müssen Sie natürlich nicht wissen! Wissen müssen Sie nur, dass es Länder gibt (Nachfolgestaaten der Sowjetunion, Türkei, Iran), für die es Sonderregeln gibt. Wenn Sie recherchieren wollen, was in diesen Sonderregeln ungefähr drinsteht, nutzen Sie in der Gutachtendatenbank des DNotI die „Erweiterte Suche" und geben dort in der Zeile „Titel" die betroffenen Länder und das Wort „Erbstatut" ein. So finden Sie Gutachten, die die hier aufgeworfenen Fragen näher beleuchten und die Sie Ihrer Notarin oder Ihrem Notar dann zur weiteren Entscheidung vorlegen können.

Klar ist also, dass das deutsche Immobilienvermögen des russischen Staatsangehörigen nach deutschem materiellen Erbrecht vererbt wird. Hat er seinen gewöhnlichen Aufenthalt bei seinem Tod in Deutschland, wird er also insgesamt nach deutschem Recht beerbt. Ab hier wird es dann komplizierter: Hat er seinen gewöhnlichen Aufenthalt in Österreich, so ist österreichisches Recht anwendbar – weil aber die deutsche Immobilie nach deutschem Recht vererbt wird, tritt im Verhältnis zwischen Deutschland und Österreich Nachlassspaltung ein (etwas was nach der EUErbVO eigentlich gar nicht mehr passieren soll).

Deutsches Recht wählen kann C wiederum nicht.

Alles in Allem ein Fall, für den sich eine Gutachtenanfrage beim DNotI lohnt – dem DNotI wäre dann auch die Frage vorzulegen, was die Regelung im deutsch-sowjetischen Vertrag zu Immobilien in Bezug auf die österreichische Immobilie bedeutet (ob also dann, wenn C seinen gewöhnlichen Aufenthalt in Deutschland behält, diese Immobilie nach österreichischem Erbrecht vererbt wird – oder ob die Verweisung auf einen anderen Staat eine Verweisung auf dessen Privatrecht ist). Außerdem könnte es ja auch sein, dass Österreich einen vergleichbaren Vertrag mit der früheren Sowjetunion geschlossen hat.

Kommt auch ein Gutachten zu keinem eindeutigen Ergebnis, verbleiben möglicherweise zwei Unsicherheiten:
a) findet eine Nachlassspaltung statt? Und
b) welches Recht ist anwendbar.

Das Testament muss dann a) klarstellen, dass es eine einheitliche Regelung für alle möglichen Spaltnachlässe darstellt und b) so einfach formuliert sein, dass es möglichst in allen in Betracht kommenden anwendbaren Rechtsordnungen funktionieren würde.

(Zum Nachlesen: *Döbereiner*, MittBayNot 2013, 358 ff. und 437 ff.)

Zu 4. Großbritannien ist und war nie „Mitgliedstaat" der EUErbVO, daran hat sich durch den Brexit nichts geändert. Wichtig zu wissen ist, dass die EUErbVO auch im Verhältnis zu sog. Drittstaaten Geltung beansprucht und funktioniert: Art. 20 EUErbVO regelt ausdrücklich, dass das nach der Verordnung für anwendbar erklärte Recht auch dann anzuwenden ist, wenn es das Recht eines Drittstaates ist.

Hätte D also bei seinem Tod in Großbritannien seinen gewöhnlichen Aufenthalt, würde er nach den Regeln der EUErbVO nach dortigem Recht beerbt werden – nachdem er erst drei Jahre hier lebt, ist die Möglichkeit zu untersuchen, dass er hier noch gar keinen gewöhnlichen Aufenthalt begründet hat – möglicherweise befindet sich dieser noch in Großbritannien.

Bei der Anwendung der EUErbVO im Verhältnis zwischen Mitgliedstaat und Drittstaat gibt es aber einen entscheidenden Unterschied zur Anwendung im Verhältnis zwischen Mitgliedstaaten: Mitgliedstaaten haben im Erbrecht keine Regeln des internationalen Privatrechts mehr, die von den Regeln der EUErbVO abweichen – im Verhältnis zwischen Mitgliedstaaten kommt man also immer zu demselben Ergebnis, was das anwendbare Recht angeht. Drittstaaten haben demgegenüber noch eigene internationalprivatrechtliche Regeln im Erbrecht. Im Verhältnis zu Drittstaaten darf man daher nicht gleich auf deren materielles Erbrecht springen, wenn man Art. 22 Abs. 1 EUErbVO angewandt hat, man muss vielmehr (so wie das Art. 4 Abs. 1 Satz 1 EGBGB für andere internationalprivatrechtliche Fragestellungen regelt) zunächst einmal in deren IPR schauen. Das nimmt Art. 34 Abs. 1 EUErbVO auf – und regelt, wie ein Mitgliedstaat der EUErbVO mit dem IPR des Drittstaates umgeht. Würde die EUErbVO den D immer noch als in Großbritannien ansässig betrachten, würde der Rechtsanwender im Mitgliedstaat „das Recht Großbritanniens" anwenden – soweit es zurückverweist auf das Recht eines Mitgliedstaates, würden wir das akzeptieren (und hätten wieder eine Nachlassspaltung).

> *Tipp:*
>
> Jetzt müssen Sie in der DNotI Gutachtendatenbank unter „Erweiterte Suche" in der Zeile „Titel" die Worte „England Erbstatut" eingeben (wenn Sie „Großbritannien Erbstatut" eingeben, bekommen Sie keinen Treffer – das hängt damit zusammen das Großbritannien Teilrechtsordnungen für England, Schottland, Wales und Nordirland hat), dann finden Sie ein Gutachten, welches Ihnen bei der Orientierung in der Rechtslage hilft.

Die britischen Teilrechtsordnungen differenzieren zwischen unbeweglichem und sonstigem Vermögen. Aus britischer Sicht richtet sich die Erbfolge in unbewegliches Vermögen nach dem jeweiligen Lageort („*lex rei sitae*" – ein lateinischer Begriff). Die Erbfolge in sonstiges Vermögen richtet sich danach, welches *domicile* der Verstorbene im Zeitpunkt seines Todes hatte.

Vorsicht aber – *domicile* des angelsächsischen Rechtskreises ist nicht dasselbe wie „der Ort des gewöhnlichen Aufenthalts" nach der EUErbVO. In Großbritannien kann es sein, dass jemand der in England geboren wurde, aber für Jahrzehnte im Ausland gelebt hat, immer noch als in England domiziliert angesehen wird.

Für den D gibt es also drei Erkenntnisse:

a) Wenn die EUErbVO ihn als in Deutschland oder Österreich ansässig betrachtet, wird er nach dem Recht des jeweiligen Ortes beerbt, also nach deutschem oder österreichischem Erbrecht – englisches Recht oder das sonstige Recht einer britischen Teilrechtsordnung interessieren uns nicht (Art. 22 Abs. 1 EUErbVO). Die Möglichkeit einer Rechtswahl besteht nicht.

b) Wenn die EUErbVO ihn als nicht in Deutschland oder Österreich ansässig, sondern als noch in Großbritannien ansässig betrachtet, ist aus Sicht der EUErbVO britisches Recht anzuwenden. Jede Verweisung, die das britische IPR ausspricht und die auf das Recht eines Mitgliedstaates verweist, nimmt die EUErbVO an. Wäre D also aus britischer Sicht noch dort domiziliert, würde das britische IPR für die unbeweglichen Gegenstände aus das Recht Deutschlands bzw. Österreichs verweisen, es würden drei Spaltnachlässe entstehen. Wäre D aus britischer Sicht im Zeitpunkt seines Todes in Deutschland oder Österreich domiziliert, würden zwei Spaltnachlässe entstehen.

c) Im Fall b) kommen das britische Recht und das Recht der betroffenen Mitgliedstaaten zum selben Ergebnis. Im Fall a) allerdings dann nicht, wenn das britische Recht den D noch als in Großbritannien domiziliert betrachtet, insoweit spricht man dann von einem „hinkenden Rechtsverhältnis".

Tipp:

Lassen Sie sich nicht verwirren, das wirkt alles sehr kompliziert – beschränken Sie sich auf folgende Grundregeln:
a) Der „gewöhnliche Aufenthaltsort" im Todeszeitpunkt bestimmt das anwendbare Erbrecht.
b) Den „gewöhnlichen Aufenthaltsort" können wir nicht sicher bestimmen. Bestehen Zweifel, kann eine Rechtswahl helfen – es gibt aber nur eine Rechtswahl in das eigene Heimatrecht hinein. Kann eine Rechtswahl die Unklarheit nicht beseitigen, muss der Beteiligte selbst Rechtsrat zu dem möglicherweise anwendbaren anderen Recht beiziehen.
c) Auch unter der EUErbVO kann zu einer „Nachlassspaltung" kommen – immer dann wenn ein Drittstaat beteiligt ist. Auch hier muss der Beteiligte Rechtsrat zu dem anwendbaren „anderen" Recht beiziehen.
d) Der Notar schuldet nur den Hinweis darauf, dass möglicherweise ausländisches Recht anwendbar ist.

D. Kosten: Erbrechtliche Angelegenheiten

23 **Frage 23:**

Johann Müller (nicht verheiratet; kinderlos) trifft in einem notariell beurkundeten Testament folgende Verfügungen:
- Die Kinder meiner Schwester Anna, nämlich Anton Gruber und Sophie Gruber, werden zu gleichen Teilen als Erben eingesetzt.
- Zu Ersatzerben werden jeweils die Abkömmlinge von Anton und Sophie Gruber (unter sich entsprechend den Regeln der gesetzlichen Erbfolge erster Ordnung) bestimmt. Sind keine Abkömmlinge vorhanden, tritt Anwachsung gem. § 2094 BGB ein.
- Im Wege des Vermächtnisses erhält mein Neffe Max Müller mein Freizeitgrundstück Fl.Nr. 234/5 Gemarkung Waldorf (zu Alleineigentum) zugewendet.

Wertangaben:

Johann Müller besitzt Vermögenswerte im Gesamtwert von 500.000,00 EUR (einschl. des Freizeitgrundstücks mit einem Wert von 45.000,00 EUR); seine Verbindlichkeiten belaufen sich auf 270.000,00 EUR.

Lösung Beurkundungsverfahren:

Verfügt der Erblasser über seinen gesamten Nachlass (durch Erbeinsetzung), so bestimmt sich der Geschäftswert für die Verfügung von Todes wegen nach § 102 Abs. 1 S. 1 u. S. 2 GNotKG. Maßgeblich ist das vorhandene (vererbliche) Aktivvermögen abzüglich der Verbindlichkeiten. Der Abzug ist aber nur bis max. zum halben Vermögenswert möglich.

(Zum Nachlesen: *Tiedtke,* Notarkosten, § 2 Rn 39).

Verfügt der Erblasser mehrfach über dieselbe Vermögensmasse oder dieselben Vermögenswerte (z.B. durch die Berufung von Ersatz- oder Schlusserben, die Anordnung von Vor- und Nacherbschaft, die Anordnung von Vermächtnissen neben einer Erbeinsetzung usw.) verbleibt es beim einmaligen Wertansatz nach § 102 Abs. 1 GNotKG.

Die Beurkundung eines Einzeltestaments löst eine 1,0-Gebühr nach KV-Nr. 21200 GNotKG aus.

Testament – Geschäftswert, § 102 Abs. 1 GNotKG Modifiziertes Reinvermögen des Erblassers (500.000,00 EUR abzüglich 270.000,00 EUR = 230.000,00 EUR; Schuldenabzug jedoch max. bis zur Hälfte des Aktivvermögens)	250.000,00 EUR
1,0-Gebühr gem. KV-Nr. 21200 GNotKG	535,00 EUR

Frage 24: 24

Ausgangsfall wie bei Rdn 23; allerdings vermacht der Erblasser seinem Neffen Max Müller anstelle des Freizeitgrundstücks eine in der Urkunde näher bezeichnete Eigentumswohnung, die der Erblasser selbst erst zum Jahresende hin von seinen Eltern im Wege der Schenkung erhalten soll.

Zusätzliche Angaben:

Die vermachte Eigentumswohnung ist unbelastet und hat einen Verkehrswert von 120.000 EUR (zur Berechnung des modifizierten Reinvermögens s. im Übrigen Rdn 23).

Lösung Beurkundungsverfahren:

Werden vom Erblasser neben Verfügungen zur Gesamtrechtsnachfolge (durch Erbeinsetzung, Ersatz- oder Schlusserbenberufung usw.), welche sich auf das gesamte vorhandene Vermögen beziehen, Verfügungen (in aller Regel Vermächtnisanordnungen) über konkret bezeichnete Vermögenswerte getroffen, die noch nicht zu seinem Vermögen gehören, so wird gem. § 102 Abs. 2 S. 1 GNotKG deren Wert dem nach § 102 Abs. 1 GNotKG ermittelten modifizierten Reinvermögen des Erblassers hinzugerechnet. Hat der Begünstigte Verbindlichkeiten zu übernehmen, die auf dem betreffenden Vermögenswert lasten, sind diese abzuziehen, jedoch auch hier max. bis zur Hälfte des Wertes des vermachten Gegenstandes (§ 102 Abs. 2 S. 2 GNotKG)

(Zum Nachlesen: *Tiedtke*, Notarkosten, § 2 Rn 40).

Testament – Geschäftswert, § 102 Abs. 1 und 2 GNotKG (mod. Reinvermögen des Erblassers = 250.000,00 EUR; zuzüglich voller Wert der vermachten Eigentumswohnung = 120.000,00 EUR)	370.000,00 EUR
1,0-Gebühr gem. KV-Nr. 21200 GNotKG	735,00 EUR

Frage 25: 25

Erwin Meier hat im Jahre 2007 in einem notariell beurkundeten Testament seinen Sohn Johann Schmidt zum Alleinerben eingesetzt.

Beurkundet wird ein Nachtrag zum Testament des Erwin Meier mit dem Inhalt, dass nunmehr der Sohn Johann Schmidt sowie die Tochter des Erblassers aus erster Ehe, Melanie Meister, zu gleichen Teilen als Erben berufen werden.

Das modifizierte Reinvermögen des Erblassers beträgt 300.000,00 EUR.

Lösung Beurkundungsverfahren:

Eine (neue) Verfügung des Erblassers liegt nur insoweit vor, als nunmehr neben dem bisher eingesetzten Erben eine weitere Person als Erbe berufen wird; hierdurch verfügt der Erblasser lediglich über einen (ideellen) Bruchteil seines Nachlasses.

Der anzunehmende Geschäftswert bestimmt sich in diesem Fall gem. § 102 Abs. 1 u. 2 GNotKG nach demjenigen Anteil am modifizierten Reinvermögen des Erblassers, der dem ideellen Bruchteil entspricht, welcher von der Verfügung des Erblassers betroffen wird (hier: die Hälfte des Nachlasses).

Die Beurkundung des Testamentsnachtrags löst ebenfalls eine 1,0-Gebühr nach KV-Nr. 21200 GNotKG aus.

Testamentsnachtrag – Geschäftswert, § 102 Abs. 1 u. 2 GNotKG (Modifiziertes Reinvermögen des Erblassers = 300.000,00 EUR, hiervon die Hälfte)	150.000,00 EUR
1,0-Gebühr gem. KV-Nr. 21200 GNotKG	354,00 EUR

26   **Frage 26:**

Beurkundet wird ein gemeinschaftliches Testament der Ehegatten Richard und Janine Meixner, in dem sich die Beteiligten gegenseitig zum alleinigen Erben einsetzen. Weitere Verfügungen werden nicht getroffen.

Wertangaben:

Vermögen des Ehemannes:
- Wohnhausgrundstück: Wert 420.000,00 EUR, belastet mit einem Wohnungsrecht (mtl. Nutzungswert: 400,00 €) für die 75jährige Mutter des Ehemannes;
- Eigentumswohnung: Wert 150.000,00 EUR, belastet mit Verbindlichkeiten i.H.v. 60.000 EUR;
- sonstiges Vermögen: 100.000,00 EUR, keine weiteren Verbindlichkeiten.

Vermögen der Ehefrau:
- Vermögenswerte gesamt: 80.000,00 EUR;
- derzeitige Verbindlichkeiten: 60.000,00 EUR.

Lösung Beurkundungsverfahren:

Bei der Wertbestimmung für ein gemeinschaftliches Testament ist der Wert für die vom jeweiligen Erblasser getroffenen Verfügungen zunächst gesondert zu ermitteln; die Summe beider Werte bildet sodann den Gesamtwert des gemeinschaftlichen Testaments.

Hierbei ist zu beachten, dass die Verbindlichkeiten eines Beteiligten/Erblassers nur von seinem Vermögen abgezogen werden dürfen. Zu den abzugsfähigen Verbindlichkeiten gehören bspw. auch zugunsten Dritter bestehende Wohnungs- oder Nießbrauchsrechte; diese sind mit ihrem nach § 52 GNotKG zu bestimmenden Wert zu berücksichtigen.

Wertbestimmung im vorliegenden Fall:
a) Modifiziertes Reinvermögen des Ehemannes = 586.000,00 EUR
   Aktivvermögen i.H.v. 670.000,00 EUR (= 420.000,00 EUR + 150.000,00 EUR + 100.000,00 EUR), abzgl. Verbindlichkeiten i.H.v. 84.000,00 EUR (= 60.000,00 EUR + kapitalisierter Wert des Wohnungsrecht gem. § 52 Abs. 4 GNotKG mit 400,00 EUR x 12 x 5, somit 24.000,00 EUR)
b) Modifiziertes Reinvermögen der Ehefrau = 40.000,00 EUR
   Aktivvermögen i.H.v. 80.000,00 EUR abzüglich Verbindlichkeiten, jedoch maximal bis zur Hälfte des Vermögens

Für die Beurkundung eines gemeinschaftlichen Testaments fällt eine 2,0-Gebühr nach KV-Nr. 21100 GNotKG an (s. Vorbem. 2.1.1 KV GNotKG).

Gemeinschaftliches Testament – Geschäftswert, § 102 Abs. 1 GNotKG (beiderseitiges modifiziertes Reinvermögen)	626.000,00 EUR
2,0-Gebühr gem. KV-Nr. 21100 GNotKG	2.350,00 EUR

27   **Frage 27:**

Die Ehegatten Florian und Kathi Baßler haben sich in einem 2010 geschlossenen Erbvertrag gegenseitig zum Erben eingesetzt.

Beurkundet wird nunmehr ein Nachtrag zu diesem Erbvertrag, in dem die Beteiligten folgende Verfügungen treffen:

■ Im Wege des Vermächtnisses wendet der Ehemann eine ihm gehörende Eigentumswohnung seinem Sohn Gerhard (aus erster Ehe) zu; auf der Eigentumswohnung lastende Verbindlichkeiten sind vom Vermächtnisnehmer zu übernehmen.

■ Die Ehefrau wendet ihrer Nichte Dora Hübner einen baren Geldbetrag i.H.v. 10.000,00 EUR als Vermächtnis zu.

Wertangaben:

Verkehrswert der Eigentumswohnung: Wert 200.000,00 EUR; darauf lastende Verbindlichkeiten: 80.000,00 EUR.

Lösung Beurkundungsverfahren:

Verfügt der Erblasser lediglich über bestimmte Vermögenswerte/Einzelgegenstände (durch Vermächtnisanordnung), ohne zugleich eine Verfügung zur Gesamtrechtsnachfolge zu treffen, bestimmt sich der hierfür anzunehmende Geschäftswert nach § 102 Abs. 3 GNotKG. Maßgebend ist der nach den allgemeinen kostenrechtlichen Bestimmungen zu ermittelnde Wert des zugewendeten Vermögensgegenstandes/Vermögenswertes. Hat der Begünstigte (Vermächtnisnehmer) auf dem Gegenstand lastende Verbindlichkeiten zu übernehmen, so sind diese vom Wert des vermachten Gegenstandes abzuziehen, jedoch max. bis zur Hälfte des Gegenstandswertes (§ 102 Abs. 3 i.V.m. § 102 Abs. 2 S. 2 GNotKG).

(Zum Nachlesen: *Tiedtke*, Notarkosten, § 2 Rn 41).

Die Beurkundung eines Erbvertrags, ebenso die Beurkundung eines Nachtrags hierzu, löst eine 2,0-Gebühr nach KV-Nr. 21100 GNotKG aus.

Nachtrag zum Erbvertrag – Geschäftswert, § 102 Abs. 3 GNotKG Vermächtnisanordnung des Ehemannes (Verkehrswert der Eigentumswohnung abzgl. der vom Begünstigten zu übernehmenden Verbindlichkeiten =) 120.000,00 EUR Vermächtnisanordnung der Ehefrau (zugewendeter Geldbetrag =) 10.000,00 EUR Gesamtwert der Zuwendungen	140.000,00 EUR
2,0-Gebühr gem. KV-Nr. 21100 GNotKG	654,00 EUR

Frage 28: 28

Die Eheleute Daniel und Birgit Zoller haben sich in einem notariellen gemeinschaftlichen Testament aus dem Jahre 2004 gegenseitig zum Alleinerben eingesetzt und daneben verschiedene Vermächtnisanordnungen getroffen.

Die Eheleute Zoller leben seit kurzem getrennt; beurkundet wird nunmehr ein Nachtrag zu dem gemeinschaftlichen Testament, in dem die Beteiligten sämtliche Verfügungen in dem gemeinschaftlichen Testament widerrufen. Neue Verfügungen werden von den Beteiligten nicht getroffen.

Wertangaben:

Das beiderseitige modifizierte Reinvermögen der Beteiligten beträgt 500.000,00 EUR.

Lösung Beurkundungsverfahren:

Gem. § 102 Abs. 5 GNotKG ist der Wert für den Widerruf/Aufhebung einer Verfügung von Todes wegen nach den entsprechend geltenden Bestimmungen in § 102 Abs. 1 bis 3 GNotKG zu bestimmen.

Da auch die gegenseitige Erbeinsetzung widerrufen wird bestimmt sich der hier anzunehmende Geschäftswert nach § 102 Abs. 1; maßgebend ist das beiderseitige modifizierte Reinvermögen der Ehegatten.

Für den Widerruf letztwilliger Verfügungen ist gem. KV-Nr. 21201 Nr. 1 GNotKG lediglich eine 0,5-Gebühr zu erheben. Dies gilt auch für den (einvernehmlichen) Widerruf eines gemeinschaftlichen Testaments (und darin getroffener wechselbezüglicher Verfügungen).

Widerruf gemeinschaftliches Testament – Geschäftswert, § 102 Abs. 1 GNotKG (beiderseitiges modifiziertes Reinvermögen)	500.000,00 EUR
0,5-Gebühr gem. KV-Nr. 21201 GNotKG	467,50 EUR

29   **Frage 29:**

Die Eheleute Björn und Anneliese Müller haben sich in einem 2012 geschlossenen Erbvertrag gegenseitig zum Erben eingesetzt. Des Weiteren wurde zugunsten von Cordula Müller, einer Nichte des Ehemannes, ein Vermächtnis angeordnet, wonach diese bei Ableben des Erstversterbenden einen Geldbetrag i.H.v. 50.000,00 EUR erhält.

Beurkundet wird ein Nachtrag zu diesem Erbvertrag, in dem die Beteiligten folgende Verfügungen treffen:
- Das zugunsten der Nichte des Ehemannes angeordnete Vermächtnis wird einvernehmlich und ersatzlos aufgehoben.
- Zugleich wird zugunsten von Herbert Schmidt (Neffe der Ehefrau) ein neues Vermächtnis angeordnet, wonach dieser nach Ableben des Letztversterbenden ein Geldbetrag von 30.000,00 EUR erhält.

Lösung Beurkundungsverfahren:

Die (teilweise) Aufhebung des Erbvertrags bzgl. der seinerzeitigen Vermächtnisanordnung zugunsten der Nichte Cordula Müller und die nunmehr getroffene neue Vermächtnisanordnung betreffen gem. § 109 Abs. 2 S. 1 Nr. 2 GNotKG denselben Beurkundungsgegenstand.

Wird ein Erbvertrag nur hinsichtlich einzelner Verfügungen aufgehoben und werden daneben neue Verfügungen von Todes wegen getroffen, liegt eine nach KV-Nr. 21100 GNotKG zu bewertende Änderung vor. Zu erheben ist eine 2,0-Gebühr; der anzunehmende Geschäftswert bestimmt sich gem. § 109 Abs. 2 S. 2 GNotKG nach dem höchsten in Betracht kommenden Wert; höherwertig und daher maßgebend ist hier der Wert des aufgehobenen Vermächtnisses.

Nachtrag zum Erbvertrag – Geschäftswert, § 102 Abs. 3 u. 5 GNotKG	50.000,00 EUR
2,0-Gebühr gem. KV-Nr. 21100 GNotKG	330,00 EUR

30   **Frage 30:**

Ausgangsfall wie bei Frage 29; allerdings heben die Eheleute Müller den 2012 geschlossenen Erbvertrag insgesamt auf. Neue Verfügungen von Todes wegen werden nicht getroffen.

Wertangaben:

Das beiderseitige modifizierte Reinvermögen der Beteiligten beträgt 480.000,00 EUR.

Lösung Beurkundungsverfahren:

Für die vollständige Aufhebung eines Erbvertrages fällt gem. KV-Nr. 21102 Nr. 2 GNotKG lediglich eine 1,0-Gebühr an.

Aufhebung Erbvertrag – Geschäftswert, § 102 Abs. 1 u. 5 GNotKG (beiderseitiges modifiziertes Reinvermögen)	480.000,00 EUR
1,0-Gebühr gem. KV-Nr. 21102 GNotKG	935,00 EUR

31   **Frage 31:**

Rita Reich (64 Jahre alt, kinderlos, verwitwet) schließt mit ihrer Nichte Lena Gut einen Erbvertrag. Darin setzt Rita Reich ihre Nichte zur Alleinerbin ein. Lena Gut nimmt die Verfügung ihrer Tante zur Herbeiführung der erbvertraglichen Bindung an, trifft selbst aber keine Verfügung von Todes wegen.

Als Gegenleistung für die Erbeinsetzung verpflichtet sich die Nichte, ihrer Tante bei Krankheit und Gebrechlichkeit auf Lebensdauer Wart- und Pflegeleistungen (im Umfang des Pflegegrads 2) zu gewähren.

Wertangaben:

Das modifizierte Reinvermögen von Rita Reich beträgt 700.000,00 EUR.

Zur Wertbestimmung für die Wart- und Pflegeverpflichtung wird das Pflegegeld nach dem 2. Pflegestärkungsgesetz (316,00 EUR mtl. bei Pflegegrad 2) zugrunde gelegt.

Lösung Beurkundungsverfahren:
Gem. § 111 Nr. 1 GNotKG gelten Verfügungen von Todes wegen stets als besonderer Beurkundungsgegenstand. Werden also Verfügungen von Todes wegen und weitere Vereinbarungen (unter Lebenden) zusammen beurkundet, liegen stets mehrere (verschiedene) Beurkundungsgegenstände vor. Die Annahme eines Austauschverhältnisses nach § 97 Abs. 3 GNotKG (Erbeinsetzung, Wart- und Pflegeverpflichtung als Gegenleistung) scheidet daher aus.

Der für den Erbvertrag anzunehmende Wert bestimmt sich gem. § 102 Abs. 1 GNotKG nach dem modifizierten Reinvermögen der Erblasserin. Der für rechtsgeschäftliche Vereinbarung (Wart- und Pflegeverpflichtung) anzunehmende Wert ist nach § 52 Abs. 4 GNotKG zu bestimmen; der hier anhand des Pflegegeldes nach SGB XI bei Pflegegrad 2 (mtl. 316,00 EUR) bemessene Jahreswert ist entsprechend dem nach § 52 Abs. 4 maßgebenden Multiplikator zu vervielfältigen (hier: 10facher Jahreswert aufgrund des aktuellen Alters der Berechtigten). Da jedoch nicht feststeht, ob und ab welchem Zeitpunkt die entsprechenden Leistungen zu erbringen sind, erscheint gem. § 52 Abs. 6 GNotKG ein angemessener Wertabschlag veranlasst.

Die Werte sind gem. § 35 Abs. 1 GNotKG zu addieren. Die Summe der Werte bildet den Wert des Beurkundungsverfahrens.

Für den Erbvertrag ist, auch wenn nur eine der Beteiligten eine Verfügung von wegen trifft, eine 2,0-Gebühr nach KV-Nr. 21100 GNotKG zu erheben.

Erbvertrag – Geschäftswert, § 102 Abs. 1 GNotKG (modifiziertes Reinvermögen der Erblasserin)	700.000,00 EUR
Wart- und Pflegeverpflichtung – Geschäftswert, §§ 97 Abs. 1, 52 Abs. 4 u. 6 GNotKG (angenommene mtl. Leistung zu 316,00 EUR x 12 x 10 = 37.920,00 EUR, davon Abschlag 30 %)	26.544,00 EUR
Gesamtwert des Beurkundungsverfahrens, § 35 Abs. 1 GNotKG	726.544,00 EUR
hieraus 2,0-Gebühr gem. KV-Nr. 21100 GNotKG	2.670,00 EUR

Frage 32: **32**

Anton Zoller (verwitwet, drei Kinder) schließt zu notarieller Urkunde mit seinem Sohn Max einen Vertrag mit folgendem Inhalt:
- Anton Zoller verpflichtet sich zur Zahlung eines sofort fälligen Betrages i.H.v. 60.000,00 EUR an seinen Sohn Max.

Im Hinblick auf diese Zahlung und mit Rücksicht auf verschiedene Zuwendungen in der Vergangenheit erklärt sich Max hinsichtlich erbrechtlicher Ansprüche nach seinem Vater als vollständig abgefunden und verzichtet diesem gegenüber auf sein gesetzliches Erb- und Pflichtteilsrecht.

Wertangaben:

Das modifizierte Reinvermögen des Anton Zoller beträgt 360.000,00 EUR.

Lösung Beurkundungsverfahren:
Der Wert eines Erbverzichts/Pflichtteilsverzichts ist gem. § 102 Abs. 4 GNotKG in entsprechender Anwendung von § 102 Abs. 1 S. 1 und 2 GNotKG zu bestimmen. Maßgebend ist daher der entsprechende Bruchteil des Verzichtenden (bemessen nach der gesetzlichen Erb- bzw. Pflichtteilsquote) am modifizierten Reinvermögen des Erblassers. Abzustellen ist auf

die Verhältnisse im Zeitpunkt der Beurkundung (§ 96 GNotKG). An den Verzichtenden in der Vergangenheit geleistete, anrechenbare Zuwendungen bleiben unberücksichtigt. Ein Verzicht auf das gesetzliche Erbrecht schließt den Verzicht auf gesetzliche Pflichtteilsansprüche mit ein, so dass insoweit keine gesonderte Bewertung erfolgt.

Verpflichtet sich der Erblasser zur Zahlung eines Abfindungsbetrages an den Verzichtenden, liegt ein Austauschvertrag nach § 97 Abs. 3 GNotKG vor. Der kostenrechtliche Wert des Verzichts ist mit dem Wert der Zahlungsverpflichtung (Abfindungsbetrag) zu vergleichen; der höhere Wert ist maßgebend.

Erbverzicht gegen Abfindung – Geschäftswert, § 97 Abs. 3 GNotKG	
Leistung des Erblassers Abfindungsbetrag	60.000,00 EUR
Leistungen des Verzichtenden Erb- und Pflichtteilsverzicht (modifiziertes Reinvermögen des Erblassers = 360.000,00 EUR, davon $1/3$ gem. der gesetzlichen Erbquote des Verzichtenden)	120.000,00 EUR
maßgebender Wertansatz somit	120.000,00 EUR
hieraus 2,0-Gebühr gem. KV-Nr. 21100 GNotKG	600,00 EUR

33 **Frage 33:**

Sabine und Karl Bauer wurden in dem privatschriftlichen (eigenhändigen) Testament ihres kürzlich verstorbenen Großonkels Maximilian Bauer zu gleichen Teilen als dessen Erben berufen.

Wie sich herausgestellt hat, ist der Nachlass überschuldet. Sabine und Karl Bauer schlagen die Erbschaft daher aus. Der Notar fertigt auftragsgemäß den Entwurf der Ausschlagungserklärung und beglaubigt die Unterschrift der Ausschlagenden.

Lösung Beurkundungsverfahren:

Die Erbschaftsausschlagung ist gegenüber dem Nachlassgericht zu erklären. Der hierfür maßgebende Wert ist gem. § 103 Abs. 1 GNotKG (bei Entwurfsfertigung durch den Notar: i.V.m. § 119 Abs. 1 GNotKG) mit dem Wert des betroffenen Vermögens (Nachlass), abzüglich aller Verbindlichkeiten, zum Zeitpunkt der Beurkundung/Entwurfsfertigung der Ausschlagungserklärung anzunehmen. Ist der Nachlass überschuldet, ist der Geschäftswert der Erklärung mit 0 EUR anzunehmen.

(Zum Nachlesen: *Tiedtke*, Notarkosten, § 2 Rn 78, 80 ff.).

Wird die Erbschaft gleichzeitig von mehreren neben- oder nacheinander berufenen Personen ausgeschlagen, liegen mehrere Beurkundungsgegenstände i.S.v. § 86 Abs. 2 GNotKG vor; die Summe der Wertansätze für die jeweilige Ausschlagungserklärung bildet den Gesamtwert des Verfahrens (§ 35 Abs. 1 GNotKG). Im Falle der Ausschlagung wegen Überschuldung des Nachlasses ergibt sich demgemäß ein Gesamtgeschäftswert von ebenfalls 0 EUR.

Zu erheben ist eine 0,5-Gebühr nach KV-Nr. 21201 Nr. 7 (im Falle der Beurkundung) bzw. nach KV-Nr. 24102 GNotKG (im Falle der vollständigen Entwurfsfertigung; die Beglaubigung der Unterschriften ist mit der Entwurfsgebühr abgegolten, Vorbem. 2.4.1 Abs. 2 KV GNotKG) mit mindestens 30,00 EUR.

Erbschaftsausschlagung Sabine Bauer – Geschäftswert, §§ 119 Abs. 1, 103 Abs. 1 GNotKG (Nachlass überschuldet)	0,00 EUR
Erbschaftsausschlagung Karl Bauer – Geschäftswert, §§ 119 Abs. 1, 103 Abs. 1 GNotKG (wie vor)	0,00 EUR
Gesamtwert des Beurkundungsverfahrens, § 35 Abs. 1 GNotKG	0,00 EUR
hieraus 0,5-Gebühr gem. KV-Nr. 24102 GNotKG (Mindestgebühr)	30,00 EUR

Frage 34:

34

Christa Maier ist aufgrund gesetzlicher Erbfolge Alleinerbe nach ihrem verstorbenen Ehemann Kurt Maier geworden. Mit der nunmehr beurkundeten Erklärung beantragt Christa Maier die Erteilung eines Erbscheins durch das Nachlassgericht und versichert an Eides statt die Richtigkeit ihrer diesbezüglichen Angaben.

Wertangaben:

Der Gesamtwert des Nachlasses wird mit 360.000,00 EUR angegeben; der Erblasser hat Schulden i.H.v. 120.000,00 EUR hinterlassen.

Lösung Beurkundungsverfahren:

Für die Beurkundung einer Versicherung an Eides statt zur Erlangung eines Erbscheins ist eine 1,0-Gebühr nach KV-Nr. 23300 GNotKG zu erheben. Der mitbeurkundete Antrag an das Nachlassgericht auf Erteilung des Erbscheins ist mit diesem Gebührenansatz abgegolten (Vorbem. 2.3.3 Abs. 2 KV GNotKG)

Der anzunehmende Geschäftswert bestimmt sich gem. § 40 Abs. 1 GNotKG nach dem Wert des Nachlasses, abgestellt auf den Zeitpunkt des Erbfalls (nicht auf den Zeitpunkt der Beurkundung der eidesstattlichen Versicherung); die vom Erblasser herrührenden Verbindlichkeiten sind abzuziehen.

(Zum Nachlesen: *Tiedtke*, Notarkosten, § 1 Rn 98, 99).

Versicherung an Eides statt (Erbscheinsantrag) – Geschäftswert, § 40 Abs. 1 GNotKG (Nachlasswert im Zeitpunkt des Erbfalls, abzüglich der hinterlassenen Schulden)	240.000,00 EUR
1,0-Gebühr gem. KV-Nr. 23300 GNotKG	535,00 EUR

E. Erbrecht (Folien)

35

Erbrecht Grundprinzipien

 **Notarkasse**
Anstalt des öffentlichen Rechts

- **Grundsatz der Gesamtrechtsnachfolge:** Der Grundsatz der Gesamtrechtsnachfolge bedeutet, dass mit dem Tod eines Menschen (Erbfall) sein gesamtes Vermögen (Erbschaft) als Ganzes auf eine oder mehrere andere Personen (Erben) übergeht (§ 1922 Abs. 1 BGB). Dabei gehen sämtliche Vermögenswerte auf den Erben über (Sachen, Rechtsverhältnisse, Verbindlichkeiten). Die Erbschaft fällt automatisch mit dem Erbfall an, unabhängig vom Willen oder der Kenntnis des Erben. Der Erbe hat jedoch die Möglichkeit, die Erbschaft innerhalb bestimmter Fristen auszuschlagen. In diesem Fall gilt der Vermögensübergang als nie geschehen.
- Wer Erbe wird, richtet sich danach, ob der Erblasser eine Verfügung von Todes wegen (Testament, Erbvertrag) errichtet hat (= **gewillkürte Erbfolge**) oder nicht. Gibt es keine letztwillige Verfügung tritt die **gesetzliche Erbfolge** ein (§§ 1922 ff. BGB).
- **Erbfähig** ist jede natürliche Person, die im Zeitpunkt des Erbfalls lebt, sowie der nasciturus (= bei Erbfall bereits gezeugtes Kind), wenn er lebend zur Welt kommt. Ferner sind juristische Personen des privaten oder öffentlichen Rechts (z.B. GmbH, AG, A.d.ö.R., e.V.) und Personengesellschaften (z.B. OHG, KG, Außen-GbR) erbfähig.
- Sind mehrere Personen als Erben berufen, bilden diese eine **Erbengemeinschaft** (= Gesamthandsgemeinschaft, § 2032 BGB). Der Nachlass wird gemeinschaftliches Vermögen der Erben. Daher können die Erben immer nur gemeinschaftlich über einzelne Nachlassgegenstände verfügen. Über seinen Anteil an den einzelnen Nachlassgegenständen kann eine Miterbe nicht verfügen, jedoch über seinen Anteil am Nachlass.
- Als Nachweis der Erbenstellung im Rechtsverkehr dient der **Erbschein**. In der Regel genügt auch ein notarielles Testament mit Eröffnungsniederschrift. Durch ein notarielles Testament kann man daher in den meisten Fällen die mit einem Erbschein verbundenen Kosten sparen. Der Nachweis der Stellung als Testamentsvollstrecker kann durch Vorlage eines Testamentsvollstreckerzeugnisses (Antrag auf Erteilung beim Nachlassgericht) erbracht werden.

Deutscher**Notar**Verlag

Heringer

Erbrecht Grundprinzipien

- Es gilt der **Grundsatz der Testierfreiheit**. Das bedeutet, der Erblasser kann grundsätzlich frei entscheiden, ob er eine Verfügung von Todes wegen errichtet oder nicht und mit welchem Inhalt. Wirksame Verfügungen von Todes wegen gehen der gesetzlichen Erbfolge vor. Der Grundsatz der Testierfreiheit wird eingeschränkt durch das Pflichtteilsrecht, gesetzliche Verbote (z.B. HeimG), die Grenze der Sittenwidrigkeit und Bindungen aus früheren letztwilligen Verfügungen.
- Die **gesetzliche Erbfolge** kommt dann zum Tragen, wenn der Erblasser keine wirksame letztwillige Verfügung getroffen hat. Die gesetzliche Erbfolge richtet sich nach Verwandtschaftsgraden. Das Vorhandensein eines Verwandten einer vorgehenden Ordnung schließt alle Verwandten der nachfolgenden Ordnungen von der Erbfolge aus (§ 1930 BGB). Daneben haben der Ehegatte (§§ 1931, 1371 Abs. 1 BGB) und der Lebenspartner i.S.d. LPartG ein gesetzliches Erbrecht. Hinterlässt der Erblasser weder Verwandte noch Ehegatte oder Lebenspartner fällt das Erbe dem Fiskus zu (§ 1936 BGB).
- **Gesetzliche Erben erster Ordnung** sind die Abkömmlinge des Erblassers (§ 1924 BGB). Hierunter versteht man die Kinder und Kindeskinder (Enkel, Urenkel etc.). Es spielt keine Rolle, ob die Abkömmlinge ehelich, unehelich oder adoptiert sind. Ein noch lebender Abkömmling schließ die durch ihn mit dem Erblasser verwandten Abkömmlinge von der Erbfolge aus (Repräsentationsprinzip, § 1924 Abs. 2 BGB). Wenn mehrere Kinder vorhanden sind, erben sie zu gleichen Teilen (§ 1924 Abs. 4 BGB). Wenn ein Abkömmling vor dem Erblasser verstorben (= vorverstorben) ist, treten an seine Stelle die Abkömmlinge des Vorverstorbenen (Erbfolge nach Stämmen, § 1924 Abs. 3 BGB).
- **Gesetzliche Erben zweiter Ordnung** sind die Eltern des Erblassers und deren Abkömmlinge (§ 1925 BGB), also die Geschwister, Neffen und Nichten usw. Erben zweiter Ordnung kommen nur zum Zug, wenn es keine Erben erster Ordnung gibt. Leben zur Zeit des Erbfalls beide Eltern, erben sie zu gleichen Teilen und schließen die Geschwister des Erblassers und deren Abkömmlinge aus (§ 1925 BGB). Lebt zur Zeit des Erbfalls ein Elternteil nicht mehr, treten dessen Abkömmlinge an seine Stelle. Falls keine Abkömmlinge vorhanden sind, erbt der überlebende Elternteil allein (§ 1925 Abs. 3 BGB).

DeutscherNotarVerlag

Gesetzliche Erbfolge

- **Gesetzliche Erben dritter Ordnung** sind die Großeltern des Erblassers und deren Abkömmlinge (§ 1926 BGB). Erben dritter Ordnung kommen nur zum Zug, wenn es keine Erben erster oder zweiter Ordnung gibt. Auf die Abkömmlinge finden die Grundsätze der ersten Erbordnung Anwendung (Repräsentationsprinzip, Erbfolge nach Stämmen).
- Das BGB regelt auch das Erbrecht der Erben vierter, fünfter und fernerer Ordnungen (§§ 1928, 1929 BGB), diese sind in der Praxis aber selten relevant.

DeutscherNotarVerlag

Gesetzliche Erbfolge

Fall: Erblasser hinterlässt Tochter mit einem Kind; vorverstorbener Sohn hat zwei Kinder (Erben 1. Ordnung)

Fall: Erblasser ohne Abkömmlinge hinterlässt Vater und Geschwister (Erben 2. Ordnung)

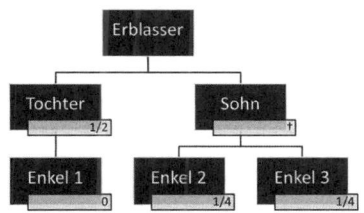

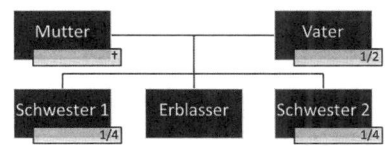

DeutscherNotarVerlag

Heringer

Gesetzliche Erbfolge

- Fall: Erblasser hinterlässt Großeltern und Tante (Erben 3. Ordnung)

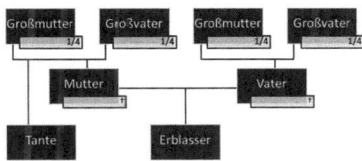

- Fall: Erblasser hinterlässt teilweise vorverstorbene Großeltern, Tante und Cousine (Erben 3. Ordnung)

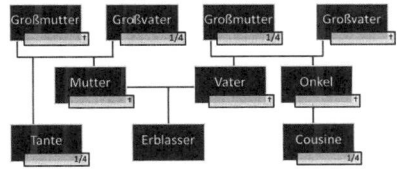

DeutscherNotarVerlag

Heringer

Gesetzliche Erbfolge

- War der Erblasser im Zeitpunkt seines Todes verheiratet, steht dem **Ehegatten** ein **gesetzliches Erbrecht** zu (§ 1931 BGB). Die Erbteile der Verwandten schmälern sich um den Anteil, der dem Ehegatten zusteht. Bei der Ermittlung des Erbteils des Ehegatten spielt es eine Rolle, in welchem Güterstand die Ehegatten zum Zeitpunkt des Todes verheiratet waren und welche Verwandten neben dem Ehegatten vorhanden sind.
- Wenn der Erblasser im **gesetzlichen Güterstand** verheiratet war, wird der Zugewinn durch eine pauschale Erhöhung der Erbquote des Ehegatten um ¼ ausgeglichen (§ 1371 Abs. 1 BGB). Der Ehegatte erbt also zusätzlich zu seinem gesetzlichen Erbteil (§ 1931 Abs. 1, 2 BGB) ein Viertel. Die Höhe des gesetzlichen Erbteils ist davon abhängig, welche Verwandten vorhanden sind:
  - Sind Erben erster Ordnung vorhanden beträgt der gesetzliche Erbteil des überlebenden Ehegatten ¼ (§ 1931 Abs. 1 S. 1 Hs. 1 BGB); der Ehegatte erbt also insgesamt ½ (¼ + ¼).
  - Kommen Erben zweiter Ordnung zum Zuge, beträgt der gesetzliche Erbteil des überlebenden Ehegatten ½ (§ 1931 Abs. 1 S. 1 Hs. 2 BGB). Der Ehegatte erbt also insgesamt ¾ (½ + ¼).
  - Neben Großeltern ist der gesetzliche Erbteil ebenfalls ½ (§ 1931 Abs. 1 S. 1 Hs. 2 BGB). Der Ehegatte erbt dann insgesamt ¾ (½ + ¼).
  - Wenn weder Verwandte der ersten oder zweiten Ordnung noch Großeltern vorhanden sind, erbt der überlebende Ehegatte alles (§ 1931 Abs. 2 BGB).
- War der Erblasser in **Gütertrennung** verheiratet, entfällt die pauschale Erhöhung des gesetzlichen Erbteils um ¼. Der Ehegatte erbt grundsätzlich nur den **gesetzlichen** Erbteil. Je nachdem wie viele Kinder der Erblasser hat gelten Besonderheiten:
  - Es sind Erben der ersten Ordnung vorhanden: Wenn der Erblasser genau ein Kind hat, erben Ehegatte und Kind je ½ (§ 1931 Abs. 4 BGB) = selbes Ergebnis wie bei Zugewinngemeinschaft. Wenn der Erblasser zwei Kinder hat, erben Ehegatte und Kinder je 1/3 (§ 1931 Abs. 4 BGB). Hinterlässt der Erblasser mehr als zwei Kinder, erbt der Ehegatte ¼; die restlichen ¾ stehen den Kindern zu gleichen Anteilen zu.
  - Es sind Erben der zweiten Ordnung vorhanden: Der Ehegatte erbt ½ (§ 1931 Abs. 1 S. 1 Hs. 2 BGB).
  - Es sind Großeltern vorhanden: Der Ehegatte erbt ½ (§ 1931 Abs. 1 S. 1 Hs. 2 BGB).

DeutscherNotarVerlag

Heringer

Gesetzliche Erbfolge

- Es sind nur Verwandte fernerer Ordnungen vorhanden: Der Ehegatte erbt allein (§ 1931 Abs. 2 BGB).
- War der Erblasser in **Gütergemeinschaft** verheiratet, erbt der Ehegatte den **gesetzlichen** Erbteil (§ 1931 Abs. 1, 2 BGB). Bei der Gütergemeinschaft spielt es keine Rolle, wie viele Kinder der Erblasser hatte: Neben Erben der ersten Ordnung erbt der Ehegatte ¼ (§ 1931 Abs. 1 S. 1 Hs. 1 BGB). Neben Erben der zweiten Ordnung und den Großeltern erbt der Ehegatte ½ (§ 1931 Abs. 1 S. 1 Hs. 1 BGB). Neben Erben entfernterer Ordnungen erbt der Ehegatte allein (§ 1931 Abs. 2 BGB).
- Das Erbrecht des Ehegatten erlischt, wenn im Zeitpunkt des Todes des Erblassers die Ehe geschieden war oder die Voraussetzungen für die Scheidung der Ehe gegeben waren und der Erblasser die Scheidung beantragt oder ihr zugestimmt hatte (§ 1933 BGB).

DeutscherNotarVerlag

Heringer

Gesetzliche Erbfolge

Fall: Erblasser im gesetzlichen Güterstand verheiratet, hinterlässt 3 Kinder (Ehegatte erbt neben Erben 1. Ordnung)

Fall: Erblasser ohne Abkömmlinge im gesetzlichen Güterstand verheiratet, hinterlässt Vater und Geschwister (Ehegatte erbt neben Erben 2. Ordnung)

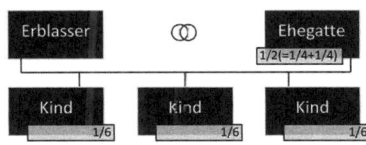

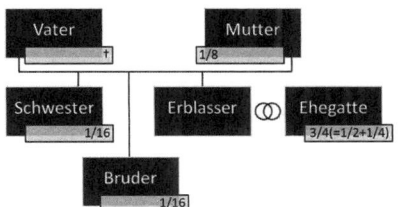

DeutscherNotarVerlag

Heringer

Gewillkürte Erbfolge

- **Testierfähigkeit:** Um ein wirksames Testament zu errichten, muss der Erblasser testierfähig sein (§ 2229 BGB), d.h. er muss geistig in der Lage sein, die Tragweite seiner Erklärung zu erfassen. Grundsätzlich ist derjenige der geschäftsfähig ist auch testierfähig. Nicht testierfähig sind Personen unter 16 Jahren und Personen bei denen eine geistige Störung vorliegt, so dass die erforderliche Einsichtsfähigkeit nicht gegeben ist. Eine Betreuung schließt die Testierfähigkeit nicht zwingend aus.
- **Höchstpersönlichkeit:** Nur der Erblasser selbst kann ein Testament errichten (keine Vertretung!). Auch die Bestimmung, wer Erbe werden soll, kann einem Dritten nicht überlassen werden.
- **Beurkundungsverfahren:** Nach den allgemeinen Vorschriften (§§ 8 ff. BeurkG) soll der Notar nicht auszuräumende Zweifel an der Geschäftsfähigkeit in der Urkunde vermerken (§11 BeurkG). Ist er von der Testierunfähigkeit überzeugt, muss er die Beurkundung ablehnen. Ist ein Beteiligter schwer krank, sind hierzu Feststellungen in der Niederschrift aufzunehmen. Für die Beurkundung von Verfügungen von Todes wegen gelten zusätzlich Sondervorschriften (§§ 27 BeurkG), insbesondere soll der Notar seine Wahrnehmungen über die erforderliche Geschäftsfähigkeit in der Niederschrift vermerken. Ferner können Besonderheiten bei der Mitwirkung von Zeugen und Beteiligung behinderter Personen bestehen.
- **Einzeltestament:** Ein Einzeltestament wird von einem Erblasser alleine errichtet. Dieser kann ein **eigenhändiges** oder **notarielles** (öffentliches) Testament errichten:
  - Beim eigenhändigen Testament (§ 2247 BGB) muss der Erblasser den gesamten Text eigenhändig schreiben und (möglichst mit Vor- und Nachnamen) unterschreiben (maschinengeschriebenes Testament unwirksam!). Zeit und Ort der Errichtung sollen angegeben werden (sonst evtl. bei Vorhandensein mehrerer Testamente fraglich, welches gültig ist).
  - Ein notarielles Testament kann durch notarielle Beurkundung oder Übergabe einer Schrift (§ 2232 BGB) errichtet werden.

DeutscherNotarVerlag

Heringer

Gewillkürte Erbfolge

Notarkasse
Anstalt des öffentlichen Rechts

- Ein Einzeltestament kann jederzeit frei widerrufen werden (keine Bindungswirkung). Ebenso bestehen keine Beschränkungen zu Lebzeiten. Der Widerruf kann ausdrücklich in einem späteren Testament erfolgen (§ 2254 BGB), durch einen anderslautenden Inhalt in einem späteren Testament (§ 2258 BGB) und durch Vernichtung (z.B. Zerreißen) des eigenhändigen Testaments (§ 2255 BGB). Ein notarielles Testament kann mit Widerrufswirkung zurück aus der amtlichen Verwahrung zurückgenommen werden (§ 2256 BGB).

- **Erbvertrag:** Ein Erbvertrag kann von beliebigen Personen errichtet werden (in der Praxis häufig Ehegatten). Man kann zwischen einem einseitigen (nur ein Beteiligter trifft letztwillige Verfügungen) und gegenseitigen (alle Beteiligten treffen letztwillige Verfügungen) Erbvertrag unterscheiden. Ein Erbvertrag bedarf stets der notariellen Beurkundung (privatschriftliche Vereinbarung kann u.U. in gemeinschaftliches Testament umgedeutet werden). Die Vertragspartner müssen gleichzeitig anwesend sein. Die persönliche Anwesenheit des Verfügenden ist erforderlich (§ 2274 BGB; keine Nachgenehmigung).

  - Der Erbvertrag kann vertragsmäßig bindende (mindestens eine!) und einseitige Verfügungen enthalten (unterschiedliche Bindungswirkung). Vertragsmäßig getroffene Verfügungen sind nicht mehr ohne weiteres einseitig frei widerrufbar. Vertragsmäßig bindend können Erbeinsetzungen, Vermächtnisse, Auflagen und die Wahl des anzuwendenden Erbrechts vereinbart werden (§ 2278 Abs. 2 BGB). Sonstige Verfügungen (z.B. Teilungsanordnung, Testamentsvollstreckung, Vormundbenennung) können nicht mit Bindungswirkung getroffen werden. Einseitige Verfügungen kann jeder Erblasser jederzeit alleine frei widerrufen. Möglich sind alle Verfügungen, die auch durch Testament getroffen werden (§ 2299 Abs. 1 BGB).

  - Vertragsmäßige Verfügungen werden mit Errichtung des Erbvertrags bindend. Abweichende Verfügungen des Erblassers sind unwirksam, soweit sie das Recht des vertragsmäßig Bedachten beeinträchtigen (§ 2289 Abs. 1 BGB). Die Bindungswirkung hindert den Erblasser nicht an Verfügungen unter Lebenden (Ausnahme Schenkungen mit Beeinträchtigungsabsicht (§ 2287 BGB), Erbe kann dann Herausgabe verlangen).

DeutscherNotarVerlag

Heringer

Gewillkürte Erbfolge

Notarkasse
Anstalt des öffentlichen Rechts

- Die Aufhebung eines Erbvertrags unter Mitwirkung aller Beteiligten ist stets möglich. Sie können einen Aufhebungsvertrag schließen (§ 2290 BGB), der den Formvorschriften des Erbvertrags unterliegt (notarielle Beurkundung, persönliche Anwesenheit etc.). Bei Ehegatten/Lebenspartnern ist die Aufhebung durch (notarielles oder privatschriftliches) gemeinschaftliches Testament möglich (§ 2292 BGB). Die Aufhebung kann ferner auch durch Rücknahme des Erbvertrags, der ausschließlich Verfügungen von Todes wegen enthält, aus der besonderen amtlichen Verwahrung (= beim AG) erfolgen.

- Ein Vertragspartner kann sich durch Rücktritt einseitig vom Erbvertrag lösen, wenn er eine notariell zu beurkundende Rücktrittserklärung abgibt und ein Rücktrittsgrund vorliegt (z.B. Bedachter macht sich nach Erbvertragserrichtung besonders schwerer Verfehlungen schuldig). Der Erblasser kann auch seine Verfügungen (bei Irrtum, Drohung, Übergehen Pflichtteilsberechtigter) anfechten. Beim gegenseitigen Erbvertrag besteht ferner eine Loslösungsmöglichkeit, wenn der Überlebende beim Tod des anderen das ihm Zugewendete ausschlägt. Ist dies nicht gewünscht, kommt noch ein Zuwendungsverzicht des Bedachten (= vertraglich eingesetzter Schlusserbe, Vermächtnisnehmer) in Betracht (§ 2352 BGB).

- Schließlich kann der Erbvertrag selbst Regelungen enthalten, die eine Loslösung zulassen (Rücktrittsvorbehalt für gesamten Erbvertrag oder einzelne vertragsmäßige Verfügungen; Änderungsvorbehalt, z.B. dahingehend, dass der überlebende Ehegatte vertragsmäßige Verfügungen für den Fall seines Ablebens ganz oder teilweise abändern darf).

- Ein Ehegattenerbvertrag wird regelmäßig unwirksam, wenn die Ehe vor dem Tod der Ehegatten aufgelöst war oder die Voraussetzungen für die Scheidung gegeben waren und der Erblasser die Scheidung beantragt/ihr zugestimmt hat (§ 2279 Abs. 2, § 2077 BGB).

DeutscherNotarVerlag

Heringer

Gewillkürte Erbfolge

Notarkasse
Anstalt des öffentlichen Rechts

- **Gemeinschaftliches Testament:** Es kann von Ehegatten/Lebenspartnern privatschriftlich oder notariell errichtet werden und kann auch nur einseitige Verfügungen treffen. Bindend sind „wechselbezügliche" Verfügungen (mit Rücksicht auf die des anderen getroffen; sollen „miteinander stehen und fallen"). Es handelt sich um solche, die auch erbvertraglich bindend vereinbart werden können.
  - Zu Lebzeiten können beide Ehegatten gemeinschaftlich die wechselseitigen Verfügungen nach den allg. Regelungen zum Widerruf eines Testaments aufheben (gemeinsames Widerrufstestament, neues gemeinschaftliches inhaltlich abweichendes Testament bzw. Erbvertrag, Vernichtung, Rücknahme aus amtlicher Verwahrung).
  - Auch ein einseitiger Widerruf wechselseitiger Verfügungen ist möglich (§ 2271 BGB). Die Widerrufserklärung muss notariell beurkundet werden und ist dem anderen Teil zuzustellen.
  - Nach dem Tod eines Ehegatten kann sich der Überlebende von der Bindungswirkung wechselseitiger Verfügungen durch Ausschlagung des ihm Zugewendeten befreien (§ 2271 Abs. 2 S. 1 Hs. 2 BGB).
- **Inhalt letztwilliger Verfügungen:** In Testament oder Erbvertrag können vielfältige Regelungen getroffen werden, z.B. Erbeinsetzung (ein oder mehrere Erben, Ersatzerbe, Anwachsung, Änderungsbefugnis, Pflichtteilsstrafklausel), Vor- und Nacherbschaft, Enterbung, Vermächtnisanordnung (Vermächtnis, Vorausvermächtnis, Herausgabevermächtnis, Vermächtnisvollstreckung), Teilungsanordnung, Auflage, Testamentsvollstreckung, Vormundsbenennung, Entzug der Vermögenssorge.
- Der Grundsatz der Testierfreiheit wird durch das Pflichtteilsrecht beschränkt. Zwar kann der Erblasser grundsätzlich frei entscheiden, wer seinen Nachlass erben soll. Allerdings können bestimmte nahe Verwandte, auch wenn sie durch letztwillige Verfügung von der Erbfolge ausgeschlossen werden, die Zahlung einer bestimmten Geldsumme von den Erben verlangen (**Pflichtteilsanspruch = schuldrechtlicher Anspruch**).

Deutscher**Notar**Verlag

Heringer

Pflichtteilsrecht

Notarkasse
Anstalt des öffentlichen Rechts

- **Entstehen des Pflichtteilsanspruchs:** Der Pflichtteil steht dem Berechtigten zu, wenn er durch letztwillige Verfügung von der Erbfolge ausgeschlossen wurde (Enterbung, Erbeinsetzung anderer Personen, nur Zuwendung des Pflichtteils). Grundsätzlich kann der Pflichtteilsberechtigte nicht den (vollen) Pflichtteil verlangen, wenn er als Erbe berufen war, aber die Erbschaft ausgeschlagen hat (anders bei Ehegatten, die im gesetzl. Güterstand verheiratet waren). Wird der Pflichtteilsberechtigte als Erbe mit einer geringeren Quote als dem Pflichtteil eingesetzt, hat er Anspruch auf den Differenzbetrag (Pflichtteilsrestanspruch = schuldrechtlicher Anspruch auf Zahlung von Geld). Schlägt er die Erbschaft aus, kann er nur den Pflichtteilsrestanspruch verlangen. Wird der Pflichtteilsberechtigte als Erbe eingesetzt, jedoch mit Einsetzung eines Nacherben, Anordnung Testamentsvollstreckung, Teilungsanordnung, Vermächtnis, Auflage beschränkt bzw. beschwert, kann er ausschlagen und den vollen Pflichtteil verlangen. Wird ihm nur ein Vermächtnis zugewendet, kann er ausschlagen und den Pflichtteil verlangen oder annehmen und Aufstockung bis zur Höhe des Pflichtteils verlangen.
- **Pflichtteilsberechtigte:** Pflichtteilsberechtigt sind Abkömmlinge und Eltern des Erblassers sowie der Ehegatte (§ 2303 BGB). Kinder sind in der Regel stets pflichtteilsberechtigt. Bei entfernteren Abkömmlingen (Enkel, Urenkel etc.) schließt ein lebender näherer Abkömmling (z.B. Kind) den entfernteren Abkömmling (z.B. Enkel) aus. Dem entfernteren Abkömmling steht der Pflichtteil z.B. dann zu, wenn der näher Berechtigte die Erbschaft ausgeschlagen hat. Der Ehegatte/Lebenspartner ist ebenfalls pflichtteilsberechtigt. Der Pflichtteilsanspruch steht dem Ehegatten neben dem güterrechtlichen Anspruch auf Zugewinnausgleich zu (§ 1371 Abs. 2 BGB).
- **Höhe des Pflichtteils:** Der Pflichtteil besteht in der Höhe der Hälfte des Wertes des gesetzlichen Erbteils (§ 2303 Abs. 1 S. 2 BGB). Um die Höhe des Pflichtteils zu bestimmen, muss also zunächst die Höhe des gesetzlichen Erbteils ermittelt werden.
- **Pflichtteilsergänzungsanspruch:** Schenkungen innerhalb der letzten zehn Jahre vor dem Tod lösen Pflichtteilsergänzungsansprüche aus (§ 2325 BGB). Die 10-Jahresfrist beginnt mit dem Vollzug der Schenkung (Sonderfall Nießbrauch/Wohnungsrecht, Schenkung unter Ehegatten).Tritt der Erbfall innerhalb der 10-Jahresfrist ein, ist die Schenkung mit jedem Jahr, das sie zurückliegt um 1/10 weniger zu berücksichtigen.

Deutscher**Notar**Verlag

Heringer

Testament/Erbvertrag

Testamentsbeurkundung - Verfahrensfragen

- §§ 27 ff. BeurkG
- Feststellungen zur Geschäftsfähigkeit (§ 28 BeurkG)
- Zeugen, besondere Mitwirkungsverbote (§§ 29 und 27 BeurkG)
- Sprachunkundiger Erblasser (§ 32 BeurkG)
- Sonderfall – öffentliches Testament ohne notarielle Beurkundung (!) (§ 30 BeurkG)
- Ablieferung und Meldung ZTR (§§ 34, 34a BeurkG, § 78c - 78g BNotO, §§ 346, 347 FamFG)

Testament – nach dem Tod

- Ablieferungspflicht (§ 2259 BGB)
- Eröffnung (§§ 348 ff. FamFG)
- Erbenermittlung von Amts wegen (Art. 37 AGGVG)

Erbvertragsbeurkundung - Verfahrensfragen

- Beurkundungsverfahren
- Aufbewahrung/Ablieferung
- ZTR

DeutscherNotarVerlag

Vollrath

Vor- und Nacherbschaft: Nach dem Erbfall

- Vermerk im Erbschein, Eintragung in Abt. II des Grundbuchs, keine Absicherung im Handelsregister/in Gesellschafterlisten
- „Geschäftsführung" des Vorerben, Bedeutung der Befreiungsmöglichkeiten, Ansprüche des Nacherben nach Beendigung der Vorerbschaft
- Wirksamkeit von Verfügungen in Grundstücksangelegenheiten bei nicht befreiter Vorerbschaft
- Wirksamkeit von Verfügungen in Grundstücksangelegenheiten bei befreiter Vorerbschaft – insbesondere Löschung des Nacherbenvermerks aufgrund nachgewiesener Unrichtigkeit
- Rechtsgeschäfte zwischen Vor- und Nacherben nach dem Erbfall: Ausschlagung der Nacherbschaft, Übertragung des Nacherbenanwartschaftsrechts, „Freigabe" von Vermögensgegenständen aus der Nacherbschaft

DeutscherNotarVerlag

Vollrath

Befreite/Nicht befreite Vorerbschaft

Der Vorerbe unterliegt Beschränkungen

- einerseits in der Rechtsmacht, über Nachlassgegenstände zu verfügen (§§ 2113 - 2115 BGB)
- andererseits in der wirtschaftlichen Freiheit, den Nachlass umzustrukturieren oder ihn für den eigenen Lebensunterhalt zu verbrauchen (vgl. §§ 2133, 2134 BGB).

Im Ergebnis ist die Position des Vorerben mit der Position eines Nießbrauchers vergleichbar – in der Testamentsgestaltung ist also immer zu fragen, ob anstelle einer Vor-/Nacherbschaft nicht der Nacherbe direkt als Erbe eingesetzt werden kann und anstelle der Vorerbschaft ein Nießbrauch eingeräumt werden kann.

Der Erblasser kann den Vorerben von Beschränkungen befreien (vgl. § 2136 BGB) und zwar

- einerseits von §§ 2113 Abs. 1, 2114, 2115 BGB, nicht aber vom Schenkungsverbot des § 2113 Abs. 2 BGB
- andererseits von den wirtschaftlichen Beschränkungen (vgl. § 2137 BGB)

Weitergehende Befreiungen kann der Erblasser nur erreichen, indem er dem Vorerben bestimmte Vermögensgegenstände per Vorausvermächtnis zuweist.

Der Käufer eines der Vor-/Nacherbschaft unterliegenden Grundstücks benötigt die Sicherheit, dass das Grundstück nicht mehr der Nacherbenbindung unterliegt. Der Nacherbenvermerk kann im Grundbuch nur gelöscht werden

- gegen Unrichtigkeitsnachweis – dann muss das Grundbuchamt davon überzeugt sein, dass die Verfügung des Vorerben gegen den Nacherben wirksam ist, das kommt also nur in Betracht, wenn der Vorerbe von den Beschränkungen des § 2113 Abs. 1 BGB befreit ist;
- aufgrund Bewilligung.

DeutscherNotarVerlag

Vollrath

Befreite/Nicht befreite Vorerbschaft

Unrichtigkeitsnachweis bei befreiter Vorerbschaft

- Zur Kaufvertragsvorbereitung beim Notar gehört es, sich vom Umfang der Befreiung des Vorerben durch Einsicht in das der Erbfolge zugrundeliegende Testament selbst zu überzeugen.
- Das Grundbuchamt muss davon überzeugt sein, dass es sich um eine vollentgeltliche Verfügung handelt.
- Zahlreiche Grundbuchämter wollen die Verantwortung für diese Prüfung nicht alleine übernehmen – sie hören die Nacherben an – die Nacherben könnten also argumentieren, der Vorerbe „verschleudere" den Vertragsgegenstand.
- Diese Anhörung findet normalerweise nicht bereits dann statt, wenn die Vormerkung eingetragen wird (diese ist noch keine Verfügung!), sondern erst dann, wenn der Antrag auf Eigentumsumschreibung gestellt wird.
- Sind die Nacherben namentlich nicht bekannt oder ist geregelt, dass die Nacherben ihrerseits wieder nur Vorerben sein sollen, muss ein Ergänzungspfleger für die Nacherben bestellt werden.
- In der Vertragsgestaltung ist entweder (a) auf den Unrichtigkeitsnachweis zu verzichten und die Zustimmung der Nacherben zur Fälligkeitsvoraussetzung zu machen oder (b) auf das Risiko von Verzögerungen bei der späteren Eigentumsumschreibung hinzuweisen. In beiden Fällen kann (c) eine Hinterlegung des Kaufpreises auf Anderkonto angezeigt sein, wobei an den Vorerben-Verkäufer erst mit Löschung des Nacherbenvermerks ausgezahlt wird (vorher kann der Nacherbenvermerk aufgrund Unrichtigkeitsnachweis nicht gelöscht werden). Bei Hinterlegung auf Anderkonto ist (d) dem Zeitpunkt des Besitzübergangs besondere Aufmerksamkeit zu schenken (BÜ mit Einzahlung auf Anderkonto oder mit Auszahlung vom Anderkonto – entweder dem Verkäufer oder dem Käufer entgehen Mieteinnahmen des Objekts/Zins für den hinterlegten Kaufpreis)!

DeutscherNotarVerlag

Vollrath

Befreite/Nicht befreite Vorerbschaft

Zustimmungen des Nacherben:

- Wenn materiell eine Zustimmung erforderlich ist, genügt die bloße Löschungsbewilligung für den Nacherbenvermerk nicht – die bloße Löschungsbewilligung führt nicht zum Ausscheiden des Grundstücks aus der Nacherbenbindung
- Die Zustimmung von Ersatznacherben ist nicht erforderlich.
- Unterscheide „Ersatznacherben" von „Nachnacherben" (wenn also die Nacherben nach der testamentarischen Anordnung wiederum nur Vorerben sein sollen) – die Zustimmung von Nachnacherben ist erforderlich.
- Sind Nacherben unbekannt („Die Kinder des Vorerben ..."), so muss ein Ergänzungspfleger bestellt werden, damit die Zustimmung wirksam erklärt werden kann (Zeitverzögerung).
- Im Testament kann Nacherbenvollstreckung angeordnet werden – der Nacherben-Testamentsvollstrecker nimmt dann die Rechte der (auch unbekannten) Nacherben wahr.

Einvernehmliche Aufhebung der Nacherbenbindung ohne Verfügung über einen Nachlassgegenstand

- durch Übertragung des Nacherbenanwartschaftsrechts auf den Vorerben (dann darf die Verfügung über das Nacherbenanwartschaftsrecht im Testament nicht ausgeschlossen sein – diese Übertragung führt dazu, dass sämtliche Nachlassgegenstände aus der Nacherbenbindung herausfallen.)
- durch „Abschichtungsvereinbarung" ähnlich einer Erbauseinandersetzung mit auflassungsähnlicher Erklärung (Einigung und Bewilligung, dass ein bestimmter Gegenstand aus der Nacherbfolge ausscheidet)

DeutscherNotarVerlag

Vollrath

Erbscheinsantrag

- Funktion des Erbscheins – öffentlicher Glaube
- Antragsberechtigt sind (a) der Erbe, (b) der Testamentsvollstrecker, (c) Gläubiger, welche einen vollstreckbaren Titel gegen den Erblasser oder gegen den Erben haben
- Andere Gläubiger können keinen Erbscheinsantrag stellen – sie müssten also eine Nachlasspflegschaft („für die unbekannten Erben") beantragen, damit für und gegen den Nachlass gehandelt werden kann (§ 1960 BGB)
- Erbschein aufgrund gesetzlicher Erbfolge (§ 352 Abs. 1 FamFG). Wichtig sind insbesondere die Angaben (a) zum anwendbaren Erbrecht (letzter gewöhnlicher Aufenthalt des Erblassers, vgl. Art. 21 Abs. 1 EUErbVO) und (b) zum Güterstand des Verstorbenen (für Altehen Art. 15 EGBGB a.F., für Neuehen Art. 26 EuGÜVO)
- Erbschein aufgrund testamentarischer Erbfolge - zusätzlich ist § 352 Abs. 2 FamFG zu beachten
- Arten des Erbscheins: Alleinerbschein/Teilerbschein/gemeinschaftlicher Erbschein/gegenständlich beschränkter Erbschein (nur für das gesamte Inlandsvermögen möglich, § 352c FamFG)

DeutscherNotarVerlag

Vollrath

Erbnachweis ohne Erbschein oder ENZ

- Nachweis durch Verfügung von Todes wegen (VvTw) in öffentlicher Urkunde plus Eröffnungsniederschrift - § 35 Abs. 1 GBO
- Dem Grundbuchamt obliegt in diesen Fällen die Auslegung der VvTw - aus der VvTw muss sich die Erbfolge also ausreichend deutlich ergeben. Problematisch sind (a) unbestimmte Erbeinsetzungen „unsere gemeinschaftlichen Kinder", (b) Pflichtteilsstrafklauseln (= auflösend bedingte Erbeinsetzungen) und (c) nachfolgende privatschriftliche Verfügungen (das GBA muss prüfen, ob die privatschriftlichen Verfügungen die Erbeinsetzungen in der öffentlichen Urkunde ganz oder teilweise beseitigen)
- Vorsicht bei der Verwendung post-/transmortaler Vollmachten - Voreintragungsgrundsatz (nein) - Kollision mit Erbfolgeregelung (als Bevollmächtigter eingesetzter Alleinerbe) - „Verschweigen" des Todes des Erblassers - Gutglaubensschutz des Erwerbers - Haftung des Bevollmächtigten gegenüber den Erben
- Alternative zum Erbscheinsverfahren für Erbengemeinschaften nach §§ 36, 37 GBO - gerichtliches Zeugnis (Überweisungszeugnis, Auseinandersetzungszeugnis) betreffend das Grundstück (im Ergebnis ist das gerichtliche Zeugnis so etwas wie ein gegenständlich auf das Grundstück beschränkter Erbschein - also etwas, was im Erbscheinsverfahren gerade nicht möglich wäre)

DeutscherNotarVerlag

Vollrath

Erbausschlagung

- Die Erbausschlagung führt dazu, dass das Erbe nicht anfällt - der Ausschlagende wird so behandelt, als hätte er zur Zeit des Erbfalles nicht gelebt (§ 1953 Abs. 2 BGB).
- Motivlagen Ausschlagung wegen Überschuldung - taktische Ausschlagungen (für letztere sollte das Notariat keine Verantwortung übernehmen)
- Grundsätzlich 6 Wochen Frist - unterschiedlicher Beginn bei gesetzlicher Erbfolge/gewillkürter Erbfolge
- Bei Ausschlagung für Minderjährige: ggf. erforderlicher Antrag auf familiengerichtliche Genehmigung (vgl. § 1643 Abs. 2 BGB) hemmt den Fristenlauf (§ 1943 Abs. 2 Satz 3 BGB) - schlägt nur ein Sorgeberechtigter aus und beantragt die Ersetzung der Zustimmung des anderen Sorgeberechtigten (§ 1628 Satz BGB), so gilt dasselbe
- Anfechtung der Fristversäumnis, ggf. vorsorglich (§ 1956 BGB)
- Ausschlagung aufgrund Vollmacht - Vollmachtsurkunde muss dem Gericht im Original/in Ausfertigung vorgelegt werden (§ 1945 Abs. 3 BGB)

DeutscherNotarVerlag

Vollrath

Grundzüge der Erbenhaftung

- In den Nachlass fallen alle Verbindlichkeiten des Erblassers – ebenso alle Verbindlichkeiten, mit denen der Nachlass beschwert ist (Vermächtnisse, Pflichtteilsrechte, §§ 1922, 1967 BGB)
- Der Erbe kann die Haftung aber beschränken, indem er entweder selbst ein Aufgebotsverfahren veranlasst (§§ 1970 ff. BGB) oder indem er Nachlassverwaltung/Nachlassinsolvenz beantragt – der Nachlass(insolvenz)verwalter übernimmt dann den Nachlass, der Erbe erhält nur das, was nach Berichtigung der Schulden übrig bleibt (§§ 1975 - 1989 BGB)
- Auch wenn der Nachlass nicht ausreicht, um einen Nachlass(insolvenz)verwalter zu bezahlen, haftet der Erbe nicht notwendig mit seinem Privatvermögen: er kann „Dürftigkeitseinrede" erheben (§§ 1990 ff. BGB), dann muss er Gläubigern notfalls den Nachlass herausgeben
- Streitigkeiten darüber, wie sich der Nachlass zusammensetzt, wird durch ein Inventar nach den §§ 1993 ff. BGB vorgebeugt – nach § 2009 BGB kann sich der Erbe darauf berufen, dass darin der Nachlass vollständig dokumentiert sei
- Die Möglichkeit der Haftungsbeschränkung verliert der Erbe, wenn er trotz Aufforderung kein Inventar errichtet, das Inventar falsch errichtet oder keine eidesstattliche Versicherung zur Richtigkeit abgibt (vgl. §§ 1994, 2005, 2006, 2013 BGB)
- Bei Erbengemeinschaften muss in den Nachlass vollstreckt werden, wenn (soweit) die Teilung noch nicht erfolgt ist (§ 2059 Abs. 1 Satz 1 BGB).
- Für den Minderjährigen gilt zusätzlich noch die Vorschrift des § 1629a BGB – macht er als Minderjähriger eine Erbschaft, so ist seine Haftung auf das bei Erreichen der Volljährigkeit vorhandene Vermögen beschränkt. Auch wenn für einen Minderjährigen also die persönliche Haftung für Nachlassverbindlichkeiten eingetreten ist, steht Vermögen, welches er erst nach Eintritt der Volljährigkeit erwirbt, nicht als Haftungsmasse zur Verfügung.

DeutscherNotarVerlag

Vollrath

Verzichtsverträge

Pflichtteilsverzicht
- Pflichtteilsverzicht = Vertrag nach § 2346 BGB (Vertretung/Angebot-Annahme)
- U.U. Rechtswahl angezeigt
- Bedingter Verzicht (Erhalt der Gegenleistung/nur für den Fall, dass der Erblasser durch einen Angehörigen eines bestimmten Personenkreises beerbt wird)
- Gegenständlich beschränkter Verzicht
- Wirkung gegenüber Abkömmlingen
- Registrierungspflichten ZTR - nein
- Anzeigepflichten ErbStG (im Regelfall nein, anders wenn Gegenleistung)

Erbverzicht
- Unterschied zum Pflichtteilsverzicht, Abwägungen zwischen den beiden
- Alternativgestaltung Erbschaftsvertrag (Vertrag unter künftigen Erben, falls Erblasser nicht mehr testierfähig)
- Anzeigepflicht ErbStG (im Regelfall nein, anders bei Gegenleistungen)
- Registrierungspflicht ZTR (ja)

Zuwendungsverzicht
- Wiederverschaffung der Testierfreiheit an „gebundenen" Erblasser
- Flankierende Regelung zur Absicherung lebzeitiger Verfügungen
- Regelungen des § 2346 BGB beachten
- ZTR (?)
- ErbStG (nur bei versprochener Gegenleistung)

DeutscherNotarVerlag

Vollrath

Ausgleichung/Anrechnung

Notarkasse
Anstalt des öffentlichen Rechts

Ausgleichung
- Teilungsanordnung und Vorausvermächtnis: Die Teilungsanordnung führt zur Anrechnung auf den Erbteil, letzteres zu einem Erwerb vorab („danach wird geteilt entsprechend der Erbquote")
- Anordnung der Ausgleichung §§ 2050 ff. BGB
- Beliebt bei Pfennig-Gerechtigkeitsfanatikern; nur: wer sich bis dahin nicht streitet, streitet sich spätestens dann!
- Durchführung der Ausgleichung: Hinzurechnen der ausgleichspflichtigen Vorerwerbe zum Nachlass
- (P) Bewertung sowohl von Vorerwerben, als auch von Nachlass
- (P) Ausgleich eines Mehrempfangs

Anrechnung auf den Pflichtteil
Anrechnung einer lebzeitigen Zuwendung auf den PT
- Muss bei (!) der Zuwendung vom Erblasser bestimmt werden

Durchführung der Anrechnung: § 2315 Abs. 2 BGB:
- Wert der Zuwendung (z.Ztp. der Zuwendung) wird dem Nachlass fiktiv hinzugerechnet („so als ob es noch da wäre"), dann wird die PT-Quote genommen

Nachträgliche Anordnung von Ausgleichung und/oder Anrechnung
- Nicht einseitig möglich – „Flucht in die Pflichtteilsergänzung" (Junk, Erbrecht, § 2 Rn 237)
- Nachträgliche Vereinbarung hat erbvertraglichen Charakter → Formvorschriften, Anzeige ZTR
- Alternative: Abschluss eines Erbschaftsvertrages (§ 311b Abs. 5 BGB) zwischen den künftigen Erben

DeutscherNotarVerlag

Vollrath

Testamentsvollstrecker

Notarkasse
Anstalt des öffentlichen Rechts

Rechtsgeschäfte mit dem Testamentsvollstrecker
- TV Zeugnis
- Vermerk im Erbschein
- Vermerk im Grundbuch (kein Vermerk im HR möglich (?), Kein Vermerk in Gesellschafterliste möglich)
- Nachweis der Verfügungsbefugnis beim Verfügungen durch TV – Fortbestand der TV bei Fälligkeit/Fortbestand der TV bei Auflassung (vgl. anliegende Folie)
- Nachweis der Entgeltlichkeit – Erbenanhörung (insbesondere Erbenanhörung bei unbekannten Erben)
- Reichweite des § 40 GBO – Eintragung auch von Finanzierungsvollmachten ohne vorherige Grundbuchberichtigung auf die Erben möglich (DNotI – erweiterte Suche „§ 40 GBO")
- Wegen etwaiger Beschränkungen ist die Nachlassakte/die zugrundeliegende Verfügung von Todes wegen beizuziehen

Rechtsgeschäfte zwischen TV und Erben
- Normalfall: Abwicklung (= Erfüllung von Verbindlichkeiten, Beendigung von Dauerschuldverhältnissen) und Versilberung des Nachlasses, Begleichung der Erbschaftsteuer, Auskehrung des Überschusses an die Erben, Haftung des TV für die ErbSt
- Freigabe von Gegenständen aus der Testamentsvollstreckung
- Vermittlung der Auseinandersetzung und anschließende Übertragungsgeschäfte – gegen den Willen eines Erben kann der TV keine Übertragungsgeschäfte vornehmen

DeutscherNotarVerlag

Vollrath

Rechtsgeschäfte Dritter mit der Erbengemeinschaft

- Gemeinschaftliche Verfügung der Erben über Nachlassgegenstände (§ 2040 BGB; das Notgeschäftsführungsrecht des § 2038 Abs. 1 Satz 2 BGB letzter Halbsatz erfordert für Grundbuchzwecke einen Nachweis nach § 29 GBO) (ist ein Erbanteil gepfändet, müssen die Pfändungsgläubiger an der Verfügung mitwirken)
- Vorlage Erbschein: Auch ohne Grundbuchberichtigung erhält der Erwerber Gutglaubensschutz, wenn (a) der Erblasser als Eigentümer im Grundbuch eingetragen ist und (b) die Erben sich über einen Erbschein § 2366 BGB legitimieren - Grundbuchberichtigung eigentlich nicht erforderlich, aber wird aber wegen § 40 GBO im Hinblick auf die Eintragung einer Finanzierungsgrundschuld regelmäßig durchgeführt
- Vorlage öffentliches Testament mit Eröffnungsniederschrift: kein Gutglaubensschutz durch Eröffnungsniederschrift - Grundbuchberichtigung schon aus diesem Grunde erforderlich

DeutscherNotarVerlag

Vollrath

(Teil-) Erbauseinandersetzungsverträge

- Jeder Miterbe kann die Auseinandersetzung der Gemeinschaft verlangen, wenn der Erblasser dies nicht zulässigerweise zeitlich befristet ausgeschlossen hat (§§ 2042 ff. BGB), Teilungsanordnungen sind vorrangig zu beachten, die Erben können sich einvernehmlich sowohl über den Ausschluss der Aufhebung als auch über Teilungsanordnungen hinwegsetzen. Kann man sich nicht einigen, bleibt die Teilungsversteigerung (§ 180 ZVG)
- Auseinandersetzungsverträge sind nicht per se beurkundungspflichtig, sie werden es erst, wenn Gegenstand der Auseinandersetzung Grundstücke oder GmbH-Beteiligungen sind – dann allerdings sind sie insgesamt beurkundungspflichtig
- Bei Teilerbauseinandersetzungen ist immer klarzustellen, welche Auswirkungen der Empfang einer Leistung auf die Berechtigung am übrigen Nachlass hat (ob also die Mitberechtigung am Restnachlass zu den Erbquoten fortbesteht oder ob sie sich verändert hat, weil ein Erbe auf seinen Wunsch vorab Vermögen bekommen hat).
- Ist Testamentsvollstreckung angeordnet, steht den Erben keine Verfügungsbefugnis zu (§ 2305 BGB) – an der Durchführung der Auseinandersetzung muss also der Testamentsvollstrecker mitwirken.
- Bei Auseinandersetzungsverträgen ist an steuerliche Fernwirkungen zu denken: sowohl bei der Erbschaftsteuer (quotenabweichende Auseinandersetzung – Schenkung der Erben untereinander? – Verlust des Privilegs für die eigengenutzte Immobilie, vgl. die Folien Erbschaftsteuerrecht in diesem Abschnitt), als auch bei der Grunderwerbsteuer und der Einkommensteuer (Anschaffungsvorgänge) – und zwar immer dann, wenn neben der Erbmasse auch Eigenvermögen einzelner Erben als Tauschgegenstand eingesetzt wird.

DeutscherNotarVerlag

Vollrath

Alternativen zum Auseinandersetzungsvertrag

- Beim Erbauseinandersetzungsvertrag überträgt die Erbengemeinschaft Vermögensgegenstände an einzelne Erben und lässt sie (bei Grundstücken) an diese auf.
- Technisch kann die Auseinandersetzung auch durch ein Überweisungszeugnis/Auseinandersetzungszeugnis nach § 36 GBO erreicht werden – das erspart den Erbscheinsantrag, eine ausdrückliche Auflassung ist nicht erforderlich.
- Insbesondere bei Zweier-Erbengemeinschaften kann auch eine Erbteilsübertragung (dazu die nächste Folie) als Mittel der Erbauseinandersetzung eingesetzt werden (einer überträgt seinen Erbteil an den anderen, nachdem er von diesem eine Abfindungszahlung oder aber von der Erbengemeinschaft Nachlassgegenstände erhalten hat)
- Außerdem kann ein Erbe sein Ausscheiden gegen Abfindung aus der Erbengemeinschaft erklären. Wie beim Ausscheiden aus einer Personengesellschaft (vgl. § 738 BGB) wächst den übrigen Miterben dann die Vermögensbeteiligung an (ohne eine Erbteilsübertragung!) – der Ausscheidende erhält eine Leistung aus dem Vermögen der Miterben oder aus dem Nachlass. Weil der Geschäftswert einer solchen Vereinbarung sich zumeist auf den Wert der erhaltenen Leistung beschränkt und weil bei einer Gegenleistung in Geld keine Beurkundungspflicht besteht (auch wenn im Nachlass Grundstücke vorhanden sind), wird dieser Weg von Klienten gelegentlich aus Gründen der Gebührenersparnis gewünscht.

DeutscherNotarVerlag

Vollrath

Erbteilsübertragung

- § 2033 BGB – über den Erbteil kann ein Miterbe verfügen, nicht aber über „seinen" Anteil an einem einzelnen Nachlassgegenstand
- Diese Verfügungsmöglichkeit kann nicht ausgeschlossen werden – der Erblasser kann zwar die Auseinandersetzung ausschließen oder Testamentsvollstreckung anordnen, beides hindert aber die Übertragbarkeit nicht (allenfalls könnte der Erblasser eine auflösend bedingte Erbeinsetzung verfügen, für den Fall, dass ein Miterbe über seinen Anteil verfügt).
- Schuldrechtliches Geschäft = Kaufvertrag oder sonstiger schuldrechtlicher Vertrag, das Formerfordernis ergibt sich aus § 2371 BGB
- Dingliches Geschäft = Abtretung (§§ 398 ff., 2033 Abs. 1 Satz 2 BGB) - die Rechtsänderung tritt außerhalb des Grundbuchs ein, die Eintragung des Erbteilserwerbers ist Grundbuchberichtigung
- Die Gutglaubensschutzregeln der §§ 892, 2366 BGB beziehen sich immer nur auf Rechtsgeschäfte über einen Nachlassgegenstand – im Ergebnis greift hier keinerlei Gutglaubensregel! Typischerweise begegnen uns Erbteilsverträge daher im Kreis der Miterben oder unter Verwandten, von denen einer Miterbe ist
- Beim Verkauf eines Erbteils an Dritte greifen gesetzliche Vorkaufsrechte (§§ 2034 f. BGB).

DeutscherNotarVerlag

Vollrath

Erbteilskauf - Sicherungen

- Der Käufer ist daran interessiert „sicher" zu erwerben – Gutglaubensschutz für die Erbenstellung oder die Zugehörigkeit eines bestimmten Gegenstandes zum Nachlass erhält er aber nicht, das sind also Gewährleistungsfragen.
- Der Käufer wird den Kaufpreis erst zahlen wollen, wenn klar ist, dass etwa bestehende Vorkaufsrechte nicht ausgeübt werden und etwa erforderliche Genehmigungen erteilt sind – der Verkäufer möchte das Eigentum erst verlieren, wenn der Kaufpreis geflossen ist. Für die Grundbuchberichtigung muss die grunderwerbsteuerliche Unbedenklichkeitsbescheinigung erteilt sein.
- Sicherungsvariante A: Der Verkäufer tritt aufschiebend bedingt durch die Kaufpreiszahlung den Erbteil ab – der Käufer kann dann durch die Eintragung einer Verfügungsbeschränkung (§ 161 Abs. 1 BGB) gesichert werden (a) gegen eine weitere „überholende" Abtretung des Verkäufers, (b) Verfügungen der Erbengemeinschaft über das Grundstück ohne seine Mitwirkung. Die Eintragung der Verfügungsbeschränkung ist Fälligkeitsvoraussetzung. Problem: Nachweis des Bedingungseintritts ggü. GBA (Notaranderkonto mit Eigenurkunde)
- Sicherungsvariante B: Der Verkäufer tritt auflösend bedingt durch seinen Rücktritt wegen Kaufpreisnichtzahlung (!) den Erbteil ab – der Kaufpreis wird wiederum erst fällig mit Eintragung der Verfügungsbeschränkung. Bei Eigentumsumschreibung (erst nach Eingang der UB möglich) wird ein Widerspruch gegen die Rechtsinhaberschaft des Käufers eingetragen – dieser kann (durch den Notar) gelöscht werden, wenn der Verkäufer den Kaufpreiserhalt bestätigt.

DeutscherNotarVerlag

Vollrath

Vergleich Erbengemeinschaft – GbR

Erbengemeinschaft (§§ 2033 ff. BGB)	GbR (§§ 705 ff. BGB, 899a BGB, § 47 Abs 2 GBO)
• Eigentümer sind die Miterben in gesamthänderischer Verbundenheit „in Erbengemeinschaft"	• Eigentümer ist die GbR, bestehend aus ihren einzelnen Mitgliedern
• Zur Neueintragung eines Miterben UB erforderlich	• Zur Neueintragung eines Gesellschafters UB erforderlich
• Zum Ausscheiden eines Gesellschafters UB erforderlich (Eigentümerwechsel)	• Zum Ausscheiden eines Gesellschafters keine UB erforderlich
• Verfügungsbeschränkung wegen bedingter Anteilsübertragung eintragungsfähig	• Verfügungsbeschränkung wegen bedingter Anteilsübertragung nicht eintragungsfähig
• Widerspruch wegen auflösend bedingter Anteilsübertragung eintragungsfähig	• Widerspruch wegen auflösend bedingter Anteilsübertragung eintragungsfähig
• Pfändung eintragungsfähig	• Pfändung nicht eintragungsfähig
• Verpfändung eintragungsfähig	• Verpfändung nicht eintragungsfähig
• Nießbrauch eintragungsfähig	• Nießbrauch nicht eintragungsfähig

DeutscherNotarVerlag

Vollrath

Erbschaftsteuerrecht

Notarkasse
Anstalt des öffentlichen Rechts

- Steuerpflichtige Vorgänge (§§ 1, 5, 7, 8 ErbStG; Schenkung, Erbe, drittbegünstigende Sparverträge/ Lebensversicherungen, Abfindungsklauseln unterhalb des Verkehrswerts bei Gesellschaftsverträgen)
- Bedingte Positionen werden erst nach Bedingungseintritt berücksichtigt (sowohl beim Zuwendungsempfänger als auch beim Abzug von Verbindlichkeiten beim Beschwerten; §§ 4, 6 BewG)
- „Kettenschenkungen"
- Steuerbefreiungen (§§ 13 ff. ErbStG)
- Steuerklassen (§ 15 ErbStG; beachte die Unterscheidung nicht nur nach Personenkreisen, sondern auch nach Anlässen – Einordnung der Eltern als Erben/Beschenkte)
- Steuersätze § 19 ErbStG
- 10 Jahresregeln (§ 14 ErbStG)
- Anzeigepflichten § 34 ErbStG

DeutscherNotarVerlag

Vollrath

Erbschaftsteuerrecht

Notarkasse
Anstalt des öffentlichen Rechts

privilegierter Erwerb – eigengenutzte Immobilie

- Eigengenutzte Immobilie – die Schenkung an den Ehegatten ist größenunabhängig steuerfrei, ohne Haltefrist, § 13 Abs. 1 Nr. 4a ErbStG (befreit sind Übertragung von Eigentum, unter bestimmten Voraussetzungen auch Geldzuwendungen für den Erwerb / den Bau) - keine „Haltefristen"
- Eigengenutzte Immobilie – das Vererben an den Ehegatten ist größenunabhängig steuerfrei, jedoch Eigennutzung im Todeszeitpunkt erforderlich und „Haltefrist" von 10 Jahren (§ 13 Abs. 1 Nr. 4b ErbStG)
- Eigengenutzte Immobilie – das Vererben an Kinder (oder die Kinder verstorbener Kinder) ist bis zu einer Größe von 200 m² steuerbefreit, wenn Eigennutzung durch den Erblasser im Todeszeitpunkt vorlag und das Kind selbst weiternutzt zu eigenen Wohnzwecken, Haltefrist von 10 Jahren (§ 13 Abs. 1 Nr. 4c ErbStG)
- Eventuell besteht der Wunsch, die unterschiedliche Belastung von Nachlassgegenständen mit Erbschaftsteuer in der Verfügung von Todes wegen durch Ausgleichsregelungen zu berücksichtigen

Behandlung des Zugewinnausgleichs

- § 5 Abs. 2 ErbStG – Zugewinnausgleich bei Scheidung oder aufgrund vereinbarter Gütertrennung ist kein „Erwerb" i.S.d. ErbStG
- § 5 Abs. 2 ErbStG – konkrete Zugewinnausgleichsberechnung bei Tod des Ehepartners („güterrechtliche Lösung" d.h. nach Ausschlagung von Erbe und Vermächtnis): der Zugewinnausgleich gilt ebenfalls nicht als „Erwerb" im Sinne des ErbStG, der ergänzend geltend gemachte kleine Pflichtteil unterliegt natürlich der ErbSt
- § 5 Abs. 1 ErbStG – pauschaler Zugewinnausgleich durch Annahme der Erbschaft/Annahme von Vermächtnissen („erbrechtliche Lösung"): zu berechnen ist ein fiktiver Zugewinnausgleichsanspruch, bestand der Güterstand der Zugewinngemeinschaft nicht während der gesamten Ehedauer - eine ehevertraglich vereinbarte Rückwirkung findet keine Beachtung (§ 5 Abs. 1 Satz 3 ErbStG)

DeutscherNotarVerlag

Vollrath

F. Vorsorgevollmacht (Folien)

36

Vorsorgevollmacht

· Wer nicht mehr geschäftsfähig ist oder sonst seine Angelegenheiten nicht mehr selbst regeln kann, erhält ähnlich wie ein Kind einen **gesetzlichen Vertreter** (= **Betreuer**, §§ 1896 ff. BGB). Dieser wird vom Betreuungsgericht eingesetzt und auch kontrolliert. Falls die gerichtliche Kontrolle des eigenen Vertreters gewünscht und sachgerecht ist, besteht die Möglichkeit, die Person des Betreuer zu bestimmen oder zu bestimmen, dass bestimmte Personen nicht Betreuer werden dürfen sowie Wünsche zur Ausführung zu treffen (§ 1897 Abs. 4 BGB, § 1901 Abs. 3 BGB). Eine solche **Betreuungsverfügung** sollte zumindest schriftlich erfolgen, soweit sie nicht notariell errichtet wird.

· Eine Betreuung ist regelmäßig nicht erforderlich, wenn eine **Vorsorgevollmacht** erteilt ist (§ 1896 Abs. 2 BGB). Üblicherweise wird die Vorsorgevollmacht als umfassende Generalvollmacht erteilt. Sie umfasst den ganzen Vermögensbereich (Geld, Bankkonten, Grundstücksgeschäfte, Vermietung, Kündigung von Mietverträgen, Behörden etc.) und den Bereich der sogenannten persönlichen Angelegenheiten (z.B. Zustimmungen zu Operationen und Krankenbehandlung, ärztliche Aufklärung, Auswahl eines Pflegeheimes, Unterbringung bei Selbstmordgefährdung, Organentnahme, Zustimmung zu Obduktionen, Entscheidungen über zulässige Sterbehilfen etc.).Wichtig ist die sorgfältige Auswahl eines vertrauensvollen Bevollmächtigten (Missbrauchsrisiko). Die Vollmacht kann individuell gestaltet werden (z.B. gemeinschaftliches Handeln in bestimmten Geschäftsbereichen; Einschränkungen im Vollmachtsumfang, keine Vornahme von Schenkungen). Eine privatschriftliche Vollmacht ist grundsätzlich wirksam. Die notarielle Vollmacht bietet jedoch einige Vorteile (z.B.: Verwendbarkeit in Grundstücksangelegenheiten und Registersachen; Prüfung und Feststellung der Geschäftsfähigkeit durch den Notar; Sicherheit gegen Fälschungen und Fälschungseinwände; Möglichkeit der Ersetzung der Vollmachtsurkunde bei Abhandenkommen). Die Vollmacht sollte am besten in das Vorsorgeregister der BNotK eingetragen werden.

· In einer **Patientenverfügung** können (Nicht-)Behandlungswünsche (z.B. passive Sterbehilfe) festgelegt werden. Sie ist mindestens schriftlich abzufassen (Widerruf jederzeit formlos möglich) und vom Betreuer/Bevollmächtigten im konkreten Fall umzusetzen.

DeutscherNotarVerlag

Heringer

G. IPR des Erbrechts (Folien)

37 Vom Abdrucke der Folien zum Kapitel „**IPR des Erbrechts**" haben wir abgesehen; diese sind nur im Downloadbereich verfügbar (URL s. § 1 Rdn 3).

H. Erbrechtliche Angelegenheiten – Kostenrecht (Folien)

38

Bewertung von Testamenten, Erbverträgen

Geschäftswert (Verfügungen zur Gesamtrechtsnachfolge)

Der Geschäftswert für Verfügungen von Todes wegen (Testamente und Erbverträge) ist nach § 102 GNotKG zu bestimmen.

Wird über den **Gesamtnachlass** verfügt (durch Erbeinsetzung, auch bei nachträglicher Bestimmung von Ersatz- oder Schlusserben) ist für die Wertbestimmung das gegenwärtige (vererbbare) Vermögen des Verfügenden/Erblassers heranzuziehen (wobei der Wert der einzelnen Vermögensgegenstände nach den allgemeinen kostenrechtlichen Grundsätzen zu ermitteln ist); hiervon werden Verbindlichkeiten abgezogen, jedoch **maximal bis zur Hälfte** des Vermögens (§ 102 Abs. 1 S. 1 u. 2 GNotKG). Beachte: Zu den abzugsfähigen Verbindlichkeiten gehören auch (bestehende) wiederkehrende Nutzungen und Leistungen i.S.v. § 52 GNotKG.

Werden im Rahmen eines gemeinschaftlichen Testaments oder Erbvertrags durch mehrere Personen (z.B. Ehegatten) Verfügungen zur Gesamtrechtsnachfolge getroffen, so dürfen die Verbindlichkeiten des jeweiligen Erblassers **nur von seinem Vermögen** abgezogen werden.

Beispiel (gegenseitige Erbeinsetzung in einem gemeinschaftlichen Ehegatten-Testament):
Vermögen des Ehemannes:
- Grundbesitz, sonstiges Vermögen   500.000,00 EUR
- Schulden   300.000,00 EUR

Vermögen der Ehefrau:
- Eigentumswohnung (Verkehrswert)   150.000,00 EUR
- keine Schulden   0,00 EUR

Modifiziertes Reinvermögen:
Ehemann: 500.000,00 EUR abzgl. 300.000,00 EUR = 200.000,00 EUR, aber: Schuldenabzug max. bis zur Hälfte des Vermögens, **somit 250.000,00 EUR**;
Ehefrau: 150.000,00 EUR, keine Schulden, somit **150.000,00 EUR**;
beiderseitiges modifiziertes Reinvermögen: 400.000,00 EUR

DeutscherNotarVerlag

Heitzer

Bewertung von Testamenten, Erbverträgen

Geschäftswert (Verfügung über einen Bruchteil des Nachlasses)

Verfügt der Erblasser lediglich über einen (ideellen) **Bruchteil des Nachlasses**, bspw. durch Bestimmung weiterer Erben neben den bereits Berufenen, auch bei der Bestimmung weiterer Ersatz- oder Schlusserben, ist der Geschäftswert nach § 102 Abs. 1 S. 1 u. 2 GNotKG mit dem entsprechenden Bruchteil des modifizierten Reinvermögens anzunehmen.

Geschäftswert (Verfügungen über einzelne Vermögenswerte)

Beschränkt sich die Verfügung des Erblassers auf die **Zuwendung eines einzelnen Vermögenswertes bzw. Vermögensgegenstandes ohne Erbeinsetzung** (durch **Vermächtnisanordnung**), ist der hierfür anzunehmende Geschäftswert nach § 102 Abs. 3 GNotKG zu bestimmen. Maßgebend ist der nach den allgemeinen Grundsätzen zu bestimmende Wert des zugewendeten Einzelgegenstandes (z.B. der nach § 46 GNotKG ermittelte Verkehrswert des vermachten Grundstücks) oder Vermögenswertes (z.B. der Nennbetrag des vermachten Geldbetrages). Hat der Begünstigte (Vermächtnisnehmer) gem. der vom Erblasser getroffenen Anordnung auf dem Gegenstand lastende Verbindlichkeiten zu übernehmen, so sind diese gem. § 102 Abs. 3 u. Abs. 2 S. 2 GNotKG vom Wert des Gegenstandes abzuziehen, jedoch **maximal bis zur Hälfte** des Gegenstandswertes.

DeutscherNotarVerlag

Heitzer

Bewertung von Testamenten, Erbverträgen

Geschäftswert (Mehrfachverfügungen)

Verfügt der Erblasser **mehrfach über dieselbe Vermögensmasse** (z.B. durch Erbeinsetzung und gleichzeitige Bestimmung von Ersatz-, Schluss- oder Nacherben; durch Erbeinsetzung und gleichzeitige Anordnung von Vermächtnissen, Auflagen etc.) oder **denselben Vermögensgegenstand** (z.B. durch Vermächtnisanordnung und die Bestimmung von Ersatzvermächtnisnehmern), verbleibt es beim **einmaligen** Wertansatz nach § 102 Abs. 1 bzw. Abs. 3 GNotKG.

Geschäftswert (Verfügung zur Gesamtrechtsnachfolge sowie über künftiges Vermögen)

Werden vom Erblasser **neben Verfügungen zur Gesamtrechtsnachfolge** (bzgl. seines vorhandenen Vermögens) zugleich Verfügungen über einzelne Vermögensgegenstände oder Vermögenswerte getroffen, die **noch nicht zum Vermögen des Erblassers** gehören (z.B. durch Anordnung eines Vermächtnisses bzgl. eines Vermögensgegenstandes, der dem Erblasser demnächst durch Dritte zugewendet wird), so wird der Wert dieses Vermögensgegenstandes dem modifizierten Reinvermögen des Erblassers **hinzugerechnet** (§ 102 Abs. 2 S. 1 GNotKG). Auf dem betreffenden Gegenstand lastende, vom Begünstigten zu übernehmende Verbindlichkeiten werden abgezogen, auch hier **maximal bis zur Hälfte** des Gegenstandswertes.
Voraussetzung für die Hinzurechnung ist jedoch, dass die künftigen Vermögenswerte in der Verfügung von Todes wegen **konkret bezeichnet** sind.

DeutscherNotarVerlag

Heitzer

Bewertung von Testamenten, Erbverträgen

Verfügungen von Todes wegen als besonderer Beurkundungsgegenstand

Verfügungen von Todes wegen gelten gem. **§ 111 Nr. 1 GNotKG** stets als **besonderer Beurkundungsgegenstand** (mit Ausnahme der Regelungen in § 109 Abs. 2 Nr. 2 GNotKG).

Abgesehen von Rechtswahlen in erbrechtlicher Hinsicht, welche gem. § 111 Nr. 4 GNotKG ohnehin als (weiterer) besonderer Beurkundungsgegenstand gelten, sind zusammen mit einem gemeinschaftlichen Testament oder Erbvertrag beurkundete weitere Erklärungen/Vereinbarungen stets gesondert zu bewerten. Die für die Verfügungen von Todes wegen und die mitbeurkundeten weiteren Vereinbarungen anzunehmenden Geschäftswerte sind gem. § 35 Abs. 1 GNotKG zu addieren und bilden den Gesamtgeschäftswert des Beurkundungsverfahrens.

Neben der Zusammenbeurkundung von Erbverträgen und Eheverträgen (auch dieser stellt nach § 111 Nr. 2 GNotKG einen besonderen Beurkundungsgegenstand dar) gilt dies bspw. bei der Mitbeurkundung von

* Erb- oder Pflichtteilsverzichten;
* bedingten Übertragungsverpflichtungen oder Verfügungsbeschränkungen;
* Wart- und Pflegeverpflichtungen oder der Verpflichtung zu sonstigen wiederkehrenden Leistungen.

DeutscherNotarVerlag

Heitzer

Bewertung von Testamenten, Erbverträgen

Widerruf/Aufhebung

Werden die in einem Einzeltestament oder in einem gemeinschaftlichen Testament getroffenen Verfügungen vom jeweiligen Erblasser widerrufen (entweder insgesamt oder nur bezogen auf einzelne Verfügungen), ist der hierfür maßgebende Geschäftswert gem. § 102 Abs. 5 S. 1 GNotKG nach den entsprechend geltenden Regelungen in § 102 Abs. 1 bis 3 GNotKG zu bestimmen.

Gleiches gilt für die vollständige oder teilweise Aufhebung eines Erbvertrags, ebenso für den Rücktritt von einem Erbvertrag.

Widerruft nur einer der Ehegatten (Lebenspartner) die von ihm in einem gemeinschaftlichen Testament getroffenen wechselbezüglichen Verfügungen oder erklärt einer der Beteiligten den Rücktritt von einem Erbvertrag mit der Folge, dass auch die Verfügungen des anderen Ehegatten (Lebenspartners) bzw. Beteiligten hierdurch unwirksam werden (§§ 2270 Abs. 1, 2298 Abs. 1 BGB), sind gem. § 102 Abs. 5 S. 2 GNotKG auch die Verfügungen des anderen Ehegatten (Lebenspartners) bzw. Beteiligten bei der Geschäftswertberechnung zu berücksichtigen.

Werden neben dem Widerruf/der Aufhebung zugleich neue Verfügungen von Todes wegen getroffen, ist § 109 Abs. 2 Nr. 2 GNotKG zu beachten, wonach im Verhältnis zwischen Widerruf/Aufhebung und neuer Verfügung derselbe Beurkundungsgegenstand vorliegt. Weichen die anzunehmenden Werte für den Widerruf/die Aufhebung und die gleichzeitig getroffene neue Verfügung voneinander ab, ist gem. § 109 Abs. 2 S. 2 GNotKG der höhere Wert als Geschäftswert anzunehmen. Unterliegen der Widerruf/die Aufhebung und die neue Verfügung unterschiedlichen Gebührensätzen (bspw. 0,5-Gebühr für den Widerruf und 1,0-Gebühr für die neue Verfügung), ist § 94 Abs. 2 GNotKG zu beachten und ggf. eine Vergleichsberechnung durchzuführen.

DeutscherNotarVerlag

Heitzer

Bewertung von Testamenten, Erbverträgen

Gebühren

Für die Beurkundung eines Einzeltestaments ist eine 1,0-Gebühr nach KV-Nr. 21200 GNotKG, für die Beurkundung eines gemeinschaftlichen Testaments oder eines Erbvertrags eine 2,0-Gebühr nach KV-Nr. 21100 GNotKG zu erheben.

Die gleichen Gebührensätze gelten für Nachträge zu einem Einzeltestament, gemeinschaftlichen Testament oder Erbvertrag.

Abweichende Gebührensätze gelten jedoch

- nach KV-Nr. 21201 Nr. 1 GNotKG für den Widerruf einer letztwilligen Verfügung (Einzeltestament, gemeinschaftliches Testament), unabhängig davon, ob die Verfügung insgesamt widerrufen wird oder der Widerruf nur einzelne Verfügungen betrifft; zu erheben ist eine 0,5-Gebühr.
- nach KV-Nr. 21201 Nr. 2 GNotKG für den Rücktritt von einem Erbvertrag; auch hierfür fällt lediglich eine 0,5-Gebühr an.
- nach KV-Nr. 21102 Nr. 2 GNotKG für die vollständige Aufhebung eines Erbvertrags (nicht jedoch für die als Erbvertragsnachtrag zu behandelnde Aufhebung einzelner Verfügungen); hierfür ist eine 1,0-Gebühr zu erheben.

DeutscherNotarVerlag

Stichwortverzeichnis

fette Zahlen = Paragrafen, magere Zahlen = Randnummern

Die Reihe zur NoFa-Ausbildung der Notarkasse München und des Deutschen Notarverlags

Die Bände sind einzeln oder im günstigen Fortsetzungsbezug erhältlich. Näheres unter:

notarverlag.de/Ausbildung

Basiswissen im Notariat
Von Notarin Sonja Pelikan

Kaufvertrag
Von Notarin Dr. Melanie Falkner

Vollzug von Kaufverträgen
Von Notar Michael Volmer

Anmeldungen zum Handels- und Vereinsregister
Von Notar Dr. Holger Sagmeister

Notarkosten
Von Werner Tiedtke

Grundstücksrecht Spezial
Von Notar Dr. Valentin Spernath

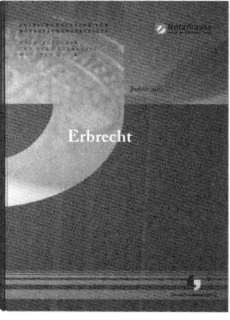

Erbrecht
Von Judith Junk

Berufs- und Beurkundungsrecht
Von Andreas Bosch und Dr. Benedikt Strauß

Weitere Titel der Reihe:

- **Wohnungs- und Teileigentum**
  Von Notar Jens Haßelbeck
- **Grundschulden**
  Von Notar Michael Gutfried
- **Überlassungsvertrag**
  Von Notar Dr. Jens Neie
- **Vollmachten, Genehmigungen, Zustimmungen, Beglaubigungen**
  Von Notar Dr. Markus Sikora
- **Grundbuch lesen und verstehen**
  Von Notarin Sonja Pelikan
- **Familienrecht und Vorsorge**
  Von Dr. Nora Ziegert und Notar Dr. Hans-Joachim Vollrath
- **Grundbuch – Rechte in Abt. II**
  Von Bernadette Kell
- **Gesellschaftsrecht**
  Von Notar Christian Esbjörnsson
- **Büroorganisation**
  Von Andreas Kersten

Bestellungen bitte an:
info@notarverlag.de
Tel.: 0800-668 27 83-0
Fax: 0800-668 27 83-9

Rochusstr. 2-4
53123 Bonn
www.notarverlag.de

DeutscherNotarVerlag